公司金融学

（又名：公司理财学）

（第三版）

主　编　王重润
副主编　闫　福
编　者（按姓氏笔画排序）
　　　　王重润　武　冰
　　　　徐　鹿　徐菱涓
　　　　阎　福

东南大学出版社
·南京·

内 容 提 要

本书共12章,全面介绍了公司金融的基本理论与方法。主要内容包括公司财务报表的基本知识以及分析方法,货币时间价值与风险收益的概念,公司资本预算的有关理论以及投资决策方法,各种资本成本的概念、理论及其计算,公司的融资方式及其管理,公司营运资本的管理,股利政策理论以及影响股利政策的因素,公司的外部增长方式,实物期权方法及其在公司财务决策中的应用,公司金融风险的管理等等。

本书可作为高等学校金融学专业的教学用书,也可以作为财务管理专业学生以及实际工作者的参考书。

图书在版编目(CIP)数据

公司金融学/王重润主编. —3版. —南京:东南大学出版社,2016.8(2024.8重印)
ISBN 978-7-5641-6561-1

Ⅰ.公… Ⅱ.王… Ⅲ.公司—金融学
Ⅳ.F276.6

中国版本图书馆CIP数据核字(2016)第129732号

公司金融学(第3版)

出版发行:东南大学出版社
社　　址:南京四牌楼2号　邮编:210096
出 版 人:江建中
网　　址:http://www.seupress.com
电子邮件:press@seu.edu.cn
经　　销:全国各地新华书店
印　　刷:广东虎彩云印刷有限公司
开　　本:787mm×1092mm　1/16
印　　张:21
字　　数:505千字
版　　次:2016年8月第3版
印　　次:2024年8月第6次印刷
书　　号:ISBN 978-7-5641-6561-1
印　　数:14501—15500册
定　　价:48.00元

本社图书若有印装质量问题,请直接与营销部联系。电话(传真):025-83792328
本书有配套PPT,选用该教材的教师请联系 wchongrun@heuet.edu.cn,或者 LQCHU234@163.com

第三版修订说明

经过几年教学实践的检验,公司金融教学团队对该课程的教学安排和教学内容有了新的认识和体会,同时也得到了来自修读这门课程学生的反馈意见,为了把这些新的认识体会以及来自学生的意见和建议反映进来,所以我们决定对《公司金融学》(第二版)进行修订。与第二版相比,第三版在以下几个方面作了改进:

1. 增加了每章后面的练习题和思考题,特别是增加了有利于能力训练的计算题、案例分析题和讨论题。
2. 部分章节作了较大改动,调整或者充实了有关内容。
3. 教学内容的组织安排更加合理。在每一章章首增加一个引导案例,引导出本章的主要的教学知识点,激发学习兴趣。各章后增加了本章小结,便于复习。
4. 更正了第二版中出现的个别错误,文字表述更加精炼准确。
5. 增加了现值系数表等附录,方便查阅。
6. 提供了全书知识结构图,便于学生掌握各章节的逻辑关系以及重要的知识点,方便学习。

衷心希望第三版能够为广大师生和读者所喜欢。不过由于编者水平有限,时间仓促,书中可能仍然存在不足,欢迎读者批评指正。

参与第三版修订的人员及其分工如下:

章 节	原 作 者	二版修订者	三版修订者
第一章	河北经贸大学王重润教授	河北经贸大学王重润教授	河北经贸大学王重润教授
第二章	河北经贸大学闫福教授	河北经贸大学闫福教授	河北经贸大学闫福教授
第三章			
第四章	中央民族大学杨松武副教授	河北经贸大学王重润教授	
第五章	哈尔滨商业大学徐鹿	哈尔滨商业大学徐鹿	河北经贸大学王重润
第六章	南京航空航天大学徐凌涓	南京航空航天大学徐菱涓	
第七章			
第八章	哈尔滨商业大学徐鹿	哈尔滨商业大学徐鹿	
第九章	石家庄经济学院孟亚君	沈阳工业大学武冰	
第十章	河北经贸大学王重润教授	河北经贸大学王重润教授	
第十一章	北京农学院赵连静	沈阳工业大学武冰	
第十二章			

全书最后由王重润统稿。

目 录

第一章 公司金融导论 ·· (1)
- 第一节 公司的基本特征及其分类 ··· (1)
- 第二节 公司金融的内涵与目标 ·· (4)
- 第三节 公司财务目标 ··· (6)
- 第四节 公司金融环境 ··· (12)

第二章 公司财务报表分析 ··· (22)
- 第一节 财务报表分析概述 ··· (22)
- 第二节 财务比率分析 ··· (33)
- 第三节 现金流量分析 ··· (42)

第三章 货币时间价值与风险收益 ··· (51)
- 第一节 货币的时间价值原理 ·· (51)
- 第二节 风险与收益的关系 ··· (63)

第四章 公司资本预算 ··· (72)
- 第一节 现金流量测算 ··· (72)
- 第二节 投资决策方法 ··· (78)
- 第三节 资本预算风险分析 ··· (91)

第五章 融资管理 ··· (103)
- 第一节 权益融资 ··· (103)
- 第二节 长期债务融资 ··· (111)
- 第三节 短期债务融资 ··· (125)
- 第四节 混合证券融资 ··· (132)
- 第五节 融资方式选择 ··· (137)

第六章 资本成本与资本结构 ·· (148)
- 第一节 资本成本 ··· (148)
- 第二节 经营杠杆与财务杠杆 ·· (161)

第三节　资本结构理论 ·· (165)
　　第四节　资本结构管理 ·· (170)

第七章　营运资本管理 ·· (182)
　　第一节　营运资本概述 ·· (182)
　　第二节　现金管理 ·· (187)
　　第三节　应收账款管理 ·· (193)
　　第四节　存货管理 ·· (197)

第八章　股利政策 ·· (207)
　　第一节　股利政策理论 ·· (207)
　　第二节　影响股利政策的因素 ·· (211)
　　第三节　股利政策类型 ·· (216)
　　第四节　股利种类和支付程序 ·· (220)

第九章　公司外部增长与调整 ·· (229)
　　第一节　公司并购 ·· (229)
　　第二节　公司重组 ·· (241)

第十章　期权原理在公司金融中的应用 ······································ (255)
　　第一节　期权定价原理 ·· (255)
　　第二节　资本预算中的期权 ·· (260)
　　第三节　期权定价的其他应用 ·· (266)

第十一章　风险管理 ·· (278)
　　第一节　风险的涵义与类型 ·· (278)
　　第二节　风险的测量方法 ·· (280)
　　第三节　风险的管理方法 ·· (284)
　　第四节　风险管理的收益 ·· (290)

第十二章　跨国公司财务 ·· (298)
　　第一节　跨国资本预算 ·· (298)
　　第二节　跨国筹资管理 ·· (309)

第一章 公司金融导论

【本章提要】 公司金融研究公司内外部资源如何实现有效配置,涉及所有具有财务意义的决策,包括资本预算、融资决策、股利分配决策等。公司财务目标是使公司价值最大化,有时候以股东财富最大化代替。但是在股东财富最大化目标下,存在股东与债权人以及经理与股东之间的利益冲突。在实践中,建立了一套完善的激励约束机制来协调三者之间的利益关系。公司金融活动在一定的环境中进行,包括内部环境如企业规模、治理结构、经营管理水平等以及外部环境如金融市场和税收制度与政策,等等。

【引　例】 四川长虹在1998年11月在彩电行业打响了"彩管大战",试图通过控制上游彩管的形式,让其他彩电生产企业在1999年春节期间无货可供,从而将其他彩电生产商挤出市场。事实上,控制上游资源是一种常用的竞争手段,蒙牛乳业等大量圈地抢占有限的奶源地跟长虹控制彩管行业是一样的道理。但当时四川长虹的管理层低估了东南亚金融危机对国内经济的影响,对国内市场因通货紧缩而陷入疲软的心理准备不足。最终,四川长虹的存货出现了失控的局面,净利润大幅下滑超过70%,公司股价大幅下跌,四川长虹公司的无数投资者被套牢,损失惨重。

这个例子说明,公司的投资决策与公司价值增长之间有密切联系。决策失误会导致公司股价下跌。

第一节　公司的基本特征及其分类

学习公司金融,首先必须了解企业组织形式及其特点。企业的基本组织形式有三种,即个人独资企业(Sole Proprietorship)、个人合伙企业(Partnership)和公司企业(Corporate)。

一、个人独资企业与合伙企业组织形式及其特点

(一)个人独资企业

个人独资企业是指由一个自然人投资,财产为投资人个人所有,投资人以其个人财产对公司债务承担无限责任的经营实体。个人独资企业有以下几个特点:只有一个出资者,并且出资人对企业债务承担无限责任,也就是说出资人直接拥有企业的全部资产并直接负责企业的全部负债。独资企业不作为企业所得税的纳税主体,其收益纳入所有者的其他收益一并计算交纳个人所得税。

(二)合伙企业

合伙企业是由各合伙人订立合伙协议,共同出资,合伙经营,共享收益,共担风险,并

对合伙企业债务承担无限连带责任的营利组织。合伙企业有以下几个特点：1. 有两个以上所有者（出资者）。2. 合伙人对企业债务承担连带无限责任。包括对其他无限责任合伙人集体采取的行为负无限责任。3. 合伙人通常按照他们对合伙企业的出资比例分享利润或分担亏损。4. 合伙企业本身一般不交纳企业所得税，其收益直接分配给合伙人。

不论个人独资企业还是合伙企业，都没有独立于企业所有者之外的企业财产，由于这个原因它们统称为自然人企业。它们的优点在于，企业注册简便，注册资本要求少，经营比较灵活，所以大多数中小企业都采取这两种形式，这两类企业数量最多。但是自然人企业具有比较明显的缺点：一个是资金规模比较小，融资渠道狭窄，抵御风险的能力低。另一个是企业经营缺乏稳定性，受企业所有者个人状况影响很大。此外，企业所有权转移困难。

二、公司企业组织形式及其特点

公司企业是具有法人地位的企业组织形式。公司拥有独立的法人财产，独立承担经济责任。相对于自然人企业，公司企业顺应了现代工业化生产的要求，它的出现是企业组织形式的一次革命，具有巨大优越性。

1. 无限责任公司

无限责任公司就是全体股东对公司债务承担连带无限责任的公司。所谓连带无限责任包括两层含义：(1) 股东对公司债务负无限责任。就是指股东要以自己的全部资产对公司债务负责。当公司资不抵债时，不管股东出资多少，都要拿出自己的全部资产去抵债。(2) 股东对公司债务负连带责任。即全体股东共同对公司债务负责，且每一个股东都承担全部债务的责任，在公司资不抵债时，债权人可以要求股东偿债，他既可要求全体股东共同偿债，也可只对其中一个股东提出偿债要求，股东不得拒绝，当一个股东偿还了公司的全部债务后，其他股东就可解除债务。除此之外，连带责任还包括：股东对其加入公司前公司所发生的债务也要负责；在退股登记后，股东对退股时公司所发生的债务在退股后二年内仍负有连带责任；在公司解散后的3年至5年内，股东对公司债务仍负有偿还责任。

无限公司的股东至少要有两个，公司资本是在股东相互熟悉、相互信任的基础上，出资形成的。在这里，信任因素起着决定性作用，因此，无限责任公司也称为"人合公司"。

无限责任公司是最早出现的一种公司组织形式，是由合伙企业演变而来。无限公司与合伙企业的根本区别在于无限公司是法人，而合伙企业不是。但是在英美等国家，无限责任公司不具有法人地位，因为股东对公司债务负有无限连带责任。在现在，无限责任公司已经越来越少了。

2. 有限责任公司

有限责任公司是指股东以其出资额为限对公司承担责任，公司以其全部资产对公司的债务承担责任的企业法人。同股份无限责任公司相比，有限责任公司的股东较少，许多国家公司法对有限责任公司的股东人数都有严格规定。我国规定，有限责任公司的股东人数应在2至50人之间，如果超过50人，必须向法院申请特许或转为股份有限公司。

2005年修订的新《公司法》还规定了一人有限责任公司。《公司法》第五十八条规定：一人有限责任公司，是指只有一个自然人股东或者一个法人股东的有限责任公司。一人有限责任公司的注册资本最低限额为人民币十万元。但是，第六十四条规定：一人有限责任公司的股东不能证明公司财产独立于股东自己的财产的，应当对公司债务承担连带责任。

有限责任公司的资本并不必分为等额股份，也不公开发行股票，股东持有的公司股票可以在公司内部股东之间自由转让，若向公司以外的人转让，须经过公司的股东的同意。公司设立手续简便，而且公司也无须向社会公开公司财务状况。

3. 股份有限责任公司

股份有限公司是指其全部股本分为等额股份，股东以其所持股份为限对公司承担责任，公司以其全部资产对公司的债务承担责任的企业法人。在现代企业的各种组织形式中，股份有限公司在企业组织形式中占主导地位。股份有限公司是与其所有者即股东相独立和相区别的法人。

股份有限公司的特点：(1) 有限责任。股东对股份有限公司的债务承担有限责任，倘若公司破产清算，股东的损失以其对公司的投资额为限。而对独资企业和合伙企业，其所有者可能损失更多，直至个人的全部财产。(2) 永续存在。股份有限公司的法人地位不受某些股东死亡或转让股份的影响，因此，其寿命较之独资企业或合伙企业更有保障。(3) 股份有限责任公司的股东人数不得少于法律规定的数目，如法国规定，股东人数最少为7人。(4) 股份有限责任公司的全部资本划分为等额的股份，通过向社会公开发行的办法筹集资金，任何人在缴纳了股款之后，都可以成为公司股东，没有资格限制。(5) 可转让性。一般而言，股份有限公司的股份转让比独资企业和合伙企业的权益转让更为容易。(6) 易于筹资。就筹集资本的角度而言，股份有限公司是最有效的企业组织形式。因其永续存在，因而举债和增股的空间大，股份有限公司具有更大的筹资能力和弹性。

在每一营业年度结束之后，股份公司都要进行盈利分配。就股份公司而言，其盈利主要来自两个方面：(1) 营业性盈利收入；(2) 非营业性盈利收入，它包括超过票面金额发行股票所得的收入、由于资产估价增值所获得的收入、出售资产获得的溢价收入以及馈赠收入等。

根据公司法规定，股份公司的盈利应按照一定的顺序和比例进行分配。首先，应从公司盈利中提取一部分公积金。盈余公积金主要用于弥补公司意外亏损，扩大生产规模。盈余公积金又可分为法定盈余公积金和任意盈余公积金。法定公积金是根据法律规定而强制提取的公积金，公司股东大会无权予以变更。任意公积金是指除法定公积金外，由公司章程规定或股东大会决定而提取的公积金，是公司为应付以后的不时之需而准备的，如用于维持亏损年度的股息水平等，它的提取比例由公司在公司章程中自行规定。

公积金提取之后，剩下的盈利部分则用于支付债权人的利息和股东的股利，由于公司对债权人必须按期定额支付利息，因此这部分提取比例由利息率决定，比较固定。在公司盈利中用于支付股东股利的部分则不固定，它是由公司盈利总额及上述扣除款项的多少决定的，盈利多，股利就可多分，否则就会减少，有时甚至没有。

尽管公司这种企业组织形式具有优势,但是实行公司制度需要付出代价：

(1) 对公司的收益重复纳税。公司的收益先要交纳公司所得税；税后收益以现金股利分配给股东后,股东还要交纳个人所得税。

(2) 容易为内部人控制。所谓内部人指具有信息优势的公司内部管理人员。由于公司这种组织形式造成了所有权与经营权的分离,这样就出现了委托代理问题,经理们可能为了自身利益而在某种程度上侵犯或者牺牲股东利益。

(3) 信息披露。上面已经谈到,由于两权分离,股东和经理人的目标函数并不一样,甚至存在冲突,经理人为了自身利益最大化而侵犯股东利益。为了保护股东以及债权人的利益,公司经理人必须定期向股东和投资者公布公司经营状况,接受监督。

第二节　公司金融的内涵与目标

一、公司金融的内容

公司金融(Corporate Finance)又被称为公司财务或者公司理财,研究如何最有效率地配置公司内外资源来实现公司的财务目标。一般来说,公司财务决策分为三个部分：投资决策、融资决策以及股利决策。

1. 投资决策

公司必须在相互竞争的投资机会之间做出选择并合理配置有限资源。公司金融理论的作用在于提供了多种可供选择的方法和工具(比如净现值法、期权等)来帮助公司经理做出合理的资源配置决策。因此,投资决策包括的内容广泛,不仅包括流动资产投资(现金、存货、短期证券以及短期商业信用等),固定资产投资,长期证券投资(比如持有其他公司股票、债券等),还包括有关市场进入和公司兼并的广义战略性决策。

2. 筹资决策

当公司作出投资决策之后,必须考虑如何筹集投资所需要的资金,并实现最优资本结构。公司必须考虑几个方面的内容：资金来源(外部融资还是内部融资),资金筹集方式以及筹资成本(包括资金成本、证券发行费用等)。资金筹集方式大致可以分为两种,借款或者发行股票进行权益融资。两种筹资方式的主要区别在于借款要承担支付利息以及偿还本金的义务。公司还可以将两种方式结合起来融资。具体采用哪种方式融资,除了取决于公司的信用等级、资本金规模等因素外,还与公司对最佳资本结构的追求有关。

3. 股利决策

股利是一个广义的概念,泛指分配给股东的现金回报。任何一个公司,不论规模大小,都必须决定如何在再投资和股东回报之间分配其经营所得,不仅决定分配的数量规模,还要权衡二者的比例。给予股东较多回报可以满足他们对现金的需要,但是另一方面,这会增加收入所得税,而且也不利于公司的成长,公司价值会因为股利分配过多而下降,从长远来看,不利于股东的利益。

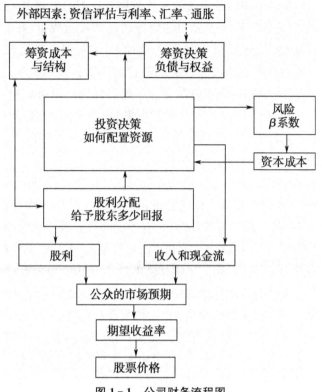

图 1-1 公司财务流程图

图 1-1 简明扼要揭示了公司财务决策过程及其对公司价值的影响渠道。图中箭头所指代表影响方向。投资(行为)决策,即资本预算,产生了融资要求,公司根据价值最大化目标,合理安排筹资结构,包括权益融资和债务融资的比例,最大限度降低筹资成本。公司融资规模和结构一方面受到公司盈余分配政策的影响,另一方面,也会影响公司分配政策的制定。一旦公司股利分配政策确定下来,决定了股东应该得到的回报,同时对公司投资决策也会产生影响——有多少盈余可供投资以及可以投资多大规模。投资活动给公司带来了收入和现金流,投资者通过观察公司的股利分配以及现金流,形成对公司未来发展的预期,并修正对风险的估计,引起供求变动,最终影响公司股票价格。

二、公司金融分析的基本工具

公司在进行投资决策、融资决策以及股利决策的时候,要借助基本的概念工具。这些概念工具包括现值与时间价值,财务报表分析,风险与收益,期权定价等。

现值是公司财务分析中最基本的概念,也是一个最有力的工具。现值所表述的是,资产的价值等于该资产预期现金流量的现值之和。投资者购买资产,其实购买的是资产在未来一段时间所产生的收益,这些收益在投资者购买资产时的价值就成为投资者愿意支付的最高价格。现值概念基于这样一个事实,在不同时点上等量的现金流量所产生的货币购买力是不一样的,或者说具有不同的时间价值。现金流量有很多种形式,比如普通年金,先付年金,永续年金等等。

财务报表分析是在对公司财务报表的有关数据进行汇总整理基础上,计算各种财务比率并进行对比,综合地分析和评价公司的财务状况和经营成果,并对未来的决策提供合理化建议。公司财务报表包括损益表,资产负债表,以及现金流量表等,向各种报表使用者提供了反映公司经营情况及财务状况的各种不同数据及相关信息。不过它只是一种静态结果,只能概括地反映一个公司在过去一段时间内的财务状况与经营成果,而财务分析并不是研究过去的事情,而是要对公司未来的发展提供决策建议。这种概括的反映不足以作为投资者进行投资决策的全部依据,还需要将报表与其他报表中的数据或同一报表中的其他数据相比较,否则意义并不大。

风险与收益的权衡贯穿于公司金融分析过程中,是公司投资决策所关注的核心问题。风险与收益是对称的,公司或者投资者承担了高风险就理应要求获得比较高的期望收益。但是并非所有的风险都能得到补偿,只有不能够被分散的风险,即系统性风险才能从市场那里得到合理补偿。资产组合理论和资产定价理论(包括资本资产定价模型和套利定价理论)提供了风险分散技术和确定风险补偿机制,是公司财务分析的两个重要工具。

期权定价技术并非是投资和金融市场分析的专利,事实上在公司财务中存在大量期权,称之为实物期权。比如,在投资决策中,公司要面临延迟、扩大或者放弃某个项目等多种选择,传统的评估技术无法评估投资的灵活性,而运用期权理论能够对项目价值做出更准确的评估。在公司资本结构中,包括了很多具有期权性质的证券,比如认股权证,可转换公司债等,期权定价理论有助于公司设计具有期权性质的证券,对他们合理定价,优化资本结构。因此,期权定价技术在公司财务中的应用相当广泛。

第三节　公司财务目标

公司的财务决策在一定目标指引下进行,并为实现这一目标服务。公司财务目标的不同,会产生不同的决策行为。

一、股东财富最大化与公司价值最大化

在公司财务理论中,一般将股东财富最大化作为公司财务目标。不过这一目标的内涵仍需要澄清,到底是公司价值最大化,还是股东财富最大化?如果不详细区分的话,这两种提法可以通用。但实际上他们还是有区别。公司价值最大化的实现可以保障公司各类投资者(如债权人、股东)对企业资产索偿权的要求。而股东财富最大化目标并没有考虑其他投资者的利益。所以股东财富最大化与公司价值最大化的目标模式并不完全相同。

那么,能使企业价值最大化的策略是否也能使股东财富最大化呢?如果企业债务是无风险的(即债权价值不受企业经营风险的影响),那么,企业实现股东财富最大化的同时也实现企业价值的最大化。或者,如果资本市场无交易成本,市场是完全竞争的,个人所得税中性,且所有投资者(股东与债权人)对收益与风险具有相同的预期,那么两个目标也可以取得一致。但上述假设在现实中往往得不到满足,如果考虑放弃一部分假设,比如承认财务风险的存在、市场的不完全竞争、信息不对称等等,这样就会得出不同的结

论,即两种财务目标存在不一致性,这种不一致性经常导致企业的财务决策达不到预期的效果。在以股东财富最大化为目标指导决策时,经营者可能采取这样的投资方案,其风险大于债权人预期的风险。风险的提高将导致企业债权人的要求报酬率提高,债权价值发生贬值。项目成功了,债权人不能分享盈利,而一旦项目失败,债权人却不得不承担一部分损失。短期内,股东将本应属于债权人的部分风险报酬据为己有,因此股权价值增加,但企业价值未必增加。债权人当然不会坐视自身利益受损而不采取行动,即使已签订的债务合同无法更改,债权人仍然会寻求其他可行的措施对企业进行必要的控制以保护他们的利益,这些限制可能提高企业的举债成本,从而使股权价值降低。因此在股东财富最大化目标的指导下,一个长期决策,起初似乎是股东受益更大了,但实际上长期的股权价值却在减少。股东财富最大化目标忽略了某些至关重要的因素,从表象上则反映为与企业价值最大化目标模式的不一致。两个财务目标的不一致性实际可以归结为股东和债权人之间的利益关系问题,片面追求股东财富,甚至以牺牲债权人的利益为代价,最终也将减少股东自身的利益。只有企业的经营者权衡好股东和债权人之间的利益关系,股东财富最大化目标才可能与企业价值最大化的目标相一致。

尽管股东财富最大化与公司价值最大化的目标存在差异,但是大部分财务分析模型并不强调这种差异。目前大部分公司财务理论都是建立在公司股东财富最大化这个前提下。在不特别强调的条件下,本书对这两个目标并不加以区分,等同使用。

二、传统的财务目标

(一)股东财富最大化目标的假设条件

以股东财富最大化作为公司财务目标,需要一些假设条件。离开这些假设条件,股东财富最大化就不再具有合理性。这些假设条件是:

1. 股东与经理之间不存在信息不对称,股东可以准确评价和监督经理的工作,经理完全根据股东财富最大化目标来制定决策。

2. 债权人利益得到完全保护,从而可以避免遭受股东的侵犯。

3. 资本市场是有效率的,也就是说有关公司的各种信息都已经及时、充分地反映在公司股票价格上,任何人不能够利用信息优势获取超额利润。这个假设条件支持股东财富最大化的另一种更严格的表述,即股票价格最大化。

4. 不存在社会成本或者社会成本远远小于财富最大化所产生的价值。社会成本是与外部不经济相联系的一个概念,是指公司在追求财富最大化过程中产生,没有进入公司生产函数、无法向公司收取费用加以弥补的成本。

(二)传统的财务目标的潜在社会成本

在现实当中,这些假设条件很难同时得到满足。这很可能意味着,当公司唯一地追求财富最大化时,会产生负面影响。如果这种负面影响造成的社会成本超过财富最大化所带来的效益,那么就有必要调整公司财务目标。

比如,在大的股份公司里面,所有权与控制权分离,所有者委托经理阶层行使经营管理权,而这二者的效用函数是不一样的,存在利益冲突。在信息不对称的环境中,股东很难对经理工作业绩做出准确评价,无法监督经理按照股东财富最大化目标来行事。即便能够有效监督,监督成本也很高。

抛开公司经营中的委托代理问题,就财富最大化这个目标本身来讲,在某些情况下也会带来社会成本。例如,在"恶意收购"中可能会出现社会成本超过财富最大化所带来的效益。恶意收购者高价购买被收购公司的股票,然后重组公司高级管理层,改变公司经营方针,并解雇大量工人。由于被收购公司的股东可以以高价将股票卖给收购者(一般都超出原股票价格的50%到一倍以上),他们往往同意恶意收购者的计划。按照股东财富最大化的目标,经理有义务接受恶意收购。但是,恶意收购带来的社会成本很高(比如工人失业),在这个例子中,追求股东财富最大化是不可取的。

在股东与债权人之间也存在利益冲突。利益冲突的本源在于对现金流量要求权的不同。债权人具有固定金额的第一位求偿权。股东对残余现金流量有求偿权,因此,债权人要以比股东更消极的眼光看待项目选择和其他决策中存在的风险。在债权人利益没有得到有效保护的前提下,股东为了追求财富最大化很可能会侵犯债权人利益,谋取债权人财富。

金融市场的缺陷,即低效率或者无效率,可能导致不合理的资源配置和错误的决策。这种成本发生在我们将公司财务目标界定为股票价格最大化的情况中。这是因为当股票价格不能够灵敏、真实、充分地反映所有公司信息的时候,价格就失去了引导资源配置的作用。谋求公司长远发展、进而增加公司价值的举措很可能引起股票价格的下降,比如减少当期股利分配以便为投资一个有前景的项目融资的措施,由于股东短期收入下降,股价下跌。因此,这个政策就会遭到投资者的反对。相反,减少公司价值、但能增加短期收入的举措可能会促使股价上涨。

三、可供选择的其他目标

虽然普遍认为公司价值最大化应该作为公司财务目标,但是也存在一些其他的可替代目标。不过这些目标或多或少存在缺陷。

1. 利润最大化

这个目标着眼于公司盈利能力,而不是价值。因为利润远比价值容易度量。而且,从长期来看,较高的利润通常意味着较大的价值。但是这一目标有明显缺陷。

(1) 忽略了货币的时间价值因素。例如,今年获利100万元和明年获利100万元,哪个更符合公司的目标?若不考虑货币的时间价值,就难以作出正确判断。

(2) 没有考虑不确定性和风险因素的影响。例如,同样投入500万元,本年获利100万元,一个企业获利已经全部转化为现金,另一个企业则全部是应收账款,并可能发生坏账损失,哪个更符合公司的目标?若不考虑风险的大小,就难以做出正确判断。

(3) 没有考虑权益资本成本。例如,同样获得100万元利润,一个企业投入资本500万元,另一个企业投入600万元,哪一个更符合企业的目标?若不与投入的资本额联系起来,就难以作出正确判断。另外,不考虑利润和投入资本额的关系,也会造成公司短视行为,优先选择高投入的项目,而不利于高效率项目的选择。

(4) 容易受到会计方法和人为因素影响,不够准确。

正因为如此,利润最大化不宜作为公司财务的目标。

2. 市场份额最大化

由于公司价值比较难以度量,所以一种观点认为公司财务目标应该与某些能够真实反映长期价值增长,同时又比财富价值更易于度量的指标联系在一起,比如市场占有率。市场占有率易于观测和度量,更重要的是从长期来看,比较高的市场占有率通常意味着较高的利润和价值。以市场占有率作为公司财务目标的前提是,市场占有率必须与公司价值之间保持持续的紧密联系,如果这种联系不复存在,那么这个目标就会出现问题。例如,20 世纪 80 年代,美国航空公司决定扩大其在美国航空市场的份额,认为这能够给他们带来更多的利润。但是 1993 年该公司首席执行官承认,市场份额最大化的战略已经失败,重新以提高盈利能力作为公司目标。

四、股东财富最大化目标下的利益冲突与协调

现代公司制的一个重要特征是所有权与经营权分离,虽然两权分离机制为公司筹集更多资金、扩大生产规模创造了条件,并且管理专业化,有助于管理水平的提高,但是一个不可避免的问题出现了,即代理问题。由于公司所有者与经理利益目标并不完全一致,经理出于使自身效用最大化的活动必然会损害股东利益。因此所有者的问题是如何设计激励约束机制使经营者的活动符合股东的利益,减少利益冲突。另一方面,公司股东与公司债权人之间也存在利益冲突,为了追求财富最大化股东可能要求经理采取不利于债权人利益的行动。下面我们分别对股东和经理之间以及股东和债权人之间的代理关系进行分析。

(一) 股东与经理、债权人的利益冲突

1. 股东和经理

股东与经理之间的利益冲突源于经理持有少于 100% 的剩余索取权,经理在承担全部经营活动成本的同时,却不能攫取全部经营活动的收益。这会导致经理投入更少的努力于管理企业的资源或者可能将企业资源转移到个人利益之中,引发经理道德风险。道德风险最明显的例子,就是雇员做出的会影响个人利益即职务待遇的决策。职务待遇包括直接好处和间接好处,前者如使用公司的轿车或办私事时用公费开支,后者如过分花哨的办公室装饰品。在这类事上花费过多的钱,对股东来说就是损失。

信息不对称加剧了道德风险。由于雇员的努力程度不可观察,雇员的努力程度与公司目标的实现之间不存在必然的因果关系,比如公司价值的增加可能是由于长期利率水平降低而导致股票价格的上涨,而并非是由于经理决策的结果。因此,所有者无法根据公司股价的表现来决定对雇员的考核。一些雇员希望不做出任何努力就得到报酬。

经理对股东利益的侵犯还有一个因素,这就是不可分散化的人力资本。人力资本具有投资专有性,雇员长期在一个职位或者公司工作,造成人力资本高度专业化。它直接影响到经理在进行资本投资时的选择。股东可以构造投资组合,持有多种不同股票。因此,对于某家公司价值的波动,他们并不过分在意。因为分散化投资导致不同股票价格

波动会相互抵消。但是公司价值的波动对经理影响很大。因此,在进行投资决策时经理的激励因素可能会与股东有很大不同。激励因素的背离导致投资决策中存在偏见。因为雇员在非常坏的结果中失去的更多,所以他们对公司进行高风险投资会产生偏见。而且由于这种偏见是基于风险(而不是报酬),因此,即使投资会带来很大的正的净现值,经理也不会选择它。

股东与经理之间的利益冲突有很多表现,比如有一种称为"绿色讹诈"的公司收购,被恶意收购者相中的公司经理被迫以更高的价格全部买下恶意收购者持有的公司股票,从而避免他们的公司被收购。反收购行动保全了经理的职位,但是却耗费了公司大量资源,给公司股价造成了不利影响。而绿色讹诈并不需要事前得到股东的同意,并通常迫使董事会通过反收购计划。

使股东利益受损的一种比较严重的表现是在收购中过度支付,当然经理并不承认这一点。经理层认为收购行动中支付溢价是由以下原因造成的,比如,目标公司价值被低估,存在战略利益,等等。但是收购公司的股东对收购或者合并行动并不像经理那样热情,因为收购公司的股价在宣布收购行动后会随时间的推移而逐步下降。收购行动中的过度支付带来的后果就是,收购公司股东的财富被转移到被收购公司股东手中。

2. 股东与债权人

股东与债权人利益冲突的本源在于对现金流量要求权的不同。债权人具有固定金额的第一位求偿权,而股东对残余现金流量有求偿权,当企业经营得好时,债权人所得的固定利息只是企业收益中的一小部分,大部分利润归股东所有。当企业经营状况差陷入财务困境时,债权人承担了资本无法追回的风险。因此,债权人要以比股东更消极的眼光看待项目选择和其他决策中存在的风险,特别是在企业财务拮据时,股东和债权人之间的利益冲突加剧。

这类冲突主要包括如下几个方面:

第一,求偿权稀释。增加股息支付会降低公司债权的价值。从某种意义上看,公司的未来收益可以看作是公司债务的抵押品,如果在债务到期之前将这些抵押品转移,债权人权益将受到侵害。从另一个角度看,支付股利同时减少公司的现金额和股东权益总量。权益总量的减少,会使公司的负债融资比例提高,从而增加了负债的风险并降低了负债求偿的价值。因此,公司债权的价值总是与股息支付政策联系在一起的。

负债的大规模增加也会稀释现有债权人对公司资产的求偿权。如果新增加的债务造成向现有债权人偿还承诺金额的可能性降低,那么就存在求偿稀释。风险的增加降低了公司未清负债的价值。股东会在债权人价值损失时得到收益。

第二,资产替代。从取得收入的方式来看,股东权益是一个典型的期权,股东可选择违约,而这种选择权是有价值的。该期权的价值是项目收益风险的增函数。这就是说,在借贷契约没有对项目选择作明确界定的情况下,股东有激励选择风险大而价值低的项目。资产替换最简单、最常见的例子就是用现金购买设备或原料。我们知道,如果一项投资的风险越高,那么投资者要求的投资报酬率就越高,这样该项投资的现值就会越小。所以当存在风险性负债时,会促使股东用风险更高(从而价值更小)的资产来替换公司现存资产。此时由于违约可能性增大,债权人求偿权的价值会减小。

第三,投资不足。当存在未清偿的风险性负债时,若公司进行低风险投资,那么股东会损失价值。所以股东会拒绝从事一项效益好(净现值为正)但风险低的投资,使财富不会从自己这里转移到债权人手中。即使该项目投资净现值为正,如果由于降低资产风险导致的股东价值的减少额,超过了该投资的正净现值,股东仍然会拒绝从事该项投资。一个例子是,假设公司的股东和经理意识到企业很可能发生财务危机,但现在控制权依然掌握在股东手中。这时公司面临一个有利的投资机会,其收益足以偿还到期债务,但这项投资要求公司将现有利润全部投入进去。在这种情况下,股东很可能拒绝该项目,而将利润作为股息分配。因为尽管该项目有利于债权人,并使公司价值最大化,但收益绝大部分归债权人,而投资成本却由股东承担了。

第四,资源的次优配置。债务融资可能导致企业投入的次佳搭配,从而引起企业低效率。债务融资总是与可以监督和抵押的资产联系在一起的,债权人希望加大这类资产的比例,因为这样可以保证债权人直接监督和验证资金用于指定的用途而不是被挪用,并且保护债权人最大限度地免于企业家道德风险的危害。尽管企业家具有增加不可观察的投入的激励,但双方一致同意的投入组合通常并非最为有效的投入组合——可监督和抵押的要素投入可能过多,而不可观察的投入则有可能过少。

(二)利益的协调

为了使经理按股东财富最大化的目标进行管理和决策,股东必须设计有效率的激励约束机制。若只采用监督措施,为监视和控制经理的一举一动要花费大量的资源,而且不可能做到全面监控。因此对经理的激励应是企业对经理人员管理的主要策略。将经理的管理绩效以及他对股东财富最大化所作的贡献与经理所获得的报酬联系起来,通过考核经理的工作业绩来决定对他的奖励,调动经理的积极性来为股东利益服务。除了公司内部激励机制外,资本市场和经理市场的存在也能促使经理把公司股票价格最高化作为他经营的目标。具体来讲,以下几个渠道可以在一定程度上缓解经理对股东利益的侵犯。

1. 经理市场

市场依据经理过去取得的业绩为经理定价。而来自资本市场的信息反映了经理的经营绩效。比如公司股价高意味着股东财富增加,说明经理管理水平高,经营业绩好,市场愿意为此而向经理支付较高的报酬。这样就将经理追求个人财富最大的愿望与股东财富最大的目标融为一体。

2. 经理被解雇的威胁

公司股权的分散化使个别股东很难通过投票表决来撤换不称职的经理。同时由于经理被授予了很大的权力,他们实际上控制了公司。大多数股东表达意见的方式只能是"用脚投票"。进入1980年代以来,许多大公司为机构投资者控股,养老基金、共同基金和保险公司在大企业中占的股份足以使他们有能力解雇经理。高级经理被解雇的威胁动摇了他们长期稳固的地位,并使他们的身价下降,促使他们创新,摒弃保守的管理理念而为股东的最大利益服务。

3. 公司被兼并的威胁

当公司经理决策错误导致股票价格大幅度下降时,就会有被其他公司兼并的危险。被兼并公司的经理在合并公司的地位一般都会下降或者被解雇,这对经理利益的损害是很大的。因此,经理人员为保住自己的地位和已有的权力会竭尽全力使公司的股价最大化,这是和股东利益一致的。不过正如前文分析的那样,经理为避免公司被收购,也会采取对股东不利的措施。

4. 对经理的奖励——绩效股

考核经理的经营绩效,按其管理效果的好坏进行程度不等的奖励是目前公司采用的主要激励手段。其中认股权证和绩效股奖励已被各公司广泛采用。认股权证规定持有人在认股权证有效期内有权以事先约定的不变价格购买公司股票。公司股价上升,认股权证价值增大。这样就把对经理的奖励和股价最大化的目标连在一起。但认股权证的价格受整个股票市场控制,经理为企业目标努力工作,但他不能控制整个股票市场,因此认股权证往往不能兑现。1970年代以来,绩效股已成为企业奖励经理的主要手段。选取某些与公司价值增长关系密切的指标,如每股收益,净资产报酬率,以及资产流动性指标作为考核指标,对经理的绩效进行考核,一般以考核指标的增长率作为奖励标准,奖给经理一定数量的公司股票,超额多奖。这样就可激励经理充分利用他们可控制的因素为股东财富最大化效力。

5. 财务信息公开制度

代理人掌握着企业内部财务信息,委托人的信息需求全部来自代理人的披露和报告,这容易导致代理人隐匿实情、虚报财务数据,诱发道德风险。因此,必须实行财务信息公开制度,建立有关财务信息的披露政策与质量约束机制,以实现委托代理双方在财务信息了解方面的均衡。

债权人为维护自己的利益,一是要求风险补偿,提高新债券的利率。二是在债券合同中加进许多限制性条款,如在企业债务超过一定比例时,限制企业发行新债券和发放现金股利,不得投资于风险很大的项目以免股东把风险转嫁到债权人身上。第三,分享权益利益。债权人可以在购买债券的同时购买该公司的股票,或者债券附属的认股权证,或者可转换证券,从而使自己持有该公司部分权益。一旦债权人发现股东正在牺牲他们的利益而使自己获益的时候,债权人也可以变为股东的一部分,分享一部分利益。实际上股东若无视债权人的利益,通过管理决策者将债权人的利益转到自己手中,将风险转嫁给债权人,对股东实现其财富最大化并没有好处。债权人会联合起来,拒绝借款给企业,或者要求企业支付借款的高额利息。这将增加企业的筹资成本,降低股本收益率,最终导致股票价格的下降。

第四节 公司金融环境

公司金融活动面临内外部环境约束,比如公司内部治理结构,以及金融市场、税收政策、货币政策等。在各种环境条件约束下,公司财务决策追求股东财富最大化目标的实现。

公司金融环境是指公司在进行与财务相关的各种金融决策时所依赖的环境。财务决策的程序与结果要受到这些环境的制约。例如,一项投资决策要经过公司董事会的审议,重大决策还要经过股东大会的表决通过,并且要在金融市场上为该项投资来筹集资金,等等。而货币政策的松紧以及金融市场的发达程度决定了筹资的效率和成本。所以,公司在进行财务决策时必须考虑环境约束。对环境的分析是财务决策所不可或缺的。只有弄清公司财务管理所依赖的环境的现状与发展变化趋势,才能做出正确的财务决策,更好实现公司财务目标。

按照环境是否可控,公司金融环境分为内部环境与外部环境。

一、公司金融内部环境

内部环境是指能够被公司自身所决定的那些影响公司财务决策的环境因素,包括公司规模、组织形式、经营管理水平、公司治理结构等。

1. 企业组织形式

企业组织形式有多种,不同类型的组织形式决定了不同的财务决策程序和相应岗位的设置以及职责权限的划分。例如,股份公司设立有股东大会和董事会以及较为完善的管理组织架构,决策流程更加严谨和规范,部门之间既有分工又有制衡。管理层负责日常的经营管理决策,董事会受全体股东委托对管理层进行监督考核。管理层提出投融资决策或者分配方案,然后要提交董事会的专门委员会如战略决策委员会或者投资决策委员会等进行审议,再提交全体董事会审议通过。特别重大的事项比如上市还要提交股东大会表决。这种机制既保证了管理层的积极性,能够对公司进行有效管理,又保证了重大决策的失误降到最小,保护股东利益。但是对于很多小企业而言,经营管理就不像股份公司这样严谨规范,很多时候决策是由企业主个人做出的,企业主的个人意志起决定作用。

2. 公司生产经营规模

公司规模对生产经营的组织方式以及决策目标都有很大影响,所以不同规模的企业对财务决策与经营管理有不同要求。大规模的企业内部有明确和复杂的专业分工,通过追求规模经济效益和市场垄断力来赚取最大利润,投融资活动现金流具有多元化、复杂化的特点,这要求建立严格规范的财务制度,财务决策过程复杂,需要考虑多种内外部影响因素。而较小规模的公司内部没有复杂的专业分工,经营活动较为单一,投融资活动规模较小,财务决策过程相对比较简单。

3. 经营管理水平

企业经营管理水平是指企业拥有健全的各项管理规章制度以及管理机制,并且能够严格遵照执行。管理水平高的企业能够更有效地利用各种稀缺资源,获取更大利润。反之,若公司内部管理制度与管理机制不健全,决策流程不规范,就不能充分有效利用内外部资源,从而增加成本,降低效率,甚至出现决策失误,给企业发展埋下隐患。

4. 公司治理结构

任何企业都要对其员工、顾客、股东、债权人和社会负责。这些利益集团从不同角度来评价公司经营,他们之间以及他们与公司之间的利益关系构成了公司金融环境的重要组成部分——公司治理结构。公司治理实质上是一系列的制度安排,用来协调利益相关者之间的关系,促进企业价值增长。公司治理有狭义和广义之分。李维安(2000)认为狭义的公司治理,是指所有者(主要是股东)对经营者的一种监督与制衡机制。其主要特点是通过股东大会、董事会、监事会及管理层所构成的公司治理结构的内部治理;广义的公司治理则是通过一套包括正式或非正式的内部或外部的制度或机制来协调公司与所有利益相关者(股东、债权人、供应者、雇员、政府、社区)之间的利益关系。

内部公司治理结构分为决策机构、执行机构与监督机构。决策机构主要是指股东大会与董事会,股东大会是最高决策机构,董事会是股东大会的代理机构。执行机构主要指高级经理层,负责执行董事会的决议。监事会是公司监督机构,代表全体股东来监督董事会是否执行股东大会的决议。

公司内部治理涉及董事会制度、公司控制权结构、对经理层的激励与约束等。董事会制度是公司治理的核心。董事会制度设计表现在四个方面:董事会成员的构成,要求专业性与代表性相结合,特别是增加独立董事来制约内部董事串谋损害投资者利益;董事会的组织结构,通常下设多个专门委员会,如战略委员会,薪酬委员会,审计委员会,提名委员会等,以增强董事会的专业性;建立合理的董事薪酬与激励机制如股票期权制度,以及建立完善的董事会议事规则。公司控制权结构主要是指剩余控制权如何在股东之间进行分配,既满足公司价值增长的需要,同时又不会削弱大股东对公司的控制权。但是拥有控制权并不意味着一定要掌握绝对控股地位,这取决于股权的分散程度。如果股权趋于分散,那么50%以下的股权比例仍能实现对公司的控制。对公司控制权的不同安排形成了不同的决策结果。

案例

保持对公司的控制权与公司发展壮大之间的抉择

2010年,三家国内的机械设备经销商筹划联手组建一家经销商集团,快速整合后2—3年将销售收入由20亿元人民币提高到40亿元,之后在香港上市。他们面临的第一个问题是急需启动资金。他们首先找到了一家国际大型私募基金。这家私募基金愿意投资1亿美元购买三家公司整合后60%的股权。但是因为三家公司的老板们不愿意放弃对公司的控制权,投资交易无法完成。最终,公司同意出让10%的股权从一家小型私募基金融资1500万美元。同时,公司同意给予这家小型私募基金对公司经营计划及未来融资的一票否决权,私募基金解释说这是"行规"。

两年后,机械设备行业遭遇寒冬,一些小型经销商濒临破产。上面这家公司的老板们希望融资5000万美元来扩大规模,改善现金流和提高运营效率,同时收购一批小型经销商。但是这个融资计划被这家小型私募基金多次否决,原因是担心新的投资者会稀释他们的股权和对公司的控制。

一年后,公司因为规模和盈利不足而无法满足上市要求。同时,由于机械设备行业和资本市场的缓慢复苏,这家公司在香港上市也变得遥遥无期。由于没有新的融资,公司也无法趁着行业低谷期低价并购其他公司快速扩大规模。和大多数公司一样，这家公司最后只好节衣缩食，勉强过冬。

对于公司控制权的一个错误决策导致整个公司由行业的领跑者/颠覆者变成为一个普普通通的参与者，大量的财富创造机会付之东流。问题出在哪里？

第一点：绝对控股的意义不大，因为这种安排在资本运作过程中不可持续。不要误以为创始人在公司上市后依然可以持有50%以上的股权。通常情况下，在公司建立之初，创始人拥有约80%的股权，管理团队拥有约10%，而剩下的5%—10%为员工持股。当私募投资进入后，通常会对现有投资者的股权稀释80%，所以创始人持股会下降至60%左右。然后，公司上市出让20%的股权给公开市场投资者，这意味着创始人的持股比例大多会下降至50%以下。所以，一味保持大股东地位的意义不大。作为一个创始人真正应该关心的是如何改善公司经营，为股东创造更大的回报，使股东心甘情愿让创始人继续保留控制权。这样，即使只持有30%—40%的股权，创始人依然可以有效控制公司。

第二点：给予"一票否决权"就相当于出让了公司控制权。这不是"行规"，是风险极高的行为，很多公司创始人为当初的草率和无知付出了沉重的代价。

来源：福布斯中文网（上海）：公司控制权三大误区之一：谋求绝对控股，2014-05-15

对经理层的激励与约束是公司治理的重要内容。通常来讲，股东与经理人之间存在利益冲突，这在前面的章节已经述及。所以对经理人的激励与约束计划目的是促使经理层能够按照股东的利益来经营企业，避免经理人道德风险的发生。常见的激励机制包括管理层收购（Management Buy-out，MBO）以及股票期权（Executive Stock Option，ESO）、员工持股计划等。

公司外部治理是指存在于公司之外的市场竞争机制以及法律制度，通过外部市场竞争以及法律约束来实现内部监督。外部市场主要是指经理人市场以及证券市场。一个充分竞争的经理人市场为每一个经理人的能力提供了恰当的评价与估值。经理人的过往业绩成为市场评价其能力的依据。股东可以在市场上选择适合公司的经理人。所以，经理人市场的存在对于公司现有经理人构成一种外部压力，一是他的经营管理的业绩在市场中会成为评价其能力的依据，二是有被取代的危险，一旦干得不好，公司就可能从经理人市场选择其他经理人来取代他。这种压力会促使经理人努力工作。证券市场则为中小投资者表达对经理层的意见提供了手段。大股东可以通过董事会来影响经理层的决策，也可以通过市场来选择更合适的经理人，但是中小股东可以选择"用脚投票"来表达意见，这样做的后果就是股价下跌，反过来影响市场对经理人的评价，如果经理人认识到"用脚投票"的后果，那么在事前就会更多考虑市场投资者的反应。

二、公司金融外部环境

公司要利用金融市场来进行投融资活动，而税收政策则影响公司能够向股东分配的税后收益以及投融资的方式和规模。所以,金融市场以及税收政策是公司金融重要的外部环境。

(一)金融市场与金融机构

1. 金融市场

金融市场(Financial Markets)是金融资产交易的场所,它是以金融资产(Financial Assets)为交易对象而形成的供求关系及其机制的总和。按交易对象来划分,金融市场可以划分为货币市场、资本市场、外汇市场和黄金市场。

货币市场。货币市场是指以期限在一年以内的金融资产为交易标的物的短期金融市场。该市场的主要功能是保持金融资产的流动性,以便随时转换成可以流通的货币。它的存在,一方面满足借款者的短期资金需求,另一方面也为暂时闲置的资金找到了出路。货币市场交易对象包括国库券、商业票据、银行承兑汇票、可转让定期存单、回购协议等短期信用工具。许多国家将银行短期信用工具也归入货币市场的业务范围。其中拆借市场和票据市场是最重要的两个市场。拆借市场是金融机构间进行短期资金融通的市场,主要为各金融机构如商业银行弥补短期流动资金不足、降低资金闲置提供一个渠道。票据市场是以各种票据为媒体进行资金融通的市场,按照票据的种类,可以分为商业票据市场、银行承兑票据市场和大额可转让存单市场。

资本市场。资本市场是指期限在1年以上的金融资产交易的市场。资本市场主要是指债券市场和股票市场。资本市场的主要作用是为企业创建、扩充设备等长期项目以及政府筹集长期资金用于公用事业投资和保持财政收支平衡。由于它的期限比较长、金融工具的流动性比较低,因此该市场的风险相对较大。

外汇市场。外汇市场是专门进行外汇买卖的场所,从事各种外币或以外币计价的票据及有价证券的交易。外汇市场按其含义有广义和狭义之分。狭义的外汇市场是银行间的外汇交易,包括同一市场各银行间的交易、中央银行和外汇银行间以及各国中央银行间的外汇交易活动,也被称为批发外汇市场(Wholesale Market);广义的外汇市场是指由各国中央银行、外汇银行、外汇经纪人及客户组成的外汇买卖、经营活动的总和,包括批发市场和银行同企业、个人间外汇买卖的零售市场(Retail Market)。

外汇市场是国际间资金的调拨划转、国际间债权债务的清偿、国际间资本流动以及跨国资金借贷融通的重要载体。通过外汇市场,购买力的国际转移得以实现,为国际经济交易提供了资金融通的渠道。

黄金市场。黄金市场是专门进行黄金买卖的交易市场。目前黄金仍是重要的国际储备工具之一,是调节国际储备的重要手段,在国际结算中仍然占有很重要的地位。黄金市场的主要参与者有:企业、个人、各国的外汇银行和中央银行、进行市场投机而进行黄金买卖的个人和机构。黄金市场主要集中在伦敦、纽约、苏黎世、香港等地。

按交割方式划分,金融市场可以划分为现货市场和衍生市场。衍生市场又包括期货市场和期权市场。现货交易是金融市场上的最普遍的交易方式,指市场上的买卖双方成交后须在若干交易日内办理交割的金融交易市场。包括现金交易、固定方式交易及保证金交易。衍生市场是指各种衍生金融工具进行交易的市场。它一般表现为一些合约,包括远期合约、期货合约、期权合约、互换协议等。这些合约的价值由其交易的金融资产的价格决定。由于衍生金融工具在金融交易中具有套期保值防范风险的作用,衍生工具的种类仍在不断增多。衍生金融工具同时也是一种投机的对象,其交易中所带来的风险也应引起注意。

2. 金融机构

金融机构体系主要由银行业和非银行业金融机构等共同组成。银行业金融机构是指商业银行、邮政储蓄银行、农村信用合作社等吸收公众存款的金融机构以及国家开发银行、中国进出口银行和中国农业发展银行等政策性银行。截至2014年末,银行业金融机构本外币各项存款余额117.37万亿元。除了5大国有商业银行以及12家全国性股份制商业银行外,有城市商业银行133家、农村商业银行665家、农村合作银行89家、农村信用社1 596家、村镇银行1 153家。银行业金融机构仍然是我国金融市场的主体。

非银行业金融机构是指除商业银行和专业银行以外的所有金融机构。这类金融机构主要是通过发行证券或以契约性的方式吸收资金。主要包括公募基金、私募基金、信托、证券、保险、融资租赁、资产管理公司等机构以及财务公司等。2014年末,证券公司总资产(不含客户资产)2.84万亿元。期货公司总资产(不含客户资产)728.76亿元。基金管理公司总资产(不含客户资产)827.01亿元。全国共有证券公司121家。期货公司153家。基金管理公司95家。全国保险机构达到180家,保险业总资产达到10.2万亿元。

(二) 有效资本市场理论及其对公司财务的影响

所谓资本市场的效率是指证券价格对影响价格变化的信息的反映程度。反映速度越快,资本市场越有效率。资本市场的有效性划分成三个不同的层次,即强式有效市场、半强式有效市场、弱式有效市场。

弱式有效市场。所谓弱式有效市场就是在股票价格中包含了过去记录中的全部交易信息,证券价格的未来走向与其历史变化之间是相互独立的,投资者无法依靠对证券价格变化的历史趋势的分析(如技术分析)所发现的证券价格变化规律来获取超额利润。

半强式有效资本市场。所谓半强式有效市场则指证券价格不但完全反映了所有历史交易信息,而且反映了所有公开的信息包括企业基本面信息。在半强式有效市场中,各种信息一经公布,证券价格将迅速调整到其应有的水平上,使得任何利用这些公开信息对证券价格的未来走势所作的预测对投资者失去指导意义,从而使投资者无法利用对所有公开发表的信息的分析来获取超额利润。在半强式有效资本市场上,存在着两类信息:公开信息和"内幕信息"。极少数人控制着"内幕信息",而大部分人只能获得公开信息。

强式有效市场。在强式有效市场上,信息的产生、公开、处理和反馈几乎是同时的。结果,每一位交易者都掌握了所有相关信息,而且每一位交易者所占有的信息都是一样的,对该资本品的价值判断都是一致的。也就是说,证券的价格反映了所有即时信息所包含的价值。强式和半强式有效市场的区别在于是否存在未公开的"内幕信息"。

弱式有效市场与强式、半强式有效市场的区别在于,在一个弱式有效市场上,除了信息的公开程度存在着差别之外，投资者对公开信息的理解和判断也存在着专业性和非专业性的区别。结果在弱式有效市场上，除了通过掌握"内幕信息"可以获得超额利润之外，那些专业性的投资者就可以利用他们在信息分析上的专业优势获得额外的利润。

有效市场理论给财务管理活动带来了很多启示，如既然价格的过去变动对价格将来的变动趋势没有影响，就不应该根据股票价格的历史变化决定投资或融资；既然市场价格能够反映企业的状况，市场上的证券价格一般也就是合理的，因此凡是对证券的高估或低估，都应当谨慎；既然市场价格是准确和可靠的，对企业状况的人为粉饰也就不会长久地抬高企业的价值；既然资本市场上的证券都是等价的，每种证券的净现值都等于零，因此各种证券可以相互替代，也就可以通过购买各种证券进行投资组合。

(三) 税收政策

税收对企业投融资决策以及收益分配都有重要影响。例如，在融资决策的过程中税收因素是重要外部因素之一。税收之所以能对企业的融资决策产生影响，是由于税收的非中性。从企业所得税方面来说，企业通过负债融资产生的利息被当作经营过程中产生的费用允许税前扣除，这样相对于无负债经营企业可以少纳所得税获得税收上的好处。而相对负债融资，企业进行股权融资分配给股东的股利则必须要在缴纳完企业所得税之后才能发放，企业并不能获得税收上的利益。从个人所得税方面来说，股东从企业获得的股利和债权人从企业获得的利息收入都必须要缴纳个人所得税，使得企业支付给股东的股利和支付给债券人的利息并不等于他们的实际所得，如果股利的所得税和利息的所得税在税率上存在差异，那么股东和债权人对于企业价值的评估就会存在差异，其要求的报酬率就会不同，企业进行权益融资和负债融资的资本成本也会产生差异。在投资决策过程中，税收会影响资产的税前收益率，从而影响投资方式。另外，如果投资时选择的企业组织形式不同，其税收负担也不同。如果选择了有限责任的形式，则会被课以企业所得税；如果选择了个人独资或(和)他人合伙，则适用个人所得税法，而这二者在税率、税前扣除以及税收优惠上都有很大的不同，这会极大地影响企业的税收负担。所以，税收政策对企业经营效果影响很大，企业管理者必须对税收政策有所了解。

现在简单介绍我国的税收体系。根据税种属性及特征，我国目前税收体系划分为中央税、地方税以及共享税(见图1-2)，中央税是指由中央政府征收和管理使用或由地方政府征收后全部划解中央政府所有并支配使用的一类税。如我国现行的关税和消费税等。这类税一般收入较大，征收范围广泛。地方税是指由地方政府征收和管理使用的一类税。这类税一般收入稳定，并与地方经济利益关系密切。共享税是指税收的管理权和使用权属中央政府和地方政府共同拥有的一类税。这类税直接涉及中央与地方的共同利益。对于共享税种，中央与地方的分享比例分别是：增值税75%，25%；企业和个人所得税60%，40%；印花税97%，3%；资源税按不同的资源品种划分，大部分作为地方收入，海洋石油资源税作为中央收入。

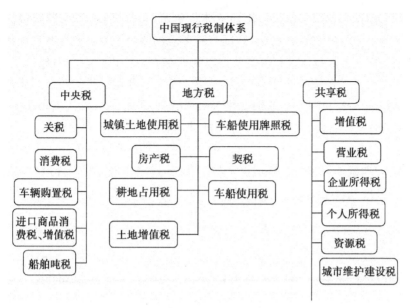

图 1-2 按税收征收权限和收入支配权限分类

按课税对象为标准分类,分为流转税、所得税、资源税、财产税、行为税五大类(见图 1-3)。流转税是指以商品生产流转额和非生产流转额为课税对象征收的税种(我国税制结构中的主体税类,包括增值税、消费税、营业税和关税等)。所得税又称收益税,是指以各种所得额为课税对象的税种(我国税制结构中的主体税类,包括企业所得税、个人所得税等税种)。财产税是指以纳税人所拥有或支配的财产为课税对象的按课税对象分类的税种(包括遗产税、房产税、契税、车辆购置税和车船税等)。行为税是指以纳税人的某些特定行为为课税对象的税种(诸如城市维护建设税、印花税等)。资源税是指对在我国境内从事资源开发的单位和个人征收的税种(如资源税、土地增值税、耕地占用税和城镇土地使用税等)。

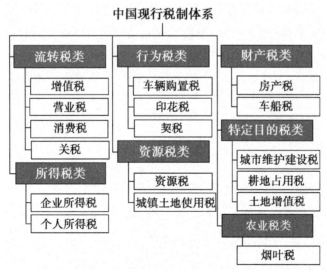

图 1-3 按课税对象为标准分类

19

当前，我国税制存在诸多问题，比如总体税负重、重复征税，以及流转税比重偏高等问题。2011年，经国务院批准，财政部、国家税务总局联合下发营业税改征增值税试点方案（简称营改增）。所谓"营改增"其实就是以前缴纳营业税的应税项目改成缴纳增值税，增值税就是对于产品或者服务的增值部分纳税，减少了重复纳税的环节。比如一件商品售价100元，生产者销售时已经缴纳了相应的税金，假如购买者再次销售时定价150元，那么他买来的时候100元相应的税金可以抵减，购买者只需要对增值的50元计算缴纳相应的税金，"营改增"有利于减少营业税重复征税，使市场细化和分工协作不受税制影响；有利于完善和延伸二三产业增值税抵扣链条，促进二三产业融合发展。2013年起"营改增"范围已推广到全国试行，自2014年6月1日起，将电信业纳入营业税改征增值税试点范围。

本章小结

1. 企业的基本组织形式有三种，即个人独资企业（Sole Proprietorship）、个人合伙企业（Partnership）和公司企业（Corporate）。个人独资企业是指由一个自然人投资，财产为投资人个人所有，投资人以其个人财产对公司债务承担无限责任的经营实体。合伙企业是由各合伙人订立合伙协议，共同出资，合伙经营，共享收益，共担风险，并对合伙企业债务承担无限连带责任的营利组织。公司企业是具有法人地位的企业组织形式。公司拥有独立的法人财产，独立承担经济责任。公司企业组织形式包括无限责任公司、有限责任公司、股份有限责任公司三类。

2. 公司财务目标是追求公司价值最大化或者股东财富最大化。这个财务目标可能会因股东与经理的冲突、股东与债权人的冲突、公司与社会的冲突等带来社会成本。但是可以通过一些办法或者机制来减轻这种社会成本，比如建立对经理的激励机制，财务信息公开制度，在债券合同中加进限制性条款等。

3. 公司金融活动面临内外部环境约束，包括公司内部环境和公司外部环境。内部环境包括公司治理结构、公司规模、经营效益等。外部环境主要是指公司不能掌控和影响的环境，例如金融市场、税收政策、货币政策等。在各种环境条件约束下管理者追求公司价值最大化目标。

思考与应用

1. 现代企业有几种组织形式？各有什么特点？
2. 为什么我国《公司法》允许存在一人有限责任公司？一人有限责任公司与个人独资企业有何不同？
3. 试举例说明公司金融活动包括哪些内容？

4. 你认为公司价值最大化作为公司财务目标是否合理？公司价值最大化与股东财富最大化有何不同？

5. 在股东财富最大化目标下，如何协调债权人、股东与经理人之间的利益冲突？

6. 请你谈谈税收制度对公司财务活动的影响。

7. 股东与经理间存在利益冲突，理论上股东有权通过股东大会和董事会来限制和约束经理的行为，实际上这些机制并不起作用，这是为什么？

8. 金融市场价格经常发生剧烈变化，从而金融市场无效，请解释为什么金融市场处于无效状态呢？

9. 市场份额最大化目标在什么情况下是成功的？

第二章 公司财务报表分析

【本章提要】 财务报表是人们了解公司经营与财务状况的重要信息来源。本章以通化东宝药业股份有限公司的财务报告为样本,首先介绍了公司的三大基本财务报表、会计报表附注和审计报告等基础知识,然后对财务报表分析常用的方法进行了描述,之后重点对财务比率分析和现金流量分析常用的指标及应用时需要注意的问题进行了详细说明,这是本章的重点,也是本章的难点。

【引 例】 1994年6月上市的银广夏公司,曾因其骄人的业绩和诱人的前景而被称为"中国第一蓝筹股"。2001年8月,《财经》杂志发表"银广夏陷阱"一文,银广夏虚构财务报表事件被曝光。中国证监会对银广夏的行政处罚决定书认定,公司自1998年至2001年期间累计虚增利润77 156.70万元,其中:1998年虚增1 776.10万元;1999年虚增17 781.86万元,实际亏损5 003.20万元;2000年虚增56 704.74万元,实际亏损14 940.10万元;2001年1—6月虚增894万元,实际亏损2 557.10万元。从原料购进到生产、销售、出口等环节,公司伪造了全部单据,包括销售合同和发票、银行票据、海关出口报关单和所得税免税文件。由于财务告假事件曝光,公司股价从2001年8月1日的31.90元暴跌至2002年1月22日的2.12元,投资者损失惨重。认真阅读公司的年度报告,不难发现公司的财务数据存在诸多疑点:(1)2000年公司的销售利润率高达46%,而深沪两市农业类、中草药类和葡萄酿酒类上市公司的利润率鲜有超过20%的。(2)公司的子公司——天津广夏公司出口收入金额可观,按照我国税法,应办理几千万的出口退税,但年报里却没有出口退税的项目。(3)2000年公司工业生产性的收入形成毛利5.43亿元,按17%税率计算,公司应当计交的增值税至少为9 231万元,但公司披露2000年年末应交增值税余额为负数。(4)萃取技术高温高压高耗电,但水电费1999年仅20万元,2000年仅70万元。(5)1998年及之前的财务资料全部神秘"消失"。虽然阅读财务数据不可能完全看清公司财务造假的真相,但至少可以发现其中的一些蛛丝马迹,这对投资者正确地做出投资决策,有效规避风险是非常有帮助的。

第一节 财务报表分析概述

一、公司财务报告

公司财务报告是指企业对外提供的反映公司某一特定日期财务状况和某一会计期间经营成果、现金流量的文件。财务报告主要包括基本财务报表、报表附注和审计报告。

(一) 基本财务报表

公司的基本财务报表包括资产负债表、利润表和现金流量表三个部分。

1. 资产负债表

表 2-1 是通化东宝药业股份有限公司(以下简称"东宝公司")2011 年和 2012 年的资产负债表。该报表反映了公司在两个年度末的全部资产、负债和所有者权益状况。企业资产负债表分为资产与负债两方。

资产方由流动资产、长期投资、固定资产(不包括折旧)、无形资产构成,资产按流动性大小依次排列。流动资产指企业在生产经营活动中占用的各种形态的生产资本,它既包括资金形态的现金、银行存款、有价证券、应收账款和应收票据等,也包括实物形态的原材料、在制品、半成品、包装材料和辅助材料等。其中现金、银行存款、有价证券、应收账款、应收票据等又称速动资产。固定资产指企业从事生产经营活动所需的手段和工具,如厂房建筑和生产设备等。无形非金融资产是指国家或法律所赋予的生产某些特殊货物或服务,从事某些特殊活动,销售、购买某种货物或资产的特殊权力,如版权、专利权、商标权等。

负债方表明企业所拥有的全部资产的资金来源及其构成。负债方把企业的所有资金来源分为流动负债、长期负债与股东权益三大类,它们按照可能的偿付时间的先后次序排列。流动负债与长期负债是指企业的资金来源与其他企业发生了债务关系的部分,也就是企业通过各种途径形成的"欠账"或借款。其中流动负债指企业所借的短期债务,包括应付账款、应付票据和应付股利等。长期负债指企业的各种长期(一年以上)债务,包括应付长期票据、应付债券等。股东权益又称净值,包括股本、资本公积、盈余公积和未分配利润等。股东权益是资金来源中属于企业自己的资金,它不对其他企业发生债务关系,对股份企业而言,股东权益代表全体股东对企业资产拥有的所有权。

流动负债与长期负债构成企业全部负债,企业的负债与股东权益的性质是不同的,负债具有偿还性,它是本企业占有其他企业资金的结果。股东权益的大小代表企业的经济实力和富有程度,它的增值取决于生产规模的扩大和经济效益的提高。

资产负债表是根据资产与负债平衡关系建立的,其基本关系式为:资产=负债+所有者权益不论企业资金运动处于何种状况,这种平衡对应关系始终存在。作为企业的债权人,他们对企业的全部资产具有要求权,也就是企业要以全部资产对不同债权人承担偿付责任。企业资产在偿付全部债务以后归属于股权投资者,也就是说,权益表现为企业的资产总额与负债总额相抵后的剩余资产净值。

通过资产负债表,可以了解公司拥有的经济资源及其分布状况,分析公司的资本来源及其构成比例,预测公司资产的变现能力、偿债能力和财务弹性。

必须注意的是,资产负债表中的数据是账面数字,而不是所估计资产的实际经济价值,固定资产账面价值是根据实际(历史)成本确定的,而不是根据当前成本(重置成本)确定的。存货按成本与市价孰低法列示。应收账款的数字暗示这些应收账款将被收回,但事实可能并非如此。通常需要深入了解数字背后隐含的信息才能正确分析公司的财务状况。

资产负债表的格式有左右结构的账户式与上下结构的报告式两种。表2-1是上下结构的资产负债表。

表2-1 合并资产负债表 ①

编制单位：通化东宝药业股份有限公司　　　　单位：元　　　　币种：人民币

项　　目	2012.12.31	2011.12.31
流动资产：		
货币资金	124 599 207.03	243 968 698.89
结算备付金		
拆出资金		
交易性金融资产		
应收票据	7 053 337.25	20 564 083.40
应收账款	296 336 183.79	346 262 859.78
预付款项	123 159 094.92	132 388 323.34
应收保费		
应收分保账款		
应收分保合同准备金		
应收利息		
应收股利	0.00	13 051 808.41
其他应收款	84 456 742.25	99 915 040.22
买入返售金融资产		
存货	232 994 216.66	197 779 897.97
一年内到期的非流动资产		
其他流动资产		
流动资产合计	868 598 781.90	1 053 930 712.01
非流动资产：		
发放委托贷款及垫款		
可供出售金融资产	27 450 000.00	17 790 000.00
持有至到期投资		
长期应收款		
长期股权投资	145 508 098.59	121 105 268.89
投资性房地产		
固定资产	1 032 674 860.94	1 086 112 330.58
在建工程	199 754 689.11	12 468.50

---

① 第二节和第三节相关财务比率的计算将会以这里列示的三大报表数据及其他相关年度的年度报告数据为依据，想了解该公司的具体情况，读者可到巨潮资讯网等网站查阅公司的招股说明书和历年的财务报告。

续表

项目	2012.12.31	2011.12.31
工程物资	737 586.53	1 003 213.95
固定资产清理		
生产性生物资产		
油气资产		
无形资产	69 146 560.54	69 462 222.35
开发支出		
商誉		
长期待摊费用	5 793 104.00	6 896 552.00
递延所得税资产	30 456 303.27	21 030 572.26
其他非流动资产		
非流动资产合计	1 511 521 202.98	1 323 412 628.53
资产总计	2 380 119 984.88	2 377 343 340.54
流动负债：		
短期借款	79 000 000.00	63 000 000.00
向中央银行借款		
吸收存款及同业存放		
拆入资金		
交易性金融负债		
应付票据		
应付账款	30 774 994.22	37 764 877.78
预收款项	11 787 470.60	12 113 849.67
卖出回购金融资产款		
应付手续费及佣金		
应付职工薪酬	3 587 030.36	1 936 022.67
应交税费	−5 475 744.93	4 263 717.90
应付利息		
应付股利		
其他应付款	16 353 924.52	14 291 988.66
应付分保账款		
保险合同准备金		
代理买卖证券款		
代理承销证券款		
一年内到期的非流动负债	30 000 000.00	
其他流动负债		
流动负债合计	136 027 674.77	163 370 456.68

续表

项目	2012.12.31	2011.12.31
非流动负债：		
长期借款	238 753 000.00	122 000 000.00
应付债券		
长期应付款		
专项应付款	11 820 000.00	13 130 000.00
预计负债		
递延所得税负债	2 322 090.00	873 090.00
其他非流动负债		
非流动负债合计	252 895 090.00	136 003 090.00
负债合计	388 922 764.77	299 373 546.68
所有者权益(或股东权益)：		
实收资本(或股本)	776 212 521.00	776 212 521.00
资本公积	254 301 583.44	246 090 583.44
减：库存股		
专项储备		
盈余公积	222 858 541.36	214 898 634.46
一般风险准备		
未分配利润	708 331 233.73	808 825 432.55
外币报表折算差额		
归属于母公司所有者权益合计	1 961 703 879.53	2 046 027 171.45
少数股东权益	29 493 340.58	31 942 622.41
所有者权益合计	1 991 197 220.11	2 077 969 793.86
负债和所有者权益总计	2 380 119 984.88	2 377 343 340.54

2. 利润表

表 2-2 利润表反映了东宝公司 2011 年和 2012 年两个会计年度的收入、成本与利润情况。该表又称为损益表，是反映一定时期公司盈利或亏损情况的会计报表。它通过概述公司的收入及成本、费用，说明公司在某一会计期间的利润(亏损)的数额，投资者据此可以分析公司的经济效益及盈利能力，评价公司的管理绩效。

利润表属于动态报表，编制的基本会计等式为：收入－费用＝利润。我国的利润表为多步式格式，分为营业收入、营业成本、营业利润、利润总额和净利润五个步骤，分步反映净利润的形成过程。表 2-2 就是多步式利润表。

表 2-2　合并利润表

编制单位：通化东宝药业股份有限公司　　　单位：元　　　币种：人民币

项　目	2012年	2011年
一、营业总收入	991 527 785.72	784 499 202.67
其中：营业收入	991 527 785.72	784 499 202.67
二、营业总成本	950 828 990.69	767 695 743.16
其中：营业成本	357 296 428.39	295 396 465.73
营业税金及附加	7 407 263.60	4 753 795.90
销售费用	351 566 290.91	281 732 427.00
管理费用	141 545 232.86	147 880 838.15
财务费用	14 251 488.15	14 455 540.84
资产减值损失	78 762 286.78	23 476 675.54
加：公允价值变动收益（损失以"－"号填列）		
投资收益（损失以"－"号填列）	8 255 902.50	406 319 127.94
其中：对联营企业和合营企业的投资收益	7 199 924.70	9 738 876.60
汇兑收益（损失以"－"号填列）		
三、营业利润（亏损以"－"号填列）	48 954 697.53	423 122 587.45
加：营业外收入	18 299 158.62	4 353 171.20
减：营业外支出	191 412.67	589 421.86
其中：非流动资产处置损失	115 527.59	298 819.56
四、利润总额（亏损总额以"－"号填列）	67 062 443.48	426 886 336.79
减：所得税费用	7 416 013.03	63 903 088.82
五、净利润（净亏损以"－"号填列）	59 646 430.45	362 983 247.97
归属于母公司所有者的净利润	62 708 212.28	363 981 453.37
少数股东损益	－3 061 781.83	－998 205.40
六、每股收益：		
（一）基本每股收益	0.08	0.47
（二）稀释每股收益	0.08	0.47
七、其他综合收益	8 211 000.00	－17 599 457.30
八、综合收益	67 857 430.45	345 383 790.67

3. 现金流量表

表 2-3 是东宝公司 2011 年与 2012 年的现金流量表，它是以现金及现金等价物为基础编制的反映公司在两个会计年度的现金收入和支出情况及其变动原因的财务报表。编制现金流量表的目的，是为会计报表使用者提供企业一定会计期间内现金和现金等价物的流入和流出方面的信息，以便于报表使用者了解和评价企业获取现金和现金等价物的能力，并据以预测企业未来的现金流量。

这里的现金是指企业库存现金以及可以随时用于支付的存款。现金等价物是指企业持有的期限短、流动性强、易于转换为已知金额现金、价值变动风险很小的投资(以下在提及"现金"时,除非同时提及现金等价物,均包括现金和现金等价物)。现金流量指企业现金和现金等价物的流入和流出。通过对现金流量的合理分类,可以全面反映企业的现金潜力,以评价企业的发展前景。

现金流量表分为主表和补充资料两部分,主表采用直接法编制,包括三大内容:经营活动产生的现金流量、投资活动产生的现金流量和筹资活动产生的现金流量,每一部分都包括现金流入与现金流出两个方面。主表中的经营活动现金流量也可以采用间接法编制,间接法是从净利润开始,然后用非现金的损益表项目和有关的资产负债表项目的变化把净收益调整为经营活动净现金流。在我国上市公司对外披露的财务报告中,间接法是作为现金流量表的补充资料呈现给报表使用者的。

表 2-3 是现金流量表的主表(直接法),表 2-4 显示的补充资料(间接法)。

表 2-3　合并现金流量表

编制单位:通化东宝药业股份有限公司　　　单位:元　　　币种:人民币

项　　目	2012	2011
一、经营活动产生的现金流量:		
销售商品、提供劳务收到的现金	1 082 546 231	824 654 232.95
收到其他与经营活动有关的现金	27 051 529	3 458 687.33
经营活动现金流入小计	1 109 597 759	828 112 920.28
购买商品、接受劳务支付的现金	330 010 429	335 959 909.79
支付给职工以及为职工支付的现金	66 159 887	59 158 492.90
支付的各项税费	151 626 556	173 467 958.56
支付其他与经营活动有关的现金	367 481 471	314 600 176.38
经营活动现金流出小计	915 278 344	883 186 537.63
经营活动现金流量净额	194 319 415	−55 073 617.35
二、投资活动现金流量:		
收回投资收到的现金		456 165 000.00
取得投资收益收到的现金	14 107 786	
处置固定资产、无形资产和其他长期资产收到的现金	72 723	91 850.50
投资活动现金流入小计	14 180 509	456 256 850.50
购建固定资产、无形资产和其他长期资产支付的现金	241 833 463	88 831 321.39
投资支付的现金	17 202 905	
投资活动现金流出小计	259 036 368	88 831 321.39
投资活动产生的现金流量净额	−244 855 859	367 425 529.11
三、筹资活动现金流量:		
吸收投资收到的现金	612 500.00	

续表

项　　目	2012	2011
取得借款收到的现金	203 753 000	63 000 000.00
筹资活动现金流入小计	204 365 500	63 000 000.00
偿还债务支付的现金	102 310 000	171 835 997.70
分配股利、利润或偿付利息支付的现金	169 882 574	16 575 037.79
筹资活动现金流出小计	272 192 574	188 411 035.49
筹资活动产生的现金流量净额	−67 827 074	−125 411 035.49
四、汇率变动对现金及现金等价物的影响	−1 005 973	−5 748 159.35
五、现金及现金等价物净增加额	−119 369 491	181 192 716.92
加：期初现金及现金等价物余额	243 968 699	62 775 981.97
六、期末现金及现金等价物余额	124 599 207	243 968 698.89

表 2-4　现金流量表的补充资料

2012 年 1—12 月

编制单位：通化东宝药业股份有限公司　　　　单位：元　　　　币种：人民币

项　　目	2012	2011
(1) 将净利润调节为经营活动的现金流量		
净利润	79 599 069.00	378 860 282.29
加：资产减值准备	59 117 932.01	19 628 758.74
固定资产折旧、油气资产折耗、生产性生物资产折旧	88 694 540.84	89 864 764.64
无形资产摊销	8 073 479.26	8 154 229.66
长期待摊费用的摊销	1 103 448.00	
处置固定资产、无形资产和其他长期资产的损失(减：收益)	−1 531 256.50	158 804.00
固定资产报废损失		
公允价值变动损失(减：收益)		
财务费用(减：收益)	14 830 551.91	14 779 868.96
投资损失(减：收益)	−8 255 902.50	−406 319 127.94
递延所得税资产减少(减：增加)	−7 338 556.13	282 104.25
递延所得税负债增加(减：减少)		−2 664 000.00
存货的减少(减：增加)	−38 056 211.66	−24 213 139.80
经营性应收项目的减少(减：增加)	23 530 772.39	−135 071 812.13
经营性应付项目的增加(减：减少)	−33 080 022.91	4 297 792.03
其他		
经营活动产生的现金流量净额	186 687 843.71	−52 241 475.30
(2) 不涉及现金收支的投资和筹资活动		
债务转为资本		

项　　目	2012	2011
一年内到期的可转换公司债券		
融资租入固定资产		
(3) 现金及现金等价物净变动情况		
现金的期末余额	112 606 521.46	213 225 972.98
减：现金的期初余额	213 225 972.98	53 319 419.78
加：现金等价物的期末余额		
减：现金等价物的期初余额		
现金及现金等价物净增加额	−100 619 451.52	159 906 553.20

4. 三大会计报表之间的关系

三个报表各自的内容不同、功能不同，但又密切相关，其中资产负债表是最基本的财务报表，它反映了企业拥有和控制的经济资源以及未来需要偿还的债务情况；利润表从收入、成本、费用的角度反映了企业的经营绩效和资产运作水平；而现金流量表反映了企业的现金的流入与流出，表明企业获得现金和现金等价物的能力。三个报表从不同角度分别反映了企业的财务状况、经营情况和现金流量。实践中，只有将三个报表结合起来，才有可能对企业的经营和财务的整体情况做出比较客观全面的评价。

(二) 会计报表附注和审计报告

基本会计报表中所规定的内容具有一定的固定性和规定性，其所能反映的会计信息受到一定的限制，只能提供定量的会计信息。为了便于使用者阅读理解和使用报表数据，会计报表的编制者必须对公司基本情况、财务报表编制基础、会计准则声明、公司的主要会计政策与会计估计等做出说明。另一方面，即使在数据信息的提供上，基本会计报表也是遵循从简的原则，一些详细的信息不会在基本报表中得到反映，如企业的应收账款与存货的明细账、固定资产与无形资产项目的明细情况等。会计报表附注是会计报表的补充，主要对会计报表不能包括的内容，或者披露不详尽的内容作进一步的解释说明。报表使用者应严格地将这些附注视为报表信息的一部分，而不应把它们视为报表之外可有可无的内容。

审计报告是注册会计师对财务报表经过审计出具的审计意见。2003年6月，财政部同意发布中注协修订的《独立审计具体准则第7号——审计报告》规定，注册会计师在审计报告中应清楚地表达对会计报表的整体意见并对审计报告负责。审计报告可以帮助报表使用者对报表数据是否真实公允地反映了公司的实际情况做出判断，是运用财务报表预警财务风险的一种简单实用的方法。审计报告的类型包括：无保留意见、保留意见、否定意见和无法表示意见。一般来讲，只要一家公司没有获得注册会计师无保留意见审计报告，会计报表的使用者即可直接质疑其数据真实性或财务健全性。

二、财务报表分析

财务报表分析就是根据财务报表提供的主要信息来源，确定评价标准，选择有效的分析方法,评价过去、认识现在和预测未来,为公司决策者提供科学决策的依据。

(一) 财务报表分析的评价标准

财务报表分析需要对公司经营状况和财务状况作出评价,因此,确定一个合理的评价标准非常重要,否则,大量的数据和指标本身并不能说明任何问题。常用的财务报表分析的评价标准主要有以下两类:

1. 公司内部标准

公司内部标准包括历史标准与预算标准。

(1) 历史标准。它是指以公司过去某一时点上的实际状况为标准,例如历史最高水平或正常经营条件下的一般水平。这一标准的优点在于比较实际、可靠、可比性高;不足之处是保守、适用范围狭窄、欠缺合理性等。

(2) 预算标准。它是公司根据自身具体经营条件或经营状况制定的比较标准。其优点是综合了公司现状以及外部有关条件等因素,在反映公司经营与财务状况方面较为全面、实际,目标引导作用也好。这一标准是否可靠,关键在于预算指标是否科学合理,因此其不足之处是容易受到认识因素的影响。

2. 公司外部标准

公司外部的评价标准主要有行业标准和经验标准两类。

(1) 行业标准。它是依据公司所在的行业情况制定的比较标准。行业标准可以是行业财务状况和经营状况的一般水平或平均水平,也可以是该行业的先进水平,不同的具体标准有不同的指导作用。由于不同公司的经营方式、采用的财务处理方法以及是否进行多元化经营等差异,可能使行业标准失去可比性。

(2) 经验标准。它是通过大量实践经验的检验,从中总结得出的有代表性的标准,如流动比率和速动比率的经验标准分别不低于 2 和 1。经验标准源于实践,不断接受实践检验,并且随着实践的发展不断调整,所以具有客观性、普遍性。当然,经验标准反映的是一般情况,实践中,要结合公司的特定环境和特定情况,才可得出具体结论。

(二) 会计分析

会计分析是根据公认的会计准则对财务报表的可靠性和相关性进行分析,目的在于评价企业会计所反映的财务状况与经营成果的真实程度。会计分析的作用主体体现在两个方面:一是通过对会计政策、会计方法、会计披露的评价,揭示会计信息的质量状况;二是通过对会计灵活性、会计估计的调整,修正会计数据,为财务分析奠定基础,并保证财务分析结论的可靠性。

进行会计分析,一般可按下列步骤进行:

(1) 阅读财务报告。分析者应在全面阅读的基础上重点关注以下几点:注册会计师审计意见与结论;企业采用的会计政策及其变动情况;会计信息披露策略及会计信息披露的完整性与真实性。

(2) 比较财务报表。在阅读会计报告的基础上,利用比率分析等方法对财务报表进行比较,揭示财务会计信息的差异及其变化,找出需要进一步分析与说明的问题。

(3) 解释财务报表。在比较财务报表的基础上,考虑企业采取的会计原则、会计政策、会计核算方法等,说明财务报表差异产生的原因,包括会计原则变化影响、会计政策变化影响、会计核算失误影响等,特别重要的是要发现企业经营管理中存在的潜在"危险"信号。

(4) 修正财务报表信息。会计分析是财务分析的基础,通过会计分析,对发现的由于会计原则、会计政策等原因引起的会计信息差异,应通过一定的方式加以说明或调整,消除会计信息的失真问题。

(三) 财务报表分析的基本方法

为了能正确揭示各种数据之间存在的重要关系,正确客观地评价公司的财务状况与经营状况,报表使用者通常采用以下几种方法进行报表分析:

1. 比较分析法

比较分析法是指将企业报告期财务状况的信息与企业前期或历史某一时期财务状况的信息进行对比,研究企业经营业绩或财务状况的发展变化情况。

比较分析法也可用于一些可比性较高的同类企业之间的对比分析,以找出企业之间存在的差距。但是,用于不同企业的分析一定要注意其可比性问题,即使在同一企业的应用,对于差异的评价也应考虑其对比的基础。

2. 结构百分比分析

结构百分比分析又叫共同比分析,它是通过计算报表中各项目占总体的比重或结构,反映报表中的单个项目与总体的关系情况及其变动情况。这里讲的"项目总体"因报表而异,一般情况下,资产负债表是资产合计数,损益表是营业收入,现金流量表是现金流合计数。

结构百分比分析的一般步骤是:首先确定报表中各项目占总体的比重;然后通过各项目的比重,分析各项目在企业经营与财务中的重要性,一般项目比重越大,说明其重要程度超高,对总体的影响越大;最后是将分析期各项目的比重与前期相同项目的比重对比,研究各项目的比重变动情况。也可将本企业与同类其他企业进行对比,研究本企业与同类企业的不同,以及取得的成绩和存在的问题。

3. 趋势分析

趋势分析是将连续多年的财务报表的数据集中在一起,选择其中某一年份为基期,计算每一期间各项目对基期同一项目的百分比或指数,以揭示各期间财务状况的发展趋势。对不同规模的公司,在一定条件下也可采用该方法进行比较。

趋势分析的一般步骤是:首先,计算趋势比率或指数,然后根据计算结果评价与判断企业各项指标的变动趋势及其合理性,最后根据企业财务项目以前各期的变动情况,研究其变动趋势或规律,预测出企业未来发展变化情况。

4. 财务比率分析

财务比率分析是指通过将两个性质不同但有关联的会计项目数据相除,得到各种财务比率,据以揭示财务报表中不同项目之间的内在关系、评价企业财务状况和经营状况的一种分析方法。比率分析是财务分析的最基本、最重要的方法。

5. 因素分析法

因素分析法是利用各种因素之间的数量依存关系,通过因素替换,从数额上测定各因素变动对某项综合性经济指标的影响程度的一种方法。

第二节　财务比率分析

一、财务比率的类型

财务比率分析是财务评价中最基本的方法,以资产负债表、利润表和现金流量表为基础的财务比率分为三种:第一,存量比率,即资产负债表内各项目之间的比率,反映公司某一时点的财务状况;第二,流量比率,即利润表与现金流量表各项目之间的比率,反映公司一定时期的经营成果与财务状况;第三,流量与存量之间的比率,即将利润表或现金流量表中某个流量项目与资产负债表中某个存量项目加以比较,由于资产负债表中各项目是一个时点指标,不能正确反映这个变量在一定时期的流量变化情况,因此采用期初与期末的平均值作为某一比率的分母,可以更好地反映公司的整体情况。

比率分析涉及企业经营与财务的各个方面,根据分析问题的需要,我们可以把比率指标分为偿债能力比率、营运能力比率、盈利能力比率、投资收益比率及增长能力比率等。

二、偿债能力分析

(一) 短期偿债能力分析

1. 流动比率

流动比率是指能在一年内变现的资产(流动资产)与一年内必须偿还的负债(流动负债)的比值。表示每一元流动负债有多少流动资产作为偿还的保证,反映公司流动资产对流动负债的保障程度。公式为:

$$流动比率 = \frac{流动资产}{流动负债}$$

一般而言,流动比率越高,公司的短期偿债能力越强。从理论上讲,流动比率接近于 2 较为理想,有时流动比率小于 2,公司也会使到期债务得以偿还。但如果流动比率长时间地小于 2,且差距较大,债权人通常会因为对企业偿债能力信心不足而拒绝提供短期贷款。究竟应保持多高水平的流动比率,主要视流动资产与流动负债之间变现与偿付的对称关系及企业对待风险与收益的态度而予以具体确定。

东宝公司 2011 年和 2012 年的流动比率分别为 6.45、6.38,说明公司每 1 元的流动负债有 6.4 元左右的流动资产做担保,反映公司较强的偿债能力。不过该指标只是对公司偿债能力的粗略衡量,因为它没有考虑流动资产的构成和各个具体项目的变现性。

在具体运用流动比率时应注意以下几个问题:

首先,流动比率越高,公司偿还短期债务的能力可能越强。但是,如果公司的存货与应收账款在流动资产中占比偏多,且两项资产质量较差,变现能力较弱,那么,表面上较高的流动比率的数字背后可能是较差的企业偿债水平。

其次,从短期债权人的角度看,自然希望流动比率越高越好,但从公司经营的角度看,在其他情况正常的情况下,过高的流动比率通常意味着公司闲置资金的持有量过多,造成公司机会成本的上升和获利能力的降低。因此,公司应尽可能将流动比率维持在不使货币资金闲置的水平。同时,流动比率过高意味着较多的长期资金用于流动资产,这必然加大融资成本。

再次,流动比率是否合理,不同的公司以及同一公司的不同时期的评价标准是不同的,因此,不应用统一的标准来评价各公司流动比率合理与否。

2. 速动比率分析

速动比率是指速动资产与流动负债的比值。表示每1元流动负债有多少速动资产作为偿还的保证,进一步反映流动负债的保障程度。公式为:

$$速动比率 = \frac{速动资产}{流动负债}$$

所谓速动资产,是指流动资产减去变现能力较差且不稳定的存货、待摊费用、待处理流动资产损失后的余额。主要包括那些能够很快转为现金的流动资产:现金、有价证券及应收账款。由于剔除了存货等变现能力较弱且不稳定的资产,因此,速动比率较之流动比率能更加准确、更可靠地评价公司资产的流动性及其偿还短期负债的能力。

同流动比率一样,究竟多高水平的速动比率才算合理并没有绝对标准,传统经验认为,速动比率为1时是安全边际。但这只是一般的标准,因为行业不同,速动比率会有较大的差异。实际工作中,应结合债务人的信用状况(直接影响应收账款的收现率)及市场销售状况(影响存货的变现能力)等因素,确定各公司合适的速动比率。

影响速动比率可信度的重要因素是应收账款的变现能力。如果某公司速动比率虽然很高,但应收账款周转速度慢,且其他应收款的规模大,变现能力差,那么该公司较为真实的短期偿债能力要比该指标反映的水平要差。

东宝公司2011年和2012年的速动比率分别为5.24和4.67,这个指标依然显示了公司较好的短期偿债能力,至于公司的实际偿债能力与指标显示的是否一致,还要结合公司的速动资产的构成和应收账款的数量与质量做进一步的分析。

(二)长期偿债能力分析

1. 资产负债率

资产负债率是企业的负债总额与资产总额之间的比率,是反映企业整体偿债能力,尤其是反映企业长期偿债能力的重要指标。其计算公式为:

$$资产负债率 = \frac{负债总额}{资产总额} \times 100\%$$

资产负债率指标既可用于衡量企业利用债权人资金进行经营活动的能力,也可反映债权人发放贷款的安全程度。该指标对于债权人来说越低越好。因为在企业清算时,资产变现所得可能低于其账面价值,而所有者一般只负有限责任。比率偏高,债权人可能蒙受损失。但就企业所有者和经营者而言，通常希望该指标高些，这样一方面有利于筹集资金扩大企业规模，另一方面有利于利用财务杠杆提高企业盈利能力。但资产负债率过高反过来又会影响企业的筹资能力。对一般企业来讲，把资产负债率控制在50%左右有利于风险与收益的平衡。

东宝公司2011年和2012年的负债率分别为13%和16%，这个比率说明，公司负债较轻，其资金的绝大部分是来自权益。从理论上讲，如果公司立即清算，资产的清算价值降低到13%或16%时，债权人才会受到损失。

2. 股东权益比率

股东权益比率用以衡量股东投入的资本在资产总额中所占的比重，它与资产负债率之和等于1。这两个比率是从不同侧面反映公司的长期财务状况，股东权益比率越大，资产负债率就越小，公司财务风险也就越小。其计算公式为：

$$股东权益比率 = \frac{股东权益总额}{资产总额} \times 100\%$$

股东权益比率的倒数是权益乘数，即资产总额相当于股东权益总额的倍数。该乘数越大，说明股东投入的资本在资产总额中所占的比重越小，公司的财务风险越大。权益乘数的计算公式为：

$$权益乘数 = \frac{资产总额}{股东权益总额} = \frac{股东权益 + 负债总额}{股东权益总额} = 1 + \frac{负债总额}{股东权益总额}$$

东宝公司2011年和2012年的股东权益比率分别为87%和84%，两年的权益乘数分别为1.15和1.19，这两类指标与上述其他指标共同反映了企业相对稳健的财务政策。

3. 产权比率

产权比率是负债总额与股东权益的比率，用公式表示就是：

$$产权比率 = \frac{负债总额}{股东权益总额}$$

产权比率实际上是资产负债率的另一种表现形式，该指标反映由债权人提供的资本与股东提供的资本的相对关系，反映企业的财务结构是否稳定。同时它还反映了债权人投入的资本受到股东权益保障的程度，这一比率越低，说明债权人贷款的安全性越有保障，公司的财务风险越小。

东宝公司2011年和2012年的产权比率分别为0.14和0.19，表明公司每1元的权益分别对应0.14和0.19元的债务，权益对债务的偿付有着较好的保障作用。

4. 利息保障倍数

利息保障倍数指企业息税前利润与利息费用的比率，用以衡量企业偿付利息的能力，该指标又叫已获利息倍数。其公式为：

$$利息保障倍数 = \frac{息税前收益}{利息费用} = \frac{税前收益 + 利息费用}{利息费用}$$

该指标反映企业息税前利润为所需支付的债务利息的多少倍，这一比率越高，说明公司的收益或利润为支付债务利息提供的保障程度越高,如果公司能够按时、足额地支付债务利息,那么公司就有可能借新债还旧债,永远不需要偿还债务本金。一般地该指标至少要大于1,否则,公司就不能举债经营。

确定企业合理的利息保障倍数的依据:其他企业,特别是行业平均水平。从稳健性角度出发,比较企业连续几年的指标数据,选择最低年度的数据作为标准,以保证最低的偿付能力。

东宝公司2011年和2012年的利息保障倍数分别为30.53和5.71。利息保障倍数高主要是由于企业总体负债率较低,加之企业利润的现金含量较高,这样的利息保障倍数意味着企业对现有的利息有较好的支付能力。

三、企业营运能力分析

营运能力是指企业资产的使用效率或资产周转状况,通常以资产周转率作为评价指标。

1. 应收账款周转率和周转天数

对于许多企业来讲,应收账款在流动资产中有着举足轻重的地位。及时收回应收账款,不仅可以增强企业的短期偿债能力,也能反映出企业管理应收账款方面的效率。

反映企业应收账款周转速度的指标是应收账款周转率,也就是年度内应收账款转为现金的平均次数。用时间表示的周转速度是应收账款周转天数,也叫应收账款回收期或平均收现期,它表示企业从取得应收账款的权利到收回款项,转为现金所需要的时间。其计算公式为:

$$应收账款周转率 = \frac{销售收入}{平均应收账款}$$

$$应收账款周转天数 = \frac{365 \text{天}}{应收账款周转率} = 平均应收账款 \times \frac{365 \text{天}}{销售收入}$$

公式中的"销售收入"数据来自利润表,是指扣除折扣和折让后的销售净额,"平均应收账款"是资产负债表中的期初和期末应收账款(含应收票据)余额的算术平均数。

一般来说,应收账款周转率越高,平均收账期越短,发生坏账的可能性就越小,这部分资产对企业债务偿还的担保作用就越强。否则,企业的营运资金会过多地滞留在应收账款上,不仅会影响正常的资金周转,也会对债权的安全构成威胁。但是如果企业的应收账款周转过快,则表明企业奉行较紧的信用政策,有可能降低企业产品的市场占有率,减少营业收入,使企业实际得到的利润少于本来可以得到的利润。

东宝公司2011年应收账款周转率和周转天数分别为2.14次和168天,公司2012年的应收账款周转率和周转天数分别为3.27次和110天。早在2005年,公司的应收账款周转率仅为0.65次,周转天数多达557天,以后的几年,随着公司主营业务的日益好转,公司应收账款周转速度越来越快,资产质量不断改善。

2. 存货周转率和存货周转天数

存货周转率是公司在某一会计报告期内的主营业务成本和平均存货余额的比例,通过该项指标可以衡量公司存货是否适量,从而对公司商品的市场竞争力、公司的推销能力和管理绩效有一个基本的估计和判断。同时它还是衡量公司短期偿债能力的一个重要参考指标。其计算公式为:

$$存货周转率 = \frac{主营业务成本}{存货净额的平均余额}$$

其中,存货净额的平均余额=(期初存货余额+期末存货余额)÷2。

用时间表示的存货周转率就是存货周转天数。公式是:

$$存货周转天数 = \frac{365}{存货周转率}$$

一般来说,存货周转率越快,周转天数越少,存货的占用水平越低,说明公司投入存货的资金从投入到完成销售期间就越短,资金的回收速度就越快,在公司资金利润率较高的情况下,公司就能获取更高的利润,并具备较强的短期偿债能力。如存货周转慢,就反映出公司的存货可能不适销对路,有过多的呆滞存货影响资金的及时回笼。

当然,也不能认为该指标越高越好。因为存货批量因素会对存货周转率产生较大影响。在存货批量(包括材料采购、商品进货批量和产品生产批量等)很小的情况下,存货会很快地周转,批量过小,订货成本或生产准备成本便会上升,甚至造成缺货成本,反而使总成本增大,产生负效应。存货周转分析的目的就是从不同的角度和环节上找出存货管理中的问题,使存货管理在保证生产经营连续性的同时,尽可能少占用经营资金,提高资金的使用效率,增强企业短期偿债能力,促进企业业务经营水平的提高。

东宝公司2011年和2012年存货周转率分别为3.88次、4.08次,两年的存货周转天数分别为93天和88天,显示公司的存货周转效率在提高。

3. 固定资产周转率

固定资产周转率也叫固定资产利用率,是企业销售收入与固定资产净值的比率。其计算公式为:

$$固定资产周转率 = \frac{销售收入}{固定资产净值}$$

东宝公司2011年和2012的固定资产周转率分别是0.77次和0.94次,两年的周转天数分别为465天和385天。该比率主要用于分析对厂房、设备等固定资产的利用效率,比率越高,说明利用效率越高,管理水平越好。如果固定资产周转率与同行业平均水平相比偏低,则说明企业对固定资产的利用率较低,可能影响企业的获利能力。

4. 总资产周转率

总资产周转率是销售收入与平均资产总额的比率。公式表示就是:

$$总资产周转率 = \frac{销售收入}{平均资产总额}$$

其中,平均资产总额=(年初资产总额+年末资产总额)÷2。

东宝公司2011年和2012的总资产周转率分别是0.33次和0.42次,两年的周转天数分别为 1 091 天和 864 天。该项指标反映资产总额的周转速度。周转越快,反映利用效果越好,销售能力越强,进而反映出企业的偿债能力和盈利能力令人满意。企业可以通过薄利多销的办法,加速资产的周转,带来利润绝对额的增加。实际上,这一指标的大小与行业性质密切相关,通常资本密集型行业周转率较低,劳动密集型行业周转率较高。因此,应将公司总资产周转率与行业平均水平的周转率进行比较,以判断企业资产的使用效率。

上述指标是用于衡量企业运用资产赚取收入的能力,经常与反映盈利能力的指标一起使用,可全面评价企业的盈利能力。

四、企业盈利能力分析

企业盈利能力分析主要用于分析企业收入与成本、收益与投资之间的关系。反映企业盈利的指标主要有以销售为基础的盈利率指标和以资产或股权为基础的收益率指标两种。前种主要有销售毛利率、销售净利率等;后者主要有总资产收益率、净资产收益率等。

1. 销售毛利率

销售毛利率简称为毛利率,是毛利占销售收入的百分比,其中毛利是销售收入与销售成本的差,其计算公式为:

$$销售毛利率 = \frac{销售收入 - 销售成本}{销售收入} \times 100\%$$

销售毛利率表示每 100 元销售收入扣除销售商品的成本后,有多少钱可以用于各项期间费用和形成盈利,反映了企业的初始盈利能力。毛利率越大,说明销售收入中销售成本占的比重越小,企业通过销售获取利润的能力越强。东宝公司 2011 年的销售毛利率是 2.14%,到 2012 增加到 4.1%,主营业务盈利能力明显改善。

2. 销售净利率

销售净利率是指净利润与销售收入的百分比。其公式为:

$$销售净利率 = \frac{净利润}{销售收入} \times 100\%$$

该指标反映每 100 元销售收入带来的净利润的多少,表示销售收入的收益水平。东宝公司 2011 年的销售净利率是 46%,到 2012 减少到 6.0%,从销售净利率的指标关系看,净利润与销售净利率成正比,而销售收入额与销售净利率成反比关系。企业在增加销售收入额的同时,必须相应地获得更多的净利润,才能使销售净利润保持不变或有所提高。通过分析销售净利率的升降变动,可以促使企业在扩大销售的同时,注意改进经营管理,提高盈利水平。东宝公司在销售毛利率增加的同时,销售净利润率却下降了,原因主要有两点:一是因会计政策改变导致资产减值损失大幅增加,二是 2012 年投资收益大幅下降,减少了净利润。

3. 成本利润率

成本利润率是企业利润总额与企业当期成本费用的比率，其计算公式为：

$$成本利润率 = \frac{利润总额}{成本费用总额} \times 100\%$$

该指标反映了每100元成本支出所能带来的利润总额。对于投资者来说，当然是成本利润率越大越好，因为成本利润率越大，说明同样的成本费用能取得较多的利润，或者说取得同样多的利润只要花费较少的成本费用支出，表明企业的获利能力较强，反之则表明获利能力较弱。受会计政策变更和投资收益下降的影响，东宝公司的成本利润率从2011年的55.61%减少到2012年的7.05%。

4. 总资产收益率

总资产收益率是企业净利润与平均资产总额的百分比。其计算公式为：

$$总资产收益率 = \frac{净利润}{平均资产总额} \times 100\%$$

把企业一定期间的净利润与企业的资产总额相比，表明企业资产利用的综合效果。指标越高，表明资产的利用效率越高，说明企业在增加收入和节约资金使用等方面取得了良好的效果。东宝公司2011年和2012年的总资产收益率分别为15.26%和2.5%。

企业的资产是由投资人投入或举债形成的，收益的多少与企业资产的多少、资产结构以及经营水平有着密切联系。资产收益率是一个综合指标，为了正确评价企业经济效益的高低，挖掘提高利润水平的潜力，可以用该项指标与本企业前期、与计划、与本行业平均水平和本行业内先进企业进行对比，分析形成差异的原因。影响总资产收益率高低的因素有：产品的价格、单位成本的高低、产品的产量和销售数量、资金占用量的大小等。

在市场经济比较发达、各行业竞争比较充分的情况下，各行业的总体收益率将趋向一致，如果某企业的总资产收益率偏低，说明企业资产利用效率较低，经营管理存在问题，应该调整经营方针，改善经营管理。

为了进一步分析影响总资产收益率的因素，我们可以将资产收益率指标分解为以下两个指标的组合：

$$总资产收益率 = \frac{净利润}{销售收入} \times \frac{销售收入}{总资产平均余额}$$

影响总资产收益率的因素是销售净利率和总资产周转率。前者反映公司的盈利能力，后者反映企业的资产使用效率。通常情况下，销售净利率与总资产周转率之间存在相互抵消现象，增加销售收入虽然会增加资产周转次数，但同时可能会降低销售净利率。实务中，这两个指标的相互权衡一般取决于行业的特点。对于资本密集型行业，如建筑业和机器制造业，通常是以较高的销售净利率和较低的资产周转率为特征；而零售业、快餐连锁店则具有较高的资产周转率和较低的销售净利率。不同行业影响总资产净收益率的因素也不相同,通过财务分析可以为公司的战略选择提供依据。例如,资产周转率高、销售净利率低的行业一般选择成本领先战略,而资产周转率低、销售净利率高的行业一般选择差别化战略或集中化战略。如果一个公司的销售净利率或资产周转率低于行业水平,则必须进行差异动因分析。

5. 股东权益收益率

股东权益收益率又叫净资产收益率,它是净利润扣除应发优先股股利后的余额与普通股股东权益的百分比。其计算公式为:

$$股东权益收益率 = \frac{净利润 - 优先股股息}{平均股东权益} \times 100\%$$

该指标反映了股东权益的收益水平,指标值越高,说明盈利能力越强,普通股股东可得收益也就越多。

股东权益收益率是一个综合性极强、具有代表性的财务比率,它是财务分析体系的核心。假设不考虑优先股,我们可以把股东权益收益率做如下推导与分解:

$$股东权益收益率 = \frac{净利润}{股东权益} = \frac{净利润}{资产 - 负债} = \frac{\frac{净利润}{资产}}{\frac{资产 - 负债}{资产}}$$

$$= \frac{\frac{净利润}{销售额} \times \frac{销售额}{资产}}{1 - 负债资产比率} = \frac{销售净利润率 \times 总资产周转率}{1 - 负债资产比率}$$

$$= \frac{销售净利润率 \times 总资产周转率}{\frac{股东权益}{资产}}$$

$$= 销售净利率 \times 总资产周转率 \times 权益乘数$$

表 2-5 东宝公司杜邦财务分解

	2011	2012
股东权益收益率(%)	17.47	2.98
销售净利润率(%)	46.3	6.0
总资产周转率	0.329 9	0.416
权益乘数	1.144	1.195

分解后的股东权益收益率指标给我们提供了不同时期该项目指标变化的分析"路径":股东权益收益率的变化可能是三个因素中的一个因素变化的结果,也可能是其中的两个或三个因素同时变化发挥作用的结果。表 2-5 显示,由于销售净利润率大幅减少带来的负效应超额抵消了总资产周转率和权益乘数增加带来的正效应,导致东宝公司的股东权益收益率 2012 年较 2011 年出现了明显下降。

如图2-1所示,比率分析可以分为三个层次,顶端为股东权益收益率,人们可以用它判断企业作为一个整体的业绩;中间层表示股东权益收益的三个重要组成部分如何发挥作用;而在底层,所讨论是许多其他比率,揭示了利润表与资产负债表的单个项目管理如何对所观察到的指标或杠杆起作用。为了利用这个结构图优势,我们在分析时,要从顶端开始,注意股东权益收益率随时间推移所呈现的趋势。然后收缩视野,并且探寻中间层三大指标的变化对所观察到的股东权益收益率起什么作用。最后,研究底层的单个具体的项目,找出对各观察值变化的解释。

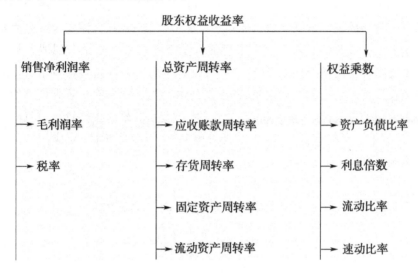

图2-1 股东权益收益率指标分解图

五、投资收益分析

1. 普通股每股净收益

普通股每股净收益是本年盈余与普通股流通股数的比值,其计算公式一般为:

$$普通股每股净收益 = \frac{净利润 - 优先股股息}{发行在外的加权平均普通股股数}$$

东宝公司2011与2012年的每股收益分别为0.47元和0.06元。该指标反映了普通股的盈利水平,指标值越高,每一股份可得的利润越多,股东的投资效益越好,反之则越差。

2. 股息发放率

股息发放率是指普通股股利与每股净收益的百分比,其计算公式为:

$$股息发放率 = \frac{每股股利}{每股净收益} \times 100\%$$

东宝公司于2011与2012年每股均派息0.2元,两年的股息发放率分别为42.6%和333.3%。该指标反映普通股股东从每股净收益中分到的数量占比,就单独的普通股投资人来说,这一指标比每股净收益更直接体现当前利益。公司要综合考虑经营扩张对资金的需要、财务风险高低、最佳资本结构等因素来决定股利支付的比例。

3. 市盈率

市盈率是普通股每股市价与每股盈余之比。其计算公式为:

$$市盈率 = \frac{每股市价}{每股收益}$$

如果按年末股价(除权)计算,东宝公司2011与2012年的股票市盈率分别10.93倍和158倍。市盈率的表面含义是股价相对于每股净收益的倍数,深层含义是表示每股股票以现价购入收回投资的年限。市盈率经常被投资者用来判断某公司股票是否有吸引力的一个重要指标。高的市盈率,往往表明投资者预期公司收益会稳定增长;相反,低的市盈率表明投资者对公司的发展前景、特别是公司的成长性不抱乐观态度。使用市盈率一定要注意公司的成长性,一般来讲,高成长的企业,其市盈率往往较高,相反,成长性差的企业,其市盈率一般都较低。所以,重视市盈率,更重视成长性,应成为投资者坚持的一个重要应用原则。

4. 市净率

市净率是反映每股市价与每股净资产关系的比率。计算公式为:

$$市净率 = \frac{每股市价}{每股净资产}$$

按年末股价(除权)计算,东宝公司2011与2012年的股票市净率分别为1.95倍和3.75倍。每股净资产是股票的账面价值,它是用成本计算的,每股市价是证券市场上交易的结果。一般来说,市价越是高于其账面价值,公司资产的质量越好。一般情况下,优质股票的市净率普遍较高。

第三节 现金流量分析

一、现金流量分析的意义

现金流量表是以现金为基础,遵循收付实现制原则编制的,即以企业现金的收到或支付作为企业资产、负债和所有者权益进行计量、确认和记录的标准。收付实现制决定了现金流量表反映的经营活动中产生的现金流量净额、现金及现金等价物净增加额及其各自的现金收入和支出合计等项目都是已经实现了的,避免了权责发生制下经常出现的财务账上盈余、资金账上亏空的情况。资产的内在价值是其未来现金流量的现值,这是近代理财学的一个重要结论,通过分析、预测企业未来现金流量,可以对企业及其金融资产的内在投资价值做出有效评估。

现金流量表提供一定时期现金流入和流出的动态财务信息,表明企业在报告期内从经营活动、投资和筹资活动获得的现金及其使用的去向,并能够说明资产、负债、净资产的变动原因,对资产负债表和利润表起到补充说明的作用。

现金流量表提供了有关现金流量的数据资料,这是判断企业偿债能力和支付能力的重要依据,对于报表的使用者,特别是企业的经营者,通过现金流量表的分析,可以了解企业本期及以前各期现金的流入、流出和结余情况,正确评价企业当前及未来的偿债能力和支付能力,发现企业在财务方面存在的问题,正确评价当期及以前各期取得利润的质量,科学地预测企业未来的财务状况,从而做出准确的判断与正确的决策。

归纳起来,利用现金流量表,可以使报表的使用者分析企业的下列事项:

第一,企业本期获取现金的能力和在未来会计期间内产生现金净流量的能力;

第二,企业的偿债能力、支付投资报酬能力和融资能力;

第三,企业利润的质量、企业的净利润与营业活动所产生的净现金流量发生差异的原因;

第四,企业的投资、融资等重要经济活动情况以及对财务状况产生的影响。

二、现金流量表分析的内容

现金流量表分析的内容主要包括静态的结构分析、动态的变动趋势分析以及财务比率分析等几个方面:

(一)结构分析

现金流量的结构分析既包括总的现金流入结构分析、现金流出结构分析和现金结余结构分析三个方面,也包括三项(经营、投资与融资)活动各自现金流入流出的内部结构分析。经营活动产生的现金流量,代表企业运用其经济资源创造现金流量的能力,便于分析一定期间内产生的净利润与经营活动产生的现金流量的差异;投资活动产生的现金流量,代表企业运用资金产生现金流量的能力;筹资活动产生的现金流量,代表企业筹资获得现金的能力。通过结构分析,可以看出企业现金流入流出的各部分的占比是否合理,可以分析企业未来获取或支付现金的能力。

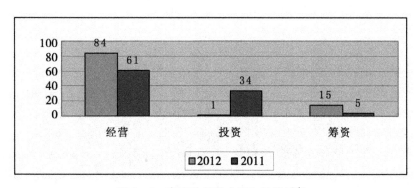

图 2-2 东宝公司现金流入结构(%)

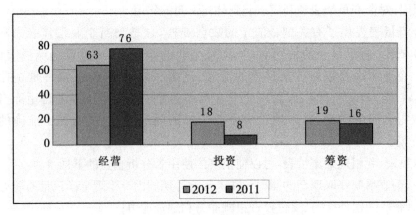

图 2-3 东宝公司现金流出结构(%)

图 2-2 与图 2-3 显示了东宝公司的现金流入与流出结构,我们看到,经营活动是公司现金流入的最主要来源,现金流出也主要用于公司的经营,这一结构特征符合人们对公司理财的一般要求。2011 年投资性现金流入占比较高,投资性现金的大量流入,既为 2012 年投资支出提供了资金来源,也为 2012 年的筹资性现金流出提供了现金保障,这是 2012 年公司投资与筹资性现金流出占比增加的重要原因。

(二)变动趋势分析

现金流量的趋势分析主要是分析企业的现金收入、支出和结余发生的变动及其变动趋势,并分析这种变动和趋势对企业的影响。运用趋势分析法,报表使用者可以了解有关项目变动的基本方向,判断这种变动是有利还是不利,并对企业未来发展做出预测。变动趋势分析通常采用编制历年会计报表方法,将连续多年报表,至少是最近 2 年、3 年,甚至 5 年、10 年的会计报表并列在一起加以分析,以观察变化趋势。

图 2-4 显示,东宝公司经营活动的现金流入与流出均呈现为一种稳定增长的态势,除了 2011 年,其他各年的现金流入量均大于现金流出量,这种趋势主要得益于公司主导产品胰岛素良好的生产与营销势头。公司面临的问题主要是如何在现金流入流出稳步增长的同时,让现金流量净额也能保持同步稳定增长。

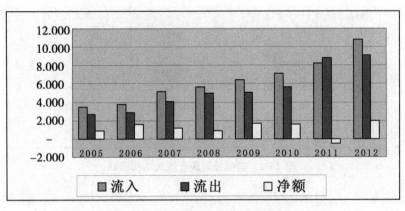

图 2-4 东宝公司经营活动现金流量变动趋势(亿元)

(三) 财务比率分析

现金流量表的财务比率分析，主要包括盈利质量分析、偿债能力和支付能力分析。

1. 盈利质量分析

盈利质量分析，主要是分析会计收益和现金流量净额的比例关系。评价收益质量的财务比率是现金盈利比率。它反映企业经营活动现金流量净额与企业净利润的比值，其计算公式为：

$$现金盈利比率 = \frac{经营活动现金流量净额}{净利润}$$

一般情况下，比率越高，企业盈利质量越好。如果比率小于1，说明本期净利润中存在尚未收到现金的部分，这样盈利质量就不够好，严重时还会导致企业财务困境甚至破产。

在图2-5所考察的8个年度里，除了2011年，东宝公司的经营活动现金净流量均不同程度地超过了净利润，体现了公司较好的盈利质量。

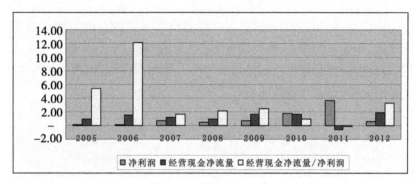

图2-5 现金盈利比率

2. 偿债与支付能力分析

（1）现金到期债务比。指经营活动现金流量净额与本期到期负债的比率，用公式表示就是：

$$现金到期债务比 = \frac{经营活动现金流量净额}{本期到期的债务本息} \times 100\%$$

这里，本期到期的债务包括流动负债和本期到期的长期债务。

企业为了偿还即将到期的流动负债，虽然可以通过对外筹资或出售企业相应资产来进行，但最安全可靠的方法，是利用企业的经营活动取得现金净流入。现金到期债务比越大，企业偿付到期债务的能力越强。

图2-6是在未考虑利息情况下计算出来的现金到期债务比，我们看到，样本期内，该指标只有2010年和2012年接近或超过了100%，其他年份大都处于50%以内，2011年甚至沦为负值，说明企业利用经营活动现金净流量应对债务偿还的能力还较弱，可能正是这个原因，促使公司采取了理性的低负债率政策。

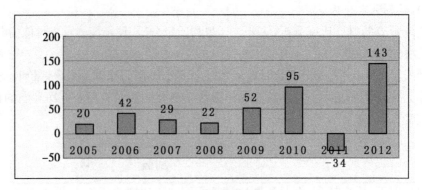

图 2-6 现金到期债务比(%)

(2)现金债务总额比。指经营活动现金流量净额与全部债务的比率,即:

$$现金债务总额比 = \frac{经营活动现金流量净额}{企业债务总额} \times 100\%$$

式中,债务总额是年末资产负债表中的负债总额,出于谨慎考虑,也可以将或有负债包括在内。使用该比率,可以反映该企业年度的经营活动现金流量偿付全部债务的能力。该比率越大,企业承担债务、偿付债务的能力就越强。图 2-7 显示了东宝公司该项指标的数值,与现金到期债务比指标显示的情况大体相同,样本期内的多数年份,该指标处于相对较低的水平,但总体趋势向好。

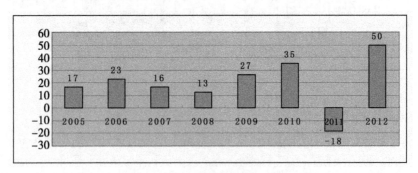

图 2-7 现金债务总额比(%)

(3)强制性现金支付比率

强制性现金支付比率是反映企业用经营活动现金流入量偿付债务本息与经营活动现金支出的能力大小的一个指标,公式为:

$$强制性现金支付比率 = \frac{经营活动现金流入总额}{经营活动现金流出量 + 偿还债务本息付现额} \times 100\%$$

在持续经营的情况下,企业的现金流入总量至少应满足强制性目的支付(如购买生产经营所需货物、支付工资、支付税金、支付各种经营费用、偿还到期债务等),这一比率越高,企业现金支付能力越强。

如果企业本期及以后各期取得的现金收入在偿还债务和满足经营活动的各项开支后都能有一定的盈余,那么企业就可以考虑进行投资,促进企业不断发展;如果企业本期取得的现金收入在偿还债务、满足了经营活动的必须支出及投资活动的支出后仍有较大的现金盈余,或者当期现金收入在满足各项支出后虽然没有很多盈余,但历年积存的现金余额仍然很大,在这种情况下企业就可以做出分派股利的决策,以回报投资者,增强投资者的信心。图2-8显示了东宝公司的强制性现金支付比率,虽然样本期内的多数年份尚不能以收抵支,但总体趋势在向好的方向发展。

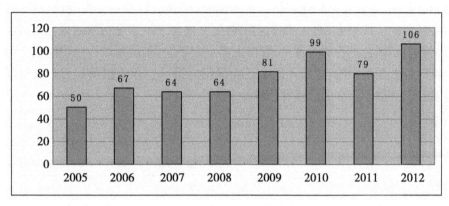

图 2-8 强制性现金支付比率

3. 财务弹性分析

财务弹性是指企业自身产生的现金与现金需求之间的适应程度,反映了企业适应经济环境变化和利用投资机会的能力。企业现金流量超过需要,有剩余的现金,说明企业适应性就强。

(1) 现金流量适应比率。现金流量适应比率主要用于反映经营活动创造的现金满足主要现金需求的程度,公式是:

$$现金流量适应比率 = \frac{近5年经营现金净流量}{近5年资本支出 + 存货增加 + 现金股利} \times 100\%$$

如果该比率在100%以上,表明企业经营活动现金净流量可基本上满足企业的现金需求;反之,如果这个比值小于100%,企业就需要靠外部融资来补充所需要的资金。东宝公司2010到2012年三年的现金流量适应比率分别为66.71%、33.33%、33.98%。2010年的指标最高,主要是因为包括2010在内的前5年公司没有现金分红,2011年和2012年公司连续分红,每10股派发2元,加之2012年存货增加较多,导致该指标被大幅拉低,总体上看,该项指标偏低。

(2) 现金股利保障倍数。这个指标反映企业每股经营活动现金流量净额与每股现金股利的比值,计算公式为:

$$现金股利保障倍数 = \frac{每股经营活动现金流量净额}{每股现金股利}$$

该比值越大,公司支付现金股利的能力越强。2011年东宝公司分配的股利总额是1.55亿多元,而当年公司经营活动现金流量净额是负5 500万,应该说当年的分红现金来源主要是投资收益取得的现金;2012年公司的分红总额与2011年相同,而当年公司经营活动现金流量净额是 1.94 亿多元,说明这一年的分红还是有经营活动现金做保障的。

虽然通过对现金流量表的分析能够给报表使用者提供大量有关企业财务方面,尤其是关于企业现金流动方面的信息,但这并不意味着对现金流量表进行分析就能够替代其他会计报表的分析,现金流量表分析仅是企业财务分析的一个方面。要全面、完整、充分地掌握企业的财务信息,不仅要分析现金流量表,还要将资产负债表、利润表等各种报表有机地结合起来;不仅要充分理解报表上的信息,还要重视企业重大会计事项的揭示以及注册会计师的审计报告;同时,使用者不能完全依赖于报表分析的结果,而应和其他有关方面的资料相结合进行综合评价,要考虑国家宏观政策、国际国内政治气候、所处行业的变化情况等方面的影响,这样才能全面而深刻地揭示企业的偿债能力和支付能力,以及企业在经营活动中存在的成绩和问题。

本章小结

1. 财务报表是人们进行理财决策的重要依据,其中资产负债表是反映公司在某一时点全部资产、负债和所有者权益状况的报表,它是一个时点概念。表中的资产按流动性的大小依次排列,负债与权益按照可能的偿付时间的先后次序排列。利润表是反映一定时期公司盈利或亏损情况的会计报表,现金流量表是反映公司一定时期现金流入、流出与盈余情况的报表,利润表与现金流量表同属于时期报表。

2. 进行财务报表分析要确定一个合理的评价标准,包括内部标准与外部标准;要依据公认的会计准则对财务报表的可靠性和相关性进行分析;必须掌握和熟练运用财务报表分析的基本方法。

3. 比例分析是财务分析最常用的分析方法,财务报表的使用者可以从企业财务的安全性、盈利性和流动性(即资产的周转性)等方面设计与使用财务比率指标,以便能对企业经营与财务状况进行多角度、全方位的分析与判断。

4. 反映公司偿债能力的指标主要有流动比率、速动比率、资产负债率、产权比率、利息保障倍数等。

5. 反映企业盈利能力的指标主要有销售毛利润率、销售净利润率、总资产收益率、净资产收益率等。

6. 反映企业营运能力的指标主要有应收账款周转率、存货周转率、流动资产周转率及总资产周转率等。

7. 现金流量分析包括企业现金流入与流出的结构分析、趋势分析和偿债与支付能力分析等。

思考与应用

1. 通常情况下,企业的流动比率越高,表示企业用于偿还短期债务的能力越强,这种说法对吗?
2. 企业的应收账款周转率偏低可能是由什么因素引起的?会给企业带来什么影响?
3. 企业资产负债率高会对债权人和股东带来什么影响?
4. 存货周转率提高是否一定意味着企业营运效率的改善?
5. 某上市公司有关财务与经营数据如下所示:

某上市公司资产负债表

2014年12月31日

资产	年初数(万元)	年末数(万元)	负债及股东权益合计	年初数(万元)	年末数(万元)
货币资金	50	45	流动负债合计	105	150
应收账款净额	60	90	长期负债合计	245	200
存货	92	144	负债合计	350	350
待摊费用	23	36			
流动资产合计	225	315	所有者权益合计	350	350
固定资产净值	475	385			
总计	700	700	总计	700	700

公司2013年销售净利润率为16%,总资产周转率为0.5次,权益乘数为2.5次,2014年销售收入为350万元,净利润为63万元。

要求:

(1) 计算公司2014年末的流动比率、速动比率、资产负债率;

(2) 计算公司2014年度总资产周转率、销售净利润率和净资产收益率;

(3) 分析销售净利润率、总资产周转率和权益乘数变动对净资产收益率的影响。

6. 大成公司2014年简略财务数据如下:

资产负债表

2014年12月31日   单位:万元

资产	金额	负债及权益	金额
现金(年初764)	310	应付账款	516
应收账款(年初1 156)	1 344	应付票据	336
存货(年初700)	966	其他流动负债	468
流动资产合计(年初2 620)	2 620	流动负债合计	1 320
		长期负债	1 026
固定资产(年初1 170)	1 170	实收资本	1 444
资产总额(年初3 790)	3 790	负债及股东权益合计	3 790

利润表

2014 年 单位：万元

项目	金额
主营业务收入	6 430
主营业务成本	5 570
毛利	860
管理费用	580
利息费用	98
税前利润	182
所得税	72
净利润	110

要求：
(1) 计算填列下表中的财务比率（天数取整数）；
(2) 通过与行业平均水平的比较，说明该公司经营管理可能存在的问题。

比例名称	大成公司	行业平均值
流动比率		1.98
资产负债率		62%
存货周转率		6
平均收现期		35 天
固定资产周转率		13 次
总资产周转率		3 次
主营业务净利润率		1.3%
总资产报酬率		3.4%
净资产收益率		8.3%

第三章 货币时间价值与风险收益

【本章提要】财务估价是公司理财的重要内容,货币时间价值是人们对公司资产价值与公司价值进行估价的重要方法与手段,它是随着投资时间的推移而得到的货币最低的增值额。而风险价值是人们进行投资承担系统性风险所要求的超过货币时间价值以上的那部分报酬。风险与收益是公司金融的两个核心概念。一般情况下,风险与期望收益成正比,随着风险的增加,投资者所要求的收益水平——必要报酬率也会相应增加。本章中,我们将先对货币的时间价值予以介绍,因为这是评估与衡量风险收益所应必备的基础。之后我们将转向有关风险与收益之间内在关系的分析。这方面我们是通过研究资本资产定价模型完成的。货币的时间价值和资本资产定价模型是我们要掌握的重点,本章的难点在于如何理解资本资产定价模型及其在理财实践中的应用。

【引　例】1626 年,荷属美洲新尼德兰省总督 Peter Minuit 花了大约 24 美元的珠子和饰物从印第安人手中买下了曼哈顿岛。2000 年 1 月 1 日,曼哈顿岛的价值达到了约 2.5 万亿美元。以 24 美元买下曼哈顿,Peter Minuit 无疑占了一个天大的便宜。

但是,若转换一下思路,Peter Minuit 也许并没有占到便宜。美国著名基金经理彼得·林奇计算过,如果当时的印第安人,把这 24 美元存在银行里,每年仅得到 8% 的利息,到了今日,连本带利,数额已经远超过曼哈顿地产的今日总价值。并且最值得惊讶的是,这个总额是曼哈顿地产总值的 1 000 倍!

如此看来,Peter Minuit 是吃了一个大亏。是什么神奇的力量让资产实现了如此巨大的倍增?是复利。长期投资的复利效应将实现资产的翻倍增值。爱因斯坦说过,"宇宙间最大的能量是复利,世界的第八大奇迹是复利"。一个不大的基数,以一个即使很微小的量增长,假以时日,都将膨胀为一个庞大的天文数字。那么,即使以 24 美元这样的起点,经过一定的时间之后,你也一样可以买得起曼哈顿这样的超级岛屿![①] 这就是时间价值的力量。

第一节　货币的时间价值原理

货币的时间价值也称为资金的时间价值,是指货币经历一定时间的投资和再投资所增加的最低增值额。如果现行一年期存款利率是 10%,你今天存入银行 100 元,一年终了时,你将会连本带息取得 110 元,这就意味着,今天 100 元的资金在效用上相当于明年

---

① 依据上海证券报(2008.07.14)"24 美元,你也能买下曼哈顿岛"一文整理。

的110元,其中增加的10元就是资金的时间价值。透过货币时间价值的含义,我们不难理解,今天一定金额的货币和未来同样金额的货币在经济价值上是不同的。货币的时间价值正确揭示了不同时点上货币之间的换算关系,是计算企业不同时期财务收支、评价企业经营绩效的一个基本方法。

一、现值与终值

货币的时间价值有两种形式:现值和终值。现值是指在一定的利率条件下,未来某一时间的一定量货币现在的价值。终值是指一定的利率条件下,一定量货币在未来某一时间所具有的价值,即货币的本利和。

如前所述,如果银行存款利率是10%,那么每存入100元,一年以后将可以得到110元,这一事实用公司金融学的语言可以这样表述:今天的100元和一年后的110元在市场看来是没有区别的。市场通行的原则是:为换取一年后的110元,需要在当前付出100元。

设当前的现金数量为P,利率为i,存入银行一年以后将取得现金F。根据上述事实,则有以下关系式:

$$F = P(1+i)$$

或:

$$P = \frac{F}{1+i}$$

公式表明,当前现金P的一年以后的未来值是F,称F是P的终值,相应地,P就是一年以后的现金F的当前值,即P是F的现值。现值和终值在计算上是互逆的。

在现值与终值的相互推算中,关键因素是利率i。需要指出的是,由现值计算终值时,我们称i为利率,但是在依据终值计算现值时,我们称i为贴现率,因为公司金融学把未来值推算为现值的过程叫贴现。现实生活中,现值与终值的转换是借助于金融市场完成的,金融市场是人们把当前的资金和未来的资金进行交换的场所,这方面它的基本功能就是提供把当前的现金换算到将来或者把将来的现金换算到当前的利率(贴现率)。所以利率可以看作市场上已知的。

前面的分析我们已经解决了一年期的现值与终值的换算问题,接下来我们要解决的是两年、三年或四年、五年等多期的现值、终值的换算问题,为此,我们引入单利与复利的概念。

二、单利与复利

(一) 单利

所谓单利是指不管存期长短,只按一定本金计算利息,经过一定时期本金所生利息不再加入本金重复计算。单利终值与现值的计算公式是:

$$F = P(1+i \times n)$$

$$P = \frac{F}{1+i \times n}$$

式中：F 表示终值，P 表示现值，i 表示年利率，n 表示计息的期数，常以年为单位。

公式表明，在现值一定的情况下，终值的大小与利率水平、计息期数正相关；在终值一定的情况下，现值的多少与贴现率、贴现期数负相关。

【例 3-1】 一笔贷款，本金 10 000 元，利率 10%，期限 2 年，到期一次还本付息。到期应该偿还多少？

答案：10 000(1+10%×2)=12 000

【例 3-2】 一个人计划 2 年后买一部彩电，价格 12 000 元，假如利率 10%，他现在应该存多少钱才可以保证 2 年后买到彩电？

答案：12 000/(1+10%×2)=10 000

（二）复利

复利是相对单利而言的，所谓复利是指计算资金的终值时，不仅计算本金的利息，而且要将经过一定时期本金获得的利息也加入本金计算利息，逐期滚算，利上加利。

复利终值计算公式如下：

$$F = P(1+i)^n$$

其中，$(1+i)^n$ 称为复利终值因子，其简略形式为 $(F/P,i,n)$，相应地，复利终值的计算公式也可表示为：

$$F = P \cdot (F/P,i,n)$$

当计息期较多时，为简化计算，在 i 和 n 已知的情况下，可通过查复利终值因子表求得。这样复利终值即为复利现值与复利终值因子的乘积。

复利现值计算公式如下：

$$P = \frac{F}{(1+i)^n}$$

在现值的计算公式中，$\frac{1}{(1+i)^n}$ 为复利现值因子，其简略形式为 $(P/F,i,n)$，复利现值公式也可表示为：

$$P = F \cdot (P/F,i,n)$$

在 i 和 n 已知的情况下，复利现值也可理解为复利终值与复利现值因子的乘积。

借用【例 3-1】和【例 3-2】，如果用复利法计算，结果会如何？答案分别是

$$10\ 000 \times (1+10\%)^2 = 12\ 100$$

$$12\ 000 \div (1+10\%)^2 = 9\ 917.35$$

与【例 3-1】和【例 3-2】的结果比较发现，由于复利的作用，按复利法计算出来的终值要大于按单利法计算出来的终值。同样，由于复利的作用，按复利法计算的现值要小于按单利法计算的现值。

三、年金

年金是指在某一确定的时期里,每期都有一笔相等金额的收付款项。年金实际上是一组相等的现金流序列。一般来说,折旧、租金、利息、保险金、退休金等都可以采用年金的形式。年金按付款时间可分为后付年金(也叫普通年金)、先付年金(也叫当期年金)两种。此外还有延期年金、永久年金以及年金的变化形式——不等额现金流等。

(一)普通年金的终值和现值计算

普通年金又称后付年金,是指每期期末有等额的收付款项的年金。现实生活中,这种年金最为常见,如银行的零存整取存款。

普通年金的终值是指一定时期内每期期末收付款项的复利终值之和。年金终值的计算,是利用复利终值的计算公式,将各期的现金流复利计算到 n 期末,然后将其加总求和。我们用 A 代表年金,F 代表年金终值,n、i 分别代表计息期数和利率。则普通年金终值的计算过程可以用图 3-1 直观显示出来:

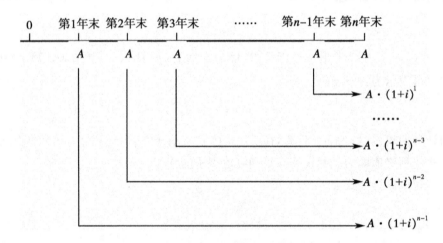

图 3-1 普通年金终值计算示意图

根据图 3-1 的分解和概念内涵,我们可以把普通年金终值的计算公式表述如下:

$$F = A \cdot \sum_{t=1}^{n}(1+i)^{t-1} = A\left[\frac{(1+i)^n - 1}{i}\right]$$

上式中,$\sum_{t=1}^{n}(1+i)^{t-1}$ 或 $\frac{(1+i)^n - 1}{i}$ 称为年金终值因子,其简略形式为 $(F/A, i, n)$,可通过查年金终值因子表求得,这样年金终值即为年金与年金终值因子的乘积,上式相应地也可以简写为:

$$F = A \cdot (F/A, i, n)$$

【例 3-3】 三年中每年年底存入银行 100 元,存款利率是 10%,则第三年年末年金终值应为:

$$V_3 = A\left[\frac{(1+i)^n - 1}{i}\right] = 100 \times \left(\frac{1.1^3 - 1}{0.1}\right) = 331(元)$$

年金现值是把未来不同时期的现金流贴现计算现值,然后把这些现值加起来。普通年金现值 P 的计算可用图 3-2 说明。

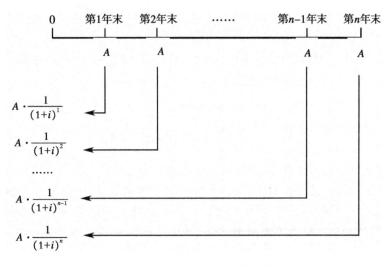

图 3-2　普通年金现值计算示意图

图 3-2 说明,年金现值的计算,关键是利用复利现值的计算公式,将各期年金贴现后求和。所以,年金现值的计算可以表述为:

$$P = A \cdot \sum_{t=1}^{n} \frac{1}{(1+i)^t}$$

上式中,字母的含义与前面相同。其中,$\sum_{t=1}^{n} \frac{1}{(1+i)^t}$ 称作年金现值因子,可通过查"普通年金现值因子表"得到。这样,年金现值的计算即为年金与年金现值因子的乘积。习惯上用 $(P/A, i, n)$ 代表现值因子,因此年金现值公式也可表示为:

$$P = A \cdot (P/A, i, n)$$

【例 3-4】　在年利率为 10%,要想在未来 10 年中,每年年末获得 100 000 元,现在要向银行存入多少元?

$$V_0 = 100\,000 \times \sum_{t=1}^{10} \frac{1}{(1+10\%)^t} = 100\,000 \times 6.145 = 614\,500 (元)$$

(二) 先付年金的终值和现值的计算

先付年金,又称当期年金,是指在一定时期内,每期期初有等额收付款项的年金。先付年金与后付年金的区别仅在于收付款时间的不同,即前者是在每期期初收付款项,而后者是在每期期末收付款项。n 期先付年金与 n 期普通年金之间的关系,可以用图 3-3 表示如下:

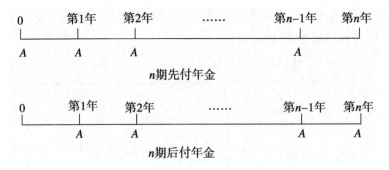

图 3-3　先付年金与后付年金关系示意图

从图 3-3 可以看出，n 期先付年金与 n 期普通年金的付款期数相同，只是由于发生时间不同，终值和现值的计算有所差异，就终值的计算来看，先付年金比普通年金多计算一期利息，因此，为求得 n 期先付年金的终值，可在求出后付年金终值后，再乘以 $(1+i)$，即先付年金终值的计算公式可表示为：

$$F = A \cdot \sum_{t=1}^{n}(1+i)^{t-1} \cdot (1+i) = A \cdot (F/A, i, n)(1+i)$$

其中 $(F/A, i, n)$ 为普通年金终值因子。

就现值计算来看，先付年金又恰好比普通年金少贴现一期利息。为求得先付年金的现值，可在求出后付年金现值后，再乘以 $(1+i)$。我们用 $(P/A, i, n)$ 代表该年金系数，计算公式可表示如下：

$$P = A \cdot \sum_{t=1}^{n} \frac{1}{(1+i)^t} \cdot (1+i) = A \cdot [(P/A, i, n) \cdot (1+i)]$$

【例 3-5】　某人年初存入银行 10 000 元，年利率为 8%，则第 6 年的本利和为：

$$V_6 = 10\,000 \times \sum_{t=1}^{6}(1+0.08)^{t-1} \times (1+0.08) = 10\,000 \times 7.326 \times 1.08 = 79\,228.8(元)$$

【例 3-6】　某公司租用一台设备，租期为 10 年，每年年初支付租金 10 000 元，年利率为 8%，则这 10 年支付租金的现值为：

$$V_0 = 10\,000 \times \sum_{t=1}^{10} \frac{1}{(1+0.08)^t} \times (1+0.08)$$

$$= 10\,000 \times 6.71 \times 1.08 = 72\,468(元)$$

（三）永久年金的终值和现值的计算

永久年金是指无限期支付的年金。用数学语言表示即 $n \to +\infty$。所以，永久年金的终值和现值就是分别对普通年金的终值与现值的计算公式求 $n \to +\infty$ 时的极限值。因此永久年金的终值为无穷大，而其现值的计算公式为：

$$P = A \cdot \left[\frac{1}{(1+i)^1} + \frac{1}{(1+i)^2} + \cdots + \frac{1}{(1+i)^n}\right] = A \cdot \frac{1-(1+i)^{-n}}{i}$$

当 $n \to \infty$ 时，$(1+i)^{-n}$ 的极限为零，因此，$P = \dfrac{A}{i}$。

在金融市场上，提供永久年金现金流的金融资产种类较少，如无限期支付固定利率利息的债券、有固定股利而无到期日的优先股等。对那些付款期较长的年金，或者收付期限长到无法估计的情形，在计算时，可把它近似地当作永久年金来处理。

【例 3-7】 某优先股每年股利收入为 5 元，利息率为 10%，则这些股利收入的现值为：

$$P = \frac{5}{10\%} = 50(元)$$

（四）递延年金现值的计算

递延年金是指在最初若干期没有收付款的情况下，后期若干期有等额系列收付款项。后面若干期等额收付款又有后付和先付两种情况，因而，递延年金又分为后付递延年金和先付递延年金两种情况。

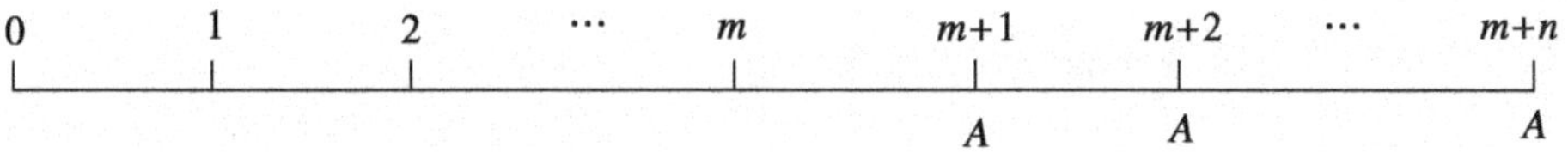

图 3-4 后付递延年金示意图

图 3-4 告诉我们，这种年金最初 m 期没有现金流，而后面 n 期是一个普通年金，递延年金的期限表示为 $m+n$ 期，其中称 m 为递延期。

递延年金 $m+n$ 期终值的计算与普通年金 n 期终值的计算一样，只不过计算时所有的期限不是用 $m+n$ 期，而是用 n 期。也就是说，递延年金终值的计算与递延期无关。

递延年金现值的计算可分为两步：第一步，先求出 m 期期末的 n 期普通年金的现值；第二步，再将第一步计算结果贴现到期初，就是将普通年金的现值往前贴现 m 期。运用普通年金现值公式和复利现值公式，可得：

$$P = A \cdot \sum_{t=1}^{n} \frac{1}{(1+i)^t} \cdot \frac{1}{(1+i)^m}$$

$$= A \cdot (P/A, i, n)(P/F, i, m)$$

【例 3-8】 某公司计划借款建设一生产线，建设期 3 年，3 年内不用还本付息，从第 4 年末开始到第 10 年末结束，每年偿付贷款本息 20 万元，若银行贷款利率是 6%，问该公司从银行借款的最大金额应是多少？

$$P = 20 \times \sum_{t=1}^{10} \frac{1}{(1+6\%)^t} \times \frac{1}{(1+6\%)^3}$$

$$= 20 \times 7.360 \times 0.8400$$

$$= 123.65(万元)$$

这里,递延年金的现值也可以看作是一个更长期限的普通年金($m+n$ 期)和一个更短期限的普通年金(m 期)的现值之差。所以,递延年金的现值计算公式也可表述为:

$$P = A \cdot \left[\sum_{t=1}^{m+n} \frac{1}{(1+i)^t} - \sum_{t=1}^{m} \frac{1}{(1+i)^t}\right]$$

$$= A \cdot [(P/A, i, m+n) - (P/A, i, m)]$$

(五)不等额系列收付款项现值的计算

上面所说的年金都是假定各期的付款或者收款是同一固定值——有时称为常数或平准年金,虽然一些财务问题是涉及常数年金的,但在实际经济活动中,收付款有时表现为不等额的系列收付款,所以,我们有必要把分析扩展到解决不同年度可能发生不同数量的支付或收款问题上,这些应用的大部分涉及现值的计算。

计算不等额系列收付款现值之和,可先计算出每次收付款的现值,然后将每次收付款的现值进行加总。

不等额系列收付款现值的计算公式为:

$$P = A_0 \cdot \frac{1}{(1+i)} + A_1 \cdot \frac{1}{(1+i)^1} + A_2 \cdot \frac{1}{(1+i)^2} + \cdots + A_n \cdot \frac{1}{(1+i)^n}$$

$$= \sum_{t=0}^{n} \left[A_t \cdot \frac{1}{(1+i)^t}\right]$$

【例 3-9】 某公司现金流见下表,若贴现率为 10%,试计算不等额现金流量的现值。

表 3-1 某公司现金流量分布(单位:万元)

年 份(t)	0	1	2	3	4
现金流量(元)	100	200	250	300	300

$$V_0 = 100 \times \frac{1}{(1+10\%)^0} + 200 \times \frac{1}{(1+10\%)^1} + 250 \times \frac{1}{(1+10\%)^2}$$

$$+ 300 \times \frac{1}{(1+10\%)^3} + 300 \times \frac{1}{(1+10\%)^4}$$

$$= 100 \times 1 + 200 \times 0.909 + 250 \times 0.826 + 300 \times 0.751 + 300 \times 0.683$$

$$= 100 + 181.8 + 206.5 + 225.3 + 204.9$$

$$= 918.5(万元)$$

(六)关于计息期的确定和贴现率的计算

所谓计息期,就是指每次计算利息的期限。前面的分析与计算中,都是以年为单位的计息期。实际上,计息期既可以是年,也可以是半年、一季、一个月甚至是天。计息期不同,所使用的利率或贴现率也就不同,即利率或贴现率要与计息期相匹配。如计息期为月,就要采用月利率或月贴现率,如计息期为季,则相应的就要采用季利率或季贴现率。假定一年计息 m 次,则对于年利率 i、n 年的年金来说,利率为 $\frac{i}{m}$,其中初始第一笔年金终值的计息期数为 $m \cdot n$,第二笔年金的计息期数为 $m(n-1)$,其他依此类推。

表 3-2 所示的期初本金为 1 元,利率为 12%,1 年内分为多种复利期的年度终值总额。计息期为 1 次时的复利终值最少,计息期 365 次的复利终值最多。对投资者而言,复利期数越多越有利,因为投资者凭利息赚取利息的次数多了。

表 3-2 1 年内多种复利期复利的终值结果

计息期	复利终值	计息期数
一年	$F=1\left(1+\dfrac{i}{1}\right)^{1\times 1}=1.1200$	1
半年	$F=1\left(1+\dfrac{i}{2}\right)^{2\times 1}=1.1236$	2
季度	$F=1\left(1+\dfrac{i}{4}\right)^{4\times 1}=1.1255$	4
月	$F=1\left(1+\dfrac{i}{12}\right)^{12\times 1}=1.1268$	12
日	$F=1\left(1+\dfrac{i}{365}\right)^{365\times 1}=1.1275$	365

现在我们来讨论在计息期数 n、终值 F 或现值 P 为已知的情况下,如何来倒求贴现率 i。

一般来说,倒求贴现率可分为两步:第一步,求出复利(或年金)的现值(或终值)因子;第二步,根据该因子再求出其相应的贴现率。这里分两种情况,一种是,根据复利(或年金)现值(或终值)系数及相应的计息期数 n,通过倒查相应的系数表,直接得出贴现率 i,另一种情形是计算出来的系数在相应的系数表中没有正好相对应的系数,即它是介于某两个系数之间,这时要采用插值法来进行计算。

【例 3-10】 某车市价为 157 950 元,某公司计划采取按揭贷款购买,具体方案是:由公司支付车价的 20%,余下由银行提供 5 年期的按揭贷款。如果银行要求公司在未来 5 年的每年年末等额地向银行支付贷款本息 30 000 元,试问银行按揭贷款的利率为多少?

解:已知 $A=30\,000$,$n=5$。

$$V_0=157\,950\times(1-20\%)=126\,360(元)$$

因为, $$126\,360 = 30\,000 \cdot \sum_{t=1}^{5} \frac{1}{(1+i)^t}$$

所以, $$\sum_{t=1}^{5} \frac{1}{(1+i)^t} = \frac{126\,360}{30\,000} = 4.212$$

查年金现值因子表,系数为 4.212, $n=5$,则其对应的 i 为 6%。

故银行按揭贷款的利率为 6%。

现实生活中,根据因子数及已知的期数 n,通过查表得出 i 的情况并不多见,经常是计算出的系数是介于某两个贴现率之间,这时可用近似的插值法来计算。

【例 3-11】 某人年初把 5 000 元存入银行,希望以后 8 年中每年年末能得到 850 元的收益,试问按复利法计算的利率应为多少?

解:根据普通年金现值的计算公式,先计算出年金现值系数:

$$\sum_{t=1}^{8} \frac{1}{(1+i)^t} = \frac{5\,000}{850} = 5.882$$

查年金现值因子表,当利率为 7% 时,系数为 5.971,当利率为 8% 时,系数是 5.747。所求利率应在 7%—8% 之间,设 x 为该利率中超过 7% 的部分,用插值法计算得到:

$$利率 i = 7\% + 0.397\% = 7.397\%$$

四、货币时间价值的应用

利用货币的时间价值可以对不同时间的现金流进行价值比较。在企业的融资、投资、分配等经营活动中,资金的时间价值有着广泛的应用,这里主要列举它在投资和经营决策方面的作用。

(一)投资决策

1. 投资方案的可行性评估及选择

一个投资项目,在一定时间内既会有现金流出,也会有现金流入,将投资方案存续期内的各期所有的现金流,包括期初及期中的投资支出、期间内的投资收益全部贴现到当前,加总求和的值,称为投资方案的净现值。净现值大于零的方案可行,几个方案中净现值最大的方案最佳。此即投资评估中运用最广泛的净现值方法。

投资方案未来的现金流入量的现值同其原始投资额之间的差额,可按下列公式计算:

$$P = \sum_{t=1}^{n} A_t (1+i)^{-t} - A_0$$

式中,P 代表净现值,A_t 代表 t 期的现金流量,A_0 代表初始的投资额,i 代表贴现率,n 代表投资方案寿命期。

当 $P>0$ 时,表示现金流入现值总数大于现金流出现值总数,该投资方案可行。

当 $P \leqslant 0$,表示现金流入现值总数小于或等于现金流出现值总数,该投资方案的投资报酬小于或等于银行利息,方案不可行。

同样,在多方案决策中,公司应选净现值最大的方案。

2. 投资项目完工期的提前或推迟对投资收益的影响分析

投资项目的计划竣工期确定后,应争取缩短工期,早投产,早见效益。如果工期较长,势必加大施工成本,影响投资收益。一般可计算投资项目施工期缩短或延长后的净收益现值,并与计划竣工期的净收益现值进行比较分析。

【例3-12】 某投资项目工程预算为200万元,基建贷款年利率15%,计划施工一年后可投产使用,预计在投产后的20年中每年回收40万元。若该项目如期完工,其投产日的净现值为:

$$P = 40 \times \sum_{t=1}^{20} \frac{1}{(1+15\%)^t} - 200 \times (1+15\%)^1$$
$$= 40 \times 6.259 - 200 \times 1.15 = 20.36(万元)$$

若该项目延期到第二年年末完成,则其投产日的净现值为:

$$P = 40 \times \sum_{t=1}^{20} \frac{1}{(1+15\%)^t} - 200 \times (1+15\%)^2$$
$$= 40 \times 6.259 - 200 \times 1.323 = -14.24(万元)$$

可见,由于投资完工期的延迟,原本可行的项目变得不可行,这正说明了资金时间价值的作用。

3. 分期偿还贷款每期偿还金额的确定

分期偿还贷款每期的偿还金额,是指每年偿还贷款的一笔相等的现金流(包括本息两部分)。因为未来发生的是相等的现金流,所以可用年金现值公式求解每年发生的年金数额。公司期限贷款,汽车贷款以及住房抵押贷款通常要求本息合计分期等额偿付。

【例3-13】 某企业本年末借款100 000元,年利率为12%,按借款合同规定,这笔贷款要在随后的3年中每年年末支付等额款项来还清,试计算每年应归还本息合计数。

解:如用A表示这个等量偿付金额,其计算方法为:

$$A = \frac{100\ 000}{\sum_{t=1}^{3} \frac{1}{(1+12\%)^3}} = \frac{100\ 000}{2.401\ 8} = 41\ 635.44$$

记住相等的年度支付数量包括利息成份和本金的偿还成份。每一成份每年数量不同,如下表所示,该表是个3年分期偿还的列表。

表 3-3 3 年期贷款分期按年偿还额及本息情况(本金 10 万元,利率 12%)

年份	(1) 年支付额	(2) 年息 [12%×(4)栏]	(3) 每年本金 [(1)栏−(2)栏]	(4) 年末余额
0	0	0	0	
1	41 635.44	12 000.00	29 635.44	100 000.00
2	41 635.44	8 443.75	33 191.74	70 364.56
3	41 635.44	4 460.73	37 174.71	37 172.82
总额	124 906.32	24 904.48	100 001.8	≈0

表中(1)栏表示每年支付的相等数量金额,(2)栏表示年利息成份,第一年数量是所借的原始数量的 12%,该数从年度支付数中减去,得到年度支付的本金,如(3)栏所示。(4)栏的第 2 年和第 3 年年末余额分别是上年末余额减去同年本金支付额之差。三年等额支付数量合计为 124 906.32 元,也就是(1)栏的合计,它等于(2)栏所示的利息支付总额与(3)栏所示的本金偿还金额总数的合计。

(二) 经营决策

1. 分期付款的定价

购买房屋或汽车等固定资产时,常采用等额分期付款,也就是年金的形式。

【例 3-14】 某商品房销售价格为 20 万元,若采用分期付款形式销售,分 5 年等额支付,年利率 10%,问每年期末付款金额应为多少?

解:
$$A = \frac{20}{\sum_{t=1}^{5} \frac{1}{(1+10\%)^t}} = \frac{20}{3.791} = 5.275(万元)$$

2. 票据贴现中的运用

票据贴现指在商业汇票、期票到期前,持票人若急需资金,可向银行申请贴现。银行按规定的贴现率扣除自贴现日至到期日期间的利息,将票面余额付给持票人。票据到期,银行持票向付款人结算。

【例 3-15】 某单位持有一张于 4 月 10 日开出商业票据,金额 1 000 元,票据期限 90 天,利率为 10%。因急需资金,该单位于 5 月 10 日持票据到银行申请贴现。若贴现率为 12%,试计算贴现金额应为多少?

解:票据到期价值:

$$票据到期价值 = 1\,000 \times \left(1 + 10\% \times \frac{90}{360}\right) = 1\,025(元)$$

$$票据贴现金额 = 1\,025 \times \left(1 - 12\% \times \frac{60}{360}\right) = 1\,004.5(元)$$

第二节 风险与收益的关系

如果说企业在进行生产决策时寻求的是边际成本等于边际收益,家庭在进行消费决策时寻求的是在所有消费支出上有相同的边际效用,那么,投资者在进行投资决策时寻求的就是收益与风险的平衡。从事投资,投资者在希望获得尽可能多的收益的同时,必须考虑可能面临的风险。投资者追求的是既定风险下的最大收益,或既定收益下的最小风险。因此,收益与风险是投资活动中必须考虑的两个基本要素。

一、风险的含义与分类

从理论上讲,企业在经营过程中所面临的各种决策按其确定性程度可以分为:

1. 确定性决策:事先可以确知决策的后果的各种决策。例如,购买 3 个月期限的短期国债,从购买日开始就可确定三个月后将得到多少本息。现实生活中,这种决策较为少见。

2. 风险决策:事先可以知道决策的所有可能后果及其各种后果出现的概率。例如,投硬币游戏,我们事先知道硬币落地国徽朝上或朝下两种结果,而且知道两种结果出现的概率各为 50%。

3. 不确定性决策:人们事先不知道决策的可能出现的各种后果,或虽然知道决策的可能后果但不知道每种后果出现的概率。如投资股票,人们事先不知道将来所有可能实现的收益率,更不知道每种结果出现的概率。

在决策实务中,风险与不确定性难以严格区分。一方面,面临不确定性情况,人们仍然需要做决策,这时必须依靠直觉判断和经验设想几种可能结果,并估计这些结果出现的概率,使不确定性问题转化为风险问题。另一方面,当人们进行风险决策时,结果出现的概率同样带有主观性质,因此风险问题同样带有不确定性。

基于上述原因,我们把不确定性决策与风险决策被统称为风险决策,并把风险定义为企业面临的各种不确定性。

在风险管理中,一般根据风险的不同特征进行分类。按风险能否分散,分为系统风险与非系统风险;按风险形成的来源,分为经营风险与财务风险。

系统风险又称市场风险、不可分散风险,是指由于政治、经济及社会环境等公司外部宏观因素的不确定性产生的风险,如通货膨胀、利率与汇率的波动、国家宏观经济政策变化、战争、政权更迭等。系统风险是由公司外部宏观全局方面的综合因素导致的,这些因素是个别公司或投资者无法通过多样化投资予以分散的。

非系统风险又称公司特有风险、可分散风险,是指由于经营失误、劳资纠纷、新产品试制失败等因素影响所产生的个别公司的风险。这类风险是由单个的特殊因素随机变化引起的,且其影响往往只涉及某一或某一类特殊公司,因此可以通过多样化组合投资来分散。

经营风险是指经营行为(生产经营和投资活动)给公司收益带来的不确定性。通常用息税前收益的变动程度(标准差、经营杠杆等指标)描述经营风险的大小。这种风险是公司商业活动中固有的风险,主要来自客观经济环境的不确定性,如经济形势和经营环境的变化、市场供求和价格的变化、税收政策和金融政策的调整等外部因素,以及公司自身技术装备、产品结构、成本水平、研发能力等因素的变化等。

财务风险一般是指举债经营给股东收益带来的不确定性。通常用净资产收益率或每股收益的变动(标准差、财务杠杆等)描述财务风险的大小。这种风险主要来源于利率、汇率变化的不确定性以及公司负债比重的大小。如果公司的经营收入不足以偿付到期利息和本金,就会使公司陷入财务危机,甚至导致公司破产。

二、预期收益与风险的衡量[①]

(一)单项资产预期收益率与风险的衡量

对于单项投资来说,预期收益率就是各种可能情况下收益率的加权平均数,权重为各种可能结果出现的概率。计算公式为:

$$E(r) = \sum_{i=1}^{n} r_i p_i$$

式中的 $E(r)$ 表示预期收益率;r_i 表示在第 i 种可能情况下的收益率;p_i 表示第 i 种可能情况出现的概率;n 表示可能情况的个数。

预期收益率是投资者所期望的资产在下一期的平均收益率,实际收益率可能高于也可能低于期望收益率。

预期收益率的风险可以直接表示为未来可能收益水平围绕预期收益率变化的区间大小,即采用方差 σ^2 和标准差 σ 来衡量预期收益的风险,计算公式分别为:

$$\sigma^2 = \sum_{i=1}^{n} [r_i - E(r)]^2 p_i$$

$$\sigma = \sqrt{\sum_{i=1}^{n} [r_i - E(r)]^2 p_i}$$

例如,某投资者预计某公司所在行业的发展和股市走势有以下四种可能:行业发展缓慢且市场出现熊市;行业发展缓慢但市场出现牛市;行业发展良好但市场出现熊市;行业发展良好且市场出现牛市。四种可能的状态发生的概率分别是 0.20、0.25、0.30、0.25。然后,根据行业的发展状况和市场走势,估计出股票 A 在每种状态下的收益率和方差,结果见表 3-4。

[①] 限于篇幅,本节未做过多介绍。更详细内容可参阅王重润主编《金融市场学》(高等教育出版社,2014年)第4章;以及斯蒂芬·罗斯等编《公司金融(第九版)》(机械工业出版社,2011)第11章。

表 3-4 用预期数据计算期望收益率和标准差

可能的状态	概率 p_i	$r_i(\%)$	$p_i[r_i-E(r)]^2$
行业发展缓慢且出现熊市	0.2	−20	180
行业发展缓慢但出现牛市	0.25	14	4
行业发展良好但出现熊市	0.3	10	0
行业发展良好且出现牛市	0.25	30	100
期望收益率%		10	
方差%^{2}			284
标准差%			16.85

在一般情况下,预期收益率较高的投资方案比预期收益率较低的方案具有更大的标准差。但是这给投资者在不同风险资产之间进行选择造成困难。因为投资者发现预期收益率高的资产也会带来较大的风险。比如股票 A 的期望收益率为 12%,股票 B 的期望收益率为 10%,似乎 A 比 B 好,但是股票 A 的标准差为 20,而股票 B 的标准差为 15,从风险角度看,似乎 B 比 A 好。所以,需要对风险进行标准化,对不同资产的单位收益的风险进行比较。这一目的可借助于标准离差率(CV,又称变异系数)来实现。标准离差率越小越好。标准离差率是指标准差与预期收益率之比,其计算公式为:

$$CV = \frac{\sigma}{E(r)}$$

在这个例子中,股票 A 的 CV 等于 166.67(20÷12%),股票 B 的 CV 等于 150(15÷10%),所以股票 B 比股票 A 来得要更好一些。

(二) 投资组合预期收益率与风险的测量

1. 投资组合的预期收益率

对于投资组合来说,预期收益率是投资组合中单项资产预期收益率的加权平均数,权数是单项资产价值在总投资价值中所占的比重。计算公式为:

$$E(r_p) = \sum_{i=1}^{n} w_i E(r_i)$$

式中的 $E(r_p)$ 表示投资组合的预期收益率;w_i 表示第 i 种资产在投资组合总价值中所占的比重;$E(r_i)$ 表示第 i 种资产的预期收益率;n 表示投资组合中资产的个数。因为一个组合的预期收益率是其所含资产的预期收益率的加权平均,每一证券对组合的预期收益率的贡献依赖于它的预期收益率,以及它在组合价值中所占的比重。

2. 投资组合方差和标准差

投资组合的预期收益率是它所包含的各种资产预期收益率的加权平均数。投资组合的方差是各种资产收益率方差的加权平均数,加上各种资产收益率的协方差。

两项资产投资组合收益率的方差可按下式计算:

$$\sigma_p^2 = w_1^2 \sigma_1^2 + w_2^2 \sigma_2^2 + 2w_1 w_2 \text{Cov}(r_1, r_2)$$

式中的 w_1、w_2 分别代表资产 1 与资产 2 在投资组合总体中所占的比重；σ_1^2、σ_2^2 分别表示组合中两种资产各自的预期收益率的方差；$\text{Cov}(r_1,r_2)$ 表示两种资产预期收益率的协方差。

两个随机变量之间的协方差 $\text{Cov}(r_1,r_2)$ 可以按下式计算：

$$\text{Cov}(r_1,r_2) = \sum_{i=1}^{n}[r_1i - E(r_1)][r_2i - E(r_2)]p_i$$

式中的 $[r_1i - E(r_1)]$ 表示资产 1 的收益率在经济状态 i 下对其预期值的离差；$[r_2i - E(r_2)]$ 表示资产 2 的收益率在经济状态 i 下对其预期值的离差；p_i 表示经济状态 i 发生的概率。

公式表明，协方差是两个变量（资产收益率）离差之积的预期值。以证券投资为例，如果协方差大于零，表明两种证券预期收益率的变动方向相同；如果协方差小于零，表明两种证券预期收益率的变动方向相反；如果协方差等于零，表明两种证券预期收益率的变动不相关。一般来说，两种证券的不确定性越大，其标准差和协方差也越大；反之亦然。

反映两个变量之间相互关系的另一个统计指标是相关系数。相关系数被用来描述组合中各种资产收益率变化的相互关系，即一种资产的收益率变化与另一种资产的收益率变化的关系。相关系数以 ρ 表示，资产 1 和资产 2 的收益率的相关系数 ρ_{12} 可按下式计算：

$$\rho_{12} = \frac{\text{Cov}(r_1,r_2)}{\sigma_1\sigma_2}$$

两个资产收益率变量间的协方差等于这两个资产收益率之间的相关系数乘以它们的标准差的积。即：

$$\text{Cov}(r_1,r_2) = \rho_{12}\sigma_1\sigma_2$$

相关系数总是处于 -1 和 $+1$ 之间，-1 的值表明完全负相关，即两种资产收益率的变动方向相反；$+1$ 的值表明完全正相关，即两种资产收益率的变动方向完全相同；如果相关系数等于 0，就表明两种资产收益率之间是零相关或不相关。三种情况的直观情况如图 3-5 所示。多数情况下两个资产收益率之间的关系是介于这两个极端值之间。

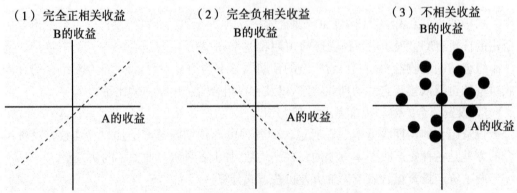

图 3-5 资产 A 与资产 B 收益率的相关性

对于 N 项资产投资组合预期收益率的方差可表述为：

$$\sigma_p^2 = \sum_{i=1}^{n}\sum_{j=1}^{n} w_i w_j \sigma_i \sigma_j \rho_{ij}$$

还可以写为：

$$\sigma_p^2 = \sum_{i=1}^{n} \omega_i^2 \sigma_i^2 + \sum_{i=1}^{n}\sum_{j=1}^{n} w_i w_j \sigma_i \sigma_j \rho_{ij} \quad (i \neq j)$$

公式表明，当投资组合是由 N 项资产组成时，组合总体的方差是由 N 个方差（公式的第 1 部分）和 $N(N-1)$ 个协方差（公式的第 2 部分）组成。例如，当投资组合包含 3 种资产时，组合总体的方差由 9 项组成：3 个方差和 6 个协方差。

3. 投资组合分散风险的原理

观察 N 项资产投资组合预期收益率的方差公式，我们发现随着投资组合中资产个数的增加，单项资产的方差对投资组合总体方差形成的影响会越来越少；而资产与资产之间的协方差形成的影响越来越大。当投资组合中包含的资产数量达到非常多时，单项资产的方差对投资组合总体方差形成的影响几乎可以忽略不计。证明如下。

假设组合中的 N 种资产各自在组合中的权重相同（$w_i = 1/N$），每种资产的方差等于 σ^2，并以 $\text{Cov}(r_i, r_j)$ 代表平均的协方差，则 N 项资产投资组合预期收益率的方差公式可以简化为：

$$\sigma_p^2 = \sum_{i=1}^{n}\left(\frac{1}{N}\right)^2 \sigma^2 + \sum_{i=1}^{n}\sum_{j=1}^{n}\left(\frac{1}{N^2}\right)\text{Cov}(r_i, r_j) \quad (i \neq j)$$

$$= \left(\frac{1}{N^2}\right)(N\sigma^2) + \left(\frac{1}{N^2}\right)N(N-1)\text{Cov}(r_i, r_j)$$

$$= \left(\frac{1}{N}\right)\sigma^2 + \left(1 - \frac{1}{N}\right)\text{Cov}(r_i, r_j)$$

当 $N \to \infty$，$(1/N)\sigma^2 \to 0$，这表明当投资组合中资产数量增加时，公式中的第一项将逐渐消失；而 $(1-1/N)\text{Cov}(r_i, r_j) \to \text{Cov}(r_i, r_j)$，即协方差在投资资产个数增加时并不完全消失，而是趋于平均值，即投资组合风险将趋于各项资产之间的平均协方差。这个平均值是所有投资活动的共同运动趋势，反映了系统风险。

假设资产的平均收益率方差为 50%，任何两项资产的平均协方差为 10%，则 5 项资产和 10 项资产投资组合的方差分别为：

$$\sigma_p^2 = \frac{1}{5} \times 50\% + \frac{4}{5} \times 10\% = 18\%$$

$$\sigma_p^2 = \frac{1}{10} \times 50\% + \frac{9}{10} \times 10 = 14\%$$

分析表明，在一个投资组合中减少风险的办法就是加入另一种新的资产或证券，扩大"组合"规模。但这种风险分散效应，随着加入资产数目的增多，呈递减趋势。如图 3-6 所示，当组合的方差水平降到一定水平时，再增加资产数量只能分散很少的风险。图中存在一个最低的不能通过组合投资加以分散的风险，这个风险就是系统风险。

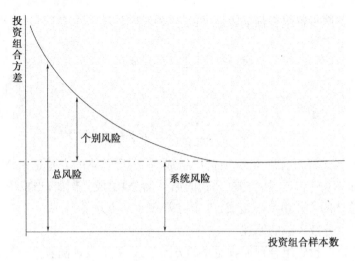

图 3-6 投资组合方差和投资组合中的样本数

三、资本资产定价模型

资本资产定价模型(CAPM)是在市场均衡状态下,对于风险资产预期收益的一种预测模型。模型所要解决的问题是在市场均衡状态下,资产价格是如何依风险而确定,收益与风险的关系是问题的核心。它是由威廉·夏普(William Sharp)于 1964 年提出之后,由约翰·林特勒(John Lintner)以及简·莫辛(Jan Mossin)等人发展而成。由于模型的简单明了,以及对于资产风险和收益之间关系的精确描述,使其得到了广泛的运用,从而成为现代金融学的一个十分重要的组成部分。

资本资产定价模型的形式为:

$$E(R_j) = R_f + [E(R_M) - R_f] \times \beta_j$$

其中,R_f 表示无风险利率,$E(R_M)$ 表示市场组合(M)的期望收益率,β_j 表示系统性风险。该方程表明,单个资产 j 的期望收益率与这种证券系统性风险 β_j 之间存在线性关系,这种关系可以用证券市场线 SML 来表示,图 3-7 所示。

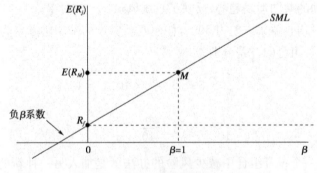

图 3-7 系统风险标准化的 CAPM

如果一项资产的 $\beta > 1$,该资产的风险补偿就大于市场组合的风险补偿。这意味着这项资产在市场上的价格波动会大于市场的平均价格波动。如果一项资产 $0 < \beta < 1$,该

项资产的风险补偿就小于市场组合的风险补偿,它的价格波动也会小于市场的平均价格波动。如果 $\beta<0$,则该资产的收益与整个市场存在负相关的关系。如果 $\beta=0$,则资产的预期收益率应等于无风险利率,这时的资产对市场组合的风险没有影响。当 $\beta=1$ 时,风险补偿与市场组合的风险补偿一致。

一个证券组合的 β 值等于该组合中各种证券 β 值的加权平均数,权数为各种资产在该组合中所占的比例,即:

$$\beta_M = \sum w_i \beta_i$$

式中的 β_M 表示组合的 β 值。

证券市场线的斜率、位置和单项资产在线上的位置,会因为利率、通货膨胀率、投资者的风险偏好程度及单项资产 β 系数的变化而改变。如果预期通货膨胀率提高、利率提高,投资者要求的无风险收益率就会增加,从而导致 SML 线向上平行移。如果投资者的风险偏好程度减弱,会引起 SML 线的斜率增加。若某公司的财务风险因增发债券而增加,该公司股票在 SML 上的位置将沿着 SML 上移。那么,投资者要求的收益率也会相应地提高。对于一项资产,影响其风险的任何变化都将导致该资产沿着 SML 移动。通常风险溢价会随着 SML 斜率的变化而变化,并引起风险资产必要收益率的变化。

资本资产定价模型从本质上揭示了投资者收益率的内涵。这一模型认为,市场投资组合的预期收益率减去无风险收益率就是市场对投资者承担的每一单位的风险而支付的必要补偿。除市场补偿外,还要考虑某一特定投资机会(如证券 j)的风险因素,即 β_j 的影响。因此,在市场均衡条件下,按资本资产定价模型确定的预期收益率就是进行投资的必要收益率。

四、风险收益模型在公司金融中的应用

1. 用于风险投资决策

根据夏普等投资专家的观点,投资总风险由系统风险和非系统风险两大部分组成,除了和整个市场的变动相关的风险(即系统风险)无法分散掉外,其他风险都可以采用投资组合的方式来消除。对于充分的组合投资而言,投资者通常不会将那些可以分散掉的风险视为风险,只有那些无法分散掉的市场风险才是真正风险,此种风险的大小能够由个别证券报酬率随着市场投资组合报酬率的涨落而涨落的程度衡量出来。并据此研究出一种能描述在证券的供需达到平衡时,存在于证券的市场(系统)风险与预期报酬率之间的关系模型,即资本资产定价模型。资本资产定价模型提供了与投资组合理论相一致的单一证券风险的计量指标,有助于投资者预计单一资产的不可分散风险。它反映了风险与报酬的基本关系,即风险越大要求的报酬率越高。这个模型还可以表述为:

期望的投资报酬率＝无风险报酬率＋风险报酬率
＝无风险报酬率＋风险报酬斜率风险程度

其中风险程度用标准差或变异系数等计量。风险报酬斜率取决于全体投资者的风险回避态度,可以通过统计方法来测定。

该模型用于风险投资项目的决策,最常用的方法是风险调整贴现率法。这种方法的基本思路是对于高风险的项目,采用较高的贴现率(风险调整贴现率)去计算净现值,然后根据净现值法的规则来选择方案。问题的关键是根据风险的大小,利用模型确定风险调整贴现率。该方法的理论依据是:贴现率或资本成本是投资者进行项目投资决策时所要求的最低报酬率,当项目投资的风险增大时,投资者要求得到的报酬也上升,反之,当项目投资的风险减少时,投资者要求得到的报酬也下降。所以风险越大,贴现率越高,风险越小,贴现率越低。

2. 用于投资组合决策

资本资产定价模型来源于投资组合理论,又反过来用于投资组合决策。前面的分析我们已经知道:

$$\beta_p = \sum_{i}^{n} W_i \beta_i$$

即某一投资组合的 β 系数等于组合中个别证券的 β 系数的加权平均数之和。

用于投资组合决策时,资本资产定价模型可以表述为:

投资组合的报酬率＝无风险报酬率＋投资组合 β 系数×(市场平均的风险报酬率－无风险报酬率)

利用该模型进行投资组合决策的基本方法是:

(1) 确定不同证券投资组合的系数;

(2) 计算各证券组合的风险收益率

证券组合的风险收益率 ＝(市场平均的风险报酬率－无风险报酬率)× 投资组合的 β 系数

(3) 确定各投资组合的报酬率;

(4) 比较投资组合的报酬率,并结合投资者的风险态度和风险收益率来进行投资组合方案决策。

3. 用于筹资决策中普通股资本成本的计算

普通股的资本成本可以用投资者对发行企业的风险程度与股票投资承担的平均风险水平来评价。换句话说,普通股的资本成本可以用投资者要求的最低报酬率来表示。

根据资本资产定价模型:

普通股的资本成本率 ＝ 无风险报酬率 ＋ β 系数 ×(股票市场平均报酬率－无风险报酬率)

实证研究表明,股票市场平均报酬率通常比无风险报酬率高 5%～7%。例如:万达技术公司普通股风险系数为 2,政府长期债券利率为 3%,股票市场平均报酬率为 8%,则:

万达公司普通股的资本成本率 ＝ 3% ＋ 2 ×(8% － 3%) ＝ 13%

这种方法在理论上存在一些严格的假设,其中包括风险与报酬率要线性相关,投资者进行了高度多元化的投资组合,等等。若这些条件得不到满足,结论与实际就可能存在一定的偏离。

本章小结

1. 货币的时间价值也称为资金的时间价值,是指货币经历一定时间的投资和再投资所增加的最低增值额,现值和终值是货币时间价值的两种基本表现形式,计算现值与终值一般要考虑复利因素。

2. 年金是指在某一确定的时期里,每期都有一笔相等金额的收付款项。年金按付款时间可分为后付年金(也叫普通年金)、先付年金(也叫当期年金)两种。此外还有延期年金、永久年金以及年金的变化形式——不等额现金流等。

3. 一般用方差 σ^2 度量整体风险,用 β 值度量系统风险,用标准离差率度量单位期望收益所承担的风险,在充分多元化投资的情况下,整体风险与系统性风险基本相等。

4. 证券市场线揭示的是市场均衡条件下,单项风险资产与市场组合在预期收益率与系统风险上所存在的关系,系统性风险越大,投资的期望收益就越高。

思考与应用

1. 谈谈你对时间价值的理解。

2. 试比较单利与复利在计算上的异同。

3. "一种具有正的标准差的证券必然有大于无风险利率的期望收益率,否则,为什么会有人持有它呢?",根据资本资产定价模型,你认为这样的表述正确吗,为什么?

4. 风险与报酬的关系如何?在财务投资中,如何考虑风险与报酬的平衡。

5. 证券市场线描述风险与期望收益率的均衡关系,你认为位于证券市场线上方的证券是一项有吸引力的投资吗?为什么?

6. 设本金10 000元(年初存入银行),年利率为10%,每年计息一次,到期一次还本付息,则第5年年末的本利和是多少?

7. 某企业按10%的年利率取得贷款,金额为10 000元,借款合同规定在6年内每年年末等额偿还,则每年的偿还金额应为多少元?

8. 有一笔现金流,前5年无流入,后5年每年年末流入100万元,若利率为10%,其现值应为多少?

9. 某投资者有一个投资机会:今天投资10 000元,从现在开始的1年后收到500元,2年后收到1 500元,10年后收到10 000元。

(1) 如果年利率为6%,投资机会的净现值是多少?该投资者应该接受这个投资机会吗?

(2) 如果年利率为2%,投资机会的净现值是多少?该投资者应该接受这个投资机会吗?

10. 设市场组合的期望收益率为10%,标准差为21%,无风险收益率为7%,一个被很好地分散化(没有非市场风险)期望收益率为16%的组合的标准差是多少?

第四章 公司资本预算

【本章提要】本章主要介绍了公司资本预算的有关理论、方法和预算实务。其中现金流量测算是公司资本预算的前提和准备;投资决策方法是公司资本预算的核心内容,既有深厚的理论成分,也有实务的经验操作,是本章的重点和难点;资本预算风险分析是资本预算的重要组成部分,旨在揭示、测度投资风险,加强风险控制与管理。

【引 例】1966年中期,MRC公司决定将一个分部进行改造用于生产聚酯材料,该项投资预算总额为2 520万美元。公司制定并最后实施了生产聚酯纤维的投资决策,结果导致公司最终陷于财政危机中。投资失败首先是因为公司在投资方向的选择上出现失误。除了在1964年投资生产高湿度人造丝短纤维外,公司很少接触纺织品生产商,聚酯服装纤维属于MRC公司的弱项产品,与大的服装纤维制造商杜邦公司相比,具有明显的劣势。特别重要的是,聚酯项目2 520万美元的投资只能生产聚酯和人造丝,而人造丝已经大部分被尼龙和聚酯所替代。项目失败的第二个原因是公司生产聚酯纤维缺乏规模优势。从1966~1971年,公司在聚酯项目上投资2 520万美元。到1969年新投资项目的产量只能达到5 000万磅,而竞争对手杜邦公司1966年的生产能力就已经为2.4亿磅,并宣布1968年底达到6亿磅。显然,MRC公司新建的聚酯项目没有规模优势。由于产量未达到规模经济水平,MRC公司的单位成本远远高于市场售价。导致生产越多,亏损就越多的恶性循环。原因之三是公司对项目的预期收益过于乐观,缺乏谨慎的财务判断。由于对替代产品和市场竞争程度估计不足,在投资项目财务分析中缺乏必要的安全储备评价及必要的风险评估。公司对聚酯项目的产品价格和销售额估计过高,因而高估了项目的预期收益。如,公司利用历史数据测算高湿度人造丝短纤维售价每磅为44—45美分之间,并认为在5年之内价格降至36美分并稳定下来。然而,在厂房完成后的第2年初,高湿度人造丝的售价却降为每磅26美分。

这个例子说明,公司现金流量受到很多因素影响,准确预测现金流量是项目投资决策成功的关键!

第一节 现金流量测算

资本预算(Capital budgeting)是企业选择长期资本(一般长于一年)投资的过程,即企业进行长期投资决策的过程。在资本预算中,对项目进行投资决策的主要依据是项目的现金流量。投资决策是事前决策,所有的现金流量都发生在将来,因此必须对项目的投资支出、销售量、销售价格、生产成本等作预测,估算出项目的现金流量。整个资本预算工作的基础,也是决定资本预算工作质量的关键。

一、项目现金流量的含义

现金流量是指某一个投资项目所引起的现金流出和现金流入的数量,是现金流入和现金流出的统称。其中,现金流出量是指投资项目所引起的现金支出的数量;而现金流入量是指投资项目所引起的现金流入的数量。项目的现金流量测算坚持"现金制"(又名收付实现制)原则——把项目视为一个独立的系统,凡是资金跨越边界流出该系统,就视为现金流出;凡是资金跨越边界流入该系统,就视为现金流入。在此基础上,现金流入量减去现金流出量的差额形成项目投资的净现金流量。

现金流量的测算与一般的会计核算不同,它只是反映项目在计算期内的现金收支,不反映非现金收支活动。如项目的固定资产折旧、无形资产摊销、应收应付款等就不属于现金流量的计算范围。这是因为固定资产、无形资产投资支出已经作为一次性的现金流出,固定资产折旧、无形资产摊销只是一种资产的补偿费用,没有形成货币资金的真正跨边界流动,不能再次计入现金流出;应收应付款是一种债权债务关系,其发生的具体时点和数额很难准确测定,所以也不予考虑。

二、现金流量的构成

(一)从现金流量的发生方向看,它可以包含如下几个部分:

1. 现金流出量

(1)固定资产投资:由工程费用、工程建设其他费用、预备费用以及建设期借款利息构成。

(2)无形资产投资:主要包括土地使用权、专利权、商标权、专有技术、商誉、特许权等方面的投资等。

(3)递延资产投资:项目投资前的筹建费用、咨询费、培训费等。

(4)流动资产投资:是项目投产后为保证其生产经营活动得以正常进行所必须垫支的周转资金。

2. 现金流入量

(1)营业现金流入;

(2)回收固定资产残值;

(3)回收流动资金。

(二)按照现金流量发生的投资阶段,又可划分为:

1. 初始现金流量

开始投资时发生的现金流量。如固定资产投资、流动资产垫支等,一般表现为现金流出。

2. 营业现金流量

投资项目投入使用后,由于生产经营所带来的现金流入和流出的数量。由于是资金的双向流动,所以可以计算营业现金净流量:

$$\text{营业现金净流量} = \text{营业现金收入} - \text{付现成本} - \text{所得税}$$
$$= \text{税后净收入} + \text{折旧等非付现费用}$$

如：某项目的营业现金流量表(表4-1)：

表4-1 营业现金流量表　　　　　　　　　单位：万元

项　目	数　额
销售额	160
经营成本	60
折旧费	20
税前收入	80
所得税(33%税率)	26.4
税后净收入	53.6
净经营现金流量(税后净收入＋折旧费)	73.6

净经营现金流量与税后净收入不同，税后净收入是销售收入扣除所有成本费用，包括以现金形式支付的和以非现金形式支出的费用，而净现金流量只扣除以现金形式支付的成本。在资本预算中，我们估算的是税后净现金流量而不是税后净收入。

3. 终结现金流量

投资项目终结时发生的现金流量。如固定资产的残值收入，回收的流动资产垫资、停止使用的土地出卖收入等，一般表现为现金流入。

三、现金流量测算案例分析

某进出口总公司和某生物制品公司想合作开发一个芦荟生产项目——芦荟工业原料冻干粉项目，具体方案如下：

1. 芦荟浓缩液800吨(折合冻干粉40吨)，建成芦荟浓缩液生产线一条。400吨供应冻干粉生产线作为原材料，其余400吨无菌包装后外销。

2. 年产芦荟冻干粉20吨，建成芦荟冻干粉生产线一条。

(一) 项目总投资估算

项目总投资3 931.16万元，其中：建设投资3 450.16万元，占投资87.76%；流动资金481.00万元，占总投资12.24%。

表4-2 总投资评估表　　　　　　　　　单位：万元

序号	投资内容	金额	占总投资百分比(%)
1	总投资	3 931.16	100
2	建设投资	3 450.16	87.76
2.1	工程费用	2 710.10	68.94
2.1.1	其中：设备购置	2 197.5	55.9
2.1.2	建设工程	512.6	13.04
2.2	其他费用	469.05	11.93
2.3	预备费用	271.01	6.89
2.4	固定资产方向调节税	0.00	0.00
3	流动资金	481.00	12.24

以上工程费用和其他费用形成固定资产,其中芦荟浓缩液车间、冻干粉车间和几个管理部门使用的固定资产分别为1 914.38万元、1 197.38万元和67.39万元;预备费用形成开办费用。

(二) 资金的筹集与使用

1. 资金筹措

本项目总投资3 931.16万元,其中:1 965.58万元向商业银行贷款,贷款利率10%;其余1 965.58万元自筹,投资者期望的最低报酬率为22%。这一资本结构也是该企业目标资本结构。

2. 资金使用计划

本项目建设期一年,项目总投资中,建设性投资3 450.16万元应在建设期期初一次全部投入使用,流动资金481.00万元,在投产第一年年初一次投入使用。项目生产期为15年。

(三) 财务成本数据测算

1. 产品成本估算依据

(1) 材料消耗按工艺定额和目前价格估算如表4-3、表4-4。

表4-3 芦荟浓缩液消耗定额及价格表

序号	项目	规格	单位	单价	单位消耗定额(吨)	单位直接材料成本/元
1	原材料					22 488.91
1.1	原料					21 668.38
1.1.1	鲜芦荟	0.8—1.2千克	吨	1 080	20	21 600
1.1.2	添加剂		千克	136.75	0.5	68.38
1.2	包装材料					820.53
1.2.1	无菌袋		个	42.74	5	213.7
1.2.2	铁桶		个	119.66	5	598.3
1.2.3	塑料桶		个	1.71	5	8.53
2	燃料及动力					832.3
2.1	水		吨	1	60	60
2.2	电		度	0.28	1 000	280
2.3	煤		吨	136.75	3.6	492.3
	合计					23 321.21

浓缩液单位生产成本=21 103 460.94/800=26 379.33(元/吨)

21 103 460.94=材料成本+直接人工费+制造费用=23 321.21×800+321 480+2 125 012.94

表 4-4 芦荟冻干粉消耗定额及价格表

序号	项目	规格	单位	单价	单位消耗定额/吨	单位直接材料成本/元
1	原材料					528 612.5
1.1	原料					527 586.5
1.1.1	浓缩液	10∶1	吨	26 379.33	20	527 586.5
1.2	包装材料					1 026
1.2.1	复合膜	25 kg	个	8.55	40	342
1.2.2	包装桶	25 kg	个	17.1	40	684
2	燃料及动力					29 209.2
2.1	水		吨	1	2 600	2 600
2.2	电		度	0.28	88 000	24 640
2.3	煤		吨	136.75	14.4	1 969.2
合计						557 821.7

(2) 工资及福利费

工资按定员与岗位工资标准估算。总定员 120 人,人均年工资 6 420 元。福利费按工资总额的 14% 计提。根据全厂劳动定员,计入芦荟浓缩液、冻干粉成本中的工资及福利费分别为 321 480 元和 116 280 元。其余部分计入管理费用和销售费用,已包含在下面的预计中。

(3) 制造费用估计

预计芦荟浓缩液、冻干粉的年制造成本分别为 2 125 012.94 元、1 375 747.94 元,其中包含折旧费。折旧费按 15 年,残值率按 5% 计算。除折旧外,其余均为可变成本。

(4) 管理费用估计

① 开办费按 5 年摊销;

② 折旧费按 15 年,残值率按 5% 计算;

③ 其他管理费用估算为 80 万元/年(含工资),其中 60 万元为固定成本。

(5) 销售费用估计

销售费用估算为 288 万元,其中包括人员工资及福利费、广告费、展览费、运输费、销售网点费等,其中 200 万元为固定成本。

2. 销售价格预测

国外报价:

浓缩液 6.5 美元/磅,折合人民币 121 550 元/吨

冻干粉 125.13 美元/磅,折合人民币 2 340 000 元/吨

国内报价:

浓缩液　160 000 元/吨

冻干粉 2 400 000 元/吨

本项目销售价格按国外报价的 50% 计算,即浓缩液 60 000 元/吨、冻干粉 1 200 000 元/吨。

3. 相关税率

为简便起见,本案例假设没有增值税。城建税和教育费附加等已考虑在相关费用的预计中。所得税率按 33%。

根据上述案例资料,本项目现金流量测算结果如下:

(1) 初始投资现金流量

建设投资为 3 450.16 万元

流动资产投资为 481.00 万元

总投资为＝建设投资＋流动资产投资＝3 931.16 万元

表 4-5 总成本费用评估表 单位:万元

序号		2～6 年	7～16 年
1	原材料	1 801.16①	1 801.16
2	燃料及动力	125②	125
3	直接人工	43.78③	43.78
4	制造费用	350.08④	350.08
	其中:折旧费	197.08⑤	197.08
5	制造费用合计(＝1＋2＋3＋4)	2 320.02	2 320.02
6	管理费用	138.47⑥	84.27⑦
	其中:折旧费用	4.27⑧	4.27
	摊销费	54.2⑨	
7	销售费用	288	288
8	总成本(＝5＋6＋7)	2 746.49	2 692.29
9	固定成本⑩	515.55	461.35
10	可变成本(＝8－9)	2 230.94	2 230.94

注:① 1 801.16＝(22 488.91×800＋528 612.6×20)/10 000

② 125＝(832.3×800＋29 209.2×20)/10 000

③ 43.78＝(321 480＋116 280)/10 000

④ 350.08＝(2 125 012.94＋1 375 747.94)/10 000

⑤ 197.08＝(1 914.38＋1 197.38)×(1－5%)/15

⑥ 138.47＝80＋4.27＋54.2

⑦ 84.27＝80＋4.27

⑧ 4.27＝67.39×(1－5%)/15

⑨ 54.2＝271.01/5

⑩ 固定成本包括制造费用中的折旧费;管理费用中的折旧费、摊销费和 60 万元其他费用;销售费用中的 200 万元。

(2) 经营期现金流量(表4-6)。

表4-6 经营期现金流量评估表　　　　　　　　　　单位：万元

	2~6年	7~16年
销售收入	4 800	4 800
减：总成本	2 746.49	2 692.29
利润总额	2 053.51	2 107.71
减：所得税(33%)	677.66	695.54
净利润	1 375.85	1 412.17
加：折旧等非付现成本	255.55	201.35
经营现金净流量	1 631.04	1 613.52

注：销售收入=60 000×400+1 200 000×20=48 000 000

(3) 终结期现金流量

终结期现金流量=固定资产期末残值+流动资产回收=固定资产投资×残值率+流动资产回收=(1914.38+1197.38+67.39)×5%+481=639.96万元

第二节　　投资决策方法

根据是否考虑资金的时间价值，投资方案决策方法整体上可以分为两大类：非贴现方法和贴现方法。其中，非贴现方法主要包括：普通投资回收期法和平均会计利润率法；贴现方法较多，主要有：贴现投资回收期法、净现值法、净现值率法、内部收益率法和获利指数法等。

一、投资决策的非贴现方法

(一) 静态投资回收期

1. 静态投资回收期的含义

静态投资回收期，计作P_t，是在不考虑资金时间价值的条件下，以项目生产经营期的资金回收补偿全部原始投资所需要的时间。通常以年为单位，是反映项目资金回收能力的主要静态指标。用公式表示为：

$$投资回收期(P_t) = \frac{原始总投资}{年均净现金流量}$$

或者直接采用现金流量分析方法，投资回收期公式可以转化为：

静态投资回收期(P_t)=累计净现金流量第一次出现正值的年份－1+上年累计净现金流量的绝对值/当年净现金流量

为了说明回收期法的运用，我们来看看下面的例题。

【例 4-1】 根据表 4-7 提供的某项目现金流量数据计算该项目静态投资回收期。

表 4-7 某项目净现金流量表　　　　　　　单位：万元

项目＼年序数	0	1	2	3	4	5	6
初始投资	100						
经营期净现金流量		40	40	50	50	50	50
项目净现金流量	−100	40	40	50	50	50	50
累计净现金流量	−100	−60	−20	30	80	130	180

根据上表，累计净现金流量首先出现正值的年份是 3，投资回收期应该处于第 2 年和第 3 年之间，第 2 年累计净现金流量为−20 万元，第 3 年净现金流量 50 万元。所以回收期 $P_t=2+20/50=2.4$ 年。

在应用普通投资回收期进行决策时遵循的原则是：回收期大于行业基准投资回收期或者企业要求的回收期，项目被拒绝；回收期小于或等于行业基准投资回收期或企业要求的回收期，则项目可接受。

2. 静态投资回收期法的优缺点

（1）静态投资回收期法的优点

静态投资回收期法具有简单和易使用性等优点，静态投资回收期表明了初始投资回收速度的快慢，同时在一定程度上可以反映出项目的盈利能力以及风险大小。一般来讲，投资项目早期收益越大，则回收期越短，其风险一般也较小，因为投资的尽早回收可避免将来经营环境变化的不利影响。

（2）静态投资回收期法的弊端

第一，投资回收期的长短和项目前期净现金流大小有直接关系，它并不能反映回收期以后项目的收益情况，所以不能反映项目计算期整体的收益情况。如表 4-8 所示 A、B 两项目的现金流量。项目 A 和 B 初始投资均为 1 000 万元。两项目寿命都是 8 年。A 项目经营前期净现金流量大，后期净现金流量小，而 B 项目正相反。它们的普通投资回收期分别为：

表 4-8　　　　　　　　　　　　　　　　单位：万元

项目＼年序数	0	1	2	3	4	5	6	7	8
项目 A	−1 000	400	300	300	200	200	200	200	200
项目 B	−1 000	200	200	300	300	400	400	400	400

$P_{tA}=3$ 年，$P_{tB}=4$ 年。但是从项目寿命期内 1~8 年的平均净现金流量来看，A 项目的收益不如 B 项目，项目 A 年平均净现金流量为 250 万元，而项目 B 为 325 万元，两项目初始投资一样，则 B 项目优于 A 项目。由此可见回收期在衡量投资项目的收益方面是有

缺陷的,它不能反映项目整个寿命期的现金流量大小,具有与生俱来的短见性,换句话说,回报快的项目就是好项目,哪怕它们产生回报的时间相当短暂。

第二,未曾考虑资金时间价值的存在,是该方法的天然缺陷,尤其对于计算期相对较长的项目,普通投资回收期的误差较大。

第三,行业基准回收期或企业要求的回收期具有较强的主观性,从而导致该方法带有较重的主观色彩,拉开了与科学性之间的距离。

因此,普通投资回收期法一般不能作为项目投资决策的单一方法来使用,必须与其他方法相结合,属于辅助性指标方法。

(二)平均会计收益率法

平均会计收益率(Accounting Rate of Return,ARR)为扣除所得税和折旧之后的项目平均收益除以整个项目期限内的平均账面投资额。用公式表示为:

会计收益率(ARR)=年均税后净收入/平均资本占用额

其中:年均税后净收入=年均税后净现金流量—等额年折旧

平均资本占用额=(初始资本投资+投资残值回收)/2

【例4-2】 某项目的现金流量如表4-9,该项目初始投资1 000万元,采用值现折旧法,期末残值为0。计算会计收益率ARR。

表4-9　　　　　　　　　　　　　　　　　　　单位:万元

年　末	0	1	2	3	4
税后净现金流量	-1 000	100	300	400	600
年折旧		250	250	250	250

年均税后净收入=(100+300+400+600)/4-250=100(万元)

平均资本占用额=1 000/2=500(万元)

所以　　　　　　　　ARR=100/500=20%

求出平均会计收益率之后,在作投资项目决策时,首先要确立最小可接受收益率。如果会计收益率大于可接受的收益率,项目可以通过评估;否则,项目被拒绝。在相互排斥项目中进行选择时,会计收益率法首先要确定出会计收益率较高的项目,然后决定该收益率是否高于最小可接受收益率。

平均会计收益率法是一种流行的投资评价方法。主要原因是,和静态投资回收期法一样,它用起来比较简单,需要用到的会计数据也容易得到。虽然平均会计收益率法具有把全部现金流入用于其计算之中(不像静态投资回收期法只考虑项目寿命期前几年的现金流量)的优点,但该方法仍然有许多严重的缺点。首先,因为它是一种非贴现评价方法,未考虑资金的时间价值。另一个缺点就是最小可接受收益率的选择是随意的,它导致与可接受回收期确定的随意性完全相同的问题。

二、投资决策的贴现方法

（一）动态投资回收期法

由于静态回收期法存在许多不足，一些投资决策人员转而采用一种变通方法，称为"动态回收期法"或称"折现回收期法"。动态回收期是指在考虑货币时间价值的条件下，以投资项目净现金流量的现值抵偿原始投资现值所需要的全部时间。一般记作 P_t'，用数学语言表示为：

$$\sum_{t=1}^{P_t'} NCF_t \cdot (1+i_c)^{-t} = 0$$

其中 NCF_t 为第 t 年的净现金流量，i_c 为行业基准折现率（即资金成本）。

动态投资回收期的计算可以通过现金流量表计算累计净现金流量现值求得。

P_t' ＝累计折现净现金流量开始出现正值的年份－1＋上年累计折现净现金流量的绝对值/当年折现净现金流量

【例 4-3】 仍然以[例 4-1]为例，取资金成本为 10%，则项目现金流量表如下：

表 4-10　项目净现金流量表　　　　　　　　　　单位：万元

项目＼年序数	0	1	2	3	4	5	6
净现金流量	－100	40	40	50	50	50	50
折现净现金流量（i_c＝10%）	－100	36.364	33.056	37.565	34.150	31.045	28.225
累计折现净现金流量	－100	－63.636	－30.580	6.965	41.135	72.180	100.405

折现回收期 P_t'＝2＋30.580/37.565＝2.8（年）

通过对比可以发现，动态回收期要比前边计算的静态回收期长（2.8 年＞2.4 年），因为计算动态回收期所使用的折现现金流小于计算静态回收期所使用的不折现现金流，需要花费更长的时间才能补偿初始投资总额。

在应用折现投资回收期法进行决策时，应遵循以下原则：折现投资回收期大于行业基准投资回收期或者企业要求的回收期，项目被拒绝；回收期小于或等于行业基准投资回收期或企业要求的回收期，则项目可接受。

折现投资回收期法与静态投资回收期法相比，它的优势在于考虑了资金的时间价值，即考虑了资本的机会成本，但是这一考虑仅仅局限于折现回收期内产生的预期现金流量。因此，折现投资回收期法仍然不能反映项目整个寿命期的现金流量大小，未能突破静态投资回收期法的短见性弊端。对于期望投资回收期的选择和确定，不可避免也带有主观性质。

(二)净现值法(NPV)

1. 净现值法的含义

净现值是在项目计算期内按设定的折现率或资金成本计算的各年净现金流量现值的代数和,记作 NPV,其表达式为:

$$NPV = \sum_{t=1}^{n} NCF_t \cdot (1+i_c)^{-t}$$

其中:NCF_t 为第 t 年的净现金流量,i_c 是设定的折现率或资金成本,t 为计算期。

从以上公式可以看出,影响净现值大小的因素是:

第一,各期现金流量。各期现金流量包括大小和方向,决定着当期的净现金流量。现金流入量越大,NCF 越大,净现值越大;现金流出量越大,NCF 越小,净现值越小。

第二,贴现率。净现值的大小与贴现率成反方向变化,即贴现率越高,净现值越小;贴现率越低,净现值越大。因此,NPV 与 i_c 之间的函数关系可以表现为平面直角坐标系中向右下方倾斜的一条曲线。

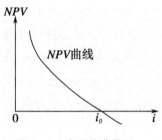

图 4-1 净现值曲线图

很显然,净现值是反映项目投资盈利能力的绝对量指标。根据公式计算出来的结果是项目的盈余,可以视为按要求的收益率进行投资所获得的超额收益。如果 $NPV>0$,将意味着投资会产生盈余、增加股东财富;如果 $NPV<0$,则盈余实际上是亏空,投资会减少股东的财富;如果 $NPV=0$,投资的净现金流量现值和为零,收益流量刚好弥补费用支出,投资者获得了设定折现率的收益,但是没有超额收益。

2. 净现值法的判别规则

据此,我们可以得到净现值法的使用原则:当 $NPV \geq 0$ 时,投资项目在经济上是可行的;当 $NPV \leq 0$ 时,项目不具备经济可行性。这一原则是明确的,广泛适用于独立项目的投资决策。如果面对的是互斥项目比选,则 $NPV \geq 0$ 只能构成决策的必要条件。在此基础上,如果互斥项目之间具备直接可比性,我们一般坚持 NPV 更大的方案为优选。下面,我们将通过两个案例,运用净现值法进行独立项目和互斥项目的投资决策。

【例 4-4】 某公司有一投资项目,其初始投资包括:机器设备投资 72 万元,垫支流动资金 23 万元,该项目 1 年建成投产,寿命期为 5 年,固定资产采用直线法折旧,寿命期终了有固定资产残值为 5 万元。投产后每年可获得销售收入 68 万元,每年付现成本为 32 万元。若企业所得税率为 40%,资金成本为 12%,问该投资项目是否可行?

表 4-11 现金流量计算表　　　　　　　　　　　单位：万元

年　份	0	1	2～6	6
1. 初始现金流量				
(1) 机器设备投资	−72			
(2) 垫支流动资金		−23		
2. 营业现金流量				
(1) 销售收入			68	
(2) 付现成本			32	
(3) 年折旧额			(72−5)÷5=13.4	
(4) 总成本			32+13.4=45.4	
(5) 税前净利			68−45.4=22.6	
(6) 税后净利			22.6×(1−40%)=13.56	
(7) 年营业现金净流量			13.56+13.4=26.96	
3. 终结现金流量				28
(1) 固定资产残值收入				5
(2) 垫支流动资金回收				23

其净现值计算如下：

$$NPV = -72 - \frac{23}{1+12\%} + 26.96 \times \frac{1-(1+12\%)^{-5}}{12\%} \times \frac{1}{1+12\%} + \frac{28}{(1+12\%)^6} = 8.44 > 0$$

所以该投资项目可行。

【例 4-5】 一家公司想扩大生产规模，可以有两种方案选择：A 方案是引进一条新生产线，B 方案是对企业目前闲置未用的设备加以改造。引进生产线需要较高的初始投资，但运行费用较低；改造旧设备初始投资小，但运行费用较多。两方案的数据如下：

表 4-12 A 方案现金流量表　　　　　　　　　　单位：万元

年　份	现金流入	现金流入现值（$i_c=10\%$）
0	−2 000	−2 000
1	350	318.18
2	500	413.22
3	600	450.79
4	800	546.41
5	800	496.74
6	600	338.68

表 4-13 B 方案现金流量表   单位：万元

年 份	现金流入	现金流入现值（$i_c=10\%$）
0	−1 500	−1 500
1	200	181.82
2	260	214.88
3	450	338.09
4	700	478.11
5	700	434.64
6	400	225.79

根据表格数据可以计算两方案的净现值：项目 A 的净现值为 564 020 万元，项目 B 的净现值为 373 330 万元。两个方案净现值均大于 0，若作为单独方案处理，都会通过经济评估；若作为互斥方案进行比选，项目 A 因为净现值更大，能够为投资者带来更多的收益，所以项目 A 为优选项目。

3. 净现值法的科学性

第一，净现值法符合了投资者利益最大化原则。投资者作为项目企业的股东，投资的目的归根结底是创造更多的价值，实现股东利益最大化。项目净现值恰恰是反映项目盈利能力和收益情况的绝对指标，净现值大于 0，会保障投资者有一定水平的收益；净现值越大，投资者能够获得的收益总额就会越多。这是投资回收期方法所达不到的效果，而对于净现值法却是一种内在的优势。

第二，该方法考虑了现金流量的时间序列性。净现值的计算需要将各期发生的净现金流量进行折现加总，现金流发生时点距期初越远，在折现系数 $(1+i_c)^{-t}$ 的作用下，它对净现值的贡献就越小。因为在净现值计算公式中，现金流要与折现系数相乘，而折现系数随着 t 的增加而不断变小。

第三，该方法调整了项目预期现金流的风险。风险调整是通过项目的折现率实现的。随着时间的推移，项目在未来预期现金流的风险会不断增长，用于计算现金流序列现值的折现率（资本的机会成本）也相应增加。风险与收益的匹配可以通过折现率的变化反映出来。

（三）内部收益率法（IRR）

1. 内部收益率法的含义

内部收益率可定义为使项目在寿命期内现金流入的现值等于现金流出现值的折现率，也就是使项目净现值为零的折现率，用 IRR 表示。显然，内部收益率满足下面等式：

$$\sum_{t=1}^{n} NCF_t \cdot (1+IRR)^{-t} = 0$$

内部收益率是设计科学的投资决策指标，本身不受资本市场利息率的影响，完全取决于项目的现金流量，反映了项目内部所固有的特性。这也就是其称为"内部收益率"的原因所在。

求解内部收益率一般用试算插值法。下面试举一例:

【例4-6】 根据表4-14提供的数据,用试算插值法计算IRR。

表4-14 现金流量表　　　　　　　　　　　　　　单位:万元

年末	净现金流量	现值 $i_c=15\%$	现值 $i_c=20\%$	现值 $i_c=22\%$
0	-1 000	-1 000	-1 000	-1 000
1	400	347.84	333.32	327.88
2	400	302.4	277.76	268.76
3	400	263.00	231.48	220.28
4	400	228.72	192.92	180.56
		$NPV=142.00$	$NPV=35.48$	$NPV=-2.52$

根据上表中的数据,可作出NPV随折现率i变化的函数曲线。曲线与横轴的交点是$NPV=0$的折现率,即内部收益率IRR。当折现率的变化范围很小时,近似认为净现值函数曲线为一段直线,用直线插值方法可求出IRR。

将上表中数据带入线性插值公式[①]:

$$IRR = r_1 + \frac{NPV_1}{NPV_1 + |NPV_2|} \cdot (r_2 - r_1)$$

$$= 0.2 + \frac{35.48}{35.48 + 2.52} \cdot (0.22 - 0.2) = 21.87\%$$

2. 内部收益率的判断准则

IRR大于、等于筹资的资本成本,即$IRR \geq i_c$,项目可接受;若IRR小于资本成本,即$IRR < i_c$,则项目不可接受。假设项目全部用贷款筹资,项目内部收益率高于筹资成本(即贷款利率),说明项目的投资收益除偿还利息外尚有剩余,这部分剩余额归股东所有,可增加股东的财富。若内部收益率小于贷款利息,则项目的收益不足以支付利息,股东还要为此付出代价,因此,项目不可行,应予以拒绝。

继续使用上例数据,如果资金成本或行业基准收益率为15%,因为$IRR > i_c$,所以该项目在经济上是可行的;如果资金成本或行业基准收益率为25%,很显然,$IRR < i_c$,这个项目是不能接受的。

3. 运用内部收益率法需要注意的问题

内部收益率在理财实务中最为经常被用来代替净现值,它具备净现值的很多优点,二者的区别在于计算方法的不同:NPV是先给出折现率,再求净现值;IRR是先给出$NPV=0$,然后计算内部收益率;一个是绝对量指标,而另一个是相对指标。尽管它们在经济意义上很类似,但IRR的使用却受到来自技术因素方面的限制。

---

① 此公式的证明见本章附录。

(1) 忽视项目的规模,在对互斥项目进行选择时会出现误判.

如果互斥项目的投资规模相等,使用内部收益率指标是可行性的,只要选择 IRR 更高的即可。但是当投资规模不同时,由于内部收益率是一个百分比的收益衡量指标,它会倾向于让决策者选择偏小的投资项目。因为与较大的投资项目相比,偏小的投资项目较有可能产生高百分比的收益率。在这种情况下,应根据项目净现值的大小作出选择,而不能直接依据内部收益率对项目进行优选。

(2) 在投资项目现金流的正负属性多次改变时,运行内部收益率指标将难以对项目作出选择

用线性插值法计算内部收益率实际上是一种近似的计算方法,一般要求$(r_2-r_1) \leqslant 3\% \sim 5\%$,否则按上述线性插值法算出的 IRR 近似值误差较大。如果要准确计算 IRR,解高次方程仍然是唯一选择。但是解高次方程可能出现三种情况:第一,有唯一实数解;第二,有多个实数解;第三,无实数解,即无法确定内部收益率。如果出现无解或多解情况,内部收益率方法就要失去基本意义。是否能够使用该方法,主要取决于投资现金流的序列特征。

根据现金流序列特征,可以将项目分为两大类:常规项目和非常规项目。常规项目是指计算期内各年净现金流量在开始一年或数年为负值,在以后各年为正值的项目;非常规项目是指计算期内各年净现金流量的正负号变化超过一次的项目。一般来讲,常规项目有唯一内部收益率,非常规项目可能出现多解或无实数解的情况。项目现金流量的特征又取决于项目本身:有的项目初始投资很大,经营期投资很少,类似于常规项目;而有的项目在初始投资后,经营期某阶段追加投资数额也不少,则类似于非常规项目。非常规现金流量会导致多重内部收益率,根据数学理论,现金流量"改号"M 次,那么就可能会有最多达 M 个正的内部收益率。这时内部收益率法失去作用,可使用净现值法对项目进行取舍。

(3) 若互斥项目现金流量的时间序列分布特征不同,运用内部收益率也可能会对项目作出误选

现金流的时间分布特征不同,对折现率变化的反映程度会有明显的差异,项目运营后,早期的现金流越多,后期的现金流越少,折现率变化对项目净现值的影响就越小,相反,项目现金流的主要部分出现得越晚,折现率变化对净现值的影响就越大。这一结论可通过表 4-15 直观地体现出来。

表 4-15 互斥项目的现金流量、NPV 与 IRR 单位:元

年份	0	1	2	3	NPV			IRR(%)
					0%	10%	15%	
项目 1	-10 000	10 000	1 000	1 000	2 000	669	109	16.04%
项目 2	-10 000	1 000	1 000	12 000	4 000	751	-484	12.94%

表 4-15 数据显示,项目 1 的 IRR 比项目 2 的 IRR 高,但是,如果比较两者的 NPV,我们发现,哪个项目的 NPV 更高,取决于贴现率的大小,项目 2 的现金流量总额高于项

目1,但是它收回成本的速度比项目1慢,在较低的贴现率下,项目2的 NPV 高于项目1。但是随着贴现率的提高,项目2的净现值快速下降,在贴现率升至15%时,项目2的净现值已降到－484元,而项目1的净现值仍然维持在109元的水平。

一般来讲,当我们在互斥项目之间进行比较时,IRR 可能会产生误导,我们必须关注相对的 NPV,以避免作出错误的选择。公司理财的目标是为股东创造价值,我们最终选择的不应是 IRR 最高的项目,而应该是 NPV 最多的项目。

（四）获利指数法（PI）

1. 获利指数法的含义

获利指数是项目经营净现金流现值与初始投资之比,表明项目单位投资的获利能力,记为 PI。用公式表示为:

$$PI = \frac{\sum_{t=1}^{n} NCF_t}{NCF_0}$$

其中:分子为项目经营期逐年收益的现值之和,分母为投资支出现值,所以又称为"收益成本比率"。

获利指数的判别准则是:若项目的获利指数大于1,项目可以接受;若获利指数小于1,应拒绝;若投资的获利指数等于1,公司接受或拒绝该项目没有区别。

【例 4-7】 某公司有一个投资机会,现金流量如下表。

表 4-16　　　　　　　　　　　　　　　　　　　单位:万元

	初始投资	第一期收益	第二期收益	折现率为12%时收益现值和	PI	NPV
项目	－20	70	10	70.5	3.53	50.5

该项目获利指数计算过程如下:

折现率为12%时收益现值和＝$70/1.12+10/1.12^2$＝70.5(万元)

盈利指数 PI＝70.5/20＝3.53

根据获利指数法则,该项目盈利指数大于1,具备经济上的可行性。

2. 获利指数法的优点与缺陷

上表中也列出了该项目的净现值,对比可以看出:如果是独立项目,根据净现值法和根据获利指数法得到的结论是一致的,NPV 大于0时,PI 大于1。无论从它们的经济含义上看,还是从数学指标设计看,二者在一致性方面是很显然的。但是与 IRR 指标类似,PI 是相对量指标,反映的是项目单位投资的获利能力,更便于投资额不等的多个项目之间的比较和排序。

虽然获利指数在科学性上与净现值无二,但这种方法也有其固有缺陷。这主要表现在互斥项目的选择上。假若两个项目中只能选择一个,根据净现值法,应该选择净现值比较大的那个项目。而项目的获利指数却很可能对决策产生误导。这也属于前面所提到的投资规模问题。和内部收益率一样,获利指数作为相对数,忽略了互斥项目之间规模上的差异,易于引导决策者选择投资规模较小的项目。

（五）各种投资决策方法在实践中的应用

以上介绍了多种投资决策方法，可以看出，每一种方法都有其可取的一面，同时也会受到一些条件的限制。总的来看，只使用一种方法而实现一劳永逸的希望是渺茫的，在实践中，往往需要多种方法相互配合，才能选出最优的项目方案。多数研究结果表明，在资本预算实务中，大公司最经常使用的方法是内部收益率法和净现值法，或者将二者结合起来使用。而回收期法则很少被作为首选的决策方法，但在辅助方法中却是使用率最高的。

表 4-17 大型跨国公司运用资本预算方法的调查结论

	首选方法（%）	辅助（%）
平均会计收益率（ARR）	10.7	14.6
回收期（P_t）	5.0	37.6
内部收益率（IRR）	65.3	14.6
净现值（NPV）	16.5	30.0
其他方法	2.5	3.2
合计	100	100

三、特殊条件下投资项目的决策方法

上面介绍的投资决策方法是一种理论上的抽象，是建立在投资规模相等、项目寿命期相同、资金绝对充足等假设基础上的，在经济实践中如此"苛刻"的条件很难达成。而投资规模不同、项目寿命期不同以及资金约束却是一种经常状态，需要在特殊条件下，考虑如何实现最优项目或方案的选择。在这一过程中，我们要特别关注项目之间的可比性问题。

（一）投资规模不同

投资规模不同即项目初始投资数额不同，在这种情况下，净现值法和内部收益率法的决策结果有可能出现矛盾的情况。为了说明问题，我们要借用下面的案例展开分析。

【例 4-8】 投资者面对两个投资机会：A. 初始投资 1 000 万元，寿命期 8 年，每年净现金流量 216 万元；B. 初始投资 2 000 万元，寿命期 8 年，每年净现金流量 403 万元；若资本成本为 8%，那么理性的投资者会选择哪个投资机会？

首先使用净现值法。

$$NPV_A = -1\,000 + 216 \times (P/A, 8\%, 8) = 241(万元)$$
$$NPV_B = -2\,000 + 403 \times (P/A, 8\%, 8) = 316(万元)$$

由此可以推出 B 方案优于 A 方案。

然后换用内部收益率法进行计算。

由

$$-1\,000 + \sum_{t=1}^{8} 216 \cdot (1+IRR_A)^{-t} = 0$$

得到

$$IRR_A = 14\%$$

同理可以得到 $IRR_B=12\%$

由此可以推出A方案优于B方案。

很显然,对于同一个问题,两种方法的结论是截然相反的。在对IRR方法进行介绍时已经提到了内部收益率的局限性问题,它倾向于选择投资规模较小的项目。出于实现公司价值最大的目标(在此加上投资者的效用函数作为条件),净现值大的项目应该具有更大吸引力。

这个问题还可以采用一种新的方法来进行解释,就是增量投资分析法(也叫做差额投资分析法)。可以假象投资额大的项目B可以进行分拆,拆成一个A加一个增量投资(B−A)的组合。如果增量投资的$\Delta NPV>0$,则B方案可以得到数量更多的盈余,B方案为优选;如果增量投资的$\Delta NPV<0$,正相反,增量投资处于亏损状态,A方案成为优选。结合案例数据计算如下:

$$\Delta NPV_{B-A}=-1\ 000+\sum_{t=1}^{8}187\cdot(1+\Delta IRR)^{-t}=0$$

所以B方案优于A方案,可以验证NPV方法的结论。

增量投资分析法也可以通过计算增量投资内部收益率进行。

$$\Delta NPV_{B-A}=-1\ 000+\sum_{t=1}^{8}187\cdot(1+\Delta IRR)^{-t}=0$$

$$\Delta IRR=10\%>8\%$$

因此增量投资获得了良好的效益,投资规模大的项目更好,结论完全一致。

(二)寿命期不同

假设存在两个寿命期不同的互斥项目,如果使用净现值法进行决策,很显然是不科学的,因为寿命期长的项目产生的净现金流量更多,两个项目的可比性大打折扣。鉴于此,我们提出了最小公倍数法和年值法来解决这个问题。

【例4-9】 期初投资额为32万元的项目A,寿命期为3年,每年净现金流量16万元;项目B初始投资42万元,寿命期6年,每年净现金流量12万元。资本成本为10%,哪一个项目在经济上更好呢?

1. 最小公倍数法

当互斥项目寿命期不等时,若用净现值法判断,必须使项目在相同的年限下进行比较。首先确定互斥项目寿命期的最小公倍数,假设项目可以重复一次或多次,直至寿命期等于最小公倍数的寿命期。然后再比较经过调整的互斥方案的净现值,最终得到最优结果。如上例,最小公倍数寿命期为6年,只需将项目A复制一次即可。

$$NPV_A=-32+16\times(P/A,10\%,3)=7.792(万元)$$

$$NPV_B=-42+12\times(P/A,10\%,6)=10.26(万元)$$

$$NPV'_A=NPV_A+NPV_A(P/F,10\%,3)=7.792+7.792\times0.751=13.644(万元)$$

$$NPV'_B=NPV_B=10.26(万元)$$

如果直接采用 NPV 法计算，B 项目肯定优选，因为忽略了项目得可比性，所以会产生一种误导；但寿命期经过调整后，项目间具备可比性，A 项目则成为优选。

2. 年值法

年值法是 NPV 方法的延伸。通过将互斥项目的净现值按资本成本等额分摊到每年，以每个项目每年的等值年金进行比较，从而解决了寿命期的可比性问题。从净现值转化为年值只是资金时间价值的一种等值换算，所以两种方法是等价的，用年值法和净现值法得出的结论是一致的。

将净现值的等年值记为 AW，

$$AW_A = NPV_A/(P/A,10\%,3) = 7.792 \div 2.4869 = 3.133(万元)$$

$$AW_B = NPV_B/(P/A,10\%,6) = 10.26 \div 4.3553 = 2.356(万元)$$

因为 $AW_A > AW_B$，所以 A 方案优选，此结论与最小公倍数法完全相同。而且年值法计算比较简单，故在寿命期不相等的互斥方案比选中较为常用。

（三）资本限额

资本限额是指公司投资所需的资金受到限制或约束的一种状态，资本数额不足会导致公司无力投资于所有净现值为正的项目。或者因为公司筹资渠道不畅，或者因为公司财务预算限制，资本限额是公司经常面对的状态。

根据资本限额发生的时期，可以分为两种形态：单期资本限额，即资金限制只在某一期发生，尤其是在当期发生；多期资本限额，是资本限制不止在某一期发生，而是存在于多期。不同形态，处理的方法是不同的。

1. 单期资本限额

在单期资本限额（以期初投资限额为例）条件下，因为要考虑资本约束，所以不能直接采用净现值方法进行筛选。一般要通过技术处理，采用独立项目组合排序的方法进行比选。

【例 4-10】 投资限额为 5 500 万元，资本成本 12%，投资者如何选择最优投资方案？

表 4-18 备选方案的有关数据　　　　　　　　　　　　　单位：万元

项 目	期初总投资	每年净现金流量	寿命期
A	2 400	440	10
B	2 000	420	10
C	3 000	550	10

首先计算各方案的净现值，分别为 86、373、107.5，均大于 0，所以作为单独方案都可以通过评审。

然后使用排列组合方法，将原有方案进行重新组合，获得新一组方案，按照互斥项目比选的思路进行取舍。如下表：

表 4-19 方案组合数据表

组 别	方案组合	组投资	组年净现金流量	寿命期
1	A	2 400	440	10
2	B	2 000	420	10
3	C	3 000	550	10
4	AB	4 400	860	10
5	AC	5 400	990	10
6	BC	5 000	970	10
7	ABC	7 400	1 410	10

将各组视为一个新的方案,各方案的净现值分别为：86、373、107.5、459、193.5、480.5、566.5。不考虑资本限额,按优先顺序排列为：ABC、BC、AB、AC、C、A、B。但是最大资本量为5 500万元,所以只能选择BC方案组合的第5组为最优。因为在现实中投资方案无法进行拆分,超出组合方案的资本如果数额很小,可以忽略不计(因为存入银行可以获得等于资本成本的利息,实际上净现值为零,对公司价值最大化影响不大)。本例中多出的500(5 500－5 000)万元资金即是这种情况。

2. 多期资本限额

在项目投资过程中,资本只在期初一次性投入的情况是很少见的,一般地,经营期也会发生分散的投资支出,于是经营各期也会面对资本限额的问题。如果出现多期资本限额,我们就很难用组合排序的方法进行项目选择了,因为决策环境极为复杂,必须用复杂的数学方法才能求出问题的解决方案来。

线性规划是一种比较有效的方法。线性规划与经济分析间有一种内在逻辑的一致性：经济分析一般是给定约束条件,然后求经济主体的最大化目标；而线性规划法则是在既定约束条件下,求解目标函数的方法。具体到项目投资决策,投资者的目标函数无外乎公司价值最大化,而各期的资本限额恰恰构成了相关的约束条件,从而组成了一个标准的线性规划。利用解线性规划的方法,我们可以得到净现值收益最大化的项目组合。

这种计算工作量一般较大,在实践中可以采用某些计算机专业软件包来简化计算。

第三节 资本预算风险分析

在上一节我们进行投资决策的现金流量是一系列确定的数值,但是实际上,资本预算是对项目未来可能产生现金流量的预测,并以此为基础估算项目的净现值。未来的现金流量不可能与预测的完全一致,风险是客观存在的,因此资本预算需要进行专门的风险分析。

资本预算的风险分析是指运用各种手段的方法,研究和分析项目活动的各种潜在风险,并予以量化或估计,为投资决策提供依据。资本预算风险分析方法很多,在这里我们重点介绍如下几种。

一、盈亏平衡分析

盈亏平衡,顾名思义,是项目某年的收入支出相抵后利润为零、不盈不亏的状态。盈亏平衡分析就是通过计算达到盈亏平衡状态的产销量、生产能力利用率、销售收入等有关经济变量,分析判断拟建项目适应市场变化的能力和风险大小的一种分析方法。其中又以分析产量、成本和利润为代表,所以也俗称为"量本利"分析。

盈亏平衡分析可以用于资本预算的风险分析,但是从该方法的性质上讲,应该属于确定性分析范畴。之所以这样说,是因为盈亏平衡分析所使用的经济数据完全是确定性的,计算的方法也不含非确定性因素。然而盈亏平衡分析归类于风险分析,是因为盈亏平衡点的计算结果能够反映出投资项目的抗风险能力,有利于评价项目的风险大小和进行风险控制、管理。一般来讲,盈亏平衡点越低,项目的盈利空间越大,其适应市场变化的能力越强,也意味着项目抵御风险的能力越强。盈亏平衡分析的核心思想就是计算项目的盈亏平衡点,最常见的方法主要有两种:图解法和解析法。

(一) 图解法

图解法是通过作平面直角坐标系,把项目的销售收入、总成本、产销量三者的关系反映出来,从而确定盈亏平衡点的方法。下面即为盈亏平衡图:

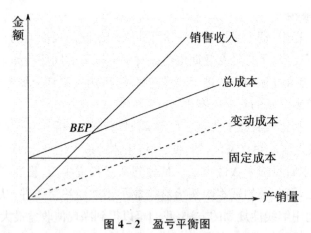

图 4-2 盈亏平衡图

图中平行于横轴的成本线为固定成本,因为不随产销量的变化而发生变化,是无论开工与否都要发生的成本数量,与纵轴的交点决定了它的数值。总成本线是以固定成本线为基础,叠加变动成本线得到的,变动成本随产销量增加而成正比增加,为图中虚线所示。总成本线与销售收入线相交于一点,该点满足了盈亏平衡的要求,即为所求的 BEP 点。

图解法只适用于线性盈亏平衡分析。

(二) 解析法

盈亏平衡分析采用的是会计利润分析,而非现金流量分析。根据会计利润为零的假设,我们可以得到:

$$利润 = 销售收入 - 成本 - 税金 = 0$$

从而可推出

$$销售收入 = 成本 + 税金$$

现在用数学公式来表示：

设年销售收入为 S，$S = P \times n$（P 为单价，n 为年销售量）。

年总成本为 C_t，$C_t = C_F + C_V = C_F + C_n \times n$（其中 C_F 是年固定成本，C_V 是变动成本，C_n 为单位产品变动成本）。

税金采用从量定额，$T = t \times n$（t 为单位产品的销售税金）。

从而得到盈亏平衡的数学表达式：

$$P \times n = C_F + C_n \times n + t \times n$$

从而可以求出盈亏平衡的年产量，记作

$$BEP(n) = \frac{C_F}{P - C_n - t}$$

从该公式可以看出，分子为年固定成本，分母为边际利润。如果想要降低盈亏平衡产量或保本产量，那就要把注意力放在提高固定资本利用率和降低单位产品变动成本上。

$BEP(n) = \frac{C_F}{P - C_n - t}$ 是盈亏平衡分析的基本公式，在此基础上，还可以推导出其他相关经济变量的盈亏平衡公式：

$$BEP(S) = C_F P / (P - C_n - t)$$
$$BEP(P) = C_F / n + C_n + t$$
$$BEP(C_n) = P - t - C_F / n$$
$$BEP(C_F) = n(P - C_n - t)$$

盈亏平衡分析的计算结果是比较粗略的，尽管在一定程度上可以反映出项目的抗风险能力，但是却不能分析出项目本身盈利能力大小，同时也没有考虑资金时间价值，是一种静态分析方法。因此还需要其他相关方法来加强资本预算的风险分析。

二、敏感性分析和场景分析

（一）敏感性分析

敏感性分析是考察与投资项目有关的一个或多个主要因素发生变化时，对该项目经济效益指标影响程度的一种分析方法。进行这种风险分析的目的在于：寻找敏感性因素，判断外部敏感性因素发生不利变化时投资方案的承受能力。敏感性因素是指对项目经济效益影响程度较大的外部因素。敏感因素一定比例的变动，可以带来项目经济效益指标较大比例的变动。衡量外部因素是否敏感，我们一般可以通过计算敏感度来说明。

敏感度类似于经济学中所讲的弹性概念，即影响因素一定程度变动所能引起的项目经济效益指标的变动程度。可用公式表示为：

某因素的敏感度 = 经济效益指标变动百分比 / 影响因素变动百分比

该方法使用时，首先要选定因变量，也就是衡量经济效益的相关指标。一般要针对具体项目的特点，选择最能反映盈利能力的指标作为分析对象。其中，以净现值和内部收益率最为常见。然后再选择主要的潜在敏感性因素：固定资产投资、建设工期、产量、销售价格、产品成本费用等，以经验结合具体项目情况进行甄别筛选。第三，给这些潜在敏感性因素赋以确定性的变动范围值，如±5％、±10％、±15％、±20％等，然后进行具体数据测算，并编制敏感性分析汇总表，最后绘制敏感性分析图并就风险因素加以说明。

【例 4-11】 某汽车发动机投资项目，相应财务数据设为已知，其中以销售量、年经营成本和固定资产投资三个因素对项目收益影响最大。以此方案为基准，逐个计算每一因素分别变化±5％、±10％，而其他因素不变时的 NPV 值，计算结果如下表。

表 4-20

变动因素 \ 因素变动率 NPV值	−10％	−5％	0	5％	10％
销售量	28.49	219.25	410.30	600.67	791.52
经营成本	1 300.21	855.11	410.30	−35.74	−480.20
固定资产投资	538.54	474.27	410.30	345.74	281.47

从表格数据中清晰可见，经营成本的敏感度是最高的，即相对其他变化因素而言，经营成本每变化一个百分点，项目净现值的变化率最大。找到敏感性因素，有利于项目企业的风险管理。项目可以着重研究该因素变化的可能性，如果经营成本提高的可能性很大，那么公司在经营过程中必将面对更高的风险。鉴于此，要提出加强成本管理的各项对策，在一定程度上实现对风险的控制。

以上述表格为基础，可以绘制敏感性分析图。敏感性分析图是一种直观化的分析工具。

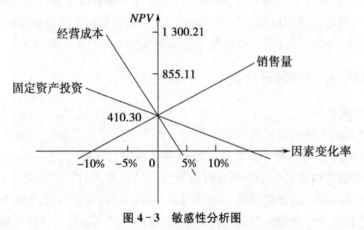

图 4-3 敏感性分析图

从敏感性分析图中可以看出，经营成本对净现值影响曲线的斜率最高，说明一定程度的经营成本变化会带来更大程度的 NPV 变化率,是三个因素中敏感度最强的一个。而且敏感图也反映出了某敏感因素所允许变动最大幅度的信息。比如对于经营成本,如果其增加 5%,那么项目的净现值将会小于 0,所以这个变化幅度超出了可允许的最大变动极限。其他的因素也是如此,都能够从图中很容易找到各自的变动极限,它对于项目管理者来讲是相当重要的决策信息。

以上介绍的是单因素敏感性分析方法,即每次只变动一个因素而其他因素保持不变。在现实生活中,这种情况是很少见的。一般总是若干因素同时发生变动,而且各因素之间也并非一定相互独立,这就给敏感性分析出了道难题。所以多因素敏感分析具有一定的复杂性,使用简单的数学方法很难解决,这里就不作详细介绍了。

敏感性分析与盈亏平衡分析一样,性质上属于确定性分析。其所使用的数据尽管形式上有变动的特点,但这种变动的结果是已知的,即可能发生的概率是 1。敏感性分析也是只能进行比较粗略的风险分析,自变量的选择及其变动范围完全是主观决定的,各要素间的相互联系也很难拟合出来。敏感性分析还有一个内在的缺陷——通过敏感性分析可以找到敏感性因素,敏感性因素可能给项目带来较大的风险,但是并不能说明这一因素变化的可能性有多大。如果某因素敏感度极高,但是它发生变化的概率很小,那么这一因素风险分析和风险管理的意义就不是很大了。相反,如果某因素敏感度一般,但是变化十分活跃,却又可能成为项目投资的重大风险来源,必须密切关注。

(二) 场景分析

场景分析是一种变异的敏感性分析,它不是主观假设敏感因素有多大的变动范围,而是根据实际情况,考察此项目投资可能出现的不同场景,每种场景包含了各种变量的综合影响。如上面所举汽车发动机案例,如果投资者预测在近期国际石油价格将会大幅度上涨,作为互补品的汽车,其销售量必然受到影响而下降,那么汽车发动机的市场也必然会萎缩。在这种场景下,投资者能够预测出方案中各变动因素的发生值,然后依此为依据计算投资项目的净现值。因此,场景分析比敏感性分析更合理、更接近实际。

三、风险条件下的投资决策方法

风险条件下的投资决策方法强调以风险状态(结果概率)为前提,它是使用概率研究预测各种不确定因素和风险因素对项目经济效益指标影响的一种定量分析方法。在投资项目资本预算中,又以期望净现值分析应用最为广泛,有时也称其为"概率分析"。

这一分析的基本思路是:根据项目风险状态的发生概率,计算项目净现值的期望值,然后计算出 $NPV \geq 0$ 的累计概率。期望净现值大小向决策者提供了项目可能收益的平均数额,而净现值大于等于 0 的累计概率恰恰说明了获得期望净现值收益的风险大小。此方法用数学公式表述为:

1. 项目净现值的计算公式为:$NPV = \sum_{t=1}^{n} NCF_t \cdot (1+i_c)^{-t}$

2. 计算项目净现值的期望值:

$$E(NPV) = E\left[\sum_{t=1}^{n} NCF_t \cdot (1+i_c)^{-t}\right] = \sum_{t=1}^{n}\left[E(NCF_t) \cdot (1+i_c)^{-t}\right]$$

3. 计算项目净现值大于等于零的概率：
$$P(NPV \geq 0) = 1 - P(NPV < 0)$$

如果净现值属于连续型分布，则可以采用分布函数求出；如果属于离散型分布，则可以采用累计概率表的形式计算出来。

【例 4-12】 某投资项目预计建设投资 560 万元，当年达产年产量 5 000 吨，产品单价 600 元/吨，经营成本视同可变成本 350 元/吨，税金 50 元/吨，寿命期 15 年，期末余值 50 万元，折现率取 10%。已知上面因素中产品单价和经营成本带来的风险最大，其变动的可能性和概率大小已测知（见表 4-21），试对此项目进行概率分析。

表 4-21

因素 \ 变化幅度	-10%	0	+10%
产品单价	0.3	0.5	0.2
经营成本	0.2	0.5	0.3

（1）项目净现值计算公式为：
$$NPV = -I_P + (P - C - t)Q(P/A, i, n) + S_V(P/F, i, n)$$

其中 I_P 为建设投资，P 是价格，C 是可变成本，t 是税金，Q 为产量，S_V 是期末余值。

（2）概率分析可以使用决策树法进行分析：

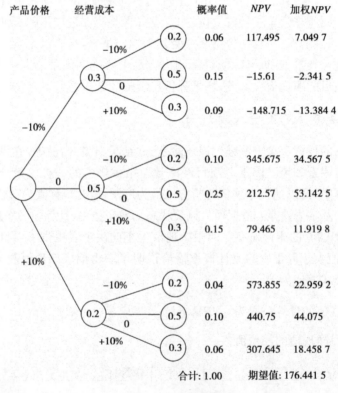

图 4-4 概率树状图

图中的各项 NPV 值都是根据变动后的数据,带入 NPV 计算公式得出的。

(3) 由于是离散型概率分布,可以列出累计概率表:

表 4-22

NPV(万元)	−148.715	−15.61	79.465	117.495	212.57	307.645	345.675	440.75	573.855
累计概率	0.09	0.24	0.39	0.45	0.7	0.76	0.86	0.96	1.00

可以求出 $NPV \geqslant 0$ 的累计概率:$P(NPV \geqslant 0)=1-P(NPV<0)$

可以使用线性插值法计算位于 0.24~0.39 间的 $NPN=0$ 的概率值:

$P(NPV<0)=0.24+(0.39-0.24) \times 15.61/(15.61+79.465)=0.265$

则 $P(NPV \geqslant 0)=1-0.265=73.5\%$

于是可以得出结论:此项目的期望净现值为 176.441 5 万元,但要冒一定风险,因为项目获利的概率为 73.5%。

利用此法计算投资净现值期望值的同时,还可以计算净现值的方差,以反映项目面临的风险大小。方差是实际值对期望值的离中程度,方差越大,表明净现值的实际值与期望值相差越大,项目的风险会越大。期望值与方差可以作为项目决策的重要指标:一般我们会选择期望净现值更大的方案,但是如果其方差很大,作为风险规避者的投资人,就不一定就会选期望值大的方案。如果出现这种情况,计算标准离差率或变差系数可以解决问题。

变差系数 = 净现值的标准差/净现值的期望值

变差系数反映的是每单位期望值所分担的标准差大小(即风险大小),一般在方案比选中,变差系数小的方案,实现期望值的概率就可能大,我们会以变差系数小的方案为佳。

风险条件下的投资决策是资本预算风险分析中最常用的方法之一,与其他方法相比,它具有使项目的不确定性明晰化的特点。该方法使用数学语言对风险作出了较为准确的数量化分析,并且将风险纳入了经济效益分析系统之中,对风险和收益进行了综合性分析。

本章小结

1. 资本预算过程包括相互关联的三个组成部分:项目现金流量的测算是前提与基础,是企业进行项目正确选择的关键;包括净现值、内部收益率等在内的投资决策方法是资本预算工作的核心,资本预算风险分析是投资决策的必要延伸与补充。

2. 以流动方向为标准,项目现金流量包括流入量和流出量;按现金流发生的时间,项目现金流包括初始建设期的现金流量,项目运营期的现金流量和终结期的现金流量。

3. 投资回收期包括静态投资回收期和动态投资回收期,两者的本质区别在于动态投资回收期考虑了时间价值,两者的主要共同点在于均以回收期内的现金流量评价项目的优劣。在其他条件不变的情况下,项目回收期越短,项目的流动性就越大,风险就越小,因此回收期可以作为衡量项目投资风险的指标。

4. 净现值是按项目的必要收益率对项目现金流进行折现后的价值,所以要计算净现值必须具备两个关键因素:一是项目的预期现金流量;二是投资项目的必要收益率或资金成本。

5. 如果项目之间是互斥的,且不同项目现金流规模不同,或项目与项目的现金流的时间序列分布特征不同,或如果项目的现金流是非常规的,这时运用内部收益法进行项目评价时容易出现误判,正确的做法是计算和比较项目的 NPV,并把 NPV 作为项目选择的基本依据。

6. 资本预算的风险分析方法主要包括盈亏平衡分析、敏感性分析与以期望净现值为主要对象的概率分析三种。其中盈亏平衡分析的主要功能是识别销售量或销售收入的关键水平,敏感性分析主要用来识别哪些变量关系着项目的成败以及预测失误会在什么地方造成重大危害。

思考与应用

1. 为什么为投资项目筹措资金而举债的利息,不包括在与项目评估相关的现金流的估计中?

2. 在资本投资决策中,计算终结时的现金流量时需要考虑税收吗?

3. 某公司更新某设备,旧设备原值为 100 000 元,年折旧额为 10 000 元,已提折旧 50 000 元,尚可用 5 年,5 年后无残值。新设备的买价、运费、安装费 120 000 元,可用 8 年,第 8 年末有残值 8 000 元。使用新设备每年的付现成本可节约 25 000 元。企业所得税率为 25%,资金成本为 10%,若以旧换新旧设备可作价 30 000 元。试决策应否以旧换新?

4. 购买某台设备需 8 000 元,投入运营后每年净现金流量为 1 260 元,设备报废后无残值。
(1) 若设备使用 8 年后报废,其 IRR 值为多少?
(2) 若希望 IRR 为 10%,则该设备至少应使用多少年才值得购买?

5. 某工业公司为特种用途需购入一台机器,现有两种类型机器可供选择。假定两种机器均能在给定时间完成相同的任务,其区别如下:

	机器 A	机器 B
价格(元)	50 000	80 000
寿命(年)	5	12
残值(元)	0	2 000
年维护费(元)	0	150

当资本成本为10%,所得税率为25%时,试对两类机器进行选择。

6. 一家公司有一个闲置未用的厂房,正在考虑两种互斥的利用厂房的投资项目。两个待选项目的估计净现金流量见下表:

项目A、B现金流量信息 单位:万元

年份	项目A的现金流量	项目B的现金流量
0	−150 000	−150 000
1	50 000	120 000
2	50 000	25 000
3	50 000	25 000
4	50 000	25 000
5	50 000	25 000

要求:
(a) 当贴现率为10%时,计算两个项目的净现值。
(b) 计算两个项目的内部收益率。
(c) 用净现值法和内部收益率法决定哪一个项目是"优越"项目。
(d) 解释为什么用上述两种方法得出的排序结果会存在差异?
(e) 决定哪一种评价方法能提供正确的决策建议。

7. 有人说:"敏感性分析是对风险进行量化的有效方法。"你同意这种看法吗?为什么?

8. 某公司正考虑推出一种新产品并认为新产品的成功取决于未来几年的经济状况。该公司估计,经济状况有三种可能(高涨、保持正常、衰退),产品的寿命期为4年。以此为基础,公司估算出净现金流量,如下表所示:每种经济状况发生的可能性为:繁荣:0.3 一般:0.5 衰退:0.2。

新产品的预期现金流量 (单位:万元)

年	净现金流(繁荣)	净现金流(一般)	净现金流(衰退)
0	−60 000	−60 000	−60 000
1	25 000	20 000	15 000
2	25 000	20 000	15 000
3	25 000	20 000	15 000
4	25 000	20 000	15 000

(a) 假定贴现率为12%,计算每种状况下的净现值。
(b) 计算项目的期望净现值。
(c) 计算NPV大于等于0的概率。

9. 某项目设计年产量为30万吨,已知每吨销售价格为1 000元,每吨产品的税金为100元,单位产品的变动成本为400元,年总固定成本为5 000万元。求盈亏平衡时的产量与生产能力利用率。

10. 根据以下题意回答问题:

公司经理要求你对即将购买的分光仪进行评估。这台机器的价格是5万元,为专门的需要,公司要对这台机器进行改造,耗资1万元。这台机器按3年折旧,折旧率分别是25%,38%和37%,3年后按2万元售出。使用该机器在最初需要增加库存零件,价值2 000元。这台机器不会对收入产生影响,因此,可将每年增量的收入视为0元。但使用该机器每年可以节省税前经营成本2万元。该公司边际税率是40%。

(1) 为编制资本预算,该机器的净投资额是多少?
   A. 5万元　　　　　　B. 6万元　　　　　　C. 6.2万元

(2) 第一年的折旧额为:
   A. 1.25万元　　　　 B. 1.5万元　　　　　 C. 1.55万元

(3) 第二年的折旧额为:
   A. 2.28万元　　　　 B. 1.9万元　　　　　 C. 2.356万元

(4) 第三年的折旧额为:
   A. 1.85万元　　　　 B. 2.294万元　　　　 C. 2.22万元

(5) 最后一年的残值回收净额为:
   A. 2万元　　　　　　B. 1.2万元　　　　　 C. 0万元

(6) 经营期间的第一年税后收益为:
   A. 0.3万元　　　　　　　　　　　　　　　 B. −0.28万元
   C. −0.022万元　　　　　　　　　　　　　 D. −0.168万元

(7) 经营期间的第二年税后收益为:
   A. 0.3万元　　　　　　　　　　　　　　　 B. −0.28万元
   C. −0.022万元　　　　　　　　　　　　　 D. −0.168万元

(8) 经营期间的第三年税后收益为:
   A. −0.132万元　　　　　　　　　　　　　 B. −0.28万元
   C. −0.022万元　　　　　　　　　　　　　 D. −0.168万元

(9) 经营期间的第二年税收为:
   A. 0　　　　　　　　 B. −0.112万元　　　 C. −0.088万元

(10) 经营期间的第三年税收为:
   A. 0　　　　　　　　 B. −0.112万元　　　 C. −0.088万元

(11) 经营期间的净现金流量第一年为:
   A. 1.8万元　　　　　 B. 2.112万元　　　　 C. 3.488万元

(12) 经营期间的净现金流量第二年为:
   A. 1.8万元　　　　　　　　　　　　　　　 B. 2.112万元
   C. 3.488万元　　　　　　　　　　　　　　 D. 2万元

(13) 经营期间的净现金流量第三年为：
   A. 3.4 万元	B. 3.288 万元
   C. 3.488 万元	D. 3.2 万元

(14) 最后一年的净现金流量要考虑
   A. 零件库存 2 000 元的回收	B. 最后残值的回收
   C. A 和 B	D. 不考虑 A 和 B

(15) 如果此项目的资本成本是 12%，计算分光仪的净现值
   A. 1.743 9 万元	B. 2.493 9
   C. 1.716 6	D. −0.4

(16) 该项目是否可行？
   A. 可行	B. 不可行

附录：
内部收益率求解的近似方法——插值法简介

线性插值法的计算公式推导如下：

设折现率为 i_1 时，$NPV_1>0$；当折现率为 i_2 时，$NPV_2<0$。将 NPV 曲线画到平面直角坐标系中，并根据 i_2-i_1 足够小，把曲线近似地转化为直线。如下图：

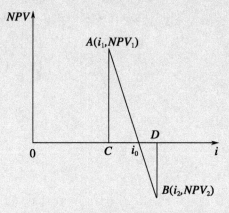

根据上面图形可知，$\triangle ACi_0$ 相似于 $\triangle BDi_0$，其对应边成比例，所以可以推出：

$$\frac{i_0 C}{Di_0} = \frac{AC}{BD}$$

即 $\dfrac{i_0 - i_1}{i_2 - i_0} = \dfrac{NPV_1}{|NPV_2|}$

整理得

$$\begin{aligned}
i_0 &= \frac{NPV_1 i_2 + |NPV_2| i_1}{NPV_1 + |NPV_2|} \\
&= \frac{(NPV_1 i_1 + |NPV_2| i_1) - NPV_1 i_1 + NPV_1 i_2}{NPV_1 + |NPV_2|} \\
&= i_1 + \frac{NPV_1}{NPV_1 + |NPV_2|} \cdot (i_2 - i_1)
\end{aligned}$$

因为内部收益率 IRR 即为上式中的 i_0，所以最终得出结论

$$IRR = i_1 + \frac{NPV_1}{NPV_1 + |NPV_2|} \cdot (i_2 - i_1)$$

第五章 融资管理

【本章提要】融资是公司经营的前提。公司的筹资方式包括权益融资和负债融资。权益融资包括普通股筹资和非股票筹资(认股权证筹资)等。负债融资包括长期债务融资和短期债务融资,其中长期借款、债券和资本租赁属于长期债务融资,商业信用、短期银行借款、票据融资、应收账款保理等属于短期债务融资。除此之外,还有兼具权益与债务融资双重特点的混合证券融资。混合证券主要指优先股和可转换公司债券。

【引　例】江苏阳光是一家上市公司,该公司是一家正处于成熟期的企业,销售量和利润持续增长。2002年,江苏阳光为了技术改造项目和并购项目而募集资金,可供选择的融资渠道有银行贷款、发行股票、公司债券等。另外企业有比较丰厚的盈余积累,也可以利用利润留存来筹集资金。但是由于企业正处于稳定发展阶段,现金流稳定充沛,在这个阶段企业最佳的融资策略可以选择相对激进型的。经过权衡,江苏阳光选择了发行可转换债券进行融资。共发行8.3亿元可转债。公司根据此项目回报率高、投入期限短、见效快的特点,选择了适合的转股期和发行时机。阳光转债发行一年后就进入转股期,投资者可以凭自身需要进行转股,而这时公司募集资金投资项目已基本开始产生效益,完工后,每年为公司贡献1.3亿元净利润,从而保证每股收益和净资产收益稳定增长,有效地降低了投资者的风险,保证了投资者利益。在本案例中,江苏阳光2001年末其资产负债率仅为6.24%,公司本次发行8.3亿元可转债后,资产负债率预计约为42%。一方面公司保持了足够的偿债能力;另一方面公司的财务杠杆得到充分运用,净资产收益率和每股收益都大幅度上升,更避免了因投资期限长所要承担的高风险。

该案例说明,企业管理者需要熟悉各种融资工具的特点并在各种融资渠道中进行权衡,设计适合企业特点和资金需求的融资方案。

第一节 权益融资

一、权益融资的定义

权益融资(Equity Financing)是指向其他投资者出售公司的所有权,即用所有者权益来交换资金。权益融资可以让企业创办人不必用现金回报其他投资者,而是与他们分享企业利润并承担管理责任,投资者以红利形式分得企业利润。

权益融资不是借款,不需要偿还,实际上,权益投资者成了企业的部分所有者,通过股利支付获得他们的投资回报。权益投资蕴含较大风险,所以权益投资者对企业的要求非常苛刻,那些具有独特商业机会、高成长潜力、产权明确界定的项目以及能力得到证明的管理层的企业才是理想候选者。未能适合这些标准的企业,获得权益融资就会很难。

权益融资有三个特点：

第一,权益融资筹措的资金具有永久性特点,无到期日,不需归还。

第二,没有固定的按期还本付息压力,股利的支付与否和支付多少,视项目投产运营后的实际经营效果而定,因此财务负担相对较小。

第三,它是负债融资的基础。权益融资是企业最基本的资金来源。它体现着企业的实力,是其他融资方式的基础,尤其可为债权人提供保障,增强公司的举债能力。

二、权益融资渠道

股票是权益的典型代表。但是由于公司性质不同,权益还有很多不同形式。

（一）所有者权益

这是对于很多非上市的企业而言存在的权益形式。代表企业所有者个人投入的资金。包括企业初创资金投入以及经营过程中利润留存。所有者权益是企业发展壮大的基础,很多大公司在发展初期都是依靠所有者投入来获得发展的,比如腾讯、阿里巴巴、微软等。所有者权益如果被证券化为普通股,那么企业就变成了上市公司。

（二）风险资本

风险资本是指风险投资机构投资于新创企业以及有非凡成长潜力的小企业的资本。很多引人注目的成功企业都接受过风险资本融资,如 Google 公司、思科系统公司、易趣网以及雅虎网站。风险投资每年仅有大约一半资金投向新企业,其余投资则投向需要追加融资的现存企业。风险投资的成功率很低,大约 15%~25% 的投资会获得巨大成功,25%~35% 的投资获得一定成功,25%~35% 的投资能盈亏平衡,15%~25% 的投资失败。获得巨大成功的企业,必须足以弥补盈亏平衡企业和失败造成的损失。风险投资机构一旦投资于某家企业,随后投资就会按轮次(round)(或阶段)投入,这称为后续投资(follow-on funding)。获得风险资本融资的重要部分是通过尽职调查(due diligence)过程,指的是调查潜在初创企业价值并核实商业计划书中关键声明的过程。

风险投资机构追求资本增值的最大化,他们的最终目的是通过上市、转让或并购的方式,在资本市场退出,特别是通过企业上市退出是他们追求的最理想方式。上述特点决定了选择风险投资机构对于企业的好处在于：没有控股要求；有强大的资金支持；不参与企业的日常管理；能改善企业的股东背景,有利于企业进行二次融资；可以帮助企业规划未来的再融资及寻找上市渠道。但同时,风险投资机构也有其不利之处,他们主要追逐企业在短期的资本增值,容易与企业的长期发展形成冲突。

（三）天使投资

天使投资(Angel Investment),是权益资本投资的一种形式,是指富有的个人出资协助具有专门技术或独特概念的原创项目或小型初创企业,进行一次性的前期投资。天使投资人可以分为如下几种类型：富有的个体投资者、家族型投资者、天使投资联合体、合伙人投资者。与风险投资者相比,天使投资者对于很多小企业更有价值,因为他们愿意进行相对小额的投资。

（四）股权众筹

众筹（Crowd Funding）是近年来借助互联网兴起的一种创新权益融资模式，集合众多小额资金来投入某个项目。一般单笔投资额度很小，投资者人数众多。投资者按照出资比例分享项目投资收益。2012年4月，美国通过JOBS法案（Jump-start Our Business Start-ups Act，初创期企业推动法案），允许小企业通过众筹融资获得股权资本，这使得众筹融资替代部分传统证券业务成为可能。据《福布斯》杂志的数据，截至2013年第二季度，全球范围内的众筹融资网站已经达到1 500多家。

（五）发行股票

股票是股份有限公司发行的，表示其股东按其持有的股份享受权益和承担义务的可转让的所有权凭证。股票作为一种所有权凭证，代表着股东对股票发行公司净资产的所有权，即股权。发行股票是股份公司筹措权益资本的基本方式之一。

1. 股票的分类

股票的种类很多，作为公司的理财者，应该对各类不同股票的特点非常了解，以便于在融资时作出正确的选择。在我国，股票的种类主要有以下几种：

（1）股票按股东权利和义务分为普通股和优先股

普通股股票是最基本、最常见的股票，通常情况下股份有限公司只发行普通股股票。普通股股票代表对公司剩余资产的所有权，普通股股东共同拥有公司，同时承担与公司所有权相联系的风险，当然，每个普通股股东的责任只限于他们自己的投资额大小。普通股股票有一个明显的特征，就是股利不固定。

优先股股票是公司发行的优先于普通股股东分取股利和公司剩余财产的股票。多数国家公司法规定，优先股可以在公司设立时发行，也可以在本公司增发新股时发行。但有些国家的法律则规定，优先股只能在特殊情况下，如公司增发新股或清理债务时才准发行。

（2）按票面有无记名分为记名股票和无记名股票

记名股票是在股票票面上记载股东的姓名或名称的股票，股东姓名或名称要记入公司的股东名册。记名股票一律用股东本名，其转让、继承要办理过户手续。无记名股票是在股票票面上不记载股东的姓名或名称的股票。我国《公司法》规定，公司发行的股票，可以为记名股票，也可以为无记名股票。公司向发起人、法人发行的股票，应当为记名股票。

（3）按票面是否标明金额，可分为有面额股票和无面额股票

有面额股票是指票面上载明一定金额的股票。无面额股票是票面上不载明金额，只注明该股票所代表的股份在其所发行的股份总额中所占有比例，故也称为"分权股份"或"比例股"。这种股票的价值随公司资产的增减而增减。无面额股票最早产生于美国，后传入其他国家。但在日本无面额股票极少见。我国公司法规定，股票应当标明票面金额。

（4）按股票的上市地点和所面对的投资者的不同，分为A股、B股、H股、N股和S

股等。

A股的正式名称是人民币普通股票。它是由我国境内的公司发行,供境内机构、组织或个人(不含台、港、澳投资者)以人民币认购和交易的普通股股票,我国A股股票市场经过二十多年快速发展,已经达到相当大的规模,截止到2015年7月31日,我国沪深两市共有2 800家上市公司,流通总市值超过50万亿元。

B股的正式名称是人民币特种股票,它是以人民币标明面值,以外币认购和买卖,在境内(上海、深圳)证券交易所上市交易的。最初B股投资者仅限于境外或中国香港、澳门及台湾地区投资者。自2001年2月19日起,B股开始对境内居民开放。从未来发展看,A股市场与B股市场将会并轨。

H股,即注册地在内地、上市地在香港的外资股。香港的英文是HongKong,取其字首,在港上市外资股就叫做H股。依此类推,纽约的第一个英文字母是N,新加坡的第一个英文字母是S,在纽约和新加坡上市的股票就分别叫做N股和S股。

2. 股票的发行方式与上市

股票的发行是指股份有限公司出售股票以筹集资本的过程。股票发行人必须是具有股票发行资格的股份有限公司。我国《公司法》明确规定只有股份有限公司才能发行股票,而有限责任公司是不能发行股票的。

发行股票可以分为公开发行和非公开发行,以及首次公开发行和增资发行。公开发行股票是指没有特定的发行对象,发行人通过中介机构向不特定的社会公众广泛地发售证券。所有合法的社会投资者都可以参加认购。公开发行的股票不一定要求上市,但是上市必须要求公开发行股票。非公开发行股票是指上市公司采用非公开方式,向特定对象发行股票的行为,也称为"私募"或者"定向增发"。只针对特定少数人进行股票发售,而不采取公开的劝募行为。

首次公开发行(initial public offering,IPO)是指公司股票面向社会公众的初次公开销售。当企业上市后,它的股票要在股票交易所挂牌交易。尽管企业上市有许多益处,但它是一个复杂而成本高昂的过程。首次公开上市的第一步是企业要聘请一家投资银行(investment bank)。投资银行是为企业发行证券充当代理商或承销商的机构,担当企业的保荐人和辅导者角色,促成企业通过上市的整个过程。增资发行是指已发行股票的上市公司,在经过一定的时期后,为了扩充股本而发行新股票。增资发行可以采取公募形式,也可以采取私募形式。

发行证券可以由发行人自行销售,也可以委托证券经营机构承销。证券承销可以采取代销或者包销的方式。证券代销是指证券经营机构代发行人发售证券,在承销期结束时,将未售出的证券全部退还给发行人的承销方式。证券包销是指证券经营机构将发行人的证券按照协议全部购入或者在承销期结束时将售后剩余证券全部自行购入的承销方式。

根据2015年《证券法》(修订草案)的规定,股票发行上市将采取注册制以取代当前实行的审核制。在注册制下,公开发行股票并拟在证券交易所上市交易的,由证券交易所负责对注册文件的齐备性、一致性、可理解性进行审核。同时发行条件也进行了修改,取消发行人财务状况及持续盈利能力等盈利性要求,发行门槛降低了。

对于公司而言,股票上市可以大大提高公司的知名度,增强公司股票的吸引力,从而可以在更大的范围内进行融资。

3. 股票发行价格的确定方法

股票发行价格的基本确定方法有三种。即：市盈率法、净资产倍率法、现金流量折现法。

(1) 市盈率法。市盈率也称价格盈余比率,是指公司普通股每股市价与每股盈余的比率。它反映了投资者对每股盈余所愿意支付的价格。其计算公式为：

$$市盈率 = \frac{每股市价}{每股盈余} \tag{5.1}$$

每股市价是普通股每股股票在金融市场上的销售价格,每股盈余即每股利润或每股收益,是股份公司税后利润分析的一个重要指标。

市盈率法下,股票发行价格的计算公式为：

$$股票发行价格 = 每股盈余 \times 发行市盈率 \tag{5.2}$$

通过市盈率法确定股票发行价格的计算步骤如下：

首先,应根据注册会计师审核后的盈利,预测计算出发行公司的每股盈余。一般情况下,确定每股盈余(每股利润)的方法有两种：

一种是加权平均法。采用加权平均法确定每股盈余(每股利润)较为合理。因股票发行的时间不同,资金实际到位的先后对公司效益影响较大,同时投资者在购股后才应享受应有的权益。加权平均法计算公式为：

$$每股盈余 = \frac{发行当年预测税后利润}{发行当年加权平均股本数}$$
$$= \frac{发行当年预测税后利润}{发行前总股本数 + 本次公开发行股本数 \times \frac{12-发行月数}{12}} \tag{5.3}$$

另一种是完全摊薄法。即用发行当年预测全部税后利润除以总股本,直接得出每股净收益。计算公式为：

$$每股盈余 = \frac{发行当年预测税后利润}{发行当年总股本数}$$
$$= \frac{发行当年预测税后利润}{发行前总股本数 + 本次公开发行股本数} \tag{5.4}$$

其次,可根据二级市场的平均市盈率、发行公司所处行业的情况(同类行业公司股票的市盈率)、发行公司的经营状况及其成长性等拟订发行市盈率。一般来讲,新兴行业的市盈率普遍较高,而成熟行业的市盈率普遍较低。由于一般期望投资报酬率介于5%—10%之间,所以正常的市盈率为5—20倍。

最后,依发行市盈率与每股盈余之乘积决定股票发行价格。

【例 5-1】 2014 年 6 月,大江公司拟增发 1 000 万股普通股。根据二级市场平均市盈率及行业情况确定市盈率为 20 倍,发行当年预测税后利润 1 500 万元,发行前总股本为 5 000 万股,运用加权平均法计算该股票发行价格。

解:根据题意,将相关数据代入式(5.3)得

股票发行价格

$$=\frac{\text{发行当年预测税后利润}}{\text{发行前总股本数}+\text{本次公开发行股本数}\times\frac{12-\text{发行月数}}{12}}\times\text{市盈率}$$

$$=\frac{1\,500}{5\,000+1\,000\times\frac{12-6}{12}}\times 20$$

$$=5.45(元)$$

【例 5-2】 大江公司正在申请增资发行股票,拟发行 1 000 万股股票,经测算该公司最近三年平均净收益为 3 000 万元,同行业上市公司的市盈率平均为 15 倍,发行前总股本 2 000 万股,运用完全摊薄法求该公司股票的发行价格。

解:根据题意,将相关数据代入式(5.4)得

股票发行价格

$$=\frac{\text{发行当年预测税后利润}}{\text{发行前总股本数}+\text{本次公开发行股本数}}\times\text{市盈率}$$

$$=\frac{3\,000}{1\,000+2\,000}\times 15$$

$$=15(元)$$

(2) 净资产倍率法。净资产倍率法又称资产净值法,是指通过资产评估和相关会计手段,确定发行公司拟募股资产的每股净资产值,然后根据证券市场的状况将每股净资产值乘以一定的倍率,以此确定股票发行价格的方法。净资产倍率法在国外常用于房地产公司或资产现值要重于商业利益的公司的股票发行。以此种方式确定每股发行价格不仅应考虑公平市值,还须考虑市场所能接受的溢价倍数。以净资产倍率法确定发行股票价格的计算公式是:

$$\text{发行价格}=\text{每股净资产值}\times\text{溢价倍数}$$

(3) 现金流量折现法。现金流量折现法是指通过预测公司未来盈利能力,据此计算出公司净现值,并按一定的折现率折算,从而确定股票发行价格的方法。国际主要股票市场对新上市公路、港口、桥梁、电厂等基建公司的估值发行定价一般采用现金流量折现法。这类公司的特点是前期投资大,初期回报不高,上市时的利润一般偏低,如果采用市盈率法发行定价则会低估其真实价值,而对公司未来收益(现金流量)的分析和预测能比较准确地反映公司的整体和长远价值。

现金流量折现法的计算步骤:首先是用市场接受的会计手段预测公司每个项目若干年内每年的净现金流量,再按照市场公允的折现率,分别计算出每个项目未来的净现金

流量的净现值,最后用公司的净现值除以公司股份数,即为每股净现值。

采用现金流量折现方法应注意的问题:第一,由于未来收益的不确定性,发行价格通常要对上述每股净现值折让20%～30%。第二,用现金流量折现法定价的公司,其市盈率往往远高于市场平均水平,但这类公司发行上市时套算出来的市盈率与一般公司发行的市盈率之间不具可比性。

4. 普通股筹资的优缺点

从发行公司的角度来分析,普通股股票筹资既有优点也有缺陷。

(1) 普通股筹资的优点

没有固定的费用负担。普通股不像债券要定期付息,公司盈利可支付或少支付,甚至不支付股利,而无盈利则理所当然地不支付股利。

没有固定的到期日,不用偿还。因为普通股是公司的一项永久性资本,无返还资本的约定。

筹资风险小,筹资限制较小。由于公司资本没有返还期限,故没有偿还压力,当然不存在还本付息的风险。筹资时不像债券有这样那样的限制条件。

能增加公司的信誉。利用普通股筹集的资金,形成公司的权益资金,一方面增强公司的实力,另一方面为公司筹措债务资本提供了物资保证和信用基础。公司资本实力是公司筹措债务的信用基础。公司有了较多的股东权益,就能提高公司的信用价值,并为今后公司筹借债务资本提供强有力的物质保证。

(2) 普通股筹资的缺点

一是资本成本较高。筹集债务资本,按照惯例其利息可在所得税前列支,节省所得税,降低资本成本。而筹集普通股资本,其股利不可减免所得税,再加上普通股投资风险较大,因此,普通股资本成本较债务成本高。一般来说,资本成本最高的是普通股,其次是优先股,再次是公司债券,最低的是长期借款。

二是普通股票筹资虽无财务风险,但也享受不到财务杠杆带来的利益。不能像债务资本那样能加速提高现有股权资本的盈利率。

三是控制权易分散,会导致股价下跌。公司发行新股票,对原有股东而言是一种消极的信号,因为增加普通股股票发行量,势必增加新股东,这将稀释原有股东对公司的控制权,与此同时,新股东参与公司累积盈余的分配,必将导致普通股的每股净收益降低,有可能引起普通股市价的下跌。

(六) 认股权证融资

1. 认股权证的概念

认股权证(warrant)是一种允许投资者有权利但无义务在指定的时期内以事先确定的价格直接向发行公司购买普通股的选择权凭证。认股权证是独立于股票单独发行的。发行认股权证有利于将来发售股票,同时可为企业带来资金。企业之所以选择发行认股权证而不是股票,原因在于股价的波动性导致认股权证有了价格,股价波动越大,认股权证价格越高,市场对股价波动的预期越高,认股权证价格越高,从而企业可以获得更多发行收入。另外,发行认股权证不会对公司形成财务负担。所以,对于正在高速成长的企业而言,发行认股权证是一个较好的融资选择。还有,发行认股权证不会引起当前控制权的稀释,减少来自股东的阻力。

2. 认股权证的种类

(1) 按认股权证的发行方式分类,可分为单独发行认股权证与附带发行认股权证

依附于债券、优先股、普通股或短期票据发行的认股权证,为附带发行认股权证。单独发行认股权证是指不依附于公司债券、优先股、普通股或短期票据而单独发行的认股权证。认股权证的发行,最常用的方式是认股权证在发行债券或优先股之后发行。这是将认股权证随同债券或优先股一同寄往认购者。在无纸化交易制度下,认股权证将随同债券或优先股一并由中央登记结算公司划入投资者账户。

(2) 按照权证的发行人不同,权证可以分为股本权证和备兑权证

股本权证是由上市公司自己发行的,一般以融资为目的,它授予持有人一项权利,在到期日前特定日期(也可以有其他附加条款)以行权价购买公司发行的新股(或者是库藏的股票)。备兑权证是由上市公司之外的第三方发行的,目的在于提供一种投资工具,同时发行人也获取一定的发行利润。备兑权证是国际权证市场上的主流形式,例如香港权证市场,99%的权证都是由券商等金融机构发行的备兑权证。

(3) 按照行权期间的不同,权证可以分为美式权证、欧式权证和百慕大式权证

百慕大式权证介于美式权证和欧式权证之间,是指权证持有人在到期日之前的一段时间内可以随时提出买进或者出售标的资产的履约要求。

3. 认股权证的价值分析

认股权证在其有效期内具有价值。认股权证的价值分为理论价值、实际价值和时间价值三种。

(1) 认股权证的理论价值

理论价值又称认股权证的底价(有时也称内在价值),认股权证的内在价值可用下列公式计算:

认股权证的理论价值=(普通股市价-执行价格)×认股权证所能认购的普通股股数

用公式可表示为:

$$V = (P - K)Q \tag{5.5}$$

其中:V——认股权证理论价值;

P——普通股股票市场价格;

K——认购价格或执行价格;

Q——一张认股权证可买到的股票数。

【例5-3】 大江股份有限公司发行认股权证筹资,规定每张认股权证可按20元认购2股普通股票。公司普通股票每股市价为25元。认股权证理论价值是多少?

解:根据题意,将相关数据代入式(5.5)得

$$V = (P - K)Q = (25 - 20) \times 2 = 10(元)$$

如果普通股市价低于其执行价格,认股权证的理论价值为负数,在此时,认股权证的持有者不会行使其认股权。所以,当出现这种情况时,认股权证的理论价值为零。

影响认股权证理论价值的主要因素有:

换股比率。认股权证所能认购的普通股股数越多,其理论价值就越大;反之,则越小。

普通股市价。市价越高,认股权证的理论价值越大。

执行价格。执行价格越低,认股权证的持有者为换股而支付的代价就越小,普通股市价高于执行价格的机会就越大,认股权证的理论价值就越大。

剩余有效期间。认股权证的剩余有效期间越长,市价高于执行价格的可能性就越大,认股权证的理论价值就越大。

（2）实际价值

认股权证的实际价值是认股权证的市场价格或售价。一般情况下,实际价值通常高于理论价值。认股权证的实际价值受市场供求关系的影响,由于套购活动和存在套购利润,认股权证的实际价值最低限为理论价值。

（3）认股权证的时间价值

与一般股票期权一样,认股权证的市场价格要高于其理论价值（底价）,这两者之差就是认股权证的时间价值。

第二节 长期债务融资

负债融资指通过负债筹集资金。债务融资与权益融资相比,其特点表现为:筹集的资金在使用上具有时限性,需到期偿还;不论公司经营好坏,需固定支付债务利息,从而形成公司的固定负担;但其资本成本一般比股权资本融资成本低,且不会分散公司的控制权。

按照所筹资金可使用时间的长短,债务融资可分为长期债务融资和短期债务融资两类。其中长期借款、债券和资本租赁属于长期债务融资,商业信用和短期银行借款属于短期债务融资。这一节介绍长期债务融资。

一、长期借款

这里的长期借款是指直接与银行或其他金融机构筹借的偿还期限在1年以上的借款。它是公司长期负债融资的主要方式之一。

（一）长期借款的信用条件

按照国际通行做法,长期借款往往带有一些信用条件。根据是否签定正式协议,分为信用额度和周转信用协议。同时,银行为了降低自身的风险,往往要求贷款的企业在银行保留补偿性余额和抵押。

1. 信用额度

也叫信贷限额,是借款公司与银行间非正式协议规定的公司无担保借款的最高限额。银行通常在上一年度末,对相关公司进行信用评估,并根据评估的结果对这些公司规定出贷款的最高限额。在信用额度内,公司可随时按需要向银行申请贷款,通常银行会同意提供贷款,但是,银行不承担必须提供贷款的法律义务。

2. 周转信用协议

是银行具有法律义务地承诺提供不超过某一最高限额的贷款协定。在协议的有效期内,只要企业借款总额未超过最高限额,银行必须满足企业任何时候提出的借款要求;对应的,企业在享用周转信用协议的同时,通常要对贷款限额的未使用部分付给银行一笔承诺费。周转信用协议是大公司经常使用的一种正式信用额度,也叫周转信用协定。

【例 5-4】 大江公司与银行签定的周转信用协定中,规定周转信贷限额为 5 000 万元,承诺费为 0.5%。该公司年度内使用了 4 200 万元,则该公司应向银行支付多少承诺费?

解:根据题意,公司应向银行支付的承诺费为

$$承诺费 = (5\,000 - 4\,200) \times 0.5\% = 4 \text{ 万元}$$

周转信用协议与信用额度非常相似,两者的主要区别在于:银行负有必须履行周转信用协议的法律义务,而为了履行此义务银行还向公司收取承诺费用;但在比较不正式的信用额度下,银行不负有任何法律义务。

3. 补偿性余额

是银行要求借款人在银行账户中保留按贷款限额或实际借款的一定百分比(通常为 10%—20%)计算的最低活期存款余额。从银行的角度讲,补偿性余额的作用在于降低贷款风险,补偿其可能遭受的损失;但对借款人而言,补偿性余额实际上提高了银行贷款的实际利率,加重了公司的负担。2012 年,中国银监会发布了《关于整治银行业金融机构不规范经营的通知》(银监发[2012]3 号),要求银行信贷业务要坚持实贷实付和受托支付原则,将贷款资金足额直接支付给借款人的交易对手,不得强制设定条款或协商约定将部分贷款转为存款。所以,在监管层面,补偿性余额是不被允许的,但是在实际中,企业出于结算需要也经常保留部分活期存款余额在银行账户中。

下面举例说明补偿性余额下的借款实际利率和贷款面额的计算。

(1) 实际利率的计算公式:

$$实际利率 = \frac{利息支出}{实际借款额} \times 100\%$$

【例 5-5】 某公司按 6% 的年利率向银行借款 120 万元,银行要求保留 20% 的补偿性余额,则公司实际承担的利率为多少?

解:根据题意得

$$实际利率 = \frac{利息支出}{实际借款额} \times 100\% = \frac{名义利率}{1 - 补偿性余额比率} \times 100\%$$

$$= \frac{6\%}{(1 - 20\%)} \times 100\%$$

$$= 7.5\%$$

【例 5-6】 大江公司向银行取得一笔面值 100 万元的贴现贷款,名义利率为 10%,补偿性余额占借款总额的比例也是 10%,求公司借款的实际利率是多少?

解:根据题意得

$$实际利率 = \frac{利息支出}{实际借款额} \times 100\% = \frac{名义利率}{1-名义利率-补偿性余额比率} \times 100\%$$

$$= \frac{10\%}{1-10\%-10\%} \times 100\%$$

$$= 12.5\%$$

需要说明的是,补偿性余额存款户中有利息收入的话,鉴于所赚得的利息收入可以部分地抵补贷款的利息支出,实际利率将不会像上面计算的那样高。

(2) 贷款额的计算

鉴于存在补偿性余额的要求,公司从银行取得贷款以满足支付需要时,应根据补偿性余额的比例,需要支付的资金额度,确定应该向银行申请的贷款额度。

【例 5-7】 假定大江公司准备从银行取得 10 万元的资金用于支付一笔材料款,银行的补偿性余额要求为 20%,则应申请的贷款面额为多少?

解:根据题意得,

$$贷款面额 = \frac{需要的资金}{1-补偿性余额比例}$$

$$= \frac{100\ 000}{1-20\%}$$

$$= 125\ 000(元)$$

【例 5-8】 接上例,如果公司从银行取得的上笔贷款,同时是名义利率为 12% 的贴现贷款,则应向银行申请的贷款面额是多少?

解:根据题意得,

$$贷款面额 = \frac{需要的资金}{1-补偿性余额比例-名义利率}$$

$$= \frac{100\ 000}{1-20\%-12\%}$$

$$= 147\ 059(元)$$

4. 抵押品

借款合同都会要求借款方提供合格的抵押品。抵押品的作用在于为银行贷款的安全性提供担保。因为抵押品价值要大于贷款价值,通常贷款价值占抵押品价值的 30% 或者更多,这一比例的高低,取决于抵押品的变现能力和银行的风险偏好。一旦借款人出现问题无法偿还贷款,银行完全可以从处理抵押品收入中得到补偿。从借款人角度看,提供抵押品在一定程度上增加了借款成本,但是另一方面,也增加了借款人获得贷款的可能性。抵押借款的成本通常高于非抵押借款,这是因为银行主要向信誉好的客户提供非抵押贷款,而将抵押贷款看成是一种风险投资,故而收取较高的利率;同时银行管理抵押贷款要比管理非抵押贷款困难,为此往往另收取手续费。公司向贷款人提供抵押品后,会限制自身财产的使用和将来的借款能力。

5. 偿还条件

贷款的偿还有到期一次偿还和在贷款期内定期(每月、季)偿还两种方式。一般来讲,长期贷款采取分期偿还方式。这种方式可以减轻公司的财务负担,降低违约风险,但是会提高实际借款利率。

(二) 长期借款筹资的保护性条款

由于长期借款的期限长、风险大,按照国际惯例,银行通常对借款企业提出一些有助于保证贷款按时足额偿还的条件。这些条件形成了合同的保护性条款。它主要有一般性保护条款、例行性保护条款和特殊性保护条款。

1. 一般性保护条款

一般性保护条款应用于大多数借款合同,但根据具体情况会有不同内容,主要包括:

(1) 对借款企业流动资金保持量的规定,其目的在于保持借款企业资金的流动性和偿债能力;

(2) 对支付现金股利和再购入股票的限制,其目的在于限制现金外流;

(3) 对资本支出规模的限制,其目的在于减少企业日后不得不变卖固定资产以偿还贷款的可能性,仍着眼于保持借款企业资金的流动性;

(4) 限制其他长期债务,其目的在于防止其他贷款人取得对企业资产的优先求偿权。

2. 例行性保护条款

例行性保护条款作为例行常规,在大多数借款合同中都会出现,主要包括:

(1) 借款企业定期向银行提交财务报表,其目的在于及时掌握企业的财务情况;

(2) 不准企业在正常情况下出售较多资产,以保持企业正常的生产经营能力;

(3) 如期清偿缴纳的税金和其他到期债务,以防被罚款而造成现金流失;

(4) 不准以任何资产作为其他承诺的担保或抵押,以避免企业过重的负担;

(5) 不准贴现应收票据或出售应收账款,以避免或有负债;

(6) 限制租赁固定资产的规模,其目的在于防止企业负担巨额租金,避免其偿债能力被削弱,还在于防止企业以租赁固定资产的办法摆脱对其资本支出和负债的约束。

3. 特殊性保护条款

特殊性保护条款是针对某些特殊情况而出现在部分借款合同中的条件,其目的在于防止企业发生不利于借款银行的行为。主要包括:

(1) 贷款专款专用;

(2) 不准企业投资于短期内不能收回资金的项目;

(3) 限制企业高级职员的薪金和奖金总额;

(4) 要求企业主要领导人在合同有效期间担任领导职务;

(5) 要求企业主要领导人购买人身保险等等。

（三）长期借款筹资的成本

由于长期借款的期限较长,与短期借款相比,风险大,因此长期借款的利息率通常高于短期借款。但是公司若具有较好的信誉或抵押品流动性强的借款条件,仍可争取到较低的长期借款利率。长期借款利率有固定和浮动两种。浮动利率通常有最高、最低限额,并在借款合同中明确。对借款企业来讲,若预测市场利率将上升,应与银行签订固定利率合同,反之应签订浮动利率合同。

除利息之外,银行还会向借款企业收取其他费用,如,实行周转信贷协定所收取的承诺费,要求借款企业在本银行中保持补偿所形成的间接费用。这些费用会增加长期借款的成本。

（四）长期借款融资的优缺点

1. 长期借款融资的优点

(1) 筹资速度快。银行借款与发行证券相比,一般借款程序较简单,所需时间较短,可以迅速获得资金。

(2) 筹资成本相对较低。通常来讲,利用银行借款所支付的利息比发行债券所支付的利息低,另外,也无须支付大量的发行费用。

(3) 借款弹性好。公司与银行可以直接接触,商谈确定借款的时间、数量和利息。借款期间如公司经营情况发生了变化,也可与银行协商,修改借款的数量和条件。借款到期后如有正当理由,还可延期归还。因此,长期借款融资方式相对于发行各种证券方式要灵活得多。

(4) 可发挥财务杠杆作用。公司利用长期借款筹资,银行只收取固定的利息。而对于公司而言,若经营有方,资本的利润率高于贷款利率,则公司可以将差额部分尽收囊中,获得可观的收益。

2. 长期借款融资的缺点

(1) 财务风险较高。公司利用长期借款筹资,必须定期付息,在经营不利的情况下,公司可能会有不能偿付的风险,严重的甚至会导致破产。

(2) 限制条款较多。长期借款融资对银行来讲风险较大,为了能按期收回长期贷款,在银行与公司签订的借款合同中会有较多的限制性条款,如定期报送有关部门报表、不能改变借款用途等。这些限制性条款有可能影响公司的其他投融资活动。

(3) 筹资数量有限。一般来讲,为了避免风险,银行往往不愿借出巨额的长期借款,因此,对公司来说,利用银行借款筹资是有一定的上限的。

二、长期债券融资

这里所讲的债券是指期限超过一年的公司长期债券。

（一）债券及其特征

债券是债务人发行的并向债权人承诺在未来一定时期内按约定条件还本付息的一种有价证券。债券购买者与发行者之间是一种债权债务关系,债券发行人即债务人,投资者(或债券持有人)即债权人。也就是说,债券是一种债权债务凭证,其本质是债的证明书,具有法律效力。在我国非公司制企业发行的债券称为企业债券,股份有限公司和有限责任公司发行的债券称为公司债券。

作为一种有价证券,债券的收益性主要表现在两个方面:一是投资债券可以给投资者定期或不定期地带来利息收入;二是投资者可以利用债券价格的变动,买卖债券赚取差额。

债券具有流动性、收益性、风险性、返还性的特点,但是上述特点又带有一定的矛盾性和相互补偿性。一般而言,若风险性小、流动性强,则收益率较低;而如果风险大、流动性差,则收益率较高。作为一种重要的融资手段和金融工具,债券与股票相比,具有如下特征:

(1) 债券具有偿还性。债券表现为一种债权债务关系,因此,债券一般都规定有偿还期限,发行人必须按约定条件偿还本金并支付利息。

(2) 债券具有分配优先权。债券持有人有按期收取利息的权利,其收取利息权排在优先股前,在发行公司破产清算时,债券持有人的求偿权也优于股东。

(3) 债券具有收益的安全性和稳定性。与股票相比,债券通常规定有固定的利率。与企业绩效没有直接联系,收益比较稳定,风险较小。这就使债券投资的风险小于股票,当然其收益一般也较股票低。

(4) 债券持有人无权参与公司的决策。债券持有人只是公司的债权人而不是所有者,因而无权参与公司的经营管理,无权干涉公司的各项决策活动。

(5) 可转换债券按规定可转换为股票。可转换债券增加了投资双方选择的多样性和灵活性。

(二) 债券的基本要素

债券作为一种有价证券,必须具备以下几个基本要素。

(1) 债券的面值。债券的面值包含两个方面:一是货币种类,二是债券的票面金额。票面金额的大小直接影响债券的发行成本及发行的数量,从而影响债券融资的效果。

(2) 债券的期限。债券都有明确的到期日,债券从发行之日起至到期日之间的时间称为债券的期限。在债券的期限内,公司必须定期支付利息,债券到期时,必须偿还本金,也可按规定分批偿还或提前一次偿还。

(3) 票面利息率。债券上通常都载明利率。债券利率是债券持有人定期获取的利息与债券票面价值的比率。债券发行者在确定债券利率时要考虑市场利率、债券的到期日、自身资信状况以及资本市场资金供求关系等因素的影响。

(4) 债券的价格。理论上,债券的面值就应是它的价格,事实上并非如此。也就是说,债券的面值是固定的,而其价格却是经常变化的。发行公司计息还本,依据的是债券的面值而非其价格。

(5) 公司的名称。公司发行公司债券,必须在债券上注明公司的名称,明确债务人,以便承担相关的法律责任。

(三) 债券的种类

公司普通债券可按不同的标准分为很多种类。

1. 债券按是否具有抵押品,分为抵押债券和信用债券

抵押债券是以企业拥有的土地、房屋等有形资产作为抵押来发行的债券,也称担保债券。按照抵押品的不同,可进一步分为不动产抵押债券、动产抵押债券和信托抵押债券。其中信托抵押债券是以持有的其他企业发行的有价证券作抵押品而发行的债券。

信用债券是以公司的资信为后盾而发行的债券,没有任何有形资产作抵押,也叫无担保债券。国外券商通常并没有太多的固定资产,但却拥有良好的信誉,因此国外券商发行的债券通常是信用债券。

2. 债券按利率是否固定,可分为固定利率债券与浮动利率债券

固定利率债券是指发行债券的券面上载有确定利率的债券。也就是说,在发行时规定利率在整个偿还期内保持不变。这种债券不考虑市场变化因素,因而其筹资成本和投资收益可以事先预计,不确定性较小,但债券发行人和投资者仍然必须承担市场利率波动的风险。如果未来市场利率下降,投资者则获得了相对现行市场利率更高的报酬,原来发行的债券价格将上升;反之,如果未来市场利率上升,投资者的报酬则低于购买新债券的收益,原来发行的债券价格将下降。

浮动利率债券是指发行时规定债券利率随市场利率定期浮动的债券,也就是说,债券利率在偿还期内可以进行变动和调整。浮动利率债券往往是中长期债券。浮动利率债券的利率通常根据市场基准利率加上一定的利差来确定。如:美国浮动利率债券的利率水平主要参照3个月期限的国债利率,欧洲则主要参照伦敦同业拆借利率(指设在伦敦的银行相互之间短期贷款的利率,该利率被认为是伦敦金融市场利率的基准)。如1984年4月底,前苏联设在英国伦敦的莫斯科国民银行发行了5 000万美元的7年期浮动利率债券,利率为伦敦同业拆借利率加0.185%。

3. 债券按是否转换为公司股票,分为可转换公司债券和不可转换公司债券

可转换债券(Convertible Bond,简称可转债或转债),是一种介于债券和股票之间的可转换融资工具。可转换公司债券是指债券持有人可以根据规定的价格转换为发行公司股票(通常指普通股票)的债券。1843年,美国的 NEW YORK ERIE 公司发行了世界上第一张可转换公司债券,之后,可转换债券独特的金融性质逐渐为投资者们所熟悉并受到了广泛的欢迎。目前,在美国、欧盟、日本和东南亚等国家和地区,可转换债券市场已经成为金融市场中不可或缺的重要组成部分。

不可转换公司债券是指不能转换为发行公司股票(通常指普通股票)的债券。

(四)债券的发行

1. 债券的发行方式

按债券的发行对象划分,债券的发行方式有私募发行和公募发行两种。

(1)私募发行。私募发行是指筹资者面向少数的特定认购人发行,一般仅仅以同债券发行者有某种密切关系者为发行对象,主要是定向发行。私募发行的对象有两类:一类是个人投资者,如发行单位的职工或经常使用发行单位产品的用户;另一类是机构投资者,如与发行单位关系密切的企业、公司、金融机构等。

(2)公募发行。公募发行是指发行者公开向范围广泛的非特定投资者发行债券的一

种方式。为了保护一般投资者的安全,公募发行一般要有较高的信用等级为必要条件。在公募发行内又有三种发行方式:募集发行,指一般在发行前确定发行额度、日期、发行价等要件;出售发行,指发行额不确定,视某一发售时期内被认购的总额为发行额;投标发行,指预先确定发行额,由承销者通过投标确定发行价格。

一般来说,私募发行多采用直接销售方式,也不必向证券管理机关办理发行注册手续,因此可以节省承销费用。公募发行多采用间接销售方式,这往往要通过繁琐的注册手续,如在美国发行的债券必须在出售证券的所在州注册登记,通过"蓝天法"(Blue-Sky Laws)的要求。在采用间接销售方式时,发行人要通过发行市场的中介人即承销者办理债券的发行与销售业务。承销者承销债券的方式有两种,分别是代销和包销。

2. 债券的发行价格

债券的发行价格有三种:等价发行(按债券的面值出售,又叫面值发行)、溢价发行(按高于债券面值的价格出售)、折价发行(以低于债券面值的价格出售)。

债券之所以会存在溢价发行和折价发行,主要是因为资金市场上的利息率是经常变化的,而公司债券上的利息率,一经印出,便不易再进行调整。从债券的开印到正式发行,往往需要经过一段时间,在这段时间内如果资金市场上利率发生变化,就要靠调整发行价格的方法来使债券顺利发行。

3. 决定债券发行价格的因素。

债券发行价格的高低决定于以下四个因素:

(1) 票面利率。票面利率是指债券的名义利率。一般而言,债券的票面利率越高,发行价格就越高;反之,就越低。

(2) 债券面额。这是最基本的因素。通常,债券面额越大,发行价格越高。如果不考虑利息因素,债券面额即为债券的到期价值,也即债券的未来值,但这不是债券的现在价值,债券的现在价值就是债券的发行价格。

(3) 债券期限。债的期限越长,债权人的风险越大,要求的利息报酬就越高,债券发行价格就可能较低;反之,可能较高。

(4) 市场利率。债券发行时的市场利率是衡量债券票面利率高低的参照系,两者往往不一致,它们共同影响债券的发行价格。一般来说,债券的市场利率越高,债券的发行价格越低;反之,就越高。债券发行价格是以上四因素共同作用的结果。

4. 债券发行价格的计算

债券的价值是由它未来给其持有人所带来的收益决定的,所以,债券的价格由两部分构成:第一,本金的现值;第二,债券各期利息(年金形式)的现值。

债券发行价格的计算公式为:

$$发行价格 = \frac{票面金额}{(1+市场利率)^n} + \sum_{t=1}^{n} \frac{票面金额 \times 票面利率}{(1+市场利率)^t} \qquad (5.6)$$

式中:n——债券期限;t——付息期数。

【例 5-9】 大江公司发行面额为 500 元,票面利率 10%,期限 10 年的债券,每年末付息一次,其发行价格可分下述三种情况来分析计算。

(1) 当市场利率为10%,与票面利率一致时,债券的发行价格为:

$$P = \frac{债券面额}{(1+市场利率)^n} + \sum_{t=1}^{n} \frac{债券年息}{(1+市场利率)^t}$$

$$= \frac{500}{(1+10\%)^{10}} + \sum_{t=1}^{10} \frac{50}{(1+10\%)^t}$$

$$= 500(元)$$

通过计算可以知道,当市场利率与票面利率一致时,债券等价发行。

(2) 当市场利率为8%,较票面利率10%低时,债券发行价格为:

$$P = \frac{债券面额}{(1+市场利率)^n} + \sum_{t=1}^{n} \frac{债券年息}{(1+市场利率)^t}$$

$$= \frac{500}{(1+8\%)^{10}} + \sum_{t=1}^{10} \frac{50}{(1+8\%)^t}$$

$$= 567(元)$$

通过计算可以知道,当市场利率较票面利率低时,债券溢价发行。

(3) 当市场利率为12%,比票面利率10%高时,债券发行价格为:

$$P = \frac{债券面额}{(1+市场利率)^n} + \sum_{t=1}^{n} \frac{债券年息}{(1+市场利率)^t}$$

$$= \frac{500}{(1+12\%)^{10}} + \sum_{t=1}^{10} \frac{50}{(1+12\%)^t}$$

$$= 443(元)$$

通过计算可以知道,当市场利率较票面利率高时,债券此时折价发行。

通过上面的例子,我们可以从中得到这样的结论:债券的发行之所以有溢价发行、按面值发行和折价发行三种情况,其根本原因在于票面利率和市场利率存在差异。当票面利率大于市场利率时,债券溢价发行;当票面利率等于市场利率时,债券按面值发行;当票面利率小于市场利率时,债券折价发行。

【例5-10】 某公司发行面值为100元,票面利率6%,期限5年的债券,每年年末付息一次,到期一次性还本。试确定市场利率分别为5%、6%、7%时债券的发行价格。

解:根据题意得,

(1) 当市场利率为5%,小于票面利率6%时,债券价格为:

$$P = \frac{债券面额}{(1+市场利率)^n} + \sum_{t=1}^{n} \frac{债券年息}{(1+市场利率)^t}$$

$$= 100 \times (P/F_{5\%,5}) + (100 \times 6\%) \times (P/A_{5\%,5})$$

$$= 100 \times 0.7835 + 6 \times 4.3295$$

$$= 104.33$$

(2) 当市场利率为 6%,等于票面利率 6% 时,债券价格为:

$$P = \frac{债券面额}{(1+市场利率)^n} + \sum_{t=1}^{n} \frac{债券年息}{(1+市场利率)^t}$$
$$= 100 \times (P/F_{6\%,5}) + (100 \times 6\%) \times (P/A_{6\%,5})$$
$$= 100 \times 0.747 + 6 \times 4.212$$
$$= 100$$

(3) 当市场利率为 7%,大于票面利率 6% 时,债券价格为:

$$P = \frac{债券面额}{(1+市场利率)^n} + \sum_{t=1}^{n} \frac{债券年息}{(1+市场利率)^t}$$
$$= 100 \times (P/F_{7\%,5}) + (100 \times 6\%) \times (P/A_{7\%,5})$$
$$= 100 \times 0.7130 + 6 \times 4.1002$$
$$= 96.90$$

(五) 债券的信用等级

债券评级是由债券信用评级机构根据债券发行者的要求及提供的有关资料(主要是公司的财务报表),通过调查、预测、比较、分析等手段,对拟发行的债券质量、信用、风险进行公正、客观的评价,并赋予其相应的等级标志。债券的信用等级能够表示债券质量的优劣,反映债券还本付息能力的强弱和投资于该债券的安全程度。

债券等级取决于两个方面:一是公司违约的可能性;二是公司违约时,贷款合同所能提供给债权人的保护。债券等级的评定主要依据的是公司提供的信息,如公司的财务报表等。债券信用评级一般分为九级,由一些专门从事管理咨询的公司评定。目前世界上最著名的两家证券评级公司穆迪公司(Moodys)和标准—普尔公司(standard & poor's)均为美国公司。现将穆迪公司和标准—普尔公司关于债券等级标准的划分及各等级的定义介绍如表 5-1:

表 5-1 两家公司对债券等级的评定情况

穆迪公司			标准—普尔公司		
级别	信用程度	说　明	级别	信用程度	说　明
Aaa	最优等级	极强的财务安全性,情况的变化不会影响其偿债能力	AAA	最高等级	还本付息能力强
Aa	高等级	很强的偿债能力,但长期风险略高于 Aaa 级	AA	中高等级	还本付息能力较强
A	较高等级	较强的偿债能力	A	中等偏上级别	还本付息能力尚可
Baa	中等等级	有一定的偿债能力,但某些偿债保障从长远看有些不足或缺乏可靠性	BBB	中等等级	有一定的还本付息能力。但在环境变化时,还本付息能力弱化

续表

穆迪公司			标准—普尔公司		
级别	信用程度	说明	级别	信用程度	说明
Ba	投机等级	财务安全性有疑问。这类债券的偿还能力一般,且未来的安全不足	BB	中等偏下级别	有投机因素,但与其他投机类债券相比,其违约风险较低
B	非理想投资等级	财务安全性较差,长期支付能力弱	B	投机等级	有较高的违约风险,还本付息能力随情况变化而变化
Caa	易失败等级	财务安全性很差,已有违约迹象	CCC	完全投机等级	清偿能力弱,对经营环境和其他内外部条件变化较为敏感,容易受到冲击,具有较大不确定性,目前已表现出明显的违约风险迹象
			CC		清偿能力很弱,违约风险很大。对内外部环境条件变化非常敏感,容易受到外部冲击,具有较大不确定性
Ca	高度投机等级	财务安全性非常差,已处于违约状态	C	失败等级	面临破产,债务清偿能力极低
C	最差等级	最低级别,通常已违约,且好转的可能性很低	D	失败等级	处于违约状态的债券。如预期到期无法还本付息,或已出现拖欠本息现象的债券

（六）长期债券筹资的优缺点

与其他长期负债筹资方式相比,发行债券的突出优点在于筹资对象广、市场大。但是,这种筹资方式成本高、风险大、限制条件多。具体而言,其优缺点如下:

1. 债券筹资的优点

（1）筹资成本较低。相对于发行股票筹资方式来讲,发行公司债券筹资方式的筹资成本比较低,这是因为债券的发行费用比发行股票低,以及债券的利息在所得税前支付,发行公司享受了抵税的优惠。

（2）与长期借款筹资相比,债券筹资可筹集数额较大的资金。

（3）可发挥财务杠杆作用。债券利息固定,在公司经营状况良好,盈利较多时,公司利用债券筹资所带来的收益将大大高于其筹资的成本,也就是说,可以提高公司权益资本收益率,同时也便于调整公司资本结构。

（4）保障股东控制权。债务人无权参与公司经营与管理,也不享受公司税后净利润的分配,这样,发行债券筹资既可以使公司获得生产经营所需要的资金,又不会分散股东对公司的控制权。

2. 债券筹资的缺点

(1) 财务风险较高。公司采用发行债券方式筹资,必须在到期日还本付息。若到期日公司经营欠佳,无法向债权人偿还本息,就会陷入困境,甚至会导致公司破产;

(2) 与长期借款相比,公司采用发行债券方式筹资,手续复杂,筹资费用高。

(3) 与股票筹资相比,限制条件较多。发行公司债券要保护债权人的利益,往往会规定很多的限制条款,这些条款一般比长期借款和融资租赁要严格得多,这会使公司的投融资活动受到较大程度的限制。

(4) 筹资数量有限。发行债券筹资,其数额大小有一定的限制,不能无限扩张。我国公司法规定,公司发行的债券累计总额不能超过公司净资产的40%。

三、融资租赁

租赁是指出租人在承租人给予一定报酬的条件下,授予承租人在约定的期限内占有和使用财产权的一种契约性行为。租赁从20世纪50年代初在美国开始兴起。20世纪80年代初期,中国国际信托投资公司(中信公司)首开国际租赁之先例,开始采用融资租赁方式筹集资金。到80年代末期,租赁尤其是融资租赁已成为一种重要的长期资金筹集方式。

租赁是一种契约协议,规定资产所有者(出租人)在一定时期内,根据一定条件,将资产交给使用者(承租人)使用,承租人在规定的期限内,分摊支付租金并享有对租赁资产的使用权。

(一) 租赁的种类

租赁主要分为经营租赁和融资租赁两类。

1. 经营租赁

也称为营业租赁、使用租赁或服务性租赁。它是由出租方将自己的设备或用品反复出租,直到该设备报废为止。对于承租方而言,经营租赁的目的只是取得设备在一段时间内的使用权及出租方的专门技术服务,达不到筹集长期资金的目的,所以经营租赁是一种短期商品信贷形式。

经营租赁有以下一些主要特征:(1)租赁期一般短于租赁资产的经济寿命期;(2)出租方需要多次租赁才能收回本金、取得收益;(3)承租方可以随时解除租赁合同;(4)经营租赁的设备通常是一些通用设备,设备更新较快,出租人需要承担设备过时的风险;(5)出租方负责租赁资产的维修、保险和管理工作,租赁费中包含维修费;(6)租赁期满或合同终止时,租赁设备由出租方收回。

2. 融资租赁

也称为资本租赁、财务租赁或金融租赁等,它是由租赁公司按照租赁方的要求融资购买设备,并在契约或合同规定的较长期限内提供给承租方使用的信用性业务。对于承租方而言,融资租赁的主要目的是融通资金,即通过融物达到融资的目的。

融资租赁有以下一些主要特征:(1)租赁期限较长,一般为设备的有效使用期;

(2)需有正式的租赁合同,该合同一般不能提前解除;(3)存在两个关联的合同,一个是租赁合同,一个是出租方和供应商之间的购销合同;(4)承租方负有对设备、供应商进行选择的权利;(5)租赁设备的维修、保险、管理由承租方负责,租金中不含有维修费;(6)出租方只需要一次出租,就要收回成本、取得收益;(7)租赁期满,承租方具有对设备处置的选择权,或以一个较低的租金继续租用,或廉价买入,或将设备退还给出租方。

表 5-2 融资租赁与经营租赁的对照

区别的方面	融资租赁	经营租赁
1. 涉及的关系人	涉及出租人、承租人和供应商三方面	一般只涉及出租人和承租人双方
2. 租赁合同	正式合同、不可撤销	一般没有合同,随时可以解除
3. 租赁期限	一般为长期租赁,租赁期较长,通常为设备的经济寿命	短期租赁
4. 租赁次数	一次	多次
5. 租赁目的	融通资金	获得设备的短期使用权以及出租人提供的专门技术服务
6. 租赁物的选择权	选择权在承租人,由承租人选择租赁物、接收租赁物	选择权在出租人
7. 租赁物的维护	由承租人负责	由出租人负责,租金中含有设备维修费
8. 租赁期满后,租赁物的处置权	选择权在承租人,可选择退还、续租或留购	选择权在出租人

(二)融资租赁的形式

融资租赁按其业务的不同特点,可分为如下几种形式:

1. 直接租赁

是融资租赁业务中比较普遍的一种形式,即由出租人向设备制造商购进设备后直接出租给承租人使用。直接租赁的主要出租方是制造商、独立租赁公司和专业设备租赁公司等。

2. 售后租赁

又叫返回租赁,是指承租方因面临财务困境,急需资金时,将原本属于自己且仍需要使用的资产出售给出租方(需要签订销售或购买合同),然后再从出租方租回资产的使用权的租赁形式。售后租赁的主要出租方是金融机构,如保险公司、金融公司和投资公司等。

3. 杠杆租赁

杠杆租赁要涉及承租人、出租人和资金出借者三方当事人。在杠杆租赁形式下,出租人一般只支付相当于租赁资产价款 20%—40% 的资金,其余 60%—80% 的资金由其将欲购置的资产作抵押,并以转让收取部分租金的权利作为担保,向资金出借者(银行或长期贷款提供者)借资支付。

杠杆租赁是融资租赁的派生物，它分散了出租方的风险，通常适用于巨额资产的租赁业务，如飞机、船舶、海上钻井设备的租赁业务。从承租者角度看，杠杆租赁与其他融资租赁形式并无区别，同样是按合同的规定，在租期内获得资产的使用权，按期支付租金。但对出租方却不同：第一，出租方既是出租人又是借款者，据此既要收取租金又要支付债务；如果还款不及时，资产的所有权要归资金出借者所有。第二，出租方以较少投资（20%—40%）换得100%的折旧扣除或投资减税额（指外国的投资减税优惠），从而获得税务上的好处，降低出租方的租赁成本。在正常情况下，杠杆租赁的出租人一般愿意将上述利益以低租金的方式转让一部分给承租人，使杠杆租赁的租金低于一般融资性租赁的租金。对资金出借者而言，它通过收取租金取得了收益权，但对其债权没有追索权。

（三）融资租赁租金的确定

在租赁筹资方式下，承租企业要按合同规定向租赁公司支付租金。

融资性租赁的租金主要包括设备价款和租息两部分。设备价款是租金的主要内容，它由设备的买价、运杂费和途中保险费等构成；租息由融资成本、租赁手续费等构成。融资成本是指租赁公司为购买租赁设备所筹资金的成本，即设备租赁期间的利息；租赁手续费包括租赁公司承办租赁设备的营业费用和一定的盈利。租赁手续费由承租企业与租赁公司协商确定，按设备成本的一定比率计算。

（四）融资租赁筹资的优缺点

1. 融资租赁筹资的主要优点

（1）具有一定的筹资灵活性。采用融资租赁方式，公司就可获得租赁物的使用权，而不必花大笔资金去购买，这样就不会影响公司正常的资金周转。此外，采用融资租赁方式筹资其限制比银行借款少，且融资租赁使得融资与租入设备同步进行，能很好地满足公司生产经营的需要。

（2）避免设备陈旧过时的风险。由于科技的进步，设备更新换代的速度加快，由于租赁物的所有权在出租方，对于出租方而言，则需要承担设备陈旧过时的风险，而承租方就避免了这类风险。

（3）享受税收优惠。在公司理财实务中，租金作为一项费用，在所得税前扣除。融资租赁的租金一般数额较大，这样就可以起到很好的抵税作用。当前，租赁业得以快速发展的一个主要原因就是避税。

（4）既增强了公司的举债能力，又维持一定的信用能力。对承租方而言，租赁比购买租赁物更有利。因为在承租方的资产负债表中，租赁物并不在表内列示，并不改变公司的资本结构。这样既使公司未来的举债能力得以增强，又保持了公司现有的信用状况。

2. 融资租赁筹资的主要缺点

（1）租赁筹资的资金成本高。与举债相比，在承租方支付的租金中，不仅包括租赁设备的各项成本，而且包括出租方应获得的利润。通常，融资租赁所支付的租金总额要高于租赁物价款的30%左右。这就使得融资租赁的资金成本高于举债所支付的利息。

(2) 丧失资产的残值。租赁物的所有权在出租方,租赁期满后,除非承租方购买该租赁物,否则租赁物的残值归出租方所有。也就是说,对于承租方而言,融资租赁无法获得租赁物期满后的残值收入。如果该租赁物的残值数额较大的话,承租方的损失就较大。

阅读材料:

长期借款融资案例

2000年2月初,担任香港盈科数码动力(简称盈动)主席的李泽楷(李嘉诚的二公子),一直关注着新加坡电信(新加坡内阁资政李光耀的次子李显扬任总裁)收购香港电讯的进展,一天,李泽楷突然想到如果自己拥有了香港电讯,把有线网络与因特网和互动电视融合起来,可能会更有用武之地。于是在接下来短短的48小时内,李泽楷靠出售盈科数码动力公司的股票筹集了整整10亿美元,接着他用这笔现金取得了130亿美元的贷款,最终在与新加坡电信的争夺中胜出,成功收购了香港电讯。

尽管论经验、论资金、论实力,李泽楷和他的盈动还算不上李显扬和他执管的新加坡国有电话公司的对手,但凭借地主的优势,凭借李家超人在香港的威风与号召力,李泽楷硬是在新加坡电话公司收购香港电讯的紧急关口冒险饰演"第三者","横刀夺爱"并最终获得成功。尽管中间经历各种的变化和曲折,但此一役奠定了李泽楷"小超人"的特殊地位。

在盈动对香港电讯收购后,李泽楷陆续开展了系列计划与合作,其中包括与媒体巨人默多克的公子小默多克的合作计划。但是由于对香港电讯收购的成本偏高,盈动公司一年后出现亏损并负债过重(一年内负担50亿港元的利息),再加上互联网在全世界领域走下坡路,盈动与小默多克的合作,盈动与其他公司的合作一度出现险情,期间,李泽楷少不了与小默多克的强力对话。幸亏,有着李嘉诚的幕后运作,盈动的运营才不至于出现太大的险情。

从这个案例中,我们不难看出,一个公司如果长期借款的数额过大,将有可能给公司带来巨大的还款压力,甚至还要冒破产的风险。

第三节 短期债务融资

商业信用和短期借款是公司筹集短期资金的主要方式。这种方式筹集的资金主要用于解决公司因临时性或短期资金流转困难而产生的资金需求。具有筹资速度快、筹资富有弹性、筹资成本低、筹资风险高等特点。

一、商业信用

商业信用是指在商品交易中由于延期付款或预收货款所形成的企业间的借贷关系。

它是企业之间的一种直接信用关系,产生于商品交换之中,又称为"自发性筹资"。在市场经济条件下,商业信用运用广泛,是企业最重要的一项短期资金来源,其数额远高于银行短期借款。在公司短期债务融资中商业信用占有相当大的比重。商业信用的形式主要有应付账款、预收账款和应付票据。

(一) 商业信用的成本

按照信用和折扣取得与否,商业信用可分为免费信用、有代价信用和展期信用三种。

1. 免费信用

这是指买方在规定的折扣期限内享受折扣而获得的信用。

【例5-11】 大江公司以"2/20,n/60"的信用条件从宁晖公司买入货款为300 000元的原材料。若大江公司在20天内付款,则可以获得最长为20天的免费信用,其享受的折扣额为:300 000×2%=6 000(元),其免费信用额为:300 000-6 000=294 000(元)。

2. 有代价信用

这是指买方放弃折扣需要付出代价而取得的信用。

【例5-12】 大江公司以"2/20,n/60"的信用条件从宁晖公司买入货款为300 000元的原材料。若大江公司在60天内付款,则意味着商业信用有了机会成本。这种不享受现金折扣的机会成本,可以按以下公式计算:

$$放弃现金折扣的成本 = \frac{现金折扣百分比}{1-现金折扣百分比} \times \frac{360}{信用期限-折扣期限}$$

以上例中的信用条件,大江公司放弃现金折扣的机会成本为:

$$放弃现金折扣的成本 = \frac{2\%}{1-2\%} \times \frac{360}{60-20} = 18.37\%$$

通过计算不难看出,放弃现金折扣的成本是相当高的。以上的计算结果表明,大江公司放弃现金折扣,就会产生资本成本率为18.37%的机会成本,这样就使得原本对公司有利的商业信用,成为一种代价很大的短期融资方式了。

3. 展期信用

这是指买方在规定的信用期满后,通过推迟付款而强制取得的信用。在上例中,如果大江公司拖欠到90天付款,其展期信用的成本计算如下:

$$展期信用成本 = \frac{2\%}{1-2\%} \times \frac{360}{90-20} = 10.5\%$$

采用展期信用形式,使成本有较大幅度的降低,下降到10.5%。道理很简单,拖欠别人的货款,当然降低了自己的信用成本。但是作为公司理财者,切记不可违反常规,因小失大,冒公司信用地位和信用等级下降的风险。

(二) 商业信用折扣的决策

至于企业究竟应否享有现金折扣,视其所处具体情况而定。如果企业能以低于放弃折扣的隐含利息成本的利率借入资金,便应在现金折扣期内用借入的资金支付货款,享受现金折扣。如果在折扣期内将应付账款用于短期投资,所得的投资收益率高于放弃折扣的隐含利息成本,则应放弃折扣而去追求更高的收益。若享受现金折扣,应在优惠期的最后一天付款;若放弃,则应在信用期的最后一天付款。

【例 5-13】 公司拟采购材料一批,供应商的信用条件为"1.2/10,1/20,0.6/30,N/60";公司平均资金成本为7%;银行借款的利率为8%,银行补偿性余额为20%;公司应如何决策?

解:超过10天付款,放弃现金折扣成本:$1.2\%/(1-1.2\%) \times 360/(60-10) = 8.74\%$
超过20天付款,放弃现金折扣成本:$1\%/(1-1\%) \times 360/(60-20) = 9.09\%$
超过30天付款,放弃现金折扣成本:$0.6\%/(1-0.6\%) \times 360/(60-30) = 7.24\%$
借款的实际利率为$8\%/(1-20\%) = 10\%$。

若公司有资金不借款,应选择第20天付款,因为超过20天付款所放弃现金折扣的成本最高。并且公司资本成本7%,小于该机会成本。若公司无资金,应向银行借款用于偿还货款,选择第60天付款。

(三)商业信用筹资的优缺点

1. 公司利用商业信用筹资的优点

(1)属于自然筹资。商业信用随商品交易自然产生,事先不必做出正式规划,因而该筹资方式方便、灵活。

(2)限制条件少。商业信用相对于银行借款的筹资方式,没有复杂的手续和各种附加条件,也不需要抵押,取得简便、及时。利用商业信用筹资,使用也比较灵活,有弹性。

(3)取得"便宜"。因为在没有现金折扣或公司不放弃现金折扣的条件下,利用商业信用筹资,就不会发生筹资成本。

2. 公司利用商业信用筹资的缺点

(1)使用期限较短。与其他短期筹资方式比较,商业信用筹资的使用期限较短。如果享受现金折扣,则使用期更短。

(2)给双方带来一定的风险。对付款方公司而言,如果到期不支付货款,或长期拖欠货款,将会缺乏信誉感,造成今后筹资的困难。对收款方公司而言,长时间收不回货款,会影响资金周转,造成生产经营陷入僵局。在体制不健全的情况下,也容易造成公司之间货款的互相拖欠,出现严重的"三角债"现象。

二、短期借款

短期借款主要指短期银行贷款,即公司向银行和其他非银行金融机构借入的期限在一年以内的借款。它是一种仅次于商业信用的短期筹资来源。

银行短期贷款的抵押品经常是借款公司的应收账款、存货、股票、债券等。银行接受抵押品后,将根据抵押品的面值决定贷款金额,一般为抵押品面值的30%甚至更高。银行有时还要求公司为取得贷款而做出其他承诺,如及时提供财务报表,保持适当的财务水平(如特定的流动比率)等等。如公司违背做出的承诺,银行可要求公司立即偿还全部贷款。公司在选择银行时,重要的是要选用适宜的借款种类、借款成本和借款条件。此外,还应考虑银行对贷款风险的政策、银行对公司的态度、贷款的专业化程度和银行的稳定性等。

短期借款的资金成本体现为使用贷款的实际利率。由于借款期限、付息方式等因素的影响,短期借款的实际利率经常与名义利率存在差别。短期借款利率的计算方法有利随本清法、贴现法和加息法,下面分别介绍。

1. 利随本清法

利随本清法是指公司在借款合同开始时得到了全部借款,到期日公司以规定的利率计算利息,然后将本息一并支付给银行。借款合同上规定的利率为名义利率。当短期贷款期限等于1年时,名义利率与实际利率相等;当短期贷款期限小于1年时,实际利率会高于名义利率;而且,期限越短,实际利率与名义利率的差距越大。复利法下,实际利率的计算公式为:

$$实际利率 = \left(1+\frac{名义利率}{m}\right)^m - 1$$

(注:m 为一年内计息的次数)

【例 5-14】 大江公司从银行获得一笔名义利率为 10% 的贷款 200 000 元,若贷款期限为 3 个月,则其实际利率为:

$$实际利率 = \left(1+\frac{名义利率}{m}\right)^m - 1 = \left(1+\frac{10\%}{4}\right)^4 - 1 = 10.38\%$$

2. 贴现法

即银行发放贷款时将利息预先扣收。由于公司实际取得的可用贷款额小于贷款面值,因此实际利率就会高于名义利率;而且,期限越短,实际利率越低,即实际利率与名义利率的差距越小。这与单利法正好相反。贴现法下,实际利率的计算公式为:

$$实际利率 = \frac{利息支出}{借款总额-利息支出}$$

【例 5-15】 若将上例改为 1 年期的贴现贷款,该笔贷款实际利率为:

$$实际利率 = \frac{利息支出}{借款总额-利息支出}$$
$$= \frac{20\ 000}{200\ 000-20\ 000}$$
$$= 11.11\%$$

如果借款期限在一年以下(假设为一个季度),则实际利率为:

$$实际利率 = \left(1+\frac{利息支出}{借款总额-利息支出}\right)^m - 1$$
$$= \left(1+\frac{5\ 000}{200\ 000-5\ 000}\right)^4 - 1$$
$$= 10.66\%$$

对于贴现借款,借款公司得到的实际借款总额低于名义借款总额,名义借款额与实际借款额之间的关系可用下式表达:

$$名义借款额 = \frac{实际借款额}{1-名义年利率/m}$$

【例 5-16】 如果借款公司希望实际借入 40 万元,期限半年,名义年利率为 10%,那么它的名义借款额应为:

$$名义借款额 = \frac{400\ 000}{1-10\%/2} = 421\ 052.6(元)$$

3. 加息法

又称分期偿还法,是银行发放分期等额偿还贷款时采用的利息收取方法。在分期等额偿还贷款的情况下,银行要将根据名义利率计算的利息加到贷款本金上计算出贷款的本息和,要求公司在贷款期内分期偿还本息之和的金额。由于贷款分期均衡偿还,借款公司实际上只平均使用了贷款本金的半数,而却支付全额利息。这样,公司所负担的实际利率便高于名义利率的大约 1 倍。如为期 1 年的贷款会要求借款人在 12 个月内平均偿还,每月偿还 1/12。在此种情况下,贷款的实际利率将会大大高于名义利率。

【例 5-17】 大江公司按照附加利率 5% 取得银行借款 600 000 元,期限为 1 年,如果分 12 个月平均偿还,则公司借款的实际利率是:

$$实际利率 = \frac{利息}{年平均借款额} = \frac{利息}{借款总额 \div 2} = \frac{600\ 000 \times 5\%}{600\ 000 \div 2} = 10\%$$

短期银行借款融资的优缺点表现如下:

1. 短期银行借款融资的优点

(1) 银行资金充足,实力雄厚,能够随时为企业提供所需的资金,对于临时性和突发性较强的资金需求,银行短期借款是一个最简洁、最方便的途径。

(2) 银行短期借款具有较好的弹性,借款还款的时间灵活,便于企业根据资金需求的变化安排何时借款,何时还款。

2. 短期银行借款融资的缺点

(1) 与其他短期融资方式相比,银行短期借款的成本较高。公司采用短期银行借款融资其借款的成本比商业信用高。如果采用担保借款方式,由于需要支付管理和服务费用,其资金成本会更高。

(2) 向银行借款限制条件较多。公司向银行借款,银行不仅要对公司的经营和财务状况调查以后才决定是否贷款,有些银行在贷款合同中会加入一些限制性的条款,如要求公司将流动比率、资产负债比率维持在一定的水平之内;贷款不得挪作他用等,目的是使银行的贷款风险降到最低。

三、票据贴现与应收账款融资

(一) 票据贴现融资

根据《票据法》及《票据管理实施办法》、《支付结算办法》、《商业汇票承兑、贴现与再贴现管理暂行办法》的有关规定,票据的签发、取得、转让及承兑、贴现、转贴现、再贴现应以真实、合法的商业交易为基础,而票据的取得,必须给付对价。显而易见,中国现行法律禁止纯粹融资性的票据。所以,目前票据融资指的是持票人将未到期的商业承兑汇票或者银行承兑汇票通过向银行申请贴现获得贷款的融资方式。

1. 票据贴现融资的种类及各自特点

(1) 银行承兑汇票贴现

银行承兑汇票贴现是指当企业有资金需求时,持银行承兑汇票到银行按一定贴现率申请提前兑现,以获取资金的一种融资业务。在银行承兑汇票到期时,银行则向承兑人提示付款,当承兑人未予偿付时,银行对贴现申请人保留追索权。

特点:银行承兑汇票贴现是以承兑银行的信用为基础的融资,是客户较为容易取得的融资方式,操作上也较一般融资业务灵活、简便。银行承兑汇票贴现中贴现利率市场化程度高,资金成本较低,有助于企业降低财务费用。

(2) 商业承兑汇票贴现

商业承兑汇票贴现是指当企业有资金需求时,持商业承兑汇票到银行按一定贴现率申请提前兑现,以获取资金的一种融资业务。在商业承兑汇票到期时,银行则向承兑人提示付款,当承兑人未予偿付时,银行对贴现申请人保留追索权。

特点:商业承兑汇票的贴现是以企业信用为基础的融资,如果承兑企业的资信非常好,相对较容易取得贴现融资。对企业来说以票据贴现方式融资,手续简单,融资成本较低。

2. 票据贴现的利息和金额

$$贴现利息 = 汇票到期价值 \times 实际贴现天数 \times 月贴现利率 / 30$$

$$贴现金额 = 汇票到期价值 - 贴现利息$$

【例5-18】 华丰公司于2009年4月1日出具一张面值为100 000元、剩余期限6个月的不带息票据向银行借款,银行按照9‰(年利率)的贴现率收取贴现息。

由于华丰公司以不带息的票据向银行贴现,票据的面值即为其到期值。所以,

$$应付票据贴现息 = 100\,000 \times 9‰ \times 6 \div 12 = 4\,500$$

$$应付票据贴现实得金额 = 100\,000 - 4\,500 = 95\,500$$

3. 票据融资的优势

票据贴现融资方式的好处之一是票据贴现无需担保,不受资产规模限制。银行不按照企业的资产规模来放款,而是依据市场情况(销售合同)来贷款。票据贴现融资远比申请贷款手续简便,而且融资成本低。票据贴现只需带上相应的票据到银行办理有关手续即可,一般在3个营业日内就能办妥。

票据贴现的另外一个优势就是利率低。贴现利率在人民银行规定的范围内由企业和贴现银行协商确定。企业票据贴现的利率通常大大低于同期银行贷款利率。

(二) 应收账款融资

1. 应收账款融资的类型

应收账款融资是以应收账款作为担保品来筹措资金的一种方法,具体分为以下两种形式:应收账款抵押和应收账款保理。应收账款抵押融资的做法是:由借款企业(即有

应收账款的企业)与经办这项业务的银行或公司订立合同,企业以应收账款作为担保,在规定期限内(通常为一年)企业向银行借款融资。应收账款保理是指企业将应收账款按一定折扣卖给第三方(保理机构),获得相应的融资款。理论上讲,保理可以分为有追索权保理(非买断型)和无追索权保理(买断型)、明保理和暗保理、折扣保理和到期保理。

2. 应收账款保理的作用

(1) 低成本融资,加快资金周转。一般来说,保理业务的成本要明显低于短期银行贷款的利息成本,银行只收取相应的手续费用。而且如果企业使用得当,可以循环使用银行对企业的保理业务授信额度,从而最大程度地发挥保理业务的融资功能。尤其是对于那些客户实力较强,有良好信誉,而收款期限较长的企业作用尤为明显。

(2) 增强销售能力。由于销售商有进行保理业务的能力,会对采购商的付款期限作出较大让步,从而大大增加了销售合同成功签订的可能性,拓宽了企业的销售渠道。

(3) 改善财务报表。在无追索权的买断式保理方式下,企业可以在短期内大大降低应收账款的余额水平,加快应收账款的周转速度,改善财务报表的资产管理比率指标。

3. 应收账款保理业务的分类

(1) 有追索权保理是指销售合同并不真正转让给银行,银行只是拿到该合同的部分收款权,一旦采购商最终没有履行合同的付款义务,银行有权向销售商要求付款。无追索权保理是指银行将销售合同完全买断,并承担全部的收款风险。

(2) 明保理是指银行和销售商需要将销售合同被转让的情况通知采购商,并签订银行、销售商、采购商之间的三方合同。暗保理是指销售商为了避免让客户知道自己因流动资金不足而转让应收账款,并不将债权转让情况通知客户,货款到期时仍由销售商出面催款,再向银行偿还借款。

(3) 折扣保理又称为融资保理,即在销售合同到期前,银行将剩余未收款部分先预付给销售商,一般不超过全部合同额的 70%—90%。到期保理是指银行并不提供预付账款融资,而是在赊销到期时才支付,届时不管货款是否收到,银行都必须向销售商支付货款。

阅读材料:

商业信用融资案例

一家位于广州市内商业闹区、开业近两年的某理发店,吸引了附近一大批稳定的客户,每天店内生意不断,理发师傅难得休息,加上店老板经营有方,每月收入颇丰,利润可观。但由于经营场所的限制,始终无法扩大经营,该店老板很想增开一家分店,但由于本店开张不久,投入的资金较多,手头还不够另开一间分店的资金。

平时,有不少熟客都要求理发店能否打折、优惠,该店老板都很爽快地打了 9 折优惠。

该店老板在苦思开分店的启动资金时,灵机一动,不如推出10次卡和20次卡,一次性预收客户10次理发的钱,对购买10次卡的客户给予8折优惠;一次性预收客户20次的钱,给予7折优惠,对于客户来讲,如果不购买理发卡,一次剪发要40元,如果购买10次卡(一次性支付320元,即10次×40元/次×0.8=320元),平均每次只要32元,10次剪发可以省下80元;如果购买20次卡(一次性支付560元,即20次×40元/次×0.7=560元),平均每次理发只要28元,20次剪发可以省下240元。

该店通过这种优惠让利活动,吸引了许多新、老客户购买理发卡,结果大获成功,两个月内该店共收到理发预付款达7万元,解决了开办分店的资金缺口,同时稳定了一批固定的客源。

通过这种办法,该理发店先后开办了5家理发分店,2家美容分店。

也许有人觉得小小理发店的融资不足挂齿,那么我们就举一个大一点的例子,他们融资的核心方式是相似的。2003年,中国移动通信公司广州分公司实行了一项话费优惠活动,具体是:若该公司的手机用户在2002年12月底前向该公司预存2003年全年话费4 800元,可以获赠价值2 000元的缴费卡,若一次预存3 600元,可以获赠1 200元缴费卡,若预存1 200元,可以获赠300元的缴费卡。

该通信公司通过这种诱人的话费优惠活动,可以令该公司的手机用户得到实实在在的利益,当然更重要的是,还可以为该公司筹集到巨额的资金,据保守估计,假设有1万个客户参与这项优惠活动,该公司至少可以筹资2 000万元,假设有10万个客户参与,则可以筹资2亿元,公司可以利用这笔资金去拓展新的业务,扩大经营规模。另外,该通信公司通过话费让利,吸引了一批新的手机用户,稳定了老客户,在与经营对手的竞争中赢得了先机。

(来源:金羊网 2004-07-02 www.ycwb.com)

第四节 混合证券融资

权益代表了对公司现金流和资产的剩余索取权并且通常可以决定公司经营管理。与之相反,负债代表了对公司现金流和资产的优先受偿权并且对公司的经营管理不具有决策权。但是有些证券并不能严格分为权益或者负债,它们同时具有二者的特点,这种证券被称为混合证券。

一、发行优先股融资

优先股是介于股票和债券之间的一种混合性证券,这是因为优先股不仅具有股票的性质,而且也具有公司债券的某些性质,如股利固定等。在这个意义上,优先股不能算作完全的权益证券。不同的国家对优先股的规定是不尽相同的,多数国家的公司法表明,优先股既可在公司设立时发行,又可在公司增资发行新股时发行。也有些国家的法律规定,优先股只能在特定情况下,如公司增发新股或清偿债务时方可发行。

(一)优先股的特征

1. 优先分配固定的股利

优先股股东通常优先于普通股东分配股利,且其股利一般是固定的,通常用一个定额或相当于股票面额的一定比率表示,较少受公司经营状况和盈利水平的影响。所以优先股类似于固定利息的债券。但公司对优先股固定股利的支付并不构成公司的法定义务。如果公司财务状况不佳,则可暂时不支付优先股股利,即便如此,优先股股东也不能像公司债权人那样迫使公司破产。因此,优先股股利的支付既固定又有一定的灵活性。

2. 优先分配公司剩余利润和剩余财产

在公司未发放优先股股利之前,不得发放普通股股利;当公司因经营不善而解散或破产清算时,在偿还全部债务和付清清理费用之后,如有剩余资产,优先股股东有权按股票面额先于普通股东得到清偿。总之,优先股股东具有剩余利润的优先分配权和剩余财产的优先清偿权。

3. 优先股股东一般无表决权

在公司股东大会上,优先股股东一般没有表决权,通常也无权过问公司的经营管理。但是,当公司研究与优先股有关的权益问题时,例如,讨论把一般优先股改为可转换优先股时,或推迟优先股股利的支付时,优先股股东有权参加股东大会并享有表决权。因此,优先股股东不大可能控制整个公司。

4. 优先股可由公司赎回

发行优先股的公司,按照公司章程的有关规定、发行时的约定及根据公司的需要,可以采用一定的方式将所发行的优先股收回,调整公司的资本结构。

(二)发行优先股的动机

筹资是股份公司发行优先股的基本目的,但由于优先股具有其特有的特征,公司发行优先股往往还有其他的动机,主要表现在以下四个方面。

1. 防止公司股权分散化

优先股股东一般无表决权,发行优先股就可以避免公司股权分散,保障公司老股东的原有控制权。

2. 调剂现金余缺

公司在需要现金资本时可发行优先股,在现金充裕时将可赎回优先股的部分或全部,从而调剂现金余缺。

3. 改善公司的资本结构

公司在安排借入资本与自有资本的比例关系时,可较为便利地利用优先股的发行、转换、赎回等手段进行资本结构和自有资本内部结构的调整。

4. 维持举债能力

公司发行优先股,不仅有利于巩固自有资本的基础,而且有利于维持并增强公司的举债能力。

(三)发行优先股融资的优缺点

1. 发行优先股融资的优点

（1）筹资风险小。优先股一般没有固定的到期日,不用偿还本金,这就减小了企业的筹资风险。发行优先股筹集资金,实际上近乎得到一笔无限期的长期贷款,公司不承担还本义务,也无需再做筹资计划。

（2）有利于增加公司财务的弹性。对可赎回优先股,公司可在需要时按一定价格收回,这就使得公司利用这部分资金更有弹性。当财务状况较弱时发行优先股,而财务状况转强时收回,这有利于结合资金需求加以调剂,同时也便于掌握公司的资本结构。

（3）股利的支付既固定又有一定的灵活性。对优先股股息的支付并不构成公司的法定义务,因此,股息的支付可以根据公司的盈利情况进行适当的调整,不用像债务到期必须还本付息。在付不出股息时,可以拖欠,不至于进一步加剧公司资本周转的困难。

（4）保持普通股股东对公司的控制权。由于优先股股东没有表决权,因此,公司原有股东的控制权不会旁落。所以发行优先股不会引起普通股股东的反对,从而采用此种方式筹资可以顺利进行。当使用债务融资风险很大,利率很高,而发行普通股又会产生控制权被稀释的可能性时,采用优先股筹资不失为一种最理想的筹资方式。

（5）具有财务杠杆作用。优先股的股息率一般为固定比率,当公司运用优先股筹资后,当公司利润发生变化时,股东的每股收益将有一个更大的变化。也就是说,公司增长的利润大于支付给优先股股东的约定股息,则差额为普通股股东分享,因此,优先股筹资有助于提高普通股股东的每股收益。

（6）增强公司的实力,提高公司的信誉。利用优先股筹集的资金,形成公司的权益资金,一方面加强公司权益资本的基础,增强公司的实力,另一方面为公司筹措债务资本提供了物资保证和信用基础,增强公司的借款举债能力。

2. 发行优先股融资的缺点

（1）资本成本高于债券。优先股的成本虽低于普通股,但一般高于债券。

（2）对公司的制约因素较多。如公司不能连续三年拖欠股息,公司有盈利必须先分给优先股股东,公司举债额度较大时要征求优先股股东的意见等。

（3）公司财务负担较重。由于优先股在股利分配、资产清算等方面拥有优先权,使得普通股股东在公司经营不稳定时收益受到影响。通常情况下优先股又要求支付固定股利,而股利又不能税前扣除,当公司盈利下降时,优先股股利就可能成为公司一项沉重的财务负担,尽管优先股股利可以延期支付,但这样会影响公司的形象。

二、可转换债券

（一）可转换债券的定义与特征

可转换债券(convertible bond 或 convertible debenture、convertible note)是指持有者可以在一定时期内按一定比例或价格将之转换成一定数量的普通股股票的债券。通常具有较低的票面利率。本质上讲,可转换债券是在发行公司债券的基础上,附加了一份期权,允许购买人在规定的时间范围内将其购买的债券转换成指定公司的普通股股票。

可转换债券兼有债券和股票的特征,具有以下三个特点:

1. 债权性。与其他债券一样,可转换债券也有规定的利率和期限,投资者可以选择持有债券到期,收取本息。

2. 股权性。可转换债券在转换成股票之前是债券,但转换成股票之后,原债券持有人就由债权人变成了公司的股东,可参与企业的经营决策和红利分配,这也在一定程度上会影响公司的股本结构。

3. 可转换性。可转换性是可转换债券的重要标志,债券持有人可以按约定的条件将债券转换成股票。转股权是投资者享有的、一般债券所没有的选择权。可转换债券在发行时就明确约定,债券持有人可按照发行时约定的价格将债券转换成公司的普通股票。如果债券持有人不想转换,则可以继续持有债券,直到偿还期满时收取本金和利息,或者在二级市场出售变现。如果持有人看好发债公司股票增值潜力,在宽限期之后可以行使转换权,按照预定转换价格将债券转换成为股票,发债公司不得拒绝。正因为具有可转换性,可转换债券利率一般低于普通公司债券利率,企业发行可转换债券可以降低筹资成本。

可转换债券持有人还享有在一定条件下将债券回售给发行人的权利,发行人在一定条件下拥有强制赎回债券的权利。

(二)可转换债券的优势

可转换债券具有双重选择权的特征。对于投资者而言,有很大吸引力。

1. 可转换债券使投资者获得最低收益权。可转换债券与股票最大的不同就是它具有债券的特性,即便当它失去转换意义后,作为一种低息债券,它仍然会有固定的利息收入;这时投资者以债权人的身份,可以获得固定的本金与利息收益。如果实现转换,则会获得出售普通股的收入或获得股息收入。可转换债券对投资者具有"上不封顶,下可保底"的优点,当股价上涨时,投资者可将债券转为股票,享受股价上涨带来的盈利;当股价下跌时,则可不实施转换而享受每年的固定利息收入,待期满时偿还本金。

2. 可转换债券当期收益较普通股红利高。投资者在持有可转换债券期间,可以取得定期的利息收入,通常情况下,可转换债券当期收益较普通股红利高,如果不是这样,可转换债券将很快被转换成股票。

3. 可转换债券比股票有优先偿还的要求权。可转换债券属于次等信用债券,在清偿顺序上,同普通公司债券、长期负债(银行贷款)等具有同等追索权利,但排在一般公司债券之后,同可转换优先股,优先股和普通股相比,可得到优先清偿的地位。

对于发行企业而言,发行可转债至少有三个方面的好处。一是可转债的发行成本比普通债券要低,由于蕴含选择权,所以可转债的利率低于普通债券。二是对于高速成长而目前现金流紧张的公司而言,发行可转债有助于减轻还本付息的财务压力。三是可转债可以减少公司内部权益投资者与债券投资者之间的矛盾,可转债为债券投资者提供了继续做债权人还是做股东的选择权,从而取得了参与剩余收益分配的机会。

(三)可转换债券要素

可转换债券有若干要素,这些要素基本上决定了可转换债券的转换条件、转换价格、市场价格等总体特征。

1. 有效期限和转换期限。就可转换债券而言,其有效期限与一般债券相同,指债券从发行之日起至偿清本息之日止的存续期间。转换期限是指可转换债券转换为普通股票的起始日至结束日的期间。大多数情况下,发行人都规定一个特定的转换期限,在该期限内,允许可转换债券的持有人按转换比例或转换价格转换成发行人的股票。我国《上市公司证券发行管理办法》规定,可转换公司债券的期限最短为1年,最长为6年,自发行结束之日起6个月方可转换为公司股票。

2. 股票利率或股息率。可转换公司债券的票面利率(或可转换优先股票的股息率)是指可转换债券作为一种债券时的票面利率(或优先股股息率),发行人根据当前市场利率水平、公司债券资信等级和发行条款确定,一般低于相同条件的不可转换债券(或不可转换优先股票)。可转换公司债券应半年或1年付息1次,到期后5个工作日内应偿还未转股债券的本金及最后一期利息。

3. 转换比例或转换价格以及转换价值。转换比例是指一定面额可转换债券可转换成普通股票的股数。用公式表示为:

$$转换比例 = \frac{可转换债券面值}{转换价格}$$

转换价格是指可转换债券转换为每股普通股份所支付的价格。用公式表示为:

$$转换价格 = \frac{可转换债券面值}{转换比例}$$

转换价值是指每单位债券转换为股票的价值,等于转换比例乘以股票市价。转换溢价等于债券市场价格超过市场转换价值的部分。

例如,可转换债券的面值1 000美元,若1张可转债可转换为50股股票,则转换比例为50。转换价格则等于1 000美元/50股=20美元/股。如果股票市价为25美元,那么市场转换价值等于50×25美元=1 250美元。如果债券市场交易价格为1 300美元,那么转换溢价等于1 300-1 250=50美元。

4. 赎回条款与回售条款。赎回是指发行人在发行一段时间后,可以提前赎回未到期的发行在外的可转换公司债券。赎回条件一般是当公司股票在一段时间内连续高于转换价格达到一定幅度时,公司可按照事先约定的赎回价格买回发行在外尚未转股的可转换公司债券。

回售是指公司股票在一段时间内连续低于转换价格达到某一幅度时,可转换公司债券持有人按事先约定的价格将所持可转换债券卖给发行人的行为。

赎回条款和回售条款是可转换债券在发行时规定的赎回行为和回售行为发生的具体市场条件。

5. 转换价格修正条款。转换价格修正是指发行公司在发行可转换债券后,由于公司尚未送股、配股、增发股票、分立、合并、拆细及其他原因导致发行人股份发生变动,引起公司股票名义价格下降时而对转换价格所做的必要调整。

(四)可转债价格

可转换债券的价格由两部分组成:一是债券本金与利息按市场利率折算的现值;另一是转换权的价值。转换权之所以有价值,是因为当股价上涨时,债权人可按原定转换比率转换成股票,从而获得股票增值的收益。在第十章中我们将会探讨如何利用期权定价模型来为可转债定价。

第五节 融资方式选择

公司可以在权益、负债以及混合证券中选择适合自己的融资模式。一般而言,相对于上市公司,非上市公司的融资方式和渠道要少一些。非上市公司可以从内部融资,也可以用风险投资或者银行贷款等方式融资。

一、企业融资结构与偏好

据 wind 资讯统计,2010—2015 年 8 月,通过沪深两市企业股票募资达 40 444.84 亿元,而同期上市公司各类债券融资规模为 89 691.43 亿元(如表 5-3 所示),尚不包括银行贷款等负债融资,可见负债融资远超出股权融资规模,负债融资在我国公司融资中占有较大比重,对企业的发展起着重要的作用。

表 5-3 上市公司股权与债权融资规模:2010—2015

日期	股票募集资金(亿元)	债券募集资金(亿元)
2015.8	7 948.70	31 077.825 7
2014	7 577.00	22 931.668 1
2013	3 998.33	10 735.550 2
2012	4 505.65	11 408.977 4
2011	6 772.46	8 633.855 5
2010	9 642.68	4 903.55

根据 2014 年年报,上市公司平均资产负债率为 46.5%,资产负债率因行业而异,房地产行业以及金融保险行业上市公司的资产负债率超过 90%,而农业服务以及文化艺术行业的资产负债率水平不到 15%。在债务融资中,上市公司长期债务在总债务中占比偏低,流动负债比率 82.4%,高于 18.2% 的长期负债比率,企业更倾向于短期债务融资。在股权融资方面,权益融资平均占比 53.5%。总体来看,股权融资规模在扩大,但是股权融资规模波动比较大,从图 5-1 可以看到,2005—2015 年之间,股权融资规模在 2005 年仅有 320.53 亿元,2010 年达到 9 600 多亿元,随后下降,之后有上升,2015 年前 8 个月融资规模近 8 000 亿元。

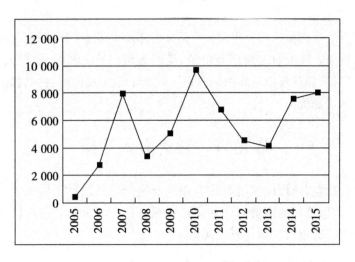

图 5-1 2005—2015 年股权融资规模(亿元)

股权融资增长的原因在于政对鼓励企业扩大直接融资比重,特别是在一个比较长的时间内国有大中型企业一直是股市融资的主力,2005 年以来,随着中小板以及 2009 年创业板的相继开通,中小企业股权融资规模不断增长,推动了市场股权融资规模的扩大。还有一个原因在于有些企业片面强调股权融资无需还本付息的好处而大举从股票市场融资,却忽视了公司需要以业绩增长带给投资者回报,在一定程度上导致股票市场投机严重,股价波动剧烈。从政府监管部门看,经常把股票市场融资作为调控经济的手段,一旦经济过热就压缩公司股票发行规模甚至暂时停止某些行业公司的股票发行,控制股票发行节奏,而经济需要刺激的时候又加快企业股票发行速度和发行规模,导致股权融资波动较大。

世界其他国家企业则有着不同的融资偏好。这与一国金融市场的发达程度、企业融资习惯以及政府管制有很大关系。比如美国公司则比较喜欢通过负债的方式而不是权益的方式来从公司外部融资,而权益融资主要是以内部融资为主。美国公司偏好负债融资的原因在于股票的发行成本远高于债券的发行成本,发行程序繁琐复杂,同时也担心公司控制权旁落。但是东南亚和印度等国家的公司则较多地使用权益融资,原因在于这些国家的公司债市场不够发达,同时政府对公司发债管制严格,比如规定公司的负债比例以及缺少税收优惠。

二、公司融资选择的影响因素

传统财务金融理论认为,企业融资行为受融资成本的大小、融资风险的高低和企业控制权的稳固等因素的共同约束。企业融资方式应该随着这些因素的变化而作出灵活的调整,以适应企业在不同时期的融资需求变化。

(一)遵循先"内部融资"后"外部融资"的优序理论

按照现代资本结构理论中的"优序理论",企业融资的首选是企业的内部资金,主要是指企业留存利润,在内部融资不足时,再进行外部融资。而在外部融资时,先选择

低风险类型的债务融资,后选择发行新的股票。采用这种顺序选择企业融资方式的原因是:

1. 内部融资成本相对较低、风险最小、使用灵活自主。以内部融资为企业主要融资方式的企业可以有效控制财务风险,保持稳健的财务状况。

2. 负债比率尤其是高风险债务比率的提高会加大企业的财务风险和破产风险。

3. 企业的股权融资偏好易导致资金使用效率降低,一些公司将筹集的股权资金投向自身并不熟悉且投资收益率并不高的项目,有的上市公司甚至随意改变其招股说明书上的资金用途,并且并不能保证改变用途后的资金使用的获利能力。在企业经营业绩没有较大提升的前景下,进行新的股权融资会稀释企业的经营业绩,降低每股收益,损害投资者利益。此外,在我国资本市场制度建设趋向不断完善的情况下,企业股权再融资的门槛会提高,再融资成本会增加。比如,证监会要求进一步提高上市公司申请再融资时的分红比例,再融资公司最近3年以现金或股票方式累计分配的利润不少于最近3年实现的年均可分配利润的30%。同时,随着投资者的不断成熟,对企业股票的选择也会趋向理性,可能导致企业股权融资方式没有以前那样畅通了。目前,我国多数上市公司的融资顺序则是将发行股票放在最优先的位置,其次考虑债务融资,最后是内部融资。这种融资顺序易造成资金使用效率低下,财务杠杆作用弱化,助推股权融资偏好的倾向。

(二)资本成本

融资成本越低,融资收益越好。由于不同融资方式具有不同的资本成本,为了以较低的融资成本取得所需资金,企业应分析和比较各种筹资方式的资本成本的高低,尽量选择资本成本低的融资方式及融资组合。比如,商业信用融资主要体现是现金折扣成本,银行贷款的资金成本主要体现为利息费用等,一般来讲,股票融资成本最高,其次是发行公司债券、融资租赁、银行贷款、商业信用等。

(三)融资风险

每种融资方式都有风险。融资风险与融资成本成反比,即融资成本相对较高融资风险相对低。一般而言,债务融资方式因其必须定期还本付息,因此,可能产生不能偿付的风险,融资风险较大。而股权融资方式由于不存在还本付息的风险,因而融资风险小。企业若采用了债务筹资方式,由于财务杠杆的作用,一旦当企业的息税前利润下降时,税后利润及每股收益下降得更快,从而给企业带来财务风险,甚至可能导致企业破产的风险。2008年金融危机中美国几大投资银行的相继破产,就与滥用财务杠杆有关。因此,企业务必根据自身的具体情况并考虑融资方式的风险程度选择适合的融资方式。

(四)资本结构

企业融资有负债融资和权益融资,呈现债务资本和权益资本的比例关系,即资本结构。企业融资必须达到综合资金成本最小,同时将财务风险保持在适当的范围内,使企业价值最大化,这就是最佳资本结构。企业融资中要确定负债融资和权益融资比例,把握资本结构的最佳点。

如果企业处于新建或不稳定和低水平发展阶段且预期收入较高,为了避免还本付息的压力,应采取偏重股东权益的资本结构,包括内部融资、引入风险投资等。

如果企业处于稳定发展阶段,则可能通过发行企业债券或借款等负债融资方式,充分利用财务杠杆的作用,偏重于负债的资本结构。在现金流稳定性较高时,可以通过增加长期债务回购公司股票来增加财务杠杆,在不明显降低资信等级的同时,可以明显降低资本成本,从而,在保证债权人的同时,增加股东价值。

(五)企业的控制权

发行普通股会稀释企业的控制权,可能使控制权旁落他人,而债务筹资一般不影响或很少影响控制权问题。因此,企业应根据自身实际情况慎重选择融资方式。

三、生命周期融资方式选择

(一)生命周期阶段划分

生命周期理论是研究企业萌芽、成长、成熟、衰退各阶段特征及其运行规律的理论。基于企业生命周期特征以制定其融资战略是企业开展融资活动的内在要求。1959年,马森·海尔瑞最先提出了企业生命周期的概念,他从生物学的观念对企业的成长进行探讨,提出企业的发展与生物的生长类似,他同时也认为企业在市场上的发展,会出现发展停滞、企业消亡等现象。美国学者伊查克·爱迪思(Adizes,1989)在他的《企业生命周期》一书中提出了企业的生命周期模型,该模型对企业生命周期的各个阶段的变化特征进行了详细的描述。他对企业生命周期进行划分的标准是从企业灵活性和可控性两个角度出发,将企业生命周期划分了成长阶段与老化阶段,并根据不同的因素又对这两个阶段进行了细分,成长阶段分成了孕育期、婴儿期、学步期、青春期、盛年期和稳定期六个阶段;老化阶段分成了贵族期、官僚化早期、官僚期和死亡四个阶段。现在通常将企业生命周期划分为初创期、成长期、成熟期和衰退期四个阶段(见图5-2)。

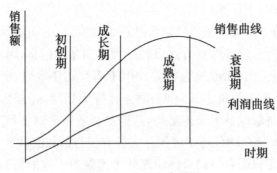

图5-2 企业生命周期

(二)生命周期阶段融资策略

1.初创期企业财务特征与融资策略

(1)财务特征

企业生命周期的起始阶段是初创阶段,企业处于刚刚成立的状态,企业以求生存为目标,该阶段企业在财务上的显著特征为:企业的现金流出远大于流入,这是企业大力开展企业的运作和投资导致的结果,现金流的来源主要是筹资,这种现象会根据企业的性质和经营的好坏持续一段时间,之后,随着企业业务的展开,现金流的流入会逐步增加。

这段时间内,企业的运作风险非常高,原因主要是有几个是否导致的:企业开发的产品是否能够顺利生产出来;企业生产出来的产品能否被市场所接受;市场是否有更多的需求让企业加大生产力度等等。这些是否都是一个新创立的企业需要考虑的问题,这些是否的回答都会决定着企业的发展方向。因此,企业在该阶段财务战略要做到尽可能降低风险,从本质上来讲,其实就是降低债务风险,最好的办法是企业要尽可能减少债务资本的使用,多利用企业的权益资本。该阶段高风险的特征,注定了高风险有着高额的回报,对那些喜好风险的冒险投资者具有很强的吸引力。

(2) 初创期企业财务战略选择

第一,由于初创期的企业其主要的目的是追求能在市场上存活,该阶段以高风险为主要特征。因此,企业应该在该阶段采取较为保守或稳固的成长战略。保持财务稳健发展,不要急于进行扩张,要将资产负债的比例控制在一定的范围内,注重企业的资金积累,并且妥善处理股东利润分配问题,不能没有节制地划分企业积累的资金,忽视企业的进一步的发展,也不能完全忽视股东利益,打击股东的积极性。

第二,初创企业应重视融资风险控制。初创企业的融资风险根植于投融资双方的企业文化差异。企业创立人与投资者在确定投资前应首先磨合二者在企业运营理念方面的差异,创立人应消除投资人对初创企业的顾虑,解决因投资资金运用分歧所引致的风险。初创企业应在创业计划书中明晰企业投资价值、盈利模式及远景发展规划等内容,将其团队的基本运营理念公示给投资者,以建立双方真诚与坦率的合作基础。

第三,谨慎选择股权投资人。初创企业不仅资本金匮乏,更缺乏市场资源、人力资源及供应链资源。初创企业首次股权融资战略不仅可获取急需资本资产,还可借助投资人的商业关系网络来弥补本企业发展进程中各项能力不足。初创企业应选择战略投资人,以借助其商业网络整合其供应链和营销渠道,通过实现企业长期利益最优化的方式给投资者的投资收益最大化回报。

第四,初创企业应统筹考量其战略目标下企业实际资本需求量及融资规模。初创企业应将本企业发展战略划分若干阶段,并匹配分阶段融资策略来实施资本筹措。初创期企业经营水平有限,企业发展前景不确定性强,投资人故此更为偏好分阶段投资模式。而企业创立人则期望通过分阶段融资确保其对企业的实际控制权。

第五,初创企业的财务风险防范能力普遍较弱,资金链断裂是初创期企业面临的主要风险。资金链断裂通常由企业经营者缺乏对投资与融资的有效平衡能力所致,资金链断裂后的融资失败则将直接导致企业申请破产。再者,初创企业在与投资人签订投资协议时应当审视投资先决条件、投资收益率对赌条款及投资退出条款等关键内容,审慎对待协议中可强化己方责任的未决事项所引致的或有负债。

2. 成长期企业的财务特征与融资策略

(1) 财务特征

当企业步入成长期之后,开始实现盈利,企业步入高速发展时期。此时,企业迫切需要进行扩张,这就需要大量的资金作为支撑。在该阶段,企业无法仅仅通过内部融资等实现企业的资金需求,企业对债务融资、股权融资等均有很强烈的需要,当然在该阶段,银行也愿意对企业进行放贷,它们看到了企业发展的潜力,所以也期待在其中分享一部分利润。此时的企业,销售额急剧上升,单位生产成本也在下降,逐步在形成规模经济,企业的经营风险在逐步下降。在该阶段企业往往会采取积极的财务战略,从初创期的求稳态度慢慢开始转变,有的企业甚至开始实施负债经营,以此来实现企业的财务杠杆效应。在股东的股利分配上,往往也不会太多。

当然,在该阶段的企业还是存在很大的风险,虽然企业现金流量大量流入到企业中,但是由于这个时期企业需要大量的营销费用和进行大量的扩张投资,所以导致企业现金流量的流出也非常大,甚至有时比流入更大,所以在财务风险上面也还存在一定的不确定性。

(2) 成长期企业财务战略选择

根据成长期企业的财务特点,这段时期企业采取积极财务战略或者是扩张型的财务战略。根据企业的发展需要大量地进行投资和融资,充分利用财务杠杆的作用,进一步实现企业的发展。

第一,实施负债融资战略的首要前提是预测债务融资所对应的投资项目的资产收益率水平是否高于债务融资利息率水平。过高的债务融资利息率水平可能导致企业融资净收益为负,威胁企业财务稳定和企业的长期健康发展。

第二,成长期企业管理者容易被迅速扩张的市场份额所迷惑,而大肆举债扩张,故需明确成长期企业的投融资方向,选择适合培养企业产品核心竞争力的投资项目展开融资。成长期企业应当集中投资于企业优势项目上,不可盲目实施多角化经营,分散资金投入。

第三,对有实力的成长期企业可采取上市融资战略,通过上市直接融资规避债务融资的苛刻条件限制,获取充分的资金运用自由权。

第四,在分配政策方面,成长期企业可降低对所有者的现金分红率,将所有者权益资产集聚以用于企业长期发展所需,从而获取企业发展所需的低成本资金,以提升企业长期市场竞争力。为满足企业所有者适当股权分红的诉求,企业可采取低现金股利匹配送股、配股的方式进行分红。

3. 成熟期企业的财务战略

(1) 成熟期企业财务特征

企业迈过成长期就进入了成熟期,成熟期企业的运营相对稳定。处于成熟期的企业增长速度会放缓,没有初创期和成长期快,经营风险会下降。此时的企业在市场上所占的市场份额相对较高,利润和销售增长率都会在达到某个峰值之后逐步下降;企业的资金实力非常强大,维持运营所需资金非常少;企业不再将抢占或扩张市场作为重点,而是将注意力转移到了企业盈利能力上面。

进入成熟期的企业,现金流流入大于流出,产生正数的净现值,而且浮动性不大,相对较稳定;在投资上也不断收取投资回报,企业日常运营也处于盈利的状态,留存收益不断增加,对股东的分红也在不断增加,债务也到了还本付息阶段。当然,也有很多企业进入成熟期之后,企业在市场上的竞争能力还是较弱,资金相对也是较为短缺。

(2) 成熟期企业融资选择

成熟期企业产品技术水平和市场营销渠道趋于稳定,市场占有率相对稳固,经营现金流保持较高水平,故其设计融资战略时应考虑如下因素。

第一,保持适度外源性债务融资以提升企业财务稳健发展水平。成熟期企业的运营风险较低,投资风险也相对较低,故对融资对象的吸引力较强,并愿意给予诸多融资优惠政策。但成熟期企业的盈利保持较高水平,资金匮乏状况缓解,部分企业出现资金冗余现象,对外源性融资需求较低或无需求。但保持合理的资产负债率对企业财务的稳健发展更为有利,因此企业可根据投资项目具体收益率水平选择适当的外源性债务融资方式,以提升企业的权益净利率水平。

第二,成熟期企业应采取保留适度资本公积金及资本公积金转增股本的方式来满足企业的内源性融资需求。成熟期企业的销售额和总利润额虽然保持较高水平,但增长速率趋于平稳或停滞。在缺乏合适投资项目的前提下,成熟期企业可采用稳健的高分红策略,通过降低企业股东权益的方式提升股权收益率水平。

第三,成熟期企业融资资本的投资风险控制应当采取分散风险策略,实施以企业传统优势产品为核心的同心多角化投资,将募集资本用于对传统优势产品的优化升级,以拓展产品线的方式开发新产品等领域。通过同心多角化模式下的分散化投资活动,成熟期企业可创造新的利润增长点,增加企业盈利空间,延长企业所处成熟期的期间,降低企业传统产品步入衰退期所引致的经营风险和财务风险。

4. 衰退期企业的财务战略

(1) 衰退期企业财务特征

任何一家企业都无法一直处于成熟期获得持续的正现金流,企业必然逐步走向衰弱,企业的产品最终会被市场所淘汰,这是一个无法逆转的趋势。处在衰退期的企业的产品在市场中逐渐失去吸引力,产品的销售量慢慢萎缩,企业的现金和存货周转率急剧下降,出现负的现金流量。处于衰退期的企业,通过投资找到新的利润点的机会已经非常小,勉强存在的原因只是看能否为企业找到新的转机。衰退型企业的显著财务特征是,采取高股利的分配政策,负债融资会不断增加,筹资活动产生正现金流量,财务杠杆水平与财务风险随之增加。

(2) 衰退期融资选择

企业在衰退期的市场客户需求及主营业务收入下降,导致销售利润率下滑,应收账款坏账率上升,进而威胁企业融资能力。企业经营者亟需改进融资战略,优化资本结构,扭转企业财务困境。衰退期企业可采取压缩不良资产回收投资资本的方式筹措发展新业务所需资金。企业主营业务产品或服务的市场份额衰退是导致企业进入衰退期的主因,通过变卖不良资产或资产重组的方式削减衰退产品或服务项目,集中企业资源用于开拓新业务,以促进企业进入新的生命周期循环。衰退期企业应当采取内源权益融资战略,通过减少银行贷款、发行债券等融资额度以压缩资产负债率水平,转而采取以盈利充实资本金,发行股票扩充股本的方式以改进资本结构,预防主营业务下滑所引致的财务危机。

本章小结

1. 权益融资(Equity Financing)是指向其他投资者出售公司的所有权,即用所有者权益来交换资金。权益融资是负债融资的基础,是企业最基本的资金来源。股票是权益的典型代表。但是由于公司性质不同,权益融资还有很多不同形式,包括所有者权益、风险资本、天使投资、股权众筹等。

2. 股票的发行是指股份有限公司出售股票以筹集资本的过程。股票发行人必须是具有股票发行资格的股份有限公司。发行股票可以分为公开发行和非公开发行;以及首次公开发行和增资发行。股票发行价格的基本确定方法有三种,即:市盈率法、净资产倍率法、现金流量折现法。

3. 认股权证(warrant)是一种允许投资者有权利但无义务在指定的时期内以事先确定的价格直接向发行公司购买普通股的选择权凭证。认股权证是独立于股票单独发行的。发行认股权证有利于将来发售股票,同时可为企业带来资金。

4. 负债融资指通过负债筹集资金。按照所筹资金可使用时间的长短,债务融资可分为长期债务融资和短期债务融资两类。其中长期借款、债券和资本租赁属于长期债务融资,商业信用和短期银行借款属于短期债务融资。

5. 债券是债务人发行的并向债权人承诺在未来一定时期内按约定条件还本付息的一种有价证券。债券的价值是由它未来给其持有人所带来的收益决定的,债券的价格由两部分构成:第一,本金的现值;第二,债券各期利息(年金形式)的现值。

6. 融资租赁也称为资本租赁、财务租赁或金融租赁等,它是由租赁公司按照租赁方的要求融资购买设备,并在契约或合同规定的较长期限内提供给承租方使用的信用性业务。对于承租方而言,融资租赁的主要目的是融通资金,即通过融物达到融资的目的。

7. 商业信用和短期借款是公司筹集短期资金的主要方式,其他还包括票据贴现和应收账款融资。这种方式筹集的资金主要用于解决公司因临时性或短期资金流转困难而产生的资金需求。具有筹资速度快、筹资富有弹性、筹资成本低、筹资风险高等特点。

8. 商业信用是指在商品交易中由于延期付款或预收货款所形成的企业间的借贷关系,又称为"自发性筹资"。是企业最重要的一项短期资金来源,在公司短期债务融资中商业信用占有相当大的比重。商业信用的形式主要有应付账款、预收账款和应付票据。

9. 混合证券是除了权益与负债融资之外第三类融资方式。这类证券并不能严格分为权益或者负债,它们同时具有二者的特点。主要包括优先股和可转换公司债。

10. 公司在权益、负债以及混合证券中选择适合自己的融资模式。企业融资行为受融资成本的大小、融资风险的高低和企业控制权的稳固等因素的共同约束。而在企业生命周期的不同阶段上,公司融资策略和融资选择是不同的,应该根据生命周期特征制定其融资战略。

思考及应用

1. 判断对错并给出理由

(1) 一般认为,补偿性余额使得名义借款额高于实际可使用借款额,从而名义借款利率大于实际借款利率。

(2) 直接筹资是指直接从银行等金融机构借入资金的活动。

(3) 凡属投资者合法拥有的实物资产,均可投入企业,形成企业的实收资本。

(4) 一般而言,信用债券的利率要高于抵押债券的利率。

(5) 在债券面值与票面利率一定的情况下,市场利率越高,则债券的发行价格越低。

(6) 一般而言,长期投资的风险要大于短期投资的风险。

(7) 一旦企业与银行签定周转信贷协议,则在协定的有效期内,只要企业的借款总额不超过最高限额,银行必须满足企业任何时候任何用途的借款要求。

(8) 相对于抵押债券,信用债券利率较高的原因在于其安全性差。

(9) 直接筹资必须依附于一定的载体,如股票或债券。

(10) 无面额股票的最大缺点是股票不能直接代表股份,因而不能直接体现其实际价值。

(11) 一般而言,租赁设备比购买设备能够更有效地利用税收抵免作用。

(12) 金融市场上的利率越高,补偿性存款余额的机会成本就越高。

(13) 补偿性余额的约束有助于降低银行贷款风险,但同时也减少了企业实际可动用借款额,提高了借款的实际利率。

2. 振兴公司发行5年期的公司债券,面值为1 000元,复利计息,已知票面利率为10%。请问:(1) 一年计息一次,市场利率为8%时,债券的发行价格是多少?(2) 半年计息一次,市场利率为12%时,债券的发行价格是多少?

3. 某公司与银行商定的周转信贷额为3 600万元,承诺费率为0.5%,借款公司年度内使用了2 800万元,请问:借款公司应向银行支付的承诺费是多少?

4. 2008年6月,光明公司拟增发3 000万股普通股。根据二级市场平均市盈率及行业情况确定市盈率为12倍,发行当年预测税后利润1 500万元,发行前总股本为5 000万股。请分别用加权平均法和完全摊薄法计算该公司股票的发行价格。

5. 某企业按6%的年利率向银行借款120万元,银行要求保留20%的补偿性余额。请问:企业实际承担的利率为多少?

6. "中化CWB1"(580011)认股权证的行权期限为5个交易日,即2007年12月11日至2007年12月17日期间的5个交易日。行权价格为6.52元/股,行权比例为1∶1,即:投资者每持有1份"中化CWB1"(580011)认股权证,有权在行权期间以6.52元/股的价格认购1股中化国际(600500)股票。截止2007年11月29日,中化国际(600500)收盘于19.34元。而同日"中化CWB1"(580011)认股权证收盘于12.061元。请问投资者应该提前卖出权证还是行权获利?

7. 简述普通股融资和优先股融资的优缺点?
8. 你是如何理解股票的投资性与投机性的?
9. 认股权证融资的作用表现在哪些方面?
10. 如果你是一家大公司的总裁,你会在什么情况下做出长期借款的融资决策?
11. 简述发行公司债券融资的优缺点?
12. 试比较经营租赁与融资租赁的异同?
13. 案例分析:从"雷士风波"深思企业的融资方式选择

雷士照明是中国照明产品行业第一品牌,创始人吴长江。2014年8月,董事会罢免了吴长江CEO职务,随后指控吴长江涉嫌挪用6亿元贷款。而这个事件起因在很大程度上源于吴长江的融资选择。

按照公开资料信息披露,雷士照明于1998年11月13日,由吴长江联合两个高中同学凑齐100万元创立。其中吴长江出资45万元,占股45%;杜刚和胡永宏各出资27.5万元,共计55万元,占股55%。2005年,在市场上迅猛崛起的"雷士",企业内部却经历了一场重大变故。三个股东之间产生了严重的分歧,股东之间最后摊牌。由于对方占有55%的股份,吴长江只有45%的股份,吴长江让出了董事长的位置。他被要求领走8 000万元后彻底退出"雷士"。后来,事情发生了戏剧性的变化。在供应商、经销商的集体支持下,吴长江回到雷士。之后,"雷士"迎来了更辉煌的业绩。2006年,"雷士"销售收入达到15亿元,不但在惠州建立了工业园区,还在重庆万州、山东临沂分别斥资数亿元,打造西南、华北地区最大的照明基地。

由于原股东退出,导致雷士现金不足,只好再次融资。2006年3月,吴长江到联想集团总部求助柳传志。柳传志甚为欣赏这位后辈企业家的理念与魄力,打算通过旗下的"联想投资"向雷士入股,但是考虑到联想投资的项目决策程序较长,远水救不了近火,于是介绍一位与联想控股有合作的正日公司,借了200万美元给雷士。在等待联想投资的期间,一位融资中介先是组织一部分资金低价入股雷士,随后引入风险基金软银赛富入股雷士,帮助雷士度过了资金难关。此时,第一大股东变成了软银赛富,吴长江跌为第二。2010年,雷士照明在香港上市。此后不久,吴长江与第一大股东软银赛富的合伙人阎焱因就公司经营管理理念和战略的分歧而发生冲突,2012年5月25日,吴长江辞去了雷士照明董事长和CEO职务。接替他出任董事长的是软银赛富的合伙人阎焱,出任CEO的则是来自于施耐德电气有限公司的张开鹏。

经过一年多的博弈,雷士照明得到同业德豪润达公司的支持.吴长江出资7.6亿元人民币,出让雷士照明近12%的股权,换成德豪润达9.3%的股权,并回归雷士照明任CEO。而德豪润达公司董事长王冬雷则出资不到12亿人民币,成为雷士照明第一大股东。然而,王冬雷与吴长江的蜜月仅仅持续了一年多。雷士照明内部人士认为,"雷士业绩比德豪好很多,雷士在LED(发光二极管,可直接把电转化为光)领域就是只肥牛",王冬雷想要控制雷士照明。而对于2012年的那次合作，王冬雷认为，自己是吴长江的救命恩人，把他从破产边缘拉回来，并把他选进董事会，推荐成为CEO。而吴长江则称，当时德豪润达已经运营不下去，如果不是因为2012年自己与德豪润达合作，德豪润达就崩溃了。2014年8月，董事会罢免吴长江CEO职务，赶出董事会，并面临挪用6亿元贷款的指控。大部分经销商选择了支持德豪润达，吴长江已经回天无力了。

讨论：吴长江在融资方式上犯了哪些错误？雷士照明股权风波是否可以避免？

第六章 资本成本与资本结构

【本章提要】 在前一章,我们分析了各种融资方式的特点以及企业选择筹资方式的基本原则。本章学习企业如何就所选择的筹资方式募集来的资金在总资本中的比例作出决策,即最优资本结构决策问题。首先讲述了资本成本的含义和影响因素以及各种资本成本的计算方法,然后介绍了财务杠杆概念和 MM 资本结构理论及其最新发展。最后介绍了资本成本与资本结构理论在公司最优资本结构决策中的实际应用。

【引 例】 1999 年,受亚洲金融危机冲击,曾经作为韩国第二大企业集团的大宇集团因经营不善、资不抵债而不得不进行破产清算。大宇集团 1967 年由金宇中创建,初创时主要从事劳动密集型产品的生产和出口,后不断发展壮大,经营范围包括外贸、造船、重型装备、汽车、电子、通讯、建筑、化工、金融等,曾经为仅次于现代集团的韩国第二大企业。超速发展的背后,是大宇集团信奉的"借贷经营模式",资产负债率长期居高不下。在经济景气的时候这种经营模式并没有问题,因为盈利的增加足以支付到期债务。但是当金融危机袭来时,这种模式就难以为继。1997 年亚洲金融危机爆发后,很多公司开始收缩,调整资本结构,减轻债务压力,此时大宇集团显现出经营上的困难,其销售额和利润均不能达到预期目的,而与此同时,金融机构又开始收回短期贷款,但是大宇集团认为只要扩大生产规模,增加销售收入就能躲过危机,所以仍然坚持扩张战略,继续借贷,从而错过了财务结构调整最佳期,导致公司陷入严重的财务困境,最后不得不宣布破产。

大宇集团案例说明,保持合理的资本结构对于企业长期发展来讲是非常重要的,过度利用财务杠杆会引发财务危机。所以要保持适度负债。

第一节 资 本 成 本

一、资本成本的含义和影响因素

(一)什么是资本成本

资本成本是指企业为筹集和使用资金而付出的代价,体现为资金供给者所要求的必要报酬率。广义地讲,企业筹集和使用任何资金,不论短期的还是长期的,都要付出代价。狭义的资本成本仅指筹集和使用长期资金(包括自有资本和借入长期资金)的成本。由于长期资金也被称为资本,所以长期资金的融资成本也称为资本成本。

资本成本有多种形式。在比较各种筹资方式中,使用个别资本成本,包括普通股成本、留存收益成本、长期借款成本、债券成本;在进行资本结构决策时,使用加权平均资本成本;在进行追加筹资决策时,则使用边际资本成本。

资本成本是公司财务中的重要概念。首先,资本成本是企业的投资者(包括股东和债权人)对投入企业的资本所要求的收益率,只有当企业使用投资所赚取的报酬率高于它的资本成本时,才能补偿投资者;其次,资本成本是投资本项目(或本企业)的机会成本,即一旦将资金投资本项目(或本企业),就失去了获取其他投资报酬的机会;因此它是投资者考虑了目前情况后向企业提供资金所要求的报酬率。这意味着不能用历史数据说明资本成本。

资本成本的概念广泛运用于企业财务管理的许多方面。对于企业筹资来讲,资本成本是选择资金来源、确定筹资方案的重要依据,企业力求选择资本成本最低的筹资方式。对于企业投资来讲,资本成本是评价投资项目、决定投资取舍的重要标准。资本成本还可用作衡量企业经营成果的尺度,即经营利润率应高于资本成本,否则表明业绩欠佳。

(二)影响资本成本高低的因素

在市场经济环境中,多方面因素的综合作用决定着企业资本成本的高低,其中主要有:总体经济环境、证券市场条件、企业内部的经营和融资状况、项目融资规模等。

总体经济环境决定了整个经济中资本的供给和需求,以及预期通货膨胀的水平。总体经济环境变化的影响,反映在无风险报酬率上。显然,如果整个社会经济中的资金需求和供给发生变动,或者通货膨胀水平发生变化,投资者也会相应改变其所要求的收益率。具体说,如果货币需求增加,而供给没有相应增加,投资人便会提高其投资收益率,企业的资本成本就会上升;反之,则会降低其要求的投资收益率,使资本成本下降。如果预期通货膨胀水平上升,货币购买力下降,投资者也会提出更高的收益率来补偿预期的投资损失,导致企业资本成本上升。

证券市场条件影响证券投资的风险。证券市场条件包括证券的市场流动难易程度和价格波动程度。如果某种证券的市场流动性不好,投资者卖出证券相对困难,变现风险加大,要求的收益率就会提高;或者虽然存在对某证券的需求,但其价格波动较大,投资的风险大,要求的收益率也会提高。

企业内部的经营和融资状况,指经营风险和财务风险的大小。经营风险是企业投资决策的结果,表现在资产收益率的变动上;财务风险是企业筹资决策的结果,表现在普通股收益率的变动上。如果企业的经营风险和财务风险大,投资者便会有较高的收益率要求。

融资规模是影响企业资本成本的另一个因素。企业的融资规模大,资本成本较高。比如,企业发行的证券金额很大,资金筹集费和资金占用费都会上升,而且证券发行规模的增大还会降低其发行价格,由此也会增加企业的资本成本。

二、资本成本的计算

(一)资本成本的含义

资本成本是指筹集和使用各种资金的成本,是企业用资费用和有效筹资额的比率。其基本公式如下:

$$K = \frac{D}{P-F} \quad 或 \quad K = \frac{D}{P(1-f)}$$

式中：K——资本成本，以百分率表示；

　　　D——资金占用费用；

　　　P——筹资额；

　　　F——筹资费用额（如发行成本）；

　　　f——筹资费用率，即筹资费用额与筹资额的比率。

由此可见，资本成本的高低取决于三个因素，即用资费用、筹资费用和筹资额。

用资费用是决定资本成本高低的一个主要因素。在其他两个因素不变的情况下，某种资本的用资费用大，其成本就高；反之，用资费用小，其成本就低。

筹资费用也是影响资本成本高低的一个因素。一般而言，发行债券和股票的筹资费用较大，故其资本成本相对较高；而其他筹资方式的筹资费用较小，故其资本成本较低。

筹资额是决定资本成本高低的另一个主要因素。在其他两个因素不变的情况下，某种资本的筹资额越大，其成本越低；反之，筹资额越小，其成本越高。

（二）债务资本成本

1. 长期借款成本

长期借款成本是指借款利息和筹资费用。借款利息可以在税前扣除，可以抵税。因此，一次还本、分期付息借款的成本为：

$$K_L = \frac{I_L(1-t)}{L(1-f_L)} \quad 或 \quad K_L = \frac{R_L(1-t)}{1-f_L}$$

式中：K_L——长期借款资本成本；

　　　I_L——长期借款年利息；

　　　t——所得税率；

　　　L——长期借款筹资额（借款本金）；

　　　f_L——长期借款筹资费用率；

　　　R_L——长期借款年利率。

当长期借款的筹资费（主要是借款的手续费）很小时，也可以忽略不计。

【例 6-1】 某公司取得 5 年期长期借款 100 万元，年利率为 11%，每年付息一次，到期一次还本，筹资费用率为 0.5%，企业所得税率为 40%。该项长期借款的资本成本为：

$$K_L = \frac{100 \times 11\% \times (1-40\%)}{100 \times (1-0.5\%)} = 6.63\%$$

或：
$$K_L = \frac{11\% \times (1-40\%)}{1-0.5\%} = 6.63\%$$

上述计算长期借款资本成本的方法比较简单，但缺点在于没有考虑货币的时间价值，因而这种方法的计算结果不是十分精确。如果对资本成本计算结果的精确度要求较高，可先采用前面计算现金流量的办法确定长期借款的税前成本，然后再计算其税后成本。公式为：

$$L(1-f_L) = \sum_{t=1}^{n} \frac{I_L}{(1+K)^t} + \frac{P}{(1+K)^n}$$

$$K_L = K(1-t)$$

式中：P——第 n 年末应偿还的本金；

K——所得税前的长期借款资本成本；

K_L——所得税后的长期借款资本成本。

第一个公式中的等号左边是借款的实际现金流，等号右边为借款引起的未来现金流出的现值总额，由各年利息支出的年金现值之和加上到期本金的复利现值而得。

按照这种办法，实际上是将长期借款的资本成本看成使这一借款的现金流入等于其现金流出现值的贴现率。运用时，先通过第一个公式，采用内插法求解借款的税前资本成本，再通过第二个公式将借款的税前资本成本调整为税后的资本成本。

【例 6-2】 沿用例 6-1 的资料，考虑货币时间价值，该项借款的资本成本计算如下：

第一步，计算税前借款资本成本：

$$100 \times (1-0.5\%) = \sum_{t=1}^{5} \frac{100 \times 11\%}{(1+K)^t} + \frac{100}{(1+K)^5}$$

可以计算出 $K=11.16\%$

第二步，计算税后借款资本成本：

$$K_L = K(1-T) = 11.16\% \times (1-40\%) = 6.696\%$$

2. 长期债券成本

发行债券的成本主要是指债券利息和筹资费用。债券利息的处理与长期借款利息的处理相同，应以税后的债务成本为计算依据。债券的筹资费用一般比较高，不可在计算资本成本时省略。按照一次还本、分期付息的方式，债券资本成本的计算公式为：

$$K_b = \frac{I_b(1-t)}{B(1-f_b)}$$

或者：

$$K_b = \frac{R_b(1-t)}{1-f_b}$$

式中：K_b——债券资本成本；

I_b——债券年利息；

t——所得税率；

B——债券筹资额；

f_b——债券筹资费用率；

R_b——债券利率。

【例 6-3】 某公司发行总面额为 200 万元的 10 年期债券，票面利率为 12%，发行费用率为 5%，公司所得税率为 40%。该债券的成本为：

$$K_b = \frac{200 \times 12\% \times (1-40\%)}{200 \times (1-5\%)} = 7.58\%$$

或者：
$$K_b = \frac{12\% \times (1-40\%)}{1-5\%} = 7.58\%$$

若债券溢价或折价发行，为更精确地计算资本成本，应以实际发行价格作为债券筹资额。

【例6-4】 假定上述公司发行面额为200万元的10年期债券，票面利率为10%，发行费用率为5%，发行价格为240万元，公司所得税率为40%。该债券成本为：

$$K_b = \frac{200 \times 10\% \times (1-40\%)}{240 \times (1-5\%)} = 5.26\%$$

【例6-5】 假定上述公司发行面额为200万元的10年期债券，票面利率为10%，发行费用率为5%，发行价格为160万元，公司所得税率为40%。该债券的成本为：

$$K_b = \frac{200 \times 10\% \times (1-40\%)}{160 \times (1-5\%)} = 7.89\%$$

上述计算债券成本的方法，比较简单易行。如果需要将债券资本成本计算得更为准确，则也应当先依据现金流量确定税前的债券成本，再进而计算其税后成本。这样，债券成本的计算公式则为：

$$B(1-f_b) = \sum_{t=1}^{n} \frac{I_b}{(1+K)^t} + \frac{P}{(1+K)^n}$$

$$K_b = K(1-t)$$

式中：K——所得税前的债券成本；

K_b——所得税后的债券成本。

【例6-6】 沿用例6-3资料，假设票面利率为12%，其他不变，计算该债券的成本如下：

第一步，计算税前债券成本：

$$200 \times (1-5\%) = \sum_{t=1}^{10} \frac{200 \times 12\%}{(1+K)^t} + \frac{200}{(1+K)^{10}}$$

可得 $K = 12.96\%$

第二步，计算税后债券成本：

$$K_b = K(1-T) = 12.96\% \times (1-40\%) = 7.776\%$$

如果债券溢价或折价发行，则应当以实际发行价格作为现金流入，计算债券的资本成本。

(三) 权益资本成本

1. 留存收益成本

留存收益是企业缴纳所得税后形成的未分配利润，其所有权属于股东。股东将一部分未分派的税后利润留存于企业，实质上是对企业追加投资。如果企业将留存收益用于再投资所获得的收益率低于股东自己进行另一项风险相似的投资的收益率，企业就不应该保留留存收益而应将其派发给股东。留存收益成本的估算比对债务成本的估算难，这是因为很难对诸如企业未来发展前景及股东对未来风险所要求的风险溢价做出准确的测定。

公司的管理者有可能误认为留存收益是不存在成本的，是免费的，因为它们是支付股利后的剩余。尽管留存收益融资不存在任何直接融资成本，但是并非免费的，使用留存收益存在机会成本。公司的税后收益是属于股东的，因为债权人在税前取得了他们的利息收益，优先股股东获得了优先股股利，公司支付了利息、税收、优先股股利之后的剩余是属于股东的。这些剩余收益是对股东提供资本的报酬，公司可以把其以股利的形式返还给股东，或者作为留存收益用于再投资。如果用作留存收益，那么存在一种机会成本——如果公司把它返还给股东，股东可以用于购买股票等投资而获利，因此，留存收益的成本至少等于股东把其再投资所获得的收益。

如果股东自己投资，那么他们的期望收益率为多少呢（假设股东自己投资与公司投资项目的风险相同）？我们知道，股票市场处于均衡状态时期望收益率和必要收益率相等，即 $\hat{K}_s = K_s$。因此，如果企业保持这部分剩余收益用作再投资，其收益率至少为 K_s，否则还不如以股利的形式发放给股东，让股东自己去投资。

留存收益资本成本的确定方法有以下三种：

(1) 资本资产定价模型法（CAPM 模型）

资本资产定价模型一般分为以下几个步骤：

1) 估计无风险利率 R_F，无风险利率可以是国库券票面利率；

2) 估计该股票的 β 系数 β_i，用它来估计该公司的风险；

3) 估计该股票的预期市场收益率 R_M；

4) 用 CAPM 定价模型计算出该普通股的必要收益率 R_S。这个必要收益率 R_S 即为留存收益资本成本。

$$R_S = R_F + (R_M - R_F)\beta_i$$

使用资本资产定价模型需要三个变量，即无风险收益率，市场期望收益率以及资产的 β 系数。这涉及三个问题：第一，如何度量市场期望收益率与无风险利率之间的差异 $(R_M - R_F)$ 即风险溢价？第二，模型使用的无风险利率如何确定？第三，β 系数如何估计？

首先来看风险溢价的度量。风险溢价的度量基于历史数据。在实际中是指计算期内的股票平均收益率与无风险证券平均收益率的差异。计算期一般为 10 年或者更长时间，比如美国是从 1926 年开始计算风险溢价的，长的计算期可以保证风险溢价估计相对稳定。美国的经验表明，随着时间变化，溢价并没有趋势性变化，保持相对稳定。1970—1990 年期间，美国股票与政府债券之间的风险溢价平均为 3.82%，日本和英国风险溢价最高，分别为 6.74% 和 6.25%，最低的为意大利和德国，分别为 0.34% 和 0.59%。

决定风险溢价的因素有三种：一是总体经济的波动程度，经济波动越大，风险溢价越高。高成长高风险的新兴市场的风险溢价就要比成熟市场的风险溢价高。二是政治风险。具有潜在政治不稳定性的市场的风险溢价较高,因为政治不稳定会带来经济不稳定。三是市场结构。如果上市公司中规模较小的企业占比较高,那么股票的风险溢价就会比较高。反之,如果大企业较多而且经营多样化(如德国和日本),那这样的市场风险溢价较低。

其次,无风险收益率的替代。无风险收益率由纯粹利率(资金的时间价值)和通货膨胀补偿率两部分构成。关于无风险收益率的选择实际上并没有什么统一的标准。在国际上,一般采用短期国债收益率来作为市场无风险收益率,也可以与被分析的资产或投资项目期限相匹配的政府债券的收益率替代。例如,1995年3月,百事可乐公司的β值为1.06,当时国库券利率为5.80%,市场溢价为8.41%,那么必要收益率可以计算为:

$$R_S = 5.80\% + 1.06 \times 8.41\% = 14.71\%$$

第三,β系数的估计。估计β系数的一般方法是对股票收益率R_i和市场收益率R_M进行回归分析:

$$R_i = a + bR_M$$

式中,a为截距,b为斜率,$b = \frac{\sigma_{iM}}{\sigma_M^2}$。

回归曲线的斜率等于股票的β系数。

相对于CAPM,回归曲线的截距a提供了度量股票投资业绩的简单方法。对CAPM进行简单整理得到:

$$R_i = R_F + \beta(R_M - R_F) = R_F(1-\beta) + \beta R_M$$

这样,通过比较a和$R_F(1-\beta)$,就可以度量在回归期间股票业绩。如果$a > R_F(1-\beta)$,则业绩比预期要好。若$a < R_F(1-\beta)$,则业绩不如预期好;若二者相等,则说明业绩与预期一致。a和$R_F(1-\beta)$的差称为Jensen's Alpha,是一种在回归期内分析资产的经过风险调整后业绩表现的方法。

(2) 风险溢价法

根据某项投资"风险越大,要求的报酬率越高"的原理,普通股股东对企业的投资风险大于债券投资者,因而会在债券投资者要求的收益率上再要求一定的风险溢价。依照这一理论,留存收益的成本公式为:

$$K_p = K_b + RP_c$$

式中:K_b——债务成本;

K_p——留存收益成本;

RP_c——股东比债权人承担更大风险所要求的风险溢价。

债务成本(长期借款成本、债券成本等)比较容易计算,难点在于确定RP_c,即风险溢价。风险溢价可以凭借经验估计。一般认为,某企业普通股风险溢价对其已发行的债券来讲,大约在3%~5%之间,当市场利率达到历史性高点时,风险溢价通常较低,在3%左右;当市场利率处于历史性低点时,风险溢价通常较高,在5%左右。而通常情况下,采用 4% 的平均风险溢价。这样，留存收益成本为：

$$K_s = K_b + 4\%$$

例如，对于债券成本为 9% 的企业来讲，其留存收益成本为：

$$K_s = 9\% + 4\% = 13\%$$

而对于债券成本为 13% 的另一家企业，其留存收益成本则为：

$$K_s = 13\% + 4\% = 17\%$$

(3) 股利增长模型法

股利增长模型法是依照股票投资的收益率不断提高的思路来计算留存收益成本。一般假定收益以固定的年增长率递增，则留存收益成本的计算公式为：

$$K_p = \frac{D_1}{P_0} + G$$

式中：K_p——留存收益成本；
　　　D_1——预期年股利额；
　　　P_0——普通股市价；
　　　G——普通股利年增长率。

【例 6-7】 某公司普通股目前市价为 56 元，本年已发放股利 2 元，估计年增长率为 12%，则明年预期股利为：

$$D_1 = 2 \times (1 + 12\%) = 2.24(元)$$

留存收益成本为：

$$K_p = \frac{2.24}{56} + 12\% = 16\%$$

2. 普通股资本成本

这里的普通股是指企业新发行的普通股，普通股成本可以按照前述股利增长模式的思路计算，但需调整发行新股时发生的筹资费用对资本成本的影响。普通股成本的计算公式为：

$$K_e = \frac{D_1}{P_0(1 - F_c)} + G$$

式中：K_e——普通股成本；
　　　F_c——普通股筹资费用率。

普通股资本成本究竟是否需要包括发行成本存在争议，尽管发行成本很大，但是如果在投资项目存续期内加以分摊，那么每年的发行成本也就不是很大了。

3. 混合证券成本

(1) 优先股成本

优先股具有一些债务特征——股利固定且预先支付，在普通股股利支付之前支付，还具有权益特征——优先股股利并不享受税前抵扣的好处。所以，如果优先股是永续

的,股利不变,并且没有其他选择权,那么优先股成本可以表示为:

$$优先股成本 = \frac{优先股股利}{优先股市价}$$

如果优先股附加其他选择权,就需要对这些选择权分别估价,以恰当反映优先股成本。从风险角度看,优先股比普通股安全,比债券风险高。所以,在税前收益来看,优先股成本高于债券成本,低于权益成本。

例如:1995年3月,通用汽车的优先股每年股利为2.28美元,每股交易价格为26.38美元。优先股成本等于:2.28美元/26.38美元＝8.64%。

(2) 可转换公司债成本

可转换公司债的价格是由直接债券或者说纯债券价格和权益价格构成。所以,在计算可转债成本时也是分为负债和权益两个部分来分别计算。负债成本即可转债在转换前作为直接债券的价值。直接债券的价值可以根据票面价值、利率以及期限来计算,它等于转换前的利息和本金现金流贴现值之和。而权益部分价值则等于可转债的市场价格减去直接债券的价值。

例如:美国通用信息公司在2008年发行了票面利率8.4%,预期到期收益率为8.25%,一年付息两次,2016年到期的可转债,市场交易价格为1400美元。那么,该可转债可以分为一般债券和权益两个部分。利用EXCELL表计算一般债券的价值:

$$p = \sum_{t=1}^{16} \frac{1\,000 \times 4.2\%}{(1 + 4.125\%)^t} + \frac{1\,000}{(1 + 4.125\%)^{16}} = 1\,008.66 \text{ 美元}$$

$$权益价值 = 1\,400 - 1\,008.66 = 391.34 \text{ 美元}$$

一般债券价值1 008.66美元作为债务成本对待,而选择权价值391.34美元作为权益成本。

三、加权平均资本成本

上述各项资本成本就是投资者所要求的必要收益率,各公司的风险不同,投资者所要求的必要收益率不同,资本成本也不同。企业往往不止一种资本来源,因此,在资本预算中或者在评估企业和项目的价值时,我们需要计算企业的加权平均资本成本(Weighted Average Cost of Capital,WACC)。加权平均资本成本一般是以各种资本占全部资本的比重为权数,对个别资本成本进行加权平均确定的。加权平均资本成本一般按照其市场价值加权平均,其计算公式为:

$$K_w = \sum_{j=1}^{n} K_j W_j$$

式中:K_w——加权平均资本成本;

K_j——第j种个别资本成本;

W_j——第j种个别资本占全部资本的比重(权数)。

影响加权平均资本成本的因素很多,主要包括以下两类。

1. 公司不能控制的因素

(1) 利率。利率的大小反映了债权人所要求的必要报酬率。利率的大小不是公司能控制的,取决于货币的需求和供给,取决于投资项目的收益和风险。

(2) 税率。税率对公司的加权平均资本成本影响很大,在计算债务成本时要考虑税率的影响,并且税率还以其他一些不是很明显的方式影响着资本成本,如降低资本利得税等与普通股收益相关的税率会提高普通股的吸引力,从而使成本下降,加权平均资本成本也会下降,税率的变化还有可能改变公司的最优资本结构。

2. 公司可以控制的因素

(1) 资本结构政策。到目前的讨论,我们一直假设公司保持目标资本结构,在计算加权平均资本成本时所使用的权重也是按照目标资本结构下的权重比例,然而,公司的资本结构是可以改变的,其改变会影响资本成本。债务的税后成本小于权益成本,如果公司决定使用更多的债务,这会降低加权平均资本成本,然而,过多债务的使用会增加公司的风险,从而增加权益资本成本。

(2) 股利政策。公司可以使用留存收益或者发行新股来进行股权融资,由于发行成本的存在,使用留存收益的成本比较低,因此,一般来说公司只有在使用了所有的留存收益后才会考虑发行新股。股利政策会影响留存收益的多少,因为留存收益是本应该发放给股东的,因此,股利政策会影响股权成本的大小。如果股利支付比率较低,那么公司用于再投资的留存收益比较多,从而可以减少发行新股融资量,降低权益资本成本,反之则相反。

(3) 投资政策。当我们估计资本成本时,我们首先考虑股东或债权人所要求的必要收益率,它的大小反映了公司资产风险的大小。因此,我们已经暗含假设公司新增资产都是属于同一种类,其风险大小相等。一般来说,这个假设是正确的,因为公司一般都会投资于和目前他们所拥有的资产相类似的资产。然而,如果公司突然改变其投资策略,那么这个假设就不正确了,我们必须根据项目风险的大小调整资本成本。

四、边际资本成本

企业无法以某一固定的资本成本来筹措无限的资金,当其筹集的资金超过一定限度时,原来的资本成本就会增加。在企业追加筹资时,需要知道筹资额在什么数额上便会引起资本成本怎样的变化。这就要用到边际资本成本的概念。

边际资本成本是指资金每增加一个单位而增加的成本。它是财务管理中的重要概念,也是企业投资、筹资过程中必须加以考虑的问题。

前述企业的个别资本成本和加权平均资本成本,是企业过去筹集的或目前使用的资本的成本。然而,企业各种资金的个别资本成本,随着时间的推移或筹资条件的变化在不断地变化,加权平均资本成本也会随之而发生变动。因此,企业进行投资,不能仅仅考虑目前所使用的资金的成本,还要考虑为投资项目新筹集的资金的成本,这就需要计算资金的边际成本。

1. 边际资本成本计算

企业追加筹资,有时可能只采取一种筹资方式。但在筹资数额较大,或在目标资本结构既定的情况下,往往通过多种筹资方式的组合来实现。这时,边际资本成本需要按加权平均法计算,是追加筹资时所使用资本的加权平均资本成本。其权数必须为市场价值权数,不应采用账面价值权数。

【例 6-8】 某公司目标资本结构为:债务 0.25、优先股 0.4、普通股权益(包括普通股和留存收益)0.35。现拟追加筹资 100 万元,仍按此资本结构来筹资。个别资本成本预计分别为:债务为 8%,优先股为 10%,普通股权益为 12%。试计算该追加筹资的边际资本成本为多少?

该追加筹资的边际资本成本为:

$$0.25 \times 8\% + 0.4 \times 10\% + 0.35 \times 12\% = 10.2\%$$

其计算过程也可用表 6-1 表示:

表 6-1 追加筹资的边际资本成本

资本种类	目标资本结构	追加筹资(市场价值)	个别资本成本	加权平均边际资本成本
债务	0.25	25	8%	2%
优先股	0.4	40	10%	4%
普通股权益	0.35	35	12%	4.2%
合计	1.00	100	—	10.2%

2. 边际资本成本规划

在未来追加筹资过程中,为了便于比较选择不同规模范围的筹资组合,企业可以预先计算边际资本成本,并以表或图的形式反映。下面举例说明建立边际资本成本规划的过程。

【例 6-9】 某公司目前拥有资本 200 万元,其中长期借款 30 万元,资本成本 3%;长期债券 50 万元,资本成本 10%;普通股 120 万元,资本成本 13%。加权平均资本成本为 10.75%。由于扩大经营规模的需要,公司拟筹措新资金。公司财务人员经分析确定目前的资本结构置于目标范围内,在今后增资时应予保持,即长期借款 15%、长期债券 25%、普通股占 60%。财务人员分析了资本市场状况和企业筹资能力,认定随着企业筹资规模的扩大,各种资本的成本也会发生变动。测算资料详见表 6-2:

表 6-2 资本成本的测算表

资金种类	目标资本结构	新筹资的数量范围	资本成本
长期借款	15%	45 000 元以内 45 000~90 000 元 90 000 元以上	3% 5% 7%
长期债券	25%	200 000 元以内 200 000~400 000 元 400 000 元以上	10% 11% 12%
普通股	60%	300 000 元以内 300 000~600 000 元 600 000 元以上	13% 14% 15%

试确定筹措新资金的资本成本为多少?

(1) 计算筹资突破点。因为花费一定的资本成本率只能筹集到一定限度的资金,超过这一限度多筹集资金就要多花费资本成本,引起原资本成本的变化,于是就把在保持某资本成本的条件下可以筹集到的资金总限度称为现有资本结构下的筹资突破点。在筹资突破点范围内筹资,原来的资本成本不会改变;一旦筹资额超过筹资突破点,即使维持现有的资本结构,其资本成本也会增加。

筹资突破点的计算公式为:筹资突破点=可用某一特定成本筹集到的某种资金额/该种资金在资本结构中所占的比重。由题意可知,在花费3%资本成本时取得的长期借款筹资限额为45 000元,其筹资突破点便为:

$$筹资突破点 = 45\ 000/15\% = 300\ 000(元)$$

而在花费5%资本成本时,取得的长期借款筹资限额为90 000元,其筹资突破点则为:

$$筹资突破点 = 90\ 000/15\% = 600\ 000(元)$$

按此方法,本题中各种情况下的筹资突破点的计算结果如表6-3所示:

表6-3 筹资突破点

资金种类	资本结构	资本成本	新筹资额	筹资突破点
长期借款	15%	3% 5% 7%	45 000元以内 45 000~90 000元 90 000元以上	300 000元 600 000元
长期债券	25%	10% 11% 12%	200 000元以内 200 000~400 000元 400 000元以上	800 000元 1 600 000元
普通股	60%	13% 14% 15%	300 000元以内 300 000~600 000元 600 000元以上	500 000元 1 000 000元

(2) 计算边际资本成本。根据上一步计算出的筹资突破点,可以得到7组筹资总额范围:1) 300 000元以内;2) 300 000~500 000元;3) 500 000~600 000元;4) 600 000~800 000元;5) 800 000~1 000 000元;6) 1 000 000~1 600 000元;7) 1 600 000元以上。对以上7组筹资总额范围分别计算加权平均资本成本,即可得到各种筹资总额范围的边际资本成本。计算结果如表6-4所示:

表6-4 各种筹资总额范围的边际资本成本

序号	筹资总额范围	资金种类	资本结构	资本成本	加权平均资本成本
1	300 000元以内	长期借款 长期债券 普通股	15% 25% 60%	3% 10% 13%	15%×3%=0.45% 25%×10%=2.5% 60%×13%=7.8%
			第一个范围的资金边际成本=10.75%		
2	300 000~500 000元	长期借款 长期债券 普通股	15% 25% 60%	5% 10% 13%	15%×5%=0.75% 25%×10%=2.5% 60%×13%=7.8%
			第二个范围的资金边际成本=11.05%		
3	500 000~600 000元	长期借款 长期债券 普通股	15% 25% 60%	5% 10% 14%	15%×5%=0.75% 25%×10%=2.5% 60%×14%=8.4%
			第三个范围的资金边际成本=11.65%		
4	600 000~800 000元	长期借款 长期债券 普通股	15% 25% 60%	7% 10% 14%	15%×7%=1.05% 25%×10%=2.5% 60%×14%=8.4%
			第四个范围的资金边际成本=11.95%		
5	800 000~1 000 000元	长期借款 长期债券 普通股	15% 25% 60%	7% 11% 14%	15%×7%=1.05% 25%×11%=2.75% 60%×14%=8.4%
			第五个范围的资金边际成本=12.2%		
6	1 000 000~1 600 000元	长期借款 长期债券 普通股	15% 25% 60%	7% 11% 15%	15%×7%=1.05% 25%×11%=2.75% 60%×15%=9%
			第六个范围的资金边际成本=12.8%		
7	1 600 000元以上	长期借款 长期债券 普通股	15% 25% 60%	7% 12% 15%	15%×7%=1.05% 25%×12%=3% 60%×15%=9%
			第七个范围的资金边际成本=13.05%		

以上计算结果亦可绘制成规划图来反映,可以更形象地看出筹资总额增加时边际资本成本的变化(见图6-1最佳筹资规模),企业可以此做出追加筹资的规划。边际资本成本还可与边际投资报酬率相比较,以判断有利的投资和筹资机会。图6-1中同时显示了

企业目前的投资机会,A 至 F 共 6 个项目。企业筹集资本首先用于边际投资报酬率最大的 A 项目,然后有可能再选择 B 项目,以此类推。资本成本与投资机会的折线相交于 90 万元的筹资总额,这是适宜的筹资预算。此时可选择 A、B 和 C 三个项目,它们的边际投资报酬率高于相应的边际资本成本。D 项目的边际投资报酬率虽然高于目前的资本成本,但低于为其筹资所需的边际资本成本,是不可取的。

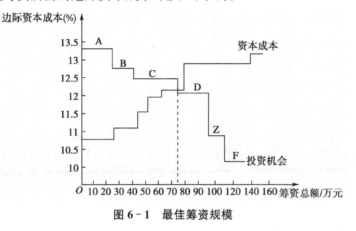

图 6-1　最佳筹资规模

第二节　经营杠杆与财务杠杆

一、经营风险和经营杠杆

(一)经营风险

经营风险指企业因经营上的原因而导致利润变动的风险。影响企业经营风险的因素很多,主要有:

(1) 产品需求。市场对企业产品的需求越稳定,经营风险就越小;反之,经营风险则越大。

(2) 产品售价。产品售价变动不大,经营风险则小;否则经营风险便大。

(3) 产品成本。产品成本是收入的抵减,成本不稳定,会导致利润不稳定,因此产品成本变动大的,经营风险就大;反之,经营风险就小。

(4) 调整价格的能力。当产品成本变动时,若企业具有较强的调整价格的能力,经营风险就小;反之,经营风险则大。

(5) 固定成本的比重。在企业全部成本中,固定成本所占比重较大时,单位产品分摊的固定成本额就多,若产品量发生变动,单位产品分摊的固定成本会随之变动,最后导致利润更大幅度地变动,经营风险就大;反之,经营风险就小。

(二)经营杠杆系数

在上述影响企业经营风险的诸因素中,固定成本比重的影响很重要。在某一固定成本比重的作用下,销售量变动对利润产生的作用,被称为经营杠杆。由于经营杠杆对经营风险的影响最为综合,因此常常被用来衡量经营风险的大小。

经营杠杆的大小一般用经营杠杆系数表示,它是企业计算利息和所得税之前的盈余(简称息税前利润)变动率与销售量变动率之间的比率。计算公式为:

$$DOL = \frac{\frac{\Delta EBIT}{EBIT}}{\frac{\Delta Q}{Q}}$$

式中:DOL——经营杠杆系数;

$\Delta EBIT$——息税前利润变动额;

$EBIT$——变动前的息税前利润;

ΔQ——销售变动量;

Q——变动前销售量。

假定企业的成本—销量—利润保持线性关系,变动成本在销售收入中所占的比例不变,固定成本也保持稳定,经营杠杆系数便可通过销售额和成本来表示。这又有两种公式:

公式1:

$$DOL_q = \frac{Q(P-V)}{Q(P-V)-F}$$

式中:DOL_q——销售量为Q时的经营杠杆系数;

P——产品单位销售价格;

V——产品单位销售成本;

F——总固定成本。

公式2:

$$DOL_s = \frac{S-VC}{S-VC-F}$$

式中:DOL_s——销售量为S时的经营杠杆系数;

S——销售额;

VC——变动成本总额。

在实际工作中,公式1可用于计算单一产品的经营杠杆系数;公式2除了用于单一产品外,还可用于计算多种产品的经营杠杆系数。

【例6-10】 某企业生产A产品,固定成本为60万元,变动成本率为40%,当企业的销售额分别为400万元、200万元、100万元时,经营杠杆系数分别为:

$$DOL_{(1)} = \frac{400-400 \times 40\%}{400-400 \times 40\% - 60} = 1.33$$

$$DOL_{(2)} = \frac{200-200 \times 40\%}{200-200 \times 40\% - 60} = 2$$

$$DOL_{(3)} = \frac{100 - 100 \times 40\%}{100 - 100 \times 40\% - 60} \to \infty$$

以上计算结果说明这样一些问题：

第一，在固定成本不变的情况下，经营杠杆系数说明了销售额增长（减少）所引起利润增长（减少）的幅度。比如，$DOL_{(1)}$说明在销售额400万元时，销售额的增长（减少）会引起利润1.33倍的增长（减少）；$DOL_{(2)}$说明在销售额200万元时，销售额的增长（减少）将引起利润2倍的增长（减少）。

第二，在固定成本不变的情况下，销售额越大，经营杠杆系数越小，经营风险也就越小；反之，销售额越小，经营杠杆系数越大，经营风险也就越大。比如，当销售额为400万元时，$DOL_{(1)}$为1.33；当销售额为200万元时，$DOL_{(2)}$为2。显然后者利润的不稳定性大于前者，故而后者的经营风险大于前者。

企业一般可以通过增加销售额、降低产品单位变动成本、降低固定成本比重等措施使经营杠杆系数下降，降低经营风险，但这往往要受到条件的制约。

二、财务风险与财务杠杆系数

（一）财务风险

一般地讲，企业在经营中总会发生借入资金。财务风险是指全部资本中债务资本比率的变化带来收益波动的风险。当债务资本比率较高时，投资者将负担较多的债务成本，并经受较高负债所引起的收益变动的冲击，从而加大财务风险；反之，当债务资本比率较低时，财务风险就小。

（二）财务杠杆

企业负债经营的情况下，一旦负债规模确定下来，那么不论利润多少，债务成本是不变的。于是，当利润增大时，每1元利润所负担的债务成本就会相对地减少，从而使投资者收益有更大幅度的提高。这种债务对投资者收益的影响称作财务杠杆。与经营杠杆作用的表示方式类似，财务杠杆作用的大小通常用财务杠杆系数表示。财务杠杆系数越大，表明财务杠杆作用越大，财务风险也就越大；财务杠杆系数越小，表明财务杠杆作用越小，财务风险也就越小。财务杠杆系数的计算公式为：

$$DFL = \frac{\frac{\Delta EPS}{EPS}}{\frac{\Delta EBIT}{EBIT}}$$

式中：DFL——财务杠杆系数；

ΔEPS——普通股每股收益变动额；

EPS——变动前的普通股每股收益；

$\Delta EBIT$——息税前利润变动额；

$EBIT$——变动前的息税前利润。

上述公式还可以推导为：

$$DFL = \frac{EBIT}{EBIT - I}$$

式中：I——债务利息。

【例6-11】 A、B、C为三家经营业务相同的公司,它们的有关情况见表6-5。

表6-5 财务杠杆系数

公司 \ 项目	A	B	C
普通股本	2 000 000	1 500 000	1 000 000
发行股数	20 000	15 000	10 000
债务(利率8%)	0	500 000	1 000 000
资本总额	2 000 000	2 000 000	2 000 000
息税前利润	200 000	200 000	200 000
债务利息	0	40 000	80 000
税前盈余	200 000	160 000	120 000
所得税(税率33%)	66 000	52 800	39 600
税后盈余	134 000	107 200	80 400
财务杠杆系数	1	1.25	1.67
每股普通股收益	6.7	7.15	8.04
息税前利润增加	200 000	200 000	200 000
债务利息	0	40 000	80 000
税前盈余	400 000	360 000	320 000
所得税(税率33%)	132 000	118 800	105 600
税后盈余	268 000	241 200	214 400
每股普通股收益	13.4	16.08	21.44

表6-5说明：第一,财务杠杆系数表明的是息税前利润增长所引起的每股收益的增长幅度。比如,A公司的息税前利润增长1倍时,其每股收益也增长1倍(13.4÷6.7－1);B公司的息税前利润增长1倍时,其每股收益增长1.25倍(16.08÷7.15－1);C公司的息税前利润增长1倍时,其每股收益增长1.67倍(21.44÷8.04－1)。

第二,在资本总额、息税前利润相同的情况下,负债比率越高,财务杠杆系数越高,财务风险越大,但预期每股收益(投资者收益)也越高。比如,B公司比起A公司来,负债比率高(B公司资本负债率为500 000÷2 000 000×100%＝25%,A公司资本负债率为0),财务杠杆系数高(B公司为1.25,A公司为1),财务风险大,但每股收益也高(B公司为7.15元,A公司为6.7元);C公司比起B公司来,负债比率高(C公司资本负债率为

1 000 000÷2 000 000×100％＝50％),财务杠杆系数高(C公司为1.67),财务风险大,但每股收益也高(C公司为8.04元)。

负债比率是可以控制的。企业可以通过合理安排资本结构,适度负债,使财务杠杆利益抵消风险增大所带来的不利影响。

三、总杠杆系数

从以上内容可知,经营杠杆通过扩大销售影响息税前利润,而财务杠杆通过扩大息税前利润影响收益。如果两种杠杆共同起作用,那么销售稍有变动就会使每股收益产生更大的变动。通常把这两种杠杆的连锁作用称为总杠杆作用。

总杠杆作用的程度,可用总杠杆系数(DTL)表示,它是经营杠杆系数和财务杠杆系数的乘积。其计算公式为:

$$DTL = DOL \times DFL = \frac{Q(P-V)}{Q(P-V)-F-I}$$

$$DTL = \frac{S-VC}{S-VC-F-I}$$

【例6-12】 某企业年销售额为1 500万元,变动率60％,息税前利润为500万元,全部资本700万元,负债比率40％,负债平均利率10％。

要求:计算该企业的总杠杆系数。

$$DTL = \frac{1\ 500 \times (1-60\%)}{500 - 700 \times 40\% \times 10\%} = 1.271$$

例如,甲公司的经营杠杆系数为2,财务杠杆系数为1.5,总杠杆系数即为:2×1.5＝3。

总杠杆系数的意义:首先,能够估计出销售变动对每股收益造成的影响。比如,上例中销售每增长(减少)1倍,就会造成每股收益增长(减少)3倍。其次,它使我们看到了经营杠杆与财务杠杆之间的相互关系,即为了达到某一总杠杆系数,经营杠杆和财务杠杆可以有很多不同的组合。比如,经营杠杆度较高的公司可以在较低的程度上使用财务杠杆;经营杠杆度较低的公司可以在较高的程度上使用财务杠杆,等等。这有待公司在考虑了各有关的具体因素之后做出选择。

第三节 资本结构理论

一、资本结构与企业价值

所谓资本结构(Capital Structure)是指企业各种资本的价值构成及其比例,特别是长期债务资本和权益资本(股本)的构成比例。该比例的高低,通过综合资本成本变化,直接影响企业价值的高低。在现代经济环境中,影响企业价值的直接因素是综合资本成本。企业只有获得超过平均资本成本水平以上的投资报酬率,才能增加股东收益,使股票市价升值。综合资本成本又取决于企业的资本结构。所以,优化资本结构,以最低的综合资本成本,达到企业价值最大化,是资本结构理论研究的核心问题。需要指出的是,企业价值是指市场对其潜在盈利能力和发展前景的评价与认同。其一,企业价值不是其现有的盈利水平,更不是其拥有的实物资产价值的总和,而是企业作为整体资产所具有的(潜在的)未来的获利能力,因而必然存在着风险因素(经营风险和财务风险)及资金时间价值的双重影响,使之具有不确定性;其二,企业价值是市场对企业的评价,不是企业自身对其价值的认定。在通常情况下,企业价值以企业发行的股票和债券的市价之和计算,这是因为有价证券在资本市场上市价的涨落,反映了投资者对企业发展前景的评估与预期。

由于长期债务成本通常都低于普通股成本,因此,从表面上看,似乎债务资本比重越高,对提高企业价值越有利,但事实并非如此。为此,资本结构理论要研究的两个基本问题是:其一,以债务资本代替权益资本能够提高企业价值吗?其二,如果提高债务资本在资本结构中的比重能增加企业价值,债务资本比重是否有限度?如果有,这个限度应如何确定?

为了说明上述问题,需建立以下基本公式:

设:S——普通股市场价值(每股市价与发行在外普通股股数之积);

B——长期债券市场价值;

$EBIT$——息税前利润(Earnings Before Interest and Taxes 的简写);

K_e——普通股成本;

K_b——长期债券成本(未扣除所得税因素);

I——应付利息($I=K_b \times B$);

K_w——加权平均资本成本(或综合资本成本);

T——所得税税率;

NI-税后净收益(Net Income 的简写);

V——企业总价值($V=S+B$)。

在预期 $EBIT$ 价值稳定,公司全部净收益都以股利支付给股东的假定下,则公司普通股市价为:

$$S = \frac{NI}{K_e}$$

上式说明,普通股市价即为税后净收益按普通股成本资本化的结果。在这里,K_e 也称为普通股最低报酬率(The Required Rate of Return),由上式可导出:

$$S = \frac{(EBIT - K_b B)(1-T)}{K_e}$$

式中,$K_b B$ 即为税前长期债券应付利息费用,分子为支付给股东的税后净收益,分母是普通股成本,因此,普通股成本可表示为:

$$K_s = \frac{(EBIT - K_b B)(1-T)}{S}$$

根据综合资本成本计算公式,有:

$$K_w = W_b K_b (1-T) + W_e K_e$$
$$= \left(\frac{B}{V}\right) K_b (1-T) + \left(\frac{B}{V}\right) K_e$$

上式中,W_b、W_e 分别为债务资本和权益资本的比重,据此,可分析公司负债比率(The Debt Ratio)对综合资本成本的影响。

$$V = \frac{K_b B(1-T) + S K_e}{K_w}$$

将 $K_s = \frac{(EBIT - K_b B)(1-T)}{S}$ 代入上式之中,有:

$$V = \frac{K_b B(1-T) + \left[\frac{(EBIT - K_b B)(1-T)}{K_e}\right] K_e}{K_w}$$
$$= \frac{EBIT(1-T)}{K_w}$$

上式说明,企业总价值即为支付利息费用之前的税后净收益(称为"净经营收益",The Net Operating Income),按综合资本成本资本化的结果,两者成反比关系。上述基本关系说明,公司资本结构通过综合资本成本变化,对企业价值产生影响,这是资本结构理论研究的基础。

二、资本结构理论的基本内容与发展

(一)资本结构理论的发展

资本结构理论是财务金融理论的重要组成部分之一。资本结构理论经历了传统资本结构理论和新资本结构理论两个阶段。传统资本结构理论是基于一系列严格假设进行研究的,包括传统理论、MM 理论和权衡理论等。主要的研究成果包括:(1)在理想条件下,MM 理论得出资本结构与公司价值无关的结论;(2)存在公司所得税条件下,MM 理论得出公司价值随负债的增加而增加的结论;(3)存在破产成本的条件下,权衡理论得出实现公司价值最大化要权衡避税利益和破产成本的结论。

新资本结构理论是基于非对称信息进行研究的,包括代理理论、控制权理论、信号理论和啄序理论等。主要的研究成果就是分析了在非对称信息条件下资本结构的治理效应及对公司价值的影响。

(二)传统资本结构理论

1. MM 资本结构理论的基本观点

MM 理论经历了两个发展阶段。最初的 MM 理论由美国的 Modigliani 和 Miller(简称MM)教授于1958年6月份发表于《美国经济评论》的"资本结构、公司财务与资本"一文中所阐述的基本思想。该理论认为,在不考虑公司所得税,且企业经营风险相同而只有资本结构不同时,公司的资本结构与公司的市场价值无关。或者说企业价值与企业是否负债无关,不存在最佳资本结构问题。无论公司有无债务资本,其价值(普通股资本与长期债务资本的市场价值之和)等于公司所有资产的预期收益额按适合该公司风险等级的必要报酬率予以折现。其中,公司资产的预期收益额相当于公司扣除利息、税收之前的预期盈利,即息税前利润;与公司风险等级相适应的必要报酬率相当于公司的综合资本成本率。而那些利用财务杠杆的公司,其股权资本成本率随筹资额的增加而提高。便宜的债务给公司带来的财务杠杆利益会被股权资本成本率的上升而抵消,最后使有债务公司的综合资本成本率等于无债务公司的综合资本成本率,所以公司的价值与其资本结构无关。

最初的MM资本结构理论基于如下假设:公司在无税收的环境中经营;公司营业风险的高低由息税前利润标准差来衡量,公司营业风险决定其风险等级;投资者对所有公司未来盈利及风险的预期相同;投资者不支付证券交易成本,所有债务利率相同;公司为零增长公司,即年平均盈利额不变;个人和公司均可发行无风险债券,并有无风险利率;公司无破产成本;公司的股利政策与公司价值无关,公司发行新债时不会影响已有债权的市场价值;存在高度完善和均衡的资本市场。

上述MM资本结构的基本理论是在一系列假设的前提下得出的。在企业的筹资实务中,几乎没有哪一家公司不关注资本结构。因此,MM资本结构的基本理论还需要发展。

修正的MM理论(含税条件下的资本结构理论)是MM于1963年共同发表的另一篇与资本结构有关的论文中的基本思想。他们发现,在考虑公司所得税的情况下,由于负债的利息是免税支出,可以降低综合资本成本,增加企业的价值。因此,公司只要通过财务杠杆利益的不断增加,而不断降低其资本成本,负债越多,杠杆作用越明显,公司价值越大。从而得出公司资本结构与公司价值相关的结论。在这种情况下,有债务公司的股权资本成本率等于无债务公司的股权资本成本率加上风险报酬率,风险报酬率的高低则视公司债务的比例和所得税率而定。随着公司债务比例的提高,公司的综合资本成本率会越低,公司的价值也会越高。最初的MM理论和修正的MM理论是资本结构理论中关于债务配置的两个极端看法。

2. 权衡理论观点——取消无破产成本假设

随着公司债务比例的提高,公司的风险也会上升,因而公司陷入财务危机甚至破产的可能性也就越大,由此会增加公司的额外成本,降低公司的价值。因此,公司最佳的资本结构应当是节税利益和债务资本比例上升而带来的财务危机成本与破产成本之间的平衡点。

财务危机是指公司对债权人的承诺不能兑现,或者难于兑现。财务危机在某些情况下会导致公司破产,公司的破产成本增加了公司的额外成本,从而会降低公司的价值。

因此公司的价值应当扣除财务危机带来的破产成本的现值。① 财务危机不一定带来破产，这时财务危机成本对公司价值的影响是通过股东为保护其利益，在投资决策时以股票价值最大化目标代替公司价值最大化目标而形成的。而当公司的经营者按此作出决策并予以执行时，会使公司的节税利益下降并降低公司价值。因此，由于债务带来的公司财务危机成本抑制了公司通过无限举债而增加公司价值的冲动，使公司的负债比例保持在适度的区间内。

（三）新的资本结构理论

20世纪七八十年代后又出现一些新的资本结构理论，主要有代理成本理论、信号传递理论和啄序理论等。

1. 代理成本理论

代理成本理论是经过研究代理成本与资本结构的关系而形成的。这种理论通过分析指出，公司债务的违约风险是财务杠杆系数的增函数；随着公司债务资本的增加，债权人的监督成本随之提升，债权人会要求更高的利率。这种代理成本最终要由股东承担，公司资本结构中负债比率过高会导致股东价值的减低。根据代理成本理论，债务资本适度的资本结构会增加股东的价值。

上述资本结构的代理成本理论仅限于债务的代理成本。除此之外，还有一些代理成本涉及公司的雇员、消费者和社会等，在资本结构的决策中也应予考虑。

2. 信号传递理论

信号传递理论认为，公司可以通过调整资本结构来传递有关获利能力和风险方面的信息，以及公司如何看待股票市价的信息。

按照资本结构的信号传递理论，公司价值被低估时会增加债务资本；反之，公司价值被高估时会增加股权资本。当然，公司的筹资选择并非完全如此。例如，公司有时可能并不希望通过筹资行为告知公众公司的价值被高估的信息，而是模仿被低估价值的公司去增加债务资本。

3. 啄序理论

资本结构的啄序理论认为，公司倾向于首先采用内部筹资，比如留存收益，因之不会传导任何可能对股价不利的信息；如果需要外部筹资，公司将先选择负债筹资，再选择其他外部权益筹资，这种筹资顺序的选择也不会传递对公司股价产生不利影响的信息。

---

① 财务危机成本取决于公司危机发生的概率和危机的严重程度。根据公司破产发生的可能性，财务危机成本可分为有破产成本的财务危机成本和无破产成本的财务危机成本。当公司债务的面值总额大于其市场价值时，公司面临破产。这时，公司的财务危机成本是有破产成本的财务危机成本。公司的破产成本又有直接破产成本和间接破产成本两种。直接破产成本包括支付律师、注册会计师和资产评估师等的费用。这些费用实际上是由债权人所承担的，即从债权人的利息收入中扣除。因此，债权人必然要求与公司破产风险相应的较高报酬率，公司的债务价值和公司的总价值也因而降低。公司的间接破产成本包括公司破产清算损失以及公司破产后重组而增加的管理成本。当公司发生财务危机但还不至于破产时，也同样存在着财务危机成本并影响公司的价值。这时的财务危机成本是无破产成本的财务危机成本。

按照啄序理论,不存在明显的目标资本结构,因为虽然留存收益和增发新股均属权益筹资,但前者最先选用,后者最后选用;获利能力较强的公司之所以安排较低的债务比率,并不是由于已确立较低的目标负债比率,而是由于不需要外部筹资;获利能力较差的公司选用负债筹资是由于没有足够的留存收益,而且在外部筹资选择中负债筹资为首选。

第四节 资本结构管理

一、融资的每股收益分析

判断资本结构合理与否,其一般方法是以分析每股收益的变化来衡量。能提高每股收益的资本结构是合理的;反之,则不够合理。由此前的分析已经知道,每股收益的高低不仅受资本结构(由长期负债融资和权益融资构成)的影响,还受到销售水平的影响,处理以上三者的关系,可以运用融资的每股收益分析的方法。

每股收益分析是利用每股收益的无差别点进行的。所谓每股收益的无差别点,指每股收益不受融资方式影响的销售水平。根据每股收益无差别点,可以分析判断在什么样的销售水平下适于采用何种资本结构。

每股收益无差别点可以通过计算得出。

每股收益 EPS 的计算为:

$$EPS = \frac{(S-VC-F-I)(1-T)}{N} = \frac{(EBIT-I)(1-T)}{N}$$

式中:S——销售额;

VC——变动成本;

F——固定成本;

I——债务利息;

T——所得税税率;

N——流通在外的普通股股数;

$EBIT$——息税前利润。

在每股收益无差别点上,无论是采用负债融资,还是采用权益融资,每股收益都是相等的。若以 EPS_1 代表负债融资,以 EPS_2 代表权益融资,有:

$$EPS_1 = EPS_2$$

$$\frac{(S_1-VC_1-F_1-I_1)(1-T)}{N_1} = \frac{(S_2-VC_2-F_2-I_2)(1-T)}{N_2}$$

在每股收益无差别点上,$S_1=S_2$,则:

$$\frac{(S-VC_1-F_1-I_1)(1-T)}{N_1} = \frac{(S-VC_2-F_2-I_2)(1-T)}{N_2}$$

能使得上述条件公式成立的销售额(S)为每股收益无差别点销售额。

【例 6-13】 某公司原有资本 700 万元,其中债务资本 200 万元(每年负担利息 24 万元),普通股资本 500 万元(发行普通股 10 万股,每股面值 50 元)。由于扩大业务,需追加筹资 300 万元,其筹资方式有二:

一是全部发行普通股:增发 6 万股,每股面值 50 元;

二是全部筹借长期债务:债务利率仍为 12%,利息 36 万元。

公司的变动成本率为 60%,固定成本为 180 万元,所得税税率为 33%。

将上述资料中的有关数据代入条件公式:

$$\frac{(S-0.6S-180-24)(1-33\%)}{10+6} = \frac{(S-0.6S-180-24-36)(1-33\%)}{10}$$

$$S = 750(万元)$$

此时的每股收益额为:

$$\frac{(750-750\times 0.6-180-24)(1-33\%)}{16} = 4.02(元)$$

上述每股收益无差别分析,可描绘如图 6-2。

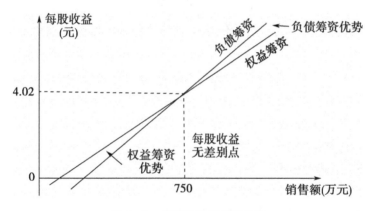

图 6-2 每股收益无差别分析

从图 6-2 可以看出,当销售额高于 750 万元(每股收益无差别点的销售额)时,运用负债筹资可获得较高的每股收益;当销售额低于 750 万元时,运用权益筹资可获得较高的每股收益。

以上每股收益无差别点的计算,建立在债务永久存在的假设前提下,没有考虑债务本金偿还问题。实际上,尽管企业随时借入新债以偿还旧债,努力保持债务规模的延续,也不能不安排债务本金的清偿。这是因为很多债务合同要求企业设置偿债基金,强制企业每年投入固定的金额。设置偿债基金使得企业每年有一大笔费用支出,并不能用来抵减税负。设置偿债基金后的每股收益称为每股自由收益(VEPS),是建立偿债基金企业的可供自由支配的资金,既可用于支付红利,也可用于进行其他新的投资。这种情况下的每股收益无差别分析公式可改为:

$$\frac{(S-VC_1-F_1-I_1)(1-T)-SF_1}{N_1} = \frac{(S-VC_2-F_2-I_2)(1-T)-SF_2}{N_2}$$

或：
$$\frac{(EBIT_1-I_1)(1-T)-SF_1}{N_1} = \frac{(EBIT_2-I_2)(1-T)-SF_2}{N_2}$$

式中：SF_1、SF_2 为企业在两种筹资方案下提取的偿债基金额。

二、最佳资本结构

以上我们以每股收益的高低作为衡量标准对筹资方式进行了选择。这种方法的缺陷在于没有考虑风险因素。从根本上讲，财务管理的目标在于追求公司价值的最大化或股价最大化。然而只有在风险不变的情况下，每股收益的增长才会直接导致股价的上升，实际上经常是随着每股收益的增长，风险也加大。如果每股收益的增长不足以补偿风险增加所需的报酬，尽管每股收益增加，股价仍然会下降。所以，公司的最佳资本结构应当是可使公司的总价值最高，而不一定是每股收益最大的资本结构。同时，在公司价值最大的资本结构下，公司的资本成本也是最低的。

公司的市场总价值 V 应该等于股票的总价值 S 加上债券的价值 B，即：

$$V = S + B$$

为简化起见，假设债券的市场价值等于它的价值。股票的市场价值则可通过下式计算：

$$S = \frac{(EBIT-I)(1-T)}{K_s}$$

式中：$EBIT$——息税前利润；

I——年利息额；

T——公司所得税税率；

K_s——权益资本成本。

采用资本资产定价模型计算股票的资本成本 K_s：

$$K_s = R_s = R_F + \beta(R_M - R_F)$$

式中：R_F——无风险报酬率；

β——股票的贝他系数；

R_M——期望市场收益率。

而公司的资本成本，则应用加权平均资本成本（K_W）来表示。其公式为：

加权平均资本成本＝税前债务资本成本×债务额占总资本比重×（1－所得税税率）＋权益资本成本×股票额占总资本比重，即：

$$K_W = K_b\left(\frac{B}{V}\right)(1-T) + K_s\left(\frac{S}{V}\right)$$

式中：K_b——税前的债务资本成本。

【例6-14】 某公司年息税前利润为500万元,资金全部由普通股资本组成,股票账面价值2 000万元,所得税税率40%。该公司认为目前的资本结构不够合理,准备用发行债券购回部分股票的办法予以调整。经咨询调查,目前的债务利率和权益资本的成本情况见表6-6。

表6-6 不同债务水平对公司债务资本成本和权益资本成本的影响

债券的市场价值 B(百万元)	税前债务资本成本 K_b	股票 β 值	无风险报酬率 R_F	平均风险股票必要报酬率 R_M	权益资本成本 K_s
0	—	1.2	10%	14%	14.8%
2	10%	1.25	10%	14%	15%
4	10%	1.3	10%	14%	15.2%
6	12%	1.4	10%	14%	15.6%
8	14%	1.55	10%	14%	16.2%
10	16%	2.1	10%	14%	18.4%

根据表6-6的资料,运用上述公式即可计算出筹借不同金额的债务时公司的价值和资本成本(见表6-7)。

表6-7 公司市场价值和资本成本

债券的市场价值 B(百万元)	股票的市场价值 S(百万元)	公司的市场价值 V(百万元)	税前债务资本成本 K_b	权益资本成本 K_s	加权平均资本成本 K_w
0	20.27	20.27	—	14.8%	14.80%
2	19.20	21.20	10%	15%	14.15%
4	18.16	22.16	10%	15.2%	13.54%
6	16.46	22.46	12%	15.6%	13.36%
8	14.37	22.37	14%	16.2%	13.41%
10	11.09	21.09	16%	18.4%	14.23%

从表6-7中可以看到,在没有债务的情况下,公司的总价值就是其原有股票的市场价值。当公司用债务资本部分地替换权益资本时,一开始公司总价值上升,加权平均资本成本下降;在债务达到600万元时,公司总价值最高,加权平均资本成本最低;债务超过600万元后,公司总价值下降,加权平均资本成本上升。因此,债务为600万元时的资本结构是该公司的最佳资本结构。

三、最佳资本结构决策

案例分析——波音公司的资本结构
(一)波音公司的资本结构
1990年3月,波音公司有负债2.77亿美元,同时权益的市场价值为161.82亿美元,股价为 69.75 美元,发行在外的股份有 2.32 亿股。在公司资本结构中,负债占 1.68%,权益占剩余的 98.32%。

在 1990 年 3 月波音公司股票的 β 系数为 0.95,当时国库券收益率为 9%,波音公司的负债等级为 AA。波音公司没有发行在外的债券,AA 级长期债券的收益率为 9.7%,公司税率为 34%,假定本案例采用的市场风险溢价为 5.5%。那么,

公司价值 = 16 182 + 277 = 16 459(百万美元)

权益成本 = 无风险利率 + β 系数 × 市场风险溢价 = 9% + 0.95 × 5.5% = 14.23%

负债的成本 = 税前利率 × (1 − 税率) = 9.7% × (1 − 34%) = 6.40%

加权平均资本成本 = $14.23\% \times \dfrac{16182}{16182+277} + 6.4\% \times \dfrac{277}{16182+277} = 14.09\%$

(二)不同负债水平下的权益成本

现在我们需要计算无负债的 β 系数,然后以此为基准再计算不同负债水平下的 β 系数,从而确定各个负债规模上的权益成本。

无负债 β 系数与公司财务杠杆之间存在如下关系:

$$\beta_0 = \frac{\beta_c}{1+(1-t)\dfrac{D}{E}}$$

式中,β_0 是指无负债公司的 β 系数,β_c 为当前公司的 β 系数,t 是公司税率,D/E 表示负债权益比率。据此我们可以计算出:

无负债 β 系数 = $\dfrac{0.95}{1+(1-34\%) \times 1.71\%} = 0.94$

波音公司负债的 β 系数以及对应的权益成本计算结果如表 6-8:

表 6-8 杠杆作用、β 系数与权益成本

负债/(负债+权益)%	负债/权益(D/E)%	负债价值*(百万美元)	β 系数	权益成本%
0	0	0	0.94	14.17
10	11.11	1 646	1.01	14.55
20	25.00	3 292	1.09	15.02
30	42.68	4 938	1.21	15.63
40	66.67	6 584	1.35	16.44
50	100.00	8 230	1.56	17.58
60	150.00	9 876	1.94	19.67
70	233.33	11 522	2.59	23.23
80	400.00	13 168	3.95	30.72
90	900.00	14 814	7.90	52.44

注:负债的价值* = $\dfrac{负债}{负债+权益} \times (负债的市场价值 + 权益的市场价值) = \dfrac{负债}{负债+权益} \times (16\,182+277)$

权益成本则是根据资本资产定价模型计算得到。

(三) 不同负债水平下的负债成本

一般来讲，公司负债规模增加以后，违约风险加大，债权人要求更高的的风险回报，这意味着负债成本提高。在确定负债成本的时候，通常要先确定不同负债率下的公司债券的等级以及与之相关的市场利率，这便是税前负债成本。然后利用公司税率计算出来税后的负债成本。

确定债券等级的模型很复杂，但是也有简单的方法：假定债券等级仅仅由利息保障倍数来决定而不考虑其他的财务比率。回忆一下我们学过的对利息保障倍数的定义：

$$利息保障倍数 = 息税前收益 / 利息费用$$

利息保障倍数是一个非常重要的财务比率，常被用作债券信用评级的指标。利息保障倍数会随着资本结构的变化而变化，当债务比率提高时，利息保障倍数下降。利息保障倍数越大，信用评级越高。以制造业公司为例，债券评级为 AAA 的公司的利息保障倍数一般在 9.65—10 之间。如果利息保障倍数小于 1，那么这个公司的债券评级通常要低于 B—。

根据不同等级长期债券的平均收益率，计算得到在 1990 年 3 月债券等级与市场利率的关系(见表 6-9)。

表 6-9 债券等级与负债成本

债券等级	负债利率(%)	对国库券的风险溢价(%)
AAA	9.30	0.30
AA	9.70	0.70
A+	10.00	1.00
A	10.25	1.25
A—	10.50	1.50
BBB	11.00	2.00
BB	11.50	2.50
B+	12.00	3.00
B	13.00	4.00
B—	14.00	5.00
CCC	15.00	6.00
CC	16.50	7.50
C	18.00	9.00
D	21.00	12.00

下面，我们要来看看波音公司的债券等级。这需要计算不同负债水平下的利息保障倍数。先来看波音公司在 1990 年的简化的利润表。

表 6-10 简化的波音公司利润表

营业收入	27 500	
—营业费用	(25 437)	
折旧息税前收入	2 063	
—折旧	(675)	
—利息费用	(26.87)	利息保障倍数=(1 361.13+26.87)/26.87=51.6
税前盈余	1 361.13	
—税收	(462.78)	
税后盈余	898.34	
+折旧	675	
经营资金	1 573.34	

根据这个利润表,重新计算不同负债水平下的利润表。例如,负债比率为公司价值的 10% 和 20% 的情况下的利润表。

表 6-11 负债比率[$D/(D+E)$]提高的影响

	10%	20%
负债	1 646[1]	3 292
折旧息税前收入	2 063	2 063
—折旧	(675)	(675)
息税前收益	1 388	1 388
—利息费用	(160)[2]	(346)
税前盈余	1 228	1 042
—税收	(418)	(354)
税后盈余	810	688
利息保障倍数	8.69[3]	4.02
债券等级	AA	A—
利率	9.7%	10.50%
税后负债成本	6.40%	6.93%

注:1. 公司价值为 16 459 百万美元,负债为公司价值的 10%;2. 利息成本为 9.7%;3. 息税前收益除以利息费用。

依据同理,我们还可以根据债券等级相对应的利率计算得到负债率 30%—90% 之间的负债的税后成本。分别是: 7.59%, 9.24%, 9.90%, 11.72%, 13.90%, 14.42%, 14.81%。限于篇幅,不再一一列举,有兴趣的读者可以自己计算。

(四) 不同负债水平下的加权平均资本成本

既然我们已经确定了不同负债水平下的权益成本和负债成本,那么就可以根据权益与负债的权重计算出来加权平均的资本成本。

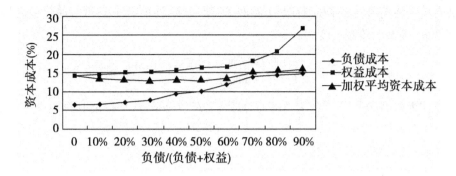

图6-3 资本成本与财务杠杆的关系

从图6-3中可以看出来,由于负债成本低于权益成本,所以当负债增加时加权平均的资本成本逐渐下降,当负债率达到30%时,综合资本成本最低,为13%,随后随着负债率的提高,综合资本成本会上升。

(五) 对公司价值的影响

资本成本的变动对公司价值影响很大。下面我们利用股息不变增长模型来计算公司价值。这要知道两个变量,一是现金流量,二是增长率。已知公司价值为164.59亿美元,资本费用为8亿美元,当前加权资本成本为14.09%。公司当前(自由)现金流量为:①

$$公司现金流量 = 息税前盈余 \times (1 - 税率) + 折旧 - 资本费用$$
$$= 1\,388 \times (1 - 34\%) + 675 - 800 = 791 (百万美元)$$

另外,根据股息不变增长模型,增长率 $g = \dfrac{公司价值 \times 加权资本成本 - 公司现金流量}{公司价值 + 现金流量}$,

$$g = \frac{16\,459 \times 14.09\% - 791}{16\,459 + 791} = 8.86\%$$

确定资本成本引起公司价值的变动是通过以下公式来计算:

$$最优负债比率带来的成本节约 = (WACC_{现行} - WACC_{最优}) \times 公司价值$$
$$= (14.09\% - 13.00\%) \times 16\,459 = 179.4 (百万美元)$$

$$公司价值增加 = \frac{每年节约的成本(1+g)}{WACC_{最优} - g} = \frac{179.4 \times (1 + 8.86\%)}{13\% - 8.86\%} = 4\,717.27 (百万美元)$$

所以,如果公司负债率提高到30%,公司价值将会从164.59亿美元增加到211.76亿美元。

---

① 科普兰教授(1990)比较详尽地阐述了自由现金流量的定义:"自由现金流量等于企业的税后净营业利润(即将公司不包括利息收支的营业利润扣除实付所得税税金之后的数额)加上折旧及摊销等非现金支出,再减去营运资本的追加和物业厂房设备及其他资产方面的投资。它是公司所产生的税后现金流量总额,可以提供给公司资本的所有供应者,包括债权人和股东。"

波音公司发行在外的普通股股份 2.32 亿股，如果股东对于公司增加负债融资的反应是理性的，那么股价预期变为：

$$股价的提高 = \frac{公司价值增加}{发行在外的股份} = \frac{4\,717.27}{232} = 20.33 (美元)$$

这意味着波音公司股价会从当前的每股 69.75 美元的水平提高到每股 90.08 美元，股价上涨 22.57%。如果波音公司保持资产规模不变，那么对资本结构进行调整是通过增加负债和回购股份来实现的，所以股价会在宣布回购的消息之日而上涨，所有股东都会从中受益。

本章小结

1. 资本成本是指企业为筹集和使用资金而付出的代价，体现为资金供给者所要求的必要报酬率。是企业用资费用和有效筹资额的比率。加权平均资本成本（Weighted Average Cost of Capital，WACC）是以各种资本占全部资本的比重为权数对个别资本成本进行加权平均确定的。边际资本成本是指筹资规模每增加一个单位而增加的成本。资本成本概念用于进行筹资方式选择决策中，边际资本成本与企业追加筹资的决策有关，而加权平均资本成本与资本结构的决策有关，对公司价值有关键性影响。

2. 留存收益融资并非免费，存在机会成本。如果公司把它返还给股东，股东可以用于购买股票等投资而获利，因此，留存收益的成本至少等于股东把其再投资所获得的收益。

3. 确定权益资本成本有三种方法：资本资产定价模型、风险溢价法以及股利增长模型。相对而言，资本资产定价模型使用更加广泛。

4. 可转债成本分为负债和权益两个部分来分别计算。负债成本即可转债在转换前作为直接债券的价值。而权益部分价值则等于可转债的市场价格减去直接债券的价值。

5. 经营杠杆被用来衡量经营风险的大小，是企业计算利息和所得税之前的盈余（简称息税前利润）变动率与销售量变动率之间的比率。财务杠杆用来衡量财务风险的大小，表示息税前盈余变动对每股盈余变动的影响。财务杠杆越大，企业负债率越高，财务风险越大。

6. 资本结构（Capital Structure）是指企业各种资本的价值构成及其比例，特别是长期债务资本和权益资本（股本）的构成比例。该比例的高低，通过加权资本成本变化，直接影响企业价值的高低。

7. 资本结构理论是财务金融理论的重要组成部分。其中最具影响的是 MM 定理。MM 定理认为，在考虑了公司税之后，公司价值会随着财务杠杆系数提高而增加，所以资本结构或者说筹资组合对公司价值有显著影响。

8. 公司的最佳资本结构是使公司价值最高而不一定是每股收益最大的资本结构。在公司价值最大的资本结构下，公司的加权平均资本成本是最低的。公司在权益与负债融资之间进行权衡,寻找最佳筹资组合。

思考与应用

1. "资本成本只需依据所评估的投资方案的风险而定,所以我们不用考虑公司整体的资本成本",您对于这句话有什么看法?
2. MM 资本结构理论的基本结论是什么?
3. 资料:ABC 股份有限公司融资的情况如下表:

资金种类	面值（元）	融资额（元）	期限（年）	年利率或股利率	年股利增长率	所得税税率	融资费用率
长期借款		12 000 000	3	6%		25%	
公司债券	2 000 000	2 800 000	5	8%		25%	5%
普通股	45 000 000	70 000 000		10%	5%		3%
优先股	1 500 000	2 200 000		12%			2%
留存利润		6 000 000		13%	2%		

要求:
(1) 分别计算各种资金的资本成本。
(2) 计算加权平均资本成本。

4. 宏伟公司生产 M 系列零件,平均单价 240 元,单位变动成本 180 元/件,固定成本 100 000 元。

要求:
(1) 计算当销售量为 30 000 件、40 000 件和 60 000 件时,公司的息税前利润为多少?
(2) 计算上述三种情况下的经营杠杆系数。
(3) 分析销售量增加时,经营杠杆系数的变化。

5. XYZ 公司是一家全部以股本融资的公司,其财务报表摘要如下:

资产负债表		损益表	
总资产	3 000 000	销售收入	5 625 000
普通股(100 000 股)	1 000 000	减:成本	4 725 000
留存利润	2 000 000	息税前利润(EBIT)	900 000
总权益	3 000 000	减:所得税(25%)	225 000
		税后利润(EAT)	675 000

注:息税前利润(EBIT)为销售收入的 16%。

现公司拟增新资本 1 000 000 元,有两种融资方案可供选择:一是按 80 元/股的价格发行普通股;二是发行利率为12%的公司债券。若公司扩资成功,销售收入可望增加到6 500 000元,EBIT 将按与销售额增长的同样比例增至新的水平。

要求:

(1) 计算目前华丰公司的 EPS。

(2) 计算两种融资方案的 EPS 相等时的临界点 EBIT。

(3) 计算两种融资方案的 EPS 各为多少。

6. 某公司全部资本为1 000万元,负债权益资本比例为40:60,负债年利率为12%,企业所得税率33%,税前利润为160万元。要求:试计算财务杠杆系数并说明有关情况。

7. 某公司拟发行期限为5年,面值总额为2 000万元,利率为12%的债券,其发行收入为2 500万元,发行费率为4%,所得税率33%。要求:计算该债券的资本成本。

8. 企业拟筹资2 500万元,其中:发行债券1 000万元,筹资费率为2%,债券年利率为10%,所得税率为33%;优先股500万元,年股息率12%,筹资费率为3%;普通股1 000万元,筹资费率为4%,第一年预期股利率为10%,以后每年增长4%。要求:试计算该筹资方案的综合资本成本。

9. 关于经营杠杆系数,当息税前利润大于0时,下列说法正确的是　　　　(　　)

　A. 在其他因素一定时,产销量越小,经营杠杆系数越大

　B. 在其他因素一定时,固定成本越大,经营杠杆系数越小

　C. 当固定成本趋于0时,经营杠杆系数趋近于0

　D. 在其他因素一定时,产销量越小,经营杠杆系数越小

10. 在事先确定企业资金规模的前提下,吸收一定比例的负债资金,可能产生的结果有　　　　　　　　　　　　　　　　　　　　　　　　　　　(　　)

　A. 降低企业资本成本　　　　　B. 降低企业财务风险

　C. 加大企业财务风险　　　　　D. 提高企业经营能力

　E. 提高企业资本成本

11. 企业降低经营风险的途径一般有　　　　　　　　　　　　　(　　)

　A. 增加销售量　　　　　　　　B. 增加自有资本

　C. 降低变动成本　　　　　　　D. 增加固定成本比例

　E. 提高产品售价

12. XCV公司是一家汽车零件制造商,该公司正在考虑负债的成本和收益。公司的CEO提出由于公司目前没有负债,权益的投资回报率仅为12.5%,如果公司借入负债,那么权益的投资回报率将会大幅度上升,这种看法正确吗?当负债比率增加时,公司的价值必然提升吗?为什么?

13. 作为一家大型公司的CEO,你正在考虑公司能够负担多大程度的债务。目前公司发行在外的股票有1亿股,市价为每股50美元,未到期的负债市值为20亿美元,公司债券等级为BBB。BBB级债券利率为11%。公司股票的β系数为1.5,股票市场预期收益率14%,国库券利率8%。边际税率46%。如果借入10亿美元债务,公司债券等级会

下降为 B。B 级债券利率为 12.5%。回答以下问题:

(1) 从新的负债(10 亿美元)的边际收入与边际成本角度考虑,你会赞成还是反对借入新的负债?

(2) 在借入新的负债之前和之后,公司的加权平均资本成本分别是多少?

(3) 在借入新的负债后,股票价格会发生什么变化?

(4) 假设公司面临一个 10 亿美元的投资项目,该项目的税前收益预计为每年 5 亿美元而每年的成本预期为 3 亿美元,你是否同意公司采纳这个项目?为什么?

(5) 如果在(4)中的投资项目的现金流是确定的,你的决定是否会改变?为什么?

第七章 营运资本管理

【本章提要】营运资本管理在公司财务管理的实践中具有举足轻重的作用,它包括短期资产的管理和短期负债的管理,但重点是对短期资产的管理。短期资产管理按资产具体项目又分为现金管理、应收账款管理、存货管理等。本章重点介绍公司营运资本管理策略和短期资产管理。通过本章的学习,要求重点掌握现金、应收账款和存货等主要流动资产的管理方法。

【引 例】苏宁电器是集家电、电脑、通讯为一体的全国大型3C电器专业销售连锁企业。苏宁电器股份有限公司成立于1990年年末,2004年7月,苏宁电器在深圳证券交易所成功上市,募集资金4亿元,股本总额达9 316万元。与许多传统行业扩张"赚规模不赚利润"相比,苏宁电器的扩张是"既赚规模又赚利润"的典型代表。这在一定程度上得益于营运资金管理水平有很大提高。考察苏宁电器的营运资金管理绩效,可以发现从2004年到2009年,苏宁电器的营运资金周转期从-1天变到-56天,苏宁电器的运营资金周转绩效的提升并不是存货周转和应收账款周转加快的结果,因为在2004年到2009年期间,苏宁电器的存货周转期和应收账款周转期都没有发生显著变化。其营运资金管理绩效的提升主要是应付账款周转期延长的结果。而且苏宁电器应付款项、应付票据的规模一直居高不下,并且呈上升趋势,2009年应付账款较2008年上升51.1%,应付票据上升97.27%。这主要是因为近些年来我国家电行业供应链的重心开始由制造商向零售商转移,强势的零售商正取得越来越多的话语权。但是苏宁电器营运资本管理中存在隐忧。主要表现为成品存货占有较大比重,各年均在80%以上,其占营业收入的比重也较高。在2004年到2009年期间,苏宁电器成品存货占营业收入的比重分别为8.40%、13.2%、13.0%、11.3%、9.80%、10.8%。大量的成品存货的存在导致苏宁电器营销渠道周转期一直居高不下,在一定程度上体现出苏宁电器营销渠道的营运资金管理尚有较大的改进空间。

透过这个案例我们可以看到,营运资本会影响现金流量。保持合适规模的营运资本是公司正常经营的基础。

第一节 营运资本概述

一、营运资本概念

营运资本有广义和狭义之分。广义的营运资本是指公司的流动资产的总额,即公司所有流动资金和流动负债的管理问题。狭义的营运资本,又称净营运资本,即公司流动资产减去流动负债后的余额,实际上是公司以长期负债和权益资本为来源的那部分流动资产。公司金融中提到的营运资本,一般指的是狭义的营运资本。其计算公式如下:净营运资本＝流动资产－流动负债＝长期负债＋所有者权益－非流动资产。其中,流动资产是可以在一年以内或超过一年的一个营业周期内变现或运用的资产。流动负债是需要在一年以内偿还的债务。该公式表示,如果流动资产大于流动负债,则净营运资本为正数,与它相对应的"净流动资产"要以长期负债或股东权益的一定份额为其资本来源。企业的净营运资本越多,它越能履行当期财务责任。

公司持有营运资本的原因主要基于以下三个方面的考虑:第一,营运资本是公司从事正常生产经营活动的基础;第二,营运资本规模影响公司的经营风险;第三,营运资本是公司解决现金流入量与流出量的不同步性和不确定性的有效手段。

由于流动资本与固定资产盈利能力上的差别,以及短期资本与长期资本筹资成本上的差别,如果净营运资本越多,就意味着企业是以更大的筹资成本将长期资本运用到盈利能力较低的流动资产上,从而使企业整体的盈利水平相应地降低,所以,公司营运资本管理要解决两个问题:一是如何确定流动资产的投资规模。在决定流动资产(现金、有价证券、应收账款和存货)的最佳数量或水平时,公司财务管理人员必须考虑获利能力与风险之间的权衡关系。二是如何确定与流动资产相配合的资金来源。即公司为了获得所需投资应如何筹措资金的问题。作为公司的财务管理人员,在对营运资本进行管理的时候,必须注意以下问题:(1)流动资产占公司总资产的比例必须适度;(2)重视流动负债融资的便利和低成本;(3)流动资产与流动负债相匹配。

二、营运资本的权衡

最佳营运资本决策存在一个权衡问题。拥有大量的营运资本(即流动资产超过流动负债),可以减少流动风险,但是却对现金流量有副作用,会减少现金流量。所以,在进行营运资本决策时应该综合考虑两种影响相抵之后的净效应。

1. 现金流量效应

营运资本会影响现金流量,增加营运资本减少现金流量,因为投资于营运资本的现金不能够同时投资于其他资产,而减少营运资本则会增加现金流量。营运资本的变动对现金流量的影响受到多种因素影响。

(1) 生产经营所需的营运资本投资额。公司营运资本占经营现金流量或者销售收入比重越大,营运资本对现金流量的影响往往越大。例如,一个房地产商存货的增减变化所引起的现金流量的变化远远大于一家房地产中介服务商存货变动对现金流量的影响。这是因为服务企业所需要的营运资本较少。

(2) 营运资本的增补。不同类型的营运资本对现金流量有不同的影响。例如增加证券资产虽然也会减少现金流量,但是因为有投资收益(利息或者股利),所以现金流量受到的影响较小。但是增加存货却会给现金流量带来较大负面影响。因为持有存货不会带来任何现金收益,反而产生存储成本和管理成本。

2. 流动效应和经营效应

增加营运资本有助于减少公司面临的流动风险。营运资本对流动风险的影响取决于以下因素。一是筹资的可得性。易于取得外部资金的公司比难以取得外部资金的公司面临的流动风险要小，因为这些公司可以从外部获得融资来偿还到期债务。这意味着与易于获得商业信用或者从金融市场融资的大公司相比，小公司因营运资本下降而遭遇的流动性风险更大。二是经济状况。在经济衰退时，公司因营运资本变动要承受更大的流动性风险。在经济繁荣时，风险要大大降低。三是未来现金流量的不确定性。公司通常利用经营所得现金流量支付到期流动性债务。如果公司的现金流量可预测并且稳定，那么拥有较低的营运资本也可以保持正常生产经营。但是如果未来的现金流量不稳定，即便有较多的营运资本，经营也会出现问题。

经营效应是指维持较高的营运资本规模能够带来更多的营业收入以及影响潜在增长率。比如保持较高的存货水平能够使公司增加销售，至少可以避免因需求增长而存货不足的损失。再比如应收账款，虽然提供较多的商业信用会对现金流量产生副作用，但是却会扩大销售，增加应收账款额，从而可能增加营业收入和利润。

3. 最佳营运资本水平

从以上分析可以看到，增加营运资本会减少现金流量但是降低流动风险，而增加营运资本可能会增加收入和经营现金流量。公司经理要在这二者之间做出权衡，作出是否要增加营运资本的决策。一般来讲，只有收益大于成本时，才应该增加营运资本。最佳营运资本应该在边际收益等于边际成本的地方，或者说是使公司价值最大化的营运资本水平。

请看下面这个案例。假设有一家公司，该公司年营业收入1 000万元，营业利润占营业收入的10%。营业收入与营业利润同比例增长。如果公司不需要营运资本，其税后营业利润增长率预计为每年3%，资本成本为12.5%。随着营运资本的增加，营业利润预期增长率也将增加（以递减的速度），资本成本降低，见表7-1。

表7-1 公司价值与营运资本的关系

营运资本（占收入比例%）	预期营业收入增长率	资本成本（%）	公司价值（万元）
0	3.00	12.50	1 084.21
10	4.00	12.45	1 183.43
20	4.50	12.40	1 208.86
30	4.83	12.35	1 201.77
40	5.08	12.30	1 174.36
50	5.28	12.25	1 132.06
60	5.45	12.20	1 077.78
70	5.59	12.15	1 013.29
80	5.72	12.10	939.73
90	5.83	12.05	857.87
100	5.93	12.00	768.23

表7-1说明营运资本变动对公司价值的影响。没有营运资本的时候,按照不变增长模型,公司价值等于:

$$公司价值 = \frac{100 \times 1 + 3\%}{12.5\% - 3\%} = 1\,084.21\ 万元$$

假定如果营运资本增加到营业收入的10%,预期收入增长率从3%增加到4%,资本成本从12.5%下降为12.45%,那么预期现金流量将因为营运资本的增加而减少。

下一年度预期现金流量=下一年度预期营业利润-预期营运资本的增加额=100×(1+4%)-1 000×4%×10%=100(万元)

(其中,预期营运资本的增加额=营业收入的增加额×营运资本占收入的百分比)

$$营运资本占收入10\%时,公司价值 = \frac{100}{12.45\% - 4\%} = 1\,183.43(万元)$$

假定营运资本增加到100%,那么公司价值 $= \dfrac{1\,001 + 5.93\% - 1\,000 \times 5.93\% \times 100\%}{12\% - 5.93\%}$
=768.23(万元)

其他情况读者可以自己计算。

从中可以看到,公司价值与营运资本之间存在紧密联系。当营运资本占收入20%时,公司价值达到最大。

4. 营运资本管理的行业差异

不同的行业有不同的营运资本管理政策,并且每个行业的营运资本政策又会随时间的变化而变化。有研究表明,我国上市公司不同行业之间的营运资本管理具有显著性差异,而同一行业的营运资本则具有高度稳定性。各个行业营运资本管理与其影响因素之间都存在显著的相关关系,不过同一因素对各行业的影响方向和影响力度是不一样的。

因为难以确定最佳营运资本的影响因素,所以在实践中很多公司采用行业对比的方法来确定适合本公司的营运资本比率。这是对营运资本比率的较好的估计。表7-2显示的是美国一些行业的营运资本比率。

表7-2 部分行业营运资本比率

行　业	营运资本占收入的比率(%)
农　业	31.30
制药业	43.15
消费品	13.72
设备制造业	25.11
银行及金融服务业	9.84
房地产业	46.03
保险业	17.44

续表

行　业	营运资本占收入的比率(%)
零售业	13.95
批发业	17.36
娱乐业	22.75
矿业	39.48
饮料	7.26
平均	18.81

公司通常参考行业水平来建立自己的营运资本政策。但是如果大家都这样做,那么就会导致各家公司的营运资本比率过高或者过低。而且,某家公司的营运资本率高于或者低于行业平均水平,也并不能够表明该公司的营运资本投入过多或者过少,这是因为营运资本比率还要受到公司特征差异的影响。所以,在参考行业水平的同时,公司还应该尽可能建立自己的最佳营运资本比率政策。

三、公司流动资产组合策略

公司流动资产的需要量可分为正常需要量和保险储备量。前者指满足正常生产经营需要而持有的流动资产;后者指为应付意外情况的发生,在正常生产经营需要量以外而储备的流动资产。公司资产组合策略应视流动资产数量与正常需要量和基本保险储备之和的数量之间的关系确定。

依据流动资产的数量变动,可以将流动资产的组合策略分为稳健的资产组合策略、中庸的资产组合策略、激进的资产组合策略三大类型。

1. 激进的资产组合策略

公司在安排流动资产数量时,只安排正常生产经营需要量而不安排或只安排很少的保险储备量。采用这种策略,公司的流动资产投资少了,可以获得较高的投资报酬率,但是财务风险较大。

2. 稳健的资产组合策略

公司在安排流动资产数量时,在正常生产经营需要量和基本流动资产保险储备量的基础上,再加上一部分额外流动资产储备量。采用这种策略,公司的流动资产投资多了,可以降低公司的财务风险。

3. 中庸的资产组合策略

公司在安排流动资产数量时,在正常生产经营需要量的基础上,再适当加上基本流动资产保险储备量,也就是说,使公司流动资产的储备量为正常需要量和保险储备量之和。

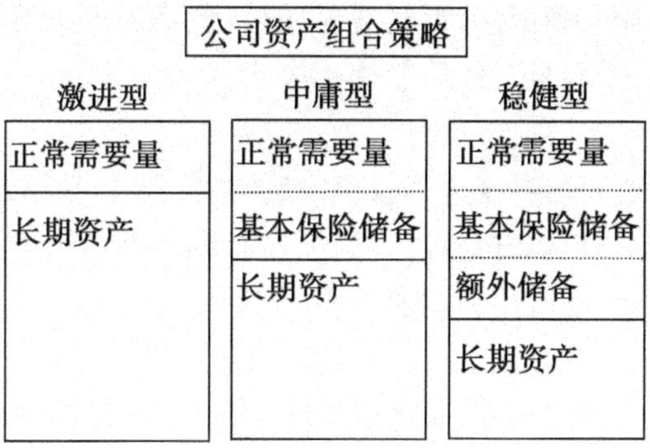

公司资产组合策略		
激进型	中庸型	稳健型
正常需要量	正常需要量	正常需要量
长期资产	基本保险储备	基本保险储备
	长期资产	额外储备
		长期资产

图 7-1 资产组合策略

以上三种不同的资产组合策略,从投资报酬来看,激进的资产组合策略报酬最高,中庸的资产组合策略报酬次之,稳健的资产组合策略报酬最低;从偿债能力来看,由于风险大小与偿债能力相反,稳健的资产组合策略偿债能力最强,中庸的资产组合策略偿债能力次之,激进的资产组合策略偿债能力最弱。

作为公司的财务人员,在确定公司流动资产组合策略时,应该对影响公司资产组合的因素有所了解。这些影响因素主要有:(1)风险与报酬。在筹资组合不变的情况下,较多地使用流动资产,可以减少公司的风险;较多地使用固定资产,则可以提高公司的收益,从而提高公司的投资报酬率。(2)公司的经营规模。大公司有较强的筹资能力,承担风险的能力较强,因而可以较多地投资于固定资产,降低流动资产的投资比例。(3)行业特点。制造业较之零售业应有较多的固定资产需要量,而对流动资产的需要量较低。(4)利率水平。在利率水平较高时,公司应减少对流动资产的投资。反之,可以增加对流动资产的投资。

第二节 现 金 管 理

这里所指现金包括公司的库存现金、银行存款和其他货币资金。

一、公司持有现金的动机

公司持有一定数量的现金,主要基于下列动机:

1. 支付动机

又称交易动机,指公司为满足日常交易活动的需要而持有现金。这是公司持有现金的主要动机。如公司在生产经营过程中,购买原材料、支付工资、缴纳税金、到期债务、派发现金股利等都必须用现金支付。由于公司每天的现金流入量与流出量在时间与数额上,通常存在一定程度的差异,因此,公司需要持有一定数量的现金。

2. 预防动机

是指公司为预防意外事件的发生而必须持有一定数量的现金。如市场价格变化,应收账款不能按期收回等。如公司承揽一项工程项目需预付一定数额的保证金。如航空公司的现金流具有较高的不确定性,天气情况、燃料价格等因素使其现金预测十分困难,因此,航空公司要求的最低现金余额一般相当多。

3. 投机动机

公司为满足投机需要而持有现金。投机的动机,实际上可分为三类。一是在证券市场上购买股票,就是典型的投机行为;二是为抓住有利可图的市场机会,如遇有廉价原材料或其他资产供应的机会,便可用手头持有的现金大量购入;三是市场上有可能出现的良好的投资机会,公司持有现金往往可以获取较大收益。

4. 其他动机

公司除了以上三项原因持有现金外,也会基于满足将来某一特定要求的特殊性考虑,或者为满足银行补偿性余额的要求而持有现金。

一般来讲,满足将来某一特定要求的特殊性往往基于以下几种考虑:(1)公司持有充足的现金以便获得商品交易中的现金折扣,从而获得更多的收益。(2)公司持有充足的现金可以维持与提高公司的信用等级。在评定公司的信用等级或进行公司信用分析时,现金的绝对额与相对数是一项很重要的因素。(3)公司持有充足的现金可以有效地提高公司在商业竞争中的灵活性。

二、现金管理的目的

现金管理主要是合理确定现金持有量。其必要性在于:现金属于非盈利性资产,过多持有会降低公司的盈利能力;现金持有量不足则导致较大的财务风险。

因此,现金管理的目的是:在保证公司生产经营所需要现金的同时,节约使用资金,并从暂时闲置的现金中获得最多的利息收入,最终达到既保证公司交易所需要的资金,降低财务风险,又不使现金过多闲置的现金管理目标。

三、最佳现金持有量的确定

基于公司持有现金动机的需要,必须保持一定数量的现金余额。对如何确定公司最佳现金持有量,经济学家们提出了许多模式,常见模式主要有现金周转期模式、成本分析模式、存货模式、因素分析模式。

(一)现金周转期模式

现金周转期模式是从现金周转的角度出发,根据现金的周转速度来确定最佳现金持有量。

1. 现金周转期

现金周转期是指从现金投入生产经营开始,到最终转化为现金所经历的时间。这个过程经历三个周转期:(1)存货周转期。将原材料转化成产成品并出售所需要的时间;(2)应收账款周转期。指将应收账款转换为现金所需要的时间,即从产品销售到收回现金的期间;(3)应付账款周转期。从收到尚未付款的材料开始到现金支出之间所用的时间。

现金周转期的计算公式:

现金周转期 = 存货周转期 + 应收账款周转期 − 应付账款周转期

2. 最佳现金持有量计算

现金周转期模式下,最佳现金持有量计算公式为:

$$Q^* = \frac{Q}{360} \times T \tag{7.1}$$

式中:Q^*——最佳现金持有量;

Q——公司年现金需求总额;

T——现金周转期。

【例 7-1】 宁晖股份有限公司预计计划年度存货周转期为 120 天,应收账款周转期为 80 天,应付账款周转期为 70 天,预计全年需要现金 1 400 万元,求最佳现金持有量是多少?

解:根据题意可得:

现金周转期 $T = 120 + 80 - 70 = 130$(天)

最佳现金持有量 $Q^* = \frac{Q}{360} \times T = \frac{1\,400}{360} \times 130 \approx 505.56$(万元)

需要注意的是,根据现金的周转速度来确定最佳现金持有量是基于以下几点假设:(1)假设现金流出的时间发生在应付款支付的时间。事实上,原材料的购买发生在生产与销售过程中,因此,以上假设的结果是过高估计最低现金持有量。(2)假设现金流入等于现金流出,即不存在着利润。(3)假设公司的购买—生产—销售过程在一年中持续稳定地进行。(4)假设公司的现金需求不存在着不确定因素,这种不确定因素将影响公司现金的最低持有量。如果上述假设条件不存在,则求得的最佳现金余额将发生偏差。

(二)成本分析模式

成本分析模式是通过分析持有现金的有关成本,分析预测其总成本最低时现金持有量的一种方法。

1. 公司持有现金的成本

公司持有现金是有代价的,通常持有现金的成本一般包括三种成本,即:持有成本、转换成本和短缺成本。

(1)持有成本

现金的持有成本是指公司因保留一定现金余额而增加的管理费用及放弃将用于其他投资机会而可能获得的收益。实际上,现金持有成本包括持有现金的机会成本和管理成本两部分。

机会成本是公司把一定的资金投放在现金资产上所付的代价,如:因持有现金而不对外放贷就放弃了利息收入,不对外投资就会放弃投资收入,所持现金的机会成本就是放弃投资收益的代价,即投资机会成本。现金机会成本与现金持有量成正比。计算公式如下:

现金机会成本 = 资本成本率 × 现金持有量

如果一个公司的加权平均资本成本是6%,年均持有50万元的现金,那么,这家公司每年现金的机会成本为3万元。

现金管理成本是对公司日常置存的现金资产进行管理而支付的代价,包括建立、执行、监督、考核现金管理内部控制制度的成本,编制执行现金预算的成本以及相应的安全装置购买、维护成本等。它是一种相对固定的成本,与现金持有量没有明显对应关系。

(2) 转换成本

现金的转换成本是指公司用现金购入有价证券以及转让有价证券换取现金时付出的交易费用,即现金同有价证券之间相互转换的成本。如委托买卖佣金、委托手续费、证券过户费、实物交割手续费等。

公司留存大量现金就要承担很大的机会成本,如果将现金投入有价证券就可以避免这种损失,短期有价证券可以作为现金的替代品,随时抛售来补充公司的现金不足,这样可以获得比现金高的收益。

这类成本只与交易次数有关,而与现金余额无关。

(3) 短缺成本

现金的短缺成本是指公司由于缺乏必要的现金资产,而无法应付各种必要的业务和还贷等方面的开支或抓住宝贵的投资机会而造成的损失。如:公司因未能持有规定的现金余额而向银行支付的罚金;因在银行的活期存款账户上透支而影响未来贷款等。现金的短缺成本随现金持有量的增加而下降,随现金持有量的减少而上升,即与现金持有量负相关。

2. 运用成本分析模式确定最佳现金持有量应考虑的成本

运用成本分析模式确定最佳现金持有量,只考虑因持有一定量的现金而产生的持有成本及短缺成本,而不予考虑转换成本。

3. 运用成本分析模式确定最佳现金持有量的步骤

第一步,根据不同现金持有量测算并确定有关成本数值;

第二步,按照不同现金持有量及有关成本资料编制最佳现金持有量测算表;

第三步,在测算表中找出总成本最低的现金持有量,即最佳现金持有量。

【例7-2】 宁晖公司有四种现金持有方案,各方案的相关成本资料如表7-3所列,要求:计算该公司的最佳现金持有量。

表7-3 现金持有量备选方案表　　　　　　　　单位:万元

方案 项目	A	B	C	D
现金持有量	15 000	25 000	35 000	45 000
资本成本率	10%	10%	10%	10%
管理成本	3 000	3 000	3 000	3 000
短缺成本	8 500	4 000	3 500	0

解:根据上表编制公司最佳现金持有量测算表,见下表。

表 7-4　现金最佳持有量表　　　　　　　　　　单位：万元

方案	现金持有量	机会成本	管理费用	短缺成本	总成本
A	15 000	15 000×10％＝1 500	3 000	8 500	13 000
B	25 000	25 000×10％＝2 500	3 000	4 000	9 500
C	35 000	35 000×10％＝3 500	3 000	3 500	10 000
D	45 000	45 000×10％＝4 500	3 000	0	7 500

通过上表分析比较各方案的总成本可知，D 方案的总成本最低，因此，公司持有 45 000 万元的现金时，各方面的总代价最低，45 000 万元为现金最佳持有量。

（三）存货模式

存货模式是借用存货的管理方法于现金管理，以确定最佳现金持有量的方法。最佳现金持有量是指通过确定现金资产与有价证券间的最佳比例，以达到现金总成本最低的现金持有量。公司持有现金的成本一般包括三种成本，即：持有成本、转换成本和短缺成本。

运用存货模式确定最佳现金持有量，一般只考虑因持有一定量的现金而产生的持有成本及转换成本，而不予考虑短缺成本。这是分析现金管理问题的一个经典方法，又称作鲍默尔模型。该模式下的现金总成本和最佳现金持有量的计算公式如下：

$$总成本 = 持有成本 + 转换交易成本$$

即，

$$T_C = R \times \frac{Q}{2} + F \times \frac{S}{Q} \tag{7.2}$$

式中：S——一定时期内的预计现金需求总量；

R——同期的有价证券利率；

F——每次证券转换为现金的固定成本；

Q——公司期初现金持有量。

对上述公式求导。因为一阶导数为零的点是方程的极值点，所以就能求出最佳现金持有量，即 Q^*：

$$T'_C = \frac{R}{2} - \frac{FS}{Q^2} = 0$$

则，

$$Q^* = \sqrt{\frac{2FS}{R}} \tag{7.3}$$

最佳现金持有量下的总成本为：$T_C = \sqrt{2SFR}$ \tag{7.4}

最佳现金持有量下，现金转换次数（N）为：$N = \frac{S}{Q^*} = \sqrt{\frac{SR}{2F}}$ \tag{7.5}

但是该方法能够成立,是基于假设公司的现金需求不存在着不确定因素;收入是每隔一段时间发生一次,而支出则是在一定时期内均匀发生的。

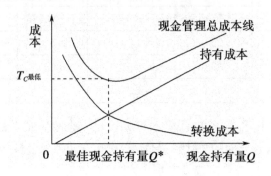

图 7-2 最佳现金持有量

从上图可以看出,由于各项成本同现金持有量的变动关系不同,使得总成本线呈抛物线形,抛物线的最低点,即为成本最低点,该点所对应的现金持有量便是最佳现金持有量,此时总成本最低。

【例 7-3】 宁晖公司预计今年 3 月份所需要的现金总额为 900 000 元,同期的有价证券利率为 0.9%,每次证券转换为现金的固定成本为 50 元,求公司现金的最佳持有量、月内现金转换次数及月内持有现金的成本总额。

解:由题意知,转换成本 F 为 50 元,所需现金总额 S 为 900 000 元,利率 R 为 0.9%,根据存货模式计算公式(7.3),现金最佳持有量为:

$$Q^* = \sqrt{\frac{2FS}{R}} = \sqrt{\frac{2 \times 50 \times 900\ 000}{0.9\%}} = 100\ 000(元)$$

现金转换次数 $N = \dfrac{S}{Q^*} = \dfrac{900\ 000}{100\ 000} = 9$ 次

持有现金的成本总额 $T_C = \sqrt{2SFR} = \sqrt{2 \times 50 \times 900\ 000 \times 0.9\%} = 900(元)$

(四)因素分析模式

因素分析模式是根据上年现金占用额和有关因素的变动情况,来确定最佳现金余额的一种方法。其计算公式如下:

最佳现金余额=(上年的现金平均占用额-不合理占用额)×(1±预计销售收入变化的百分比)

例如,宁晖公司 2001 年度平均占用现金为 3 000 万元,经分析,其中有 80 万元的不合理占用额,2002 销售收入预计较 2001 年增长 15%。则 2002 年 M 公司最佳现金持有量为:

(3 000-80)×(1+15%)=3 358(万元)

因素分析模式考虑了影响现金持有量高低的基本因素,计算比较简单。但是这种模式假设现金需求量与营业量呈同比例增长,在现实中,有时情况并非完全如此。因此公司财务人员在采用此模式时应多加注意。

四、现金收支的日常管理

公司提高现金收支日常管理效率的方法主要有三种：

1. 加速现金回收

在分析公司收款、发票寄送、支票邮寄、业务处理、款项到账等流程的前提下，采用银行存款箱制度和集中银行制等现金回收方法，尽可能缩短收款浮账时间。所谓收账浮账时间是指收账被支票邮寄流程、业务处理流程和款项到账流程所占用的收账时间的总称。

公司应该在不影响未来销售的前提下，尽可能地加快货款的收现，并尽快将其转化为可支配资金。为此，公司应该尽量做到：(1)减少顾客付款的在途时间；(2)减少公司支票兑现的时间；(3)加速资金的进账过程。

2. 延缓付款速度

在不影响公司商业信誉的前提下，尽可能地推迟应付款项的支付期，充分利用供货方所提供的信用优惠，积极采用集中应付账款、利用现金浮游账量等手段。所谓现金浮游账量是指公司从银行存款账户上开出的支票总额超过其银行存款账户的余额。

3. 力争现金流入与现金流出同步

在实际工作中，公司要合理安排供货和其他现金支出，有效地组织销售和其他现金流入，使现金流入与现金流出的波动基本一致。

第三节　应收账款管理

公司应收账款投资具有双重性，一方面，应收账款投资具有强化竞争，扩大销售的功能；另一方面，又会带来相应的机会成本，管理成本和坏账损失。最大限度地提高应收账款的投资收益是应收账款管理的目标。

一、应收账款存在的原因

应收账款存在的原因主要是赊销，即公司给客户提供了商业信用。这样公司的一部分资金就被顾客占用，由此发生一定的应收账款成本。不过赊销可以给公司带来两大好处：

(1) 增加公司的销售量，提高市场竞争能力的功能。通过赊销能为顾客提供方便，从而扩大公司的销售规模，提高公司产品的市场占有率；在银根紧缩、市场疲软和资金匮乏的情况下，赊销的促销作用是十分明显的。特别是在销售新产品、开拓新市场时，更具有重要意义。

(2) 减少公司的存货，加速资金周转的功能。公司应收账款增加意味着存货的减少，而存货减少可以降低跟存货相关的成本费用，如存货储存成本、保险费用和存货管理成本等。公司管理人员应当在增加赊销的报酬与成本之间做出正确的权衡。

应收账款上的投资金额取决于赊销金额与平均收账期间。例如,一家公司的平均收账期间是 30 天,那么任何时候都将有 30 天价值的销售收入尚未收款,如果每天销售 10 000 元,那么,平均而言,公司的应收账款就等于 30×10 000＝300 000 元。

应在应收账款信用政策所增加的盈利和这种政策的成本之间做出权衡。

二、应收账款的成本

1. 机会成本

应收账款的机会成本是指因应收账款占用资金而失去将资金投资于其他方面所取得的收益。应收账款机会成本一般按有价证券的利息率计算,即：

$$机会成本＝应收账款平均占用额\times 利率$$

也可用公司的加权平均资本成本来计算。即：

$$机会成本＝应收账款平均占用额\times 公司加权资本成本率$$

例如,宁晖公司 2004 年 7 月份资产负债表中应收账款月初为 600 万元,月末为 1 000 万元,该公司加权资本成本率为 12％,那么应收账款的机会成本为：

$$\frac{600+1\ 000}{2}\times 12\％＝96(万元)$$

2. 管理成本

一般来讲,公司为了维护自己作为债权人的利益,在应收账款的管理上必然会发生有一些开支和费用,这些开支和费用就是应收账款的管理成本。它主要包括：对客户资信调查费用、应收账款账簿记录费用、收账费用以及其他费用等。

3. 坏账成本

应收账款的坏账成本是指应收账款因故不能收回而发生的损失。此项成本一般与应收账款发生的数额成正比。

三、信用政策

信用政策指公司在应收账款投资管理方面确立的基本原则与行为规范。包括信用标准、信用条件与收账政策。

1. 信用标准

信用标准是公司用来衡量客户是否有资格享有商业信用的基本条件,也是客户要求赊销所应具备的最低条件。一般用预期的坏账损失率作为标准。它主要是根据本公司的经营状况和财务实际状况、当时市场竞争激烈程度和客户的信誉情况等综合因素来制定的。

如果公司制定的信用标准过低,就会有利于公司扩大销售,提高产品的市场占有率,但坏账损失风险和收账费用将因此而大大增加；如果公司信用标准过分苛刻,许多因信用品质达不到设定标准的客户被拒之于公司门外。这样虽然能降低违约风险及收账费用,但这会严重影响公司产品销售,延误公司市场拓展的机会。

通常在制定公司信用标准时,应考虑以下三个基本方面的因素:

(1) 同行业竞争对手的情况。同业竞争对手采用什么信用标准是公司制定信用标准的参考依据。如果竞争对手实力很强,则公司应采取较低的信用标准,以增强公司的竞争力。如果不考虑同业竞争对手的做法有可能使公司信用标准不适当而陷入困难:信用标准过高,会使公司失去市场竞争优势;信用标准过低,又会使公司背负沉重的财务负担。

(2) 本公司承担风险的能力。如果公司具有较强的承荷违约风险的能力,信用标准可以较低,来提高公司的市场竞争力,多争取客户,广开销售渠道;反之,如果公司承担违约风险的能力较为脆弱,只能制定比较严格的信用标准,以尽可能地降低违约风险程度。

(3) 客户的资信程度。制定公司信用标准,通常是在调查、了解和分析客户资信情况后,根据客户坏账损失率的高低,给客户的信用做出评估,再在此基础上决定是否给客户提供赊销,提供多少赊销。

对客户进行信用评估时,一般从五个方面来考查,称作5C评估法。① 信用品质。信用品质是指客户的信誉,是指客户履行按期偿还货款的诚意、态度及赖账的可能性。② 偿付能力。偿付能力是指客户偿还债务的能力。③ 资本。资本是指客户的财务实力,主要根据资本金和所有者权益的大小、比率来判断,表明客户可以偿还债务的背景和最终保证。④ 抵押品。抵押品是提供作为授信安全保证的资产。这对于不知底细或信用状况有争议的客户尤为重要。客户提供的抵押品越充足,信用安全保障就越大。⑤ 经济条件。经济条件是指可能影响客户付款能力的经济环境。主要了解在经济状态发生变化时或一些特殊的经济事件发生时,会对客户的付款能力产生什么影响。对此,应着重了解客户以往在困境时期的付款表现。

要对客户进行信用评价,首先要了解客户的信用状况,而要了解客户的信用状况,就需要有一定的信息渠道。调查了解客户信用状况的信息渠道主要有三条:一是通过与客户有经济往来的各个公司和机构的调查访问来了解客户的信用状况;二是借助一些中介机构,如社会调查机构、信用分析机构来了解客户的信用状况;三是在合法和得到许可的情况下,从客户的开户银行了解有关资料。

2. 信用条件

信用条件是指公司要求顾客支付赊销款项的条件,包括信用期限、折扣期限与现金折扣(率)三项组成。信用条件的基本表现方式如"$2/10, n/30$",意思是:若客户能够在发票开出后的10天内付款,可以享受2%的现金折扣;如果放弃折扣优惠,则全部款项必须在30天内付清。在此,30天为信用期限,10天为折扣期限,2%为现金折扣(率)。

(1) 信用期限是公司要求客户付款的最长期限。对公司而言,规定出恰当的信用期限很重要。信用期限的确定,主要是采用分析信用期限长短对公司收入和成本的影响的方法。例如,对于延长信用期限,一方面可以增加销售收入和收益,但另一方面,会增加相应的机会成本、管理费用和坏账损失。因此,在进行信用期限决策时,应使得由赊销增加的边际收入不小于边际成本,否则,就不宜延长。

(2) 折扣期限是为顾客规定的可享受现金折扣的付款时间。

(3) 现金折扣是指当顾客提前付款时给予的优惠,也就是公司给予的现金折扣实际上是对信用折扣期内的贷款利息的免除。现金折扣一方面可加速账款回收,减少应收账款的机会成本与坏账损失等;另一方面,则会造成价格损失。因此,当公司确定现金折扣及期限时,应使得现金折扣的机会收益不小于其成本。

放弃现金折扣的成本(T)计算公式为:

$$T = \frac{折扣百分比}{1-折扣百分比} \times \frac{360}{信用期限-折扣期限} \qquad (7.6)$$

【例 7-4】 若卖方公司提供给宁晖公司的信用条件为:"3/30,n/60",求宁晖公司放弃现金折扣的成本。

解:根据题意得

$$T = \frac{折扣百分比}{1-折扣百分比} \times \frac{360}{信用期限-折扣期限}$$

$$= \frac{3\%}{1-3\%} \times \frac{360}{60-30}$$

$$= 37.11\%$$

公司给予客户提供优惠的信用条件,能够增加销售量。这是因为越优惠的信用条件,客户将来付款的现值就越小,相当于销售价格也就越低。但也会带来额外的负担,使应收账款数额增大,增加应收账款的机会成本、坏账成本和现金折扣成本,因此,公司要综合考虑成本与收益的比率关系,来确定合理的信用条件。在大多数情况下,信用条件对所有客户应一视同仁。公司在制定信用条件时,应充分考虑一些客观因素对它的影响。

3. 收账政策

收账政策是指当客户违反信用条件,拖欠甚至拒付账款时,公司所采取的收账策略与措施。如信函、电话、派员催收及法律行为等。一般情况下,公司在制定收账政策时,要注意以下几个方面的问题。

(1) 区别客户实际情况,制定因人而异的收账政策。运用统计分析的方法,对过去历年拖欠账款的客户的情况进行分类,对不同类型的客户采用不同的对策,从而明确在什么情况下发信,什么情况下打电话,什么情况下派人催收,什么情况下起诉打官司,以及各种情况下应采取的收款策略。

(2) 将回款责任与销售人员个人利益挂钩,促使销售人员在产品销售之后,及时地催收货款。

(3) 改变和调整公司经营观念、经营方式,满足消费者及用户不断变化的需求。对于一个公司而言,如果存在较长时间拖欠的应收账款,那么,作为公司的决策者,不能仅仅将它看成是销售部门的问题。其实,它与公司的整个生产经营活动是密切相关的。如果公司的产品质量低劣,不能适销对路,即使派出更多的人去催讨货款,也不会有成效。因此,公司要从根本上防止坏账损失的发生,就必须不断地调整公司产品设计观念、经营观念和经营方式,时刻瞄准消费者及用户个性化及多样化的需求,不断提供令消费者及用户满意的服务和产品。

第四节 存 货 管 理

存货是绝大多数公司的一项重要资产,是指公司在生产经营过程中为销售或者耗费而储备的各种商品和材料物资。它包括在产品、自制半成品、原材料、燃料、低值易耗品、包装物等。存货是公司流动资产中流动性最差的项目。

一、存货的作用

存货是公司的一项特殊资产,它是一项不能给公司直接带来收益的必要投资,又是一项维持公司正常生产经营活动的必要准备。其原因在于:

(1) 为了避免或减少出现停工待料、停业待货等事故,保证生产或销售需要的储存存货。

(2) 出自价格的考虑。零购物资的价格往往较高,而整批购买在价格上常有优惠。

但是过多的存货要占用较多的资金,并且会增加包括仓储费、保险费、维修费、管理人员工资等在内的各项开支。存货占用资金是有成本的。

存货管理的目标是要最大限度地降低存货投资上的成本,即以最小的成本提供公司生产经营所需的存货。在两者之间做出权衡,达到最佳结合。例如,戴尔电脑公司宣布1998年第三季度的盈利纪录时,大多数分析人员并不觉得意外。同往常一样,戴尔的增长速度比整个个人电脑产业快好几倍。戴尔的成功至少有一部分原因应该追溯到它高效率的存货管理。康柏、IBM 和惠普都曾经计划效仿戴尔的部分经营模式,他们的典型目标是大约4周的存货期间。但是这几乎不能让它们与戴尔相抗衡,戴尔在1998年仅保持8天的存货。而且,随着个人电脑部件的价格以大约每周1%的比率下降,戴尔显然具有较大的竞争优势。就像这个例子所展示的那样,对存货的适当管理对于公司的财务健康具有重要的影响。

二、存货的成本

要想持有一定数量的存货,必然会有一定的成本支出,存货成本主要包括取得成本、储存成本和短缺成本三部分。

(一) 存货的取得成本

存货的取得成本,又称存货的进货成本,由购置成本和进货费用两部分组成。

1. 购置成本

又称进价成本。是指存货本身的价值,只与购买总量和单价有关,是数量与单价的乘积,可视为固定成本,属于决策无关成本。因此所建立的存货模型对其不加考虑。

2. 订货成本

又称进货费用,是公司为组织进货而开支的费用,主要有订货办公费、差旅费、邮资、电话电报费、运输费、检验费、入库搬运费等支出。订货成本中有一部分与订货次数无关,如常设机构的基本开支等,称为订货的固定成本。用F_1表示。订货成本中的另一部分与订货次数有关,如差旅费、邮资等,称为订货的变动成本。每次进货量用Q表示,每次订货的变动成本用E来表示。

购置成本指存货本身的价值,用SU来表示,其中S表示年需要量,U表示单价。在实际工作中,很难准确区别订货的固定成本和变动成本。

$$存货的取得成本 = F_1 + \frac{S}{Q} \times E + SU$$

（二）存货的储存成本

存货的储存成本是公司为持有存货而发生的费用。包括存货占用资本的资本成本、存货的保险费、存货的财产税、存货建筑物与设备的折旧费与财产税、仓库职工工资与福利费、仓库的日常办公费与运转费、存货残损霉变损失等储存成本。按照与储存数额的关系可分为固定性储存成本和变动性储存成本。

存货的固定性储存成本与存货的数量多少无关,如存货建筑物与设备的折旧费、仓库职工固定工资、仓库的日常办公费与运转费等,用F_2来表示;储存变动成本与存货的数量有关,如存货占用资金的资本成本、存货的保险费、存货残损霉变损失,用$K_C \times \frac{Q}{2}$表示。其中,K_C表示单位储存成本,Q表示每次进货量。

存货的储存成本通常由存货价值的一定百分数来衡量。一般来讲,各个公司储存成本都是在存货价值的20%—25%间变动。

$$存货的储存成本 = F_2 + K_C \times \frac{Q}{2}$$

（三）存货的短缺成本

存货的短缺成本是指公司存货不足无法满足生产和销售需求时发生的费用和损失。包括:

(1) 由于材料供应中断,所造成的生产进度中断、损失,紧急采购代用材料而发生的额外购入成本;

(2) 由于成品供应中断,导致延迟交货所承担的罚款,及因此而发生的顾客信誉损失与其他一切费用;

(3) 公司由于存货不足而丧失销售机会的损失等等。

三、存货的规划

公司的存货规划是指在确定公司占用资金数额的基础上,编制存货资本计划,以便合理配置存货资金的占用数量,节约使用公司存货资本。其中,节约使用公司存货资金数额的测算是存货规划中最重要的内容。它的具体测算方式分两类:一类是从总体上测算公司存货资金数额;另一类是分别测算各公司生产过程中各阶段的存货资金占用情况,即分别测算储备资金、生产资金和产成品资金等的占用情况。

一般来讲,公司存货规划的方法与步骤如下:

(一) 确定存货资金占用额的基本方法

公司确定存货资金占用额的基本方法有周转期计算法、因素分析法、比例计算法等。

1. 周转期计算法

又称定额日数法，是根据各种存货平均每天周转额和存货资金周转日数来确定占用资金数额。计算公式是：

$$存货资金占用额＝平均每天周转额×资金周转日数$$

这种方法通常适用于对原材料、在产品和产成品等存货资金占用数额的测定。

2. 因素分析法

是以上一年资金实际占用额为基础，分析计划年度各项变动因素，加以调整后核定其占用资金的数额。计算公式是：

$$存货资金占用额＝(上年存货资金平均占用额－不合理平均占用额)×(1±计划年度营业额增减\%)×(1－计划年度存货资金周转加速率)$$

这种方法主要适用品种繁多、规格复杂和价格较低的材料物资；对于供、产、销数量变化不大的中小公司，也可用此法来匡算全部存货资金占用数额。

3. 比例计算法

根据存货资金和有关因素之间的比例关系，来测定公司存货资金的占用额。以销售收入资金率法为例进行说明，其计算公式为：

$$存货资金数额＝计划年度商品销售收入总额×计划年度销售收入存货资金率$$

$$计划销售收入存货资金率＝〔(上年存货资金平均余额－不合理占用额)/上年实际销售收入总额〕×100\%×(1－计划年度存货资金周转加速率)$$

(二) 各阶段存货资金占有额的测算

1. 储备资金占用额的测算

储备资金是指公司从用现金购买各项材料物资开始，到把它们投入生产为止的整个过程所占用的资金。公司储备资金包括的项目很多，现以原材料为例，说明其资金占用数额的测定方法。

原材料资金数额的大小，取决于计划期原材料平均每日耗用量、原材料计划价格、原材料的资金周转日数三个基本因素。计算公式是：

$$原材料资金占用额＝原材料平均每日耗用量×原材料计划价格×原材料资金周转日数$$

2. 生产资金占用额的测算

公司的生产资金是指从原材料投入生产开始，直至产品制成入库为止的整个过程所占用的资金，主要是指在产品所占用的资金。其计算公式是：

$$在产品资金占用额＝产品每日平均产量×产品单位计划生产成本×在产品成本系数×生产周期$$

其中，在产品成本系数要区别具体情况而确定。

3. 产成品资金占用额的测算

公司的产成品资金是指产成品从制成入库开始,直到销售取得货款或结算货款为止的整个过程所占用的资金。产成品资金占用额的测定公式是:

产成品每日平均产量＝产成品每日平均产量×产成品单位计划生产成本×产成品资金周转日数

公司根据上述方法在分别测定储备、生产、产成品资金占用数后,即可汇总编制存货资金计划表,并据此确定公司存货占用资金额。

四、存货控制的基本方法

确定最佳的存货水平,并对之实施有效的控制,是存货管理的关键。存货控制的基本方法主要有经济批量控制法和 ABC 控制法等。

（一）经济批量控制法

经济批量控制可通过建立经济批量模型来实现。经济批量是经济进货批量的简称,是能使一定时期存货的总成本达到最低点的进货数量。

决定存货经济批量的成本因素主要有:存货成本中的变动性进货费用(简称进货费用)、变动性储存成本(简称储存成本)以及允许缺货时的存货短缺成本。

1. 基本经济进货批量模型的假设

经济进货批量模型的假设前提有:(1) 公司一定时期的存货总量能准确地预测;(2) 存货耗用量或者销售量比较均衡;(3) 存货价格稳定,且不存在数量折扣,进货日期完全由公司自行决定;(4) 当公司仓库存货量降为零时,下一批存货都能立即一次到位;(5) 仓库条件及所需现金不受限制;(6) 不允许出现缺货情形;(7) 所需存货市场供应充足,不会因买不到所需存货而影响其他方面。

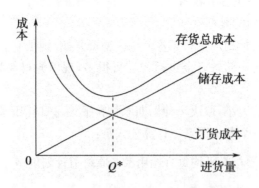

图 7-3　存货成本项目与进货批量的变动关系

不同的存货成本项目与进货批量呈现着不同的变动关系。增加进货批量,减少进货次数,虽然有利于降低进货费用与存货短缺成本,但同时会影响储存成本的提高;而减少进货批量,增加进货次数,在影响储存成本降低的同时,会导致进货费用与存货短缺成本的提高。由此可见,公司组织进货过程中要解决的主要问题,则是如何协调各项成本之间的关系,使存货总成本保持最低水平。

如前述假设前提,公司不存在存货的短缺成本。因此,与存货订购批量、批次直接相关的就只有进货费用和储存成本了。如图 7-3 所示,储存成本随订货规模的上升而提高,而订货成本(即进货费用)则相反,存货总成本在储存成本线与订货成本线相交的那一点 Q^* 达到了最小。可见,订货成本(即进货费用)与储存成本总和最低水平下的进货批量,就是经济进货批量。

2. 经济进货批量模型

根据上述存货成本项目与进货批量的变动关系,可得到存货总成本的计算公式:

存货总成本=变动订货成本+变动储存成本= 订货成本+ 储存成本
=单位订货成本(一定时期存货需求总量/一次订货量)+ 一定时期单位存货的储存成本(一次订货量/2)

即,

$$T_C = E \times \frac{S}{Q} + K \times \frac{Q}{2} \tag{7.7}$$

式中:T_C——存货总成本;
E——平均每次进货费用(即单位订货成本);
S——一定时期存货需求总量;
Q——一次订货量(一次进货批量);
S/Q——订货次数;
$E(S/Q)$——变动订货成本(即订货成本);
K——一定时期单位存货的(变动性)储存成本;
$Q/2$——一定时期存货平均持有量;
$K(Q/2)$——变动储存成本(即储存成本)。

对上述公式求导。因为一阶导数为零的点是方程的极值点,所以就能求出经济定货量 EOQ,即 Q^*:

$$T'_C = \frac{K}{2} - \frac{ES}{Q^2} = 0$$

则,

$$Q^* = \sqrt{\frac{2ES}{K}} \tag{7.8}$$

经济进货批量下的总成本为: $T_C = \sqrt{2SEK}$ (7.9)

经济进货批量的平均占用资金(W)为:

$$W = \frac{Q^*}{2} \times P = P\sqrt{\frac{ES}{2K}} \tag{7.10}$$

其中,P 是存货的单位买价。

年度最佳进货批次(N)为: $N = \dfrac{S}{Q^*} = \sqrt{\dfrac{SK}{2E}}$ (7.11)

【例7-5】 GH公司预计年耗用A材料6 000千克,单位采购成本为15元,单位储存成本9元,平均每次进货费用为30元,假设该材料不会缺货,试计算:① A材料的经济进货批量;② 经济进货批量下的总成本;③ 经济进货批量的平均占用资金;④ 年度最佳进货成本。

解:根据题意可知,$S=6\,000$千克,$P=15$元,$K=9$元,$E=30$元

① A材料的经济进货批量(Q^*):

由公式(7.8)得,$Q^*=\sqrt{\dfrac{2\times30\times6\,000}{9}}=200$公斤

② 经济进货批量下的总成本(TC):

由公式(7.9)得,$T_C=\sqrt{2\times6\,000\times30\times9}=1\,800$(元)

③ 经济进货批量的平均占用资金(W):

由公式(7.10)得,$W=Q^*/2\times P=200/2\times15=1\,500$(元)

④ 年度最佳进货批次(N):

由公式(7.11)得,$N=\dfrac{S}{Q^*}=\dfrac{6\,000}{200}=30$(次)

上述计算表明,当进货批量为200千克时,进货费用与储存成本总额最低。

需要指出的是,上述介绍的经济进货批量模型是建立在严格的假设前提之上的,这些假设有些与现实并不相符,如实际工作中,通常存在数量优惠即价格折扣以及允许一定程度的缺货等情形,公司理财人员必须同时结合价格折扣及缺货成本等不同的情况具体分析,灵活运用经济进货批量模型。

【例7-6】 宁晖公司预计2000年销售量达到3 600套小五金,储存成本为存货购买价格的25%,单位存货的购买价格为40美元,每批订货的可变订货成本为125美元,计算:① 经济订货量;② 该公司将要进行的平均存货投资?③ 如果销售量缩小4倍,则最佳经济订货量又是多少?

解:根据题意可知,$S=3\,600$套,$P=40$美元,$K=40\times0.25=10$美元,$E=125$美元。

① 经济进货批量(Q^*):

由公式(7.8)得,$Q^*=\sqrt{\dfrac{2\times125\times3\,600}{10}}=300$套

② 经济进货批量的平均存货投资(W):

由公式(7.10)得,$W=\dfrac{Q^*}{2}\times P=\dfrac{300}{2}\times40=6\,000$(美元)

③ 如果销售量缩小4倍,则最佳经济订货量(Q^*):

由公式(7.8)得，$Q^* = \sqrt{\dfrac{2 \times 125 \times 900}{10}} = 150$ 套

通过计算可以知道，该公司的销售额缩小4倍(即由3 600套变到900套)，经济订货量缩小2倍(即由300套变到150套)。如销售增长4倍，只能够导致存货增加2倍。一般的规则是经济订货量将随着销售额的平方根的增长而增长，因此，销售额的任何增长都引起存货相应比例增长。公司财务人员在确定存货控制标准时，应该牢记这一点。

(二) ABC控制法

ABC控制法是意大利经济学家巴雷特于19世纪首创的，以后经过不断的发展和完善，现已被广泛地运用于生产管理、存货管理和成本管理等许多领域。

所谓ABC控制法，也叫ABC分类管理法，就是按照一定的标准，将公司的存货划分为A、B、C三类，分别实行分品种重点管理、分类别一般控制和按总额灵活掌握的存货管理、控制的方法。ABC分类管理的目的在于使公司分清主次，突出重点，以提高存货资金管理的整体效果。

存货ABC分类的标准主要有两个：第一，金额标准，它是最基本的标准；第二是品种数量标准，它仅作参考标准。

存货按ABC分类的基本特点是：属于A类存货，金额巨大，但品种数量较少，一般来说，其品种数占全部存货总品种数的10%左右，而价值最高可达70%左右；属于C类的存货是品种繁多，但金额却很小的项目，通常，这类存货的品种数占70%，而价值却只占10%左右；而B类存货则介于二者之间，品种数与价值都在20%左右。三类存货在品种数与价值量上的特点，可以从图7-4看出。

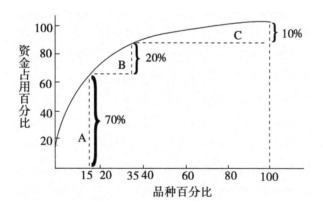

图7-4 三类存货品种数与价值量的关系图

根据ABC控制法，针对三类存货的不同特点，需采取不同的管理方法。

对于A类存货，按品种管理进行重点管理。A类存货占用公司绝大多数的资金，只要能够控制好该存货，一般不会出现什么大问题。但由于A类存货品种数量少，公司完全有能力按品种进行管理。因此，A类存货应按品种重点管理和控制，实行最为严格的内部控制制度(比如说定期盘点的间隔期最短)，逐项计算各种存货的经济订货量与再订

货点,并经常检查有关计划和管理措施的执行情况,以便及时纠正各种偏差。

对于B类存货,按类别进行控制管理。由于B类存货金额相对较小,而品种数量远多于A类存货,因此,不必像A类存货那样严格管理,可通过分类别的方式进行管理和控制。

对于C类存货,按总额灵活掌握。在管理上可采用较为简化的方法,只要把握一个总金额就完全可以了,所以,对C类存货只要进行一般控制和管理。

本章小结

1. 公司净营运资本是流动资产与流动负债之差,它是公司的一种投资,营运资本增加会减少公司的现金流量,营运资本的减少会增加现金流量。

2. 营运资本决策需要权衡风险和收益。增加营运资本可以降低流动性风险,提高增长率,但是会导致现金流出增加,其净效应可能为正的,也可能为负。最佳营运资本规模就是使得公司价值最大的规模。

3. 公司持有现金以及现金等价物的数量取决于满足交易性、投机以及预防性需求的收益与持有现金的机会成本之间的权衡。

4. 公司必须制定存货政策,关键是需要在高存货、低订货成本和高储存成本之间作出取舍。如果可以获得订货成本与存储成本的信息,就可以按照平方根模型确定最佳存货规模。确定最佳的存货水平,并对之实施有效的控制,是存货管理的关键。存货控制的基本方法主要有经济批量控制法和ABC控制法等。

5. 公司需在应收账款信用政策所增加的盈利和其增加的违约风险成本之间做出权衡。

思考及应用

1. 判断对错

(1) 现金的转换成本一般都是固定成本,如证券过户费。

(2) 使用基本经济进货模型进行存货决策时,进货成本和储存成本属于决策有关成本,而缺货成本属于决策无关成本。

(3) 收账费用与坏账损失成反比例关系,公司应不断加大收账费用以便将坏账损失降到最低。

(4) 在正常业务活动现金需要量的基础上,追加一定数量的现金余额以应付未来现金流入和流出的随机波动,这是出于预防动机。

(5) 通过应收账款账龄分析,编制账龄分析表,可以了解各顾客的欠款金额、欠款期限和偿还欠款的可能时间。

(6) 现金持有成本中的管理费用与现金持有量的多少无关。

(7) 公司净营运资金余额越高,说明公司经营状况越好,支付能力越强。

(8) 一般而言,公司存货需要量与公司生产及销售的规模成正比,与存货周转一次所需天数成反比。

(9) 从公司理财的角度看,顾客是否按期付款,会影响到应收账款的成本高低。

(10) 存货的经济批量指能使订货成本最低的批量。

(11) 一般说来,资产的流动性越高,其获利能力就越强。

(12) 在利用存货模式计算最佳现金持有量时,对缺货成本一般不予考虑。

(13) 公司现金管理的目的是在收益性与流动性之间做出权衡。

(14) 存货的缺货成本主要包括所缺少的存货的采购成本、原材料存货中断造成的停工损失、成品存货供应中断导致延误发货的信誉损失以及丧失销售机会的损失等。

(15) 应收账款收现保证率指标反映了公司既定会计期间预期必要现金支付需要数量扣除各种可靠、稳定性来源后的差额,必须通过应收款项有效收现予以弥补的最低保证程度。

2. 某公司生产中全年需要某种材料 2 000 千克,每公斤买价 20 元,每次订货费用 50 元,单位储存成本为单位平均存货金额的 25%。该材料的供货方提出,若该材料每次购买数量在 1 000 千克或 1 000 千克以上,将享受 5% 的数量折扣。要求:通过计算,确定该公司应否接受供货方提出的数量折扣条件。

3. 某公司现金收支平稳,预计全年(按 360 天计算)现金需要量为 250 000 元,现金与有价证券的转换成本为每次 500 元,有价证券年利率为 10%。计算:(1) 最佳现金持有量;(2) 最低现金管理总成本、固定性转换成本、持有机会成本。

4. 某公司预计年耗用乙材料 6 000 千克,单位采购成本为 15 元,单位储存成本为 9 元,平均每次进货费用为 30 元,假设该材料不存在缺货情况,试计算:(1) 乙材料的经济进货批量;(2) 经济进货批量下的总成本;(3) 经济进货批量的平均占用资金;(4) 年度最佳进货批次。

5. 你正在为一家考虑变更存货政策的零售公司提供建议,公司拥有存货 2 000 万元,年营业收入 1 亿元,税后利润 500 万元。公司正在考虑将其存货减少 40%,但可能给收入带来负面影响。如果公司收入和营业利润的预期增长率均为 5%,资本成本为 12%,假定营运资本完全以存货形式存在,那么因存货变动导致收入下降多少才能对公司价值形成负面影响呢?

6. 你在为一家汽车零配件制造商估计最佳营运资本比率。该公司目前的净营运资本为收入的 10%,公司目前收入为 1 亿元,税后利润为 1 000 万元,并期望今后能够以 5% 速度增长,资本成本为 11%,不同营运资本水平下的资本成本增长率见下表。

(1) 估计当前的资本成本政策;

(2) 估计最佳营运资本政策;

(3) 如果资本成本不受营运资本变化的影响,那么该公司的最佳营运资本比率是多少?

营运资本比率(收入的%)	预期增长率(%)	资本成本增长率(%)
0	4.50	10.90
10	5.00	11.00
20	5.20	11.11
30	5.35	11.23
40	5.45	11.36
50	5.50	11.50
60	5.54	11.65
70	5.55	11.80
80	5.55	11.95
90	5.55	12.10
100	5.55	12.35

第八章 股利政策

【本章提要】本章主要讲述了股利政策理论,包括股利政策无关论和股利政策有关论,影响股利政策的因素,股利政策类型,主要包括剩余股利政策、稳定增长股利政策、固定股利支付率股利政策、低正常股利加额外股利政策,以及股利支付程序和种类。本章重点和难点是股利政策的种类及采用不同类型股利政策的理由。

【引　　例】2008年10月7日,中国证券监督管理委员会(简称证监会)公布了《关于修改上市公司现金分红若干规定的决定》,其中提到,"公司应当在章程中明确现金分红政策,利润分配政策应保持连续性和稳定性。"并且要求"最近三年以现金方式累计分配的利润不少于最近三年实现的年均可分配利润的百分之三十",在信息披露的内容中,"公司应当说明本报告期内现金分红政策的执行情况",等等。据《证券日报》报道,在2011年6月30日以前上市的股票中,上市以来从未以现金形式分红的公司共有172家,剔除掉2010年上市的26家公司和2011年上市的95家公司,在剩余的51家公司中,有45家公司上市10年以后从未以现金形式分红,成为令投资者心寒的铁公鸡。而据证监会统计,在分红的公司中,从2008年到2010年,现金分红占净利润的比例分别为41.69%、35.85%、30.09%,而国际上这一比例通常在40%—50%之间。那么,什么是现金分红?现金分红有什么意义?证监会为什么要对现金分红作出规定?本章的学习将回答这些问题。

第一节　股利政策理论

股利政策理论的重点,主要在探讨股利政策是否会影响公司价值。有趣的是,如同资本结构是否会影响公司价值的争论一般,在股利政策理论中也有两派立场相反的学者,一派以米勒(Miller)及莫迪利安尼(Modigliani)为首,主张股利政策不会影响公司价值,即所谓的股利政策无关论;另一派则主张股利政策会影响公司价值,即所谓的股利政策有关论,知名学者主要有戈登(Gordon)、杜兰德(Durand)及林特纳(Lintner)等人。

一、股利政策无关论

(一) MM理论

1961年,米勒及莫迪利安尼两位学者(以下简称MM)认为股利政策并不会影响公司价值或是资金成本,即任何一种股利政策所产生的效果都可由其他形式的融资取代,此即为股利政策无关论,即公司即使不按照股东的意愿来发放股利,股东也可以自制股利

(homemade dividend)。

【例 8-1】 假设有一家无债公司共发行 200 股,存续期间为两年(在两年之后结束经营),其股东的必要报酬率与举债利率皆为 10%。又设此无债公司的期初资本为零,每年产生 20 000 元的税后现金流入量,并全数作现金股利发放。目前公司正在考虑的股利政策有以下两种:

(1) A 政策:每期均支付 20 000 元(每期支付每股 100 元)。

(2) B 政策:第 1 期支付 22 000 元,第 2 期仅付 17 800 元(第 1 期支付每股 110 元,第 2 期支付每股 89 元)。

或许有人会问,为什么在 B 政策里,第 1 期支付了 22 000 元后,第 2 期只有 17 800 元(不等于税后现金流入总和 40 000 元)呢?这是由于此公司并没有足够的现金来支付第 1 期超过盈余的 2 000 元,故须以举债的方式(利率 10%)取得融资;又因 1 年后公司清算时要偿还债务本息,届时须付"2 000×(1+10%)=2 200(元)",故支付给股东的股利只剩下 17 800 元。

因此,由股利贴现模型可知,此无债公司在两种不同股利政策下的股价分别为:

$$\frac{100}{(1+10\%)}+\frac{100}{(1+10\%)^2}=173.553 \quad \cdots\cdots \text{A 政策下的股价}$$

$$\frac{110}{(1+10\%)}+\frac{89}{(1+10\%)^2}=173.553 \quad \cdots\cdots \text{B 政策下的股价}$$

上述结果反映出,无论公司采用何种股利政策,股价(即公司价值)并不受到影响。事实上,若公司采用的股利政策与股东中意的股利政策不一致时,股东可通过"自制股利"来达成其中意的政策所具有的财务效果。

【例 8-2】 沿用例 8-1 的资料:

(1) 当股东中意的是 A 政策,但公司采行 B 政策时

第 1 期时,将多领的 10 元再投资于该公司的股票,故实际上只领到:110-10=100(元),因再投资的报酬率为 10%,故第 2 期时该投资将增值为 11 元;加上原先每股发放 89 元,故共可领到投资增值:10×(1+10%)=11(元);89+11=100(元),这样的结果与 A 政策(每期每股 100 元)的股利政策安排是一样的。

(2) 当股东中意的是 B 政策,但公司采行 A 政策时

于第 1 期时先借入 10 元享用,使总所得变为:100+10=110(元)。到了第 2 期时,以所领到的股利 100 元支付欠债本利和 11 元:10×(1+10%)=11(元),故总所得只剩下:100-11=89(元),这样的结果与 B 政策(第 1 期每股 110 元、第 2 期每股 89 元)的付款安排是一样的。

由以上的讨论可知,似乎公司采用何种股利政策都不会影响到公司价值,同时股东本身更可通过自行投资或借贷来选择自己所偏好的股利政策,所以无论是从公司或是股东的角度来看,根本没有所谓的"最佳股利政策"存在。换个角度来看,在股利政策无关的前提下,MM 认为公司的价值完全视其投资决策的成败而定(即 EBIT 的多少)——与此资本结构无关论的精神有异曲同工之妙。

(二)支持股利政策无关论的其他论点

在现实世界中,MM理论本身有许多假设不一定能够成立。即使如此,仍然有许多不同的假说,可以解释股利政策"不会"影响公司价值的论调。

1. 信息内容与信号效应

在MM的实证研究中发现,许多公司常较偏好"稳定"的股利政策,即使公司在某些年度绩效不好,通常也不愿意减发股利;而除非能预期未来盈余将高于目前水准或维持在稳定水准,否则也不会轻易增发股利。MM进一步认为,股利的增发可当作一种传达给投资人的正面信息——管理当局预期未来盈余会获得改善;而股利的减发则隐含公司未来盈余状况不佳的信息。由于影响股价的因素是股利政策改变的信息内容(information content),而非股利本身支付金额的多少,因此没有所谓的最佳股利政策的存在。

为何"股利支付额的改变"可代表管理当局对未来盈余或现金流量预期的一种信号(signal)呢?因为管理当局属于公司的内幕人士(insider),较能获取完整且重要的公司信息,及较能精确预期公司未来绩效;因此,在信息不对称的不完全市场下,投资人无法得到这些内幕信息进行分析,只好以股利额度的变化作为一个具可信度的信号,来预期公司未来的前景。此信号效应(signaling effect)的影响如同资本结构改变的信号效应一样。

2. 顾客效应

顾客效应是指公司设定的股利政策会吸引特定的投资人前来购买该公司股票,例如低所得或喜欢当期收入的投资人,偏好高股利支付的股票;高所得或不需靠当期收入过活的投资人,偏好低股利支付的股票。如果这种现象确实存在,则管理当局可以制定一套特定的股利政策来吸引特定的投资人。当然,公司一旦建立了特定的顾客群,若忽然改变股利政策,则会丧失部分既有的股东,造成股价下跌;不过也会吸引另一批喜爱新股利政策的投资人。

换个角度来看顾客效应。假设原先证券市场中有50%的投资人喜欢股利政策x,但是全部公司中只有30%提供政策x,此时会发生什么现象呢?明显地,喜欢政策x的投资人会去买提供政策x的公司的股票,使该公司的股价上升;而其他未提供政策x的公司察觉改变股利政策的好处后,也将纷纷跟进改用政策x。这种股价调整的过程,将一直持续到所有喜欢政策x的投资人都买到实施政策x的公司股票为止;而当所有投资人被满足后,股利政策的改变也就无关于公司价值了。

上述的过程意味着若顾客效应存在,股利政策只是在股价上升的诱因下,反映顾客效应的产物而已;由于股价势将趋于均衡,股利政策最终也将与公司价值无关。然而顾客效应究竟存不存在?依美国的实证研究,结果发现顾客效应是存在的,不过这也只是在许多研究限制下的统计推论,在现实世界里,顾客效应的存在仍是令人质疑与争议的财务问题。

二、股利政策有关论

在MM以外,另有一派学者认为公司股利政策会影响公司价值,特别在逐一放宽

MM无关论的假设时,股利政策将变得愈来愈重要。

(一)风险偏好

戈登认为投资人都是风险趋避者,较喜欢定期且立即可收现的现金股利,而非不确定的资本利得。因此在投资人推估公司价值时,会提高低股利支付公司的必要报酬率,来补偿远期现金流量的风险,导致该公司股价下跌。此理论又称为一鸟在手论(bird in the hand theory),因为资本利得就如同停留在丛林中尚未被抓到的两只鸟一样,永远比不上一只握在手中的鸟——现金股利。因此,戈登认为管理当局应提高股利支付率才能增加公司价值。

(二)税率差异

在税率存在的真实世界中,资本利得显然较现金股利好一些,因为资本利得税的税率一般都较一般所得税的税率为低,同时资本利得只要未获实现,即不用缴税,直到证券出售、获利了结时方须缴纳。因此对投资人来说,其将赋予低股利支付率的公司较低的必要报酬率(也就是较高的评价);相对的,高股利支付率的公司其价值也就较低了。

理论如此,但实际上又如何呢?学者布林顿(Britten)曾针对1920—1960年美国公司的股利政策进行实证研究,发现当一般税率提高时,公司会降低它的股利支付率。这表示管理当局可能为了极大化股东财富(为股东避税)而调整股利政策——降低股利支付率,以达成财务管理的重要目的,此即公司之所以需要考虑税率差异(tax differential)的原因。

(三)发行成本

当考虑发行新普通股的发行成本(floatation cost)时,使用外部权益资金的成本较保留盈余成本高。因为在考虑了发行成本后,外部权益资金的资金成本(ke')若以股利固定增长模式来估计,此值将大于使用保留盈余的成本(ke):

$$ke' = \frac{D_1}{P_0(1-F)} + g > ke = \frac{D_1}{P_0} + g$$

式中,F 表示发行成本占每股股价的比例;$P_0(1-F)$ 表示扣除发行成本后,发行公司可得的每股实收价格。

由于 $P_0(1-F) < P_0$,故可知未含发行成本的保留盈余成本 ke 小于外部权益资金成本 ke'。由于新普通股的资金成本较高,因此当公司有投资计划要进行时,应尽量使用内部盈余;万一资金不足,也应避免发行太多新股,以免提高了资金成本,使公司价值受损。

如此一来,管理当局必须适时地为公司累积盈余;另一方面,因公司通常不愿减发股利,故于制定股利政策时不得不审慎为之,此时股利政策与公司价值间的关系便昭然若揭了。

(四)代理成本

这里所称代理成本,指的是股东与管理当局之间的代理成本。由于管理当局与股东之间的基本利益目标有所冲突,导致股东们不得不设计一些措施来监督、控制管理当局的作为,避免其营私舞弊;然而这些限制职权的措施往往容易延误商机,造成公司作业效率的低下。这些负面现象即所谓的代理成本。

有些学者认为,通过股利的支付可以间接降低管理当局与股东之间的代理成本,因为股利支付意味着可供再投资的保留盈余减少,而为满足未来增长的资金需求,公司将不得不使用额外的权益资金。由于发行新股的手续繁复且审查严格,管理当局若不妥善地经营公司,将引起监管机构及各级投资人的注意,影响了整个人力市场对管理者的评价。因此,管理当局或许会在"民间"与"政府"的共同监督下,力求良好绩效,使代理问题的伤害降到最低,并间接提高公司的整体价值。

事实上,股利政策与公司价值间的关系还无法得到清楚的界定。而多数经营者都认定股利政策是公司十分重要的财务决策之一,特别是在现实世界中种种不稳定因素(如信息不对称、投资人预期的异质性以及税率的差异等等)的影响下,管理当局必须了解公司各方面的特性,配合经济环境及产业趋势的变化,才能审慎地制定出适当的股利政策。

第二节　影响股利政策的因素

股利政策是股份有限公司财务管理的一项重要内容,它不仅仅是对投资收益的分配,而是关系到公司的投资、融资以及股票价格等各个方面。因此,制定一个正确、稳定的股利政策是非常重要的。一般来说,在制定股利政策时,应当考虑到以下因素的影响。

一、各种限制条件

(一) 法律因素

为了保护投资者的利益,各国法律如《公司法》、《证券法》等都对公司的股利分配进行一定的限制。影响公司股利政策的主要法律因素有:

(1) 资本保全的约束。资本保全是为了保护投资者的利益而作出的法律限制。股份公司只能用当期利润或留用利润来分配股利,不能用公司出售股票而募集的资本发放股利。这样是为了保全公司的股东权益资本,以维护债权人的利益。

(2) 企业积累的约束。这一规定要求股份公司在分配股利之前,应当按法定的程序先提取各种公积金。这也是为了增强企业抵御风险的能力,维护投资者的利益。我国有关法律法规明确规定,股份公司应按税后利润作出规定的扣除之后的10%提取法定盈余公积金,并且鼓励企业在分配普通股股利之前提取任意盈余公积金,只有当公积金累计数额已达到注册资本50%时,才可不再提取。

(3) 企业利润的约束。这是规定只有在企业以前年度的亏损全部弥补完之后,若还有剩余利润,才能用于分配股利,否则不能分配股利。

(4) 偿债能力的约束。这是规定企业在分配股利时,必须保持充分的偿债能力。企业分配股利不能只看利润表上的净利润的数额,还必须考虑到企业的现金是否充足。如果因企业分配现金股利而影响了企业的偿债能力或正常的经营活动,则股利分配就要受到限制。

(二) 债务契约因素

债务契约是指债权人为了防止企业过多发放股利,影响其偿债能力,增加债务风险,而以契约的形式限制企业现金股利的分配。这种限制通常包括：

（1）规定每股股利的最高限额。

（2）规定未来股息只能用贷款协议签订以后的新增收益来支付，而不能动用签订协议之前的留存利润。

（3）规定企业的流动比率、利息保障倍数低于一定标准时，不得分配现金股利等等。

二、公司自身因素

公司自身因素的影响是指股份公司内部的各种因素及其面临的各种环境、机会而对其股利政策产生的影响。主要包括现金流量、举债能力、投资机会、资金成本等。

（1）现金流量。企业在经营活动中，必须有充足的现金，否则就会发生支付困难。公司在分配现金股利时，必须要考虑到现金流量以及资产的流动性，过多地分配现金股利会减少公司的现金持有量，影响未来的支付能力，甚至可能会出现财务困难。

（2）举债能力。举债能力是企业筹资能力的一个重要方面，不同的企业在资本市场上的举债能力会有一定的差异。公司在分配现金股利时，应当考虑到自身的举债能力如何，如果举债能力较强，在企业缺乏资金时，能够较容易地在资本市场上筹集到资金，则可采取比较宽松的股利政策；如果举债能力较差，就应当采取比较紧缩的股利政策，少发放现金股利，留有较多的公积金。

（3）投资机会。企业的投资机会也是影响股利政策的一个非常重要的因素。在企业有良好的投资机会时，企业就应当考虑少发放现金股利，而增加留存利润，用于再投资，这样可以加速企业的发展，增加企业未来的收益，这种股利政策往往也易于为股东所接受。在企业没有良好的投资机会时，往往倾向于多发放现金股利。

（4）资本成本。资本成本是企业选择筹资方式的基本依据。留用利润是企业内部筹资的一种重要方式，它同发行新股或举借债务相比，具有成本低、隐蔽性好的优点。合理的股利政策实际上是要解决分配与留用的比例关系以及如何合理、有效地利用留用利润的问题。如果企业一方面大量发放现金股利；另一方面又要通过资本市场筹集较高成本的资金，这无疑是有悖于财务管理的基本原则。因此，在制定股利政策时，应当充分考虑到企业对资金的需求以及企业的资本成本等问题。

三、股东因素

股利政策必须经过股东大会决议通过才能实施，股东对公司股利政策具有举足轻重的影响。一般来说，影响股利政策的股东因素主要有以下几方面：

（1）追求稳定的收入，规避风险。有的股东依赖于公司发放的现金股利维持生活，如一些退休者，他们往往要求公司能够定期地支付稳定的现金股利，反对公司留利过多。还有些股东是"一鸟在手论"的支持者，他们认为留用利润而可能使股票价格上升所带来的收益具有较大的不确定性，还是取得现实的股利比较稳妥，可以规避风险，因此，这些股东也倾向于多分配股利。

（2）担心控制权的稀释。有的大股东持股比例较高，对公司拥有一定的控制权，他们出于对公司控制权可能被稀释的担心,往往倾向于公司少分配现金股利,多留存利润。如果公司发放了大量的现金股利,就可能会造成未来经营资金的紧缺。这样就不得不通过资本市场来筹集资金,如果通过举借新的债务筹集资金,就会增加企业的财务风险;如果通过发行新股筹集资金,虽然公司的老股东有优先认股权,但必须要拿得出一笔数额可观的资金,否则其持股比例就会降低,其对公司的控制权就有被稀释的危险。因此,他们宁愿少分现金股利,也不愿看到自己的控制权被稀释,当他们拿不出足够的现金认购新股时,就会对分配现金股利的方案投反对票。

(3) 规避所得税。按照税法的规定,政府对企业征收企业所得税以后,还要对股东分得的股息、红利征收个人所得税。各国的税率有所不同,有的国家个人所得税采用累进税率,边际税率很高。因此,高收入阶层的股东为了避税往往反对公司发放过多的现金股利,而低收入阶层的股东因个人税负较轻,可能会欢迎公司多分红利。按照我国税法规定,股东从公司分得的股息和红利应按 20% 的比例税率缴纳个人所得税,而对股票交易所得目前还没有开征个人所得税,因而,对股东来说,股票价格上涨获得的收益比分得股息、红利更具吸引力。

阅读材料:

FPL 公司:在股利与成长中作取舍

1. 背景

长期以来,美国大电力公司往往是同时控制发电和输电网,并且不能跨州经营,因此,处于电力供应和经营的垄断地位。只是电力作为一项重要的公共服务,经营受联邦和州管制,价格和利润受政府控制。70~80 年代,美国政府针对电力行业垄断造成的低效率,连续颁布了 3 个放松管制的法案,以促进竞争。电力行业由此经历了缓慢的解除管制的过程,垄断权一步步消失。例如,1978 年公用事业管制法案(Public Utilities Regulatory Policies Act),鼓励发电厂用可再生的或非传统能源发电,如果这些发电厂符合一定的规模和标准,垄断经营的大电力公司必须购买其全部发电量。这项法案给新兴的小发电厂提供了一个与大电力公司竞争的机会。但这还不足以威胁传统的大电力公司的垄断地位。

90 年代初期的美国处于历史上的一个黄金时期,GDP 和人口的增长增加了对电力的需求,为电力公司提供了一个良好的发展契机。但由于美国政府和各州放松管制,打破了电力公司的垄断地位,加剧了电力公司之间的竞争。例如,1992 年通过的全美能源政策法案(National Energy Policy Act),要求大的电力公司与其他电力公司享用同等质量和成本的电力运输系统,即电力公司可以跨州经营。由于这些输电系统原来主要属于一些大的电力公司,无形中削弱了他们的垄断地位和竞争能力,增加了竞争成本。特别是 1994 年开始,部分州开始尝试对电力输送解除管制,赋予用户选择电力供应商的权力,而不是像以前那样必须通过固定的电力输送系统享受某一个大的电力公司的供电。这一措施解除了以往地区电力公司独享电力输送系统的垄断权,真正威胁了电力公司垄断地位,给了一些私人投资者拥有的电力公司与一些独立发电厂进入市场的机会,地区电力市场竞争趋向全国化。市场竞争不断加剧,很多原本对公司构不成威胁的竞争对手浮出水面,增加了电力公司经营风险。

2. FPL公司概况

FPL为佛罗里达电力和照明公司(Florida Power & Light Company)的简称,是佛州最大、全美第四大电力公司。在经历了近七十年的发展后,成为规模庞大和信誉良好的大型企业。公司成立初期主要得益于垄断的巨大优势,在没有强有力的竞争对手的情况下,公司发展顺利,构建了发电、输电等完整的电力经营系统,建立了一套严格的质量控制程序。公司一直是全美管理最好的电力公司之一,1989年还获得了日本唯一授给外国企业的"戴明质量奖"。

针对电力管制放松和竞争加剧,FPL公司采取加大投资强度的扩张战略,以提高电力运营效率,降低成本,改善服务,增强竞争优势,扩大用户和增加盈利。1990~1994年,公司在电力基础设施方面投资了58亿美元,融资来源包括:发行长期债券37亿美元,增发新股19亿美元,内部留存收益2亿美元。扩张战略取得预期成效。例如,公司原子能发电厂的有效性升至83%,火力发电厂的有效性升至89%,均高于行业标准。另外,公司用户增加,达到340万,覆盖28 000平方英里。在用户构成中,个人用户占56%,商业用户达36%,工业和公用事业用户占8%。与其他同行公司相比,FPL个人用户比重最大。

FPL公司经营利润一直稳定增长,但由于1989年以来开始加大投资和竞争加剧,利润率、总资产收益率、净资产收益率等财务收益率指标有不同程度的下降。

FPL公司经营现金流稳定,负债比率较低,资信等级长期维持在A级以上。公司现金红利支付率一直在75%以上,每股现金红利(DPS)稳中有升,这种情况延续了47年。即使在亏损的1990年,每股仍然派发现金红利$2.34。1993年,现金红利支付率达到107.39%(当年电力行业上市公司平均现金红利支付率为80%)。显然,FPL公司是一个典型的价值型公司。

3. FPL公司面临的红利决策问题

1994年,面对电力市场日益加剧的竞争环境,FPL公司决定继续采用扩张战略,并制定了未来5年39亿的投资计划。但公司感到需要减少非投资方面的现金流出,增强财务能力和流动性,保持A级以上的资信等级,降低财务风险,增加留存收益和内部融资能力。而公司近期的发展并不能立即大幅度提升每股收益(EPS),继续维持高的现金红利支付率的经营压力很大。为以积极主动的态度来应对日益变化的竞争环境,保证公司长远发展目标,1994年5月初,FPL公司考虑在其季报(美国上市公司通常以季度为单位公布经营业绩和红利政策)中宣布削减30%的现金红利,此举可以使公司减少1.5亿美元的现金支出,尽管相对于公司未来五年39亿美元的资本支出计划来说,这笔钱似乎杯水车薪(公司计划通过发行高等级债券来筹集39亿美元),但有助于增强公司减轻今后的经营压力,增加股利政策方面的灵活性,使现金红利在今后几年中有较大的上升空间。

但大幅度削减现金红利不可避免导致公司股票价格大幅下跌。因为当时股票市场将价值型公司的现金红利支付状况视为公司经营状况的重要信号,保持稳定的现金红利有助于维护公司在股票市场中的一贯形象。而且,公司长期稳定和高现金红利支付率已经吸引了和形成了比较稳定的价值型投资群体。其中,个人投资者占51.9%,养老基金、共同基金、保险公司等机构投资者占36.9%,公司经理层只占0.1%。显著削减现金红利很可能伤害这些投资者,迫使他们弃而远之,从而影响公司的投资者基础和公司与这些投资者的战略关系。

历史经验也证实了这种负面影响。每当成熟发展的价值型公司宣布削减现金红利时,都会引起股市利空反应,公司股价暴跌。因为股票市场上把稳定的股利看成是公司财务状况良好的信号标志。一旦公司宣布削减股利,往往导致信心危机。这方面的实例不胜枚举。例如,1974年,纽约的Con Ed公司由于宏观环境原因而宣布削减股利时,股价从18元跌到了12元;1992年,Sierra Pacific Resources公司为了使其现金红利支付率低于100%而削减了39%的股利,股价下跌了23%,并且不久公司就被股东们因不真实和误导的财务状况而告上了法庭。

大多数投资银行分析家也预期FPL公司将削减30%的现金红利。因此,相继调低了对公司股票的评级。例如,美林证券的分析家认为,FPL公司难以继续保持高速增长的发展势头,如果不削减过高的现金红利,会给公司带来经营上的困难。但美林证券分析家仍然希望FPL公司保持每股2.48美元的现金红利支付水平。Donaldson, Lufkin & Jenrette投资银行家的分析报告认为,由于电力行业中的竞争压力增强,FPL公司很难增加现金红利。5月5日,Prudential证券公司分析报告调低了对FPL公司的投资等级。投资分析家的这些言论确实导致FPL公司尚未宣布红利政策,股票价格已下跌了6%。

4. FPL公司最终决定、股票市场反应及实际发展状况

FPL公司1994年5月中旬公布了最终的分红方案,把该季度现金红利由以往每股0.62美元调低到0.42美元,削减了32.3%。公司同时宣布了在以后三年内回购1 000万股普通股计划,其中,1995年至少回购400万股。并且,公司承诺以后每年的现金红利增长率不会低于5%。

尽管在宣布削减红利的同时,FPL公司在给股东的信中说明了调低现金红利的原因,并且作出回购和现金红利增长的承诺,但股票市场仍然视削减现金红利为利空信号。当天公司股价下跌了14%。反映了股票市场对FPL公司前景很不乐观的预期。但几个月后,股价随大势上涨回升并超过了宣布削减现金红利以前的价格。

1994年以来,FPL公司扩张战略奏效,EPS和DPS继续保持了增长势头,基本上兑现了当初给股东的诺言。公司股价大幅度增长,最高时比1994年翻了近5倍。

5. 启示

在产品和服务市场竞争日益加剧的环境下,公司管理层、现有公众股东、股票市场其他投资者之间对公司扩张战略和投资价值风险的影响会有不同的预期和评价,很难说谁对谁错。对公司管理层来说,扩张无疑有风险,但不扩张将增加公司今后的经营风险。因此,削减股利对公司保持长期竞争优势有利。对公司现有投资准则风格的投资者来说,公司改变一贯的战略、投资和红利政策,意味着投资价值风险发生了变化,甚至可能不再符合自己的投资风格。股票价格下跌并不能说明公司扩张战略是错误的,只是表明股票市场比较一致地认为公司扩张战略增加了投资价值风险,或者说投资价值产生了风险折扣。现有股东听从投资分析家的建议减持 FPL 公司股票是降低自身收益风险的一种有效策略。

我国股票市场上投资者与上市公司大股东或管理层在投资、红利政策等方面意见分歧的事件也逐渐出现。例如,五粮液大股东与公众股东在红利政策和配股方案上产生分歧,五粮液公司的公众投资者开始用手表达自己对公司投融资和红利政策的评价。这是股票市场评价功能有效性提高的表现,因为股票市场是投资者在所掌握的信息和评价能力基础上,自由表达风险偏好和动态选择、转移投资方向,从而使对公司成长预期和评价分歧的投资者各取所需的机制,这正是股票市场动态配置资源的功能和魅力所在。

节选自"上市公司. 2001 年第六期",文:朱武祥、张羽

第三节 股利政策类型

股利政策受多种因素的影响,并且不同的股利政策也会对公司的股票价格产生不同的影响。因此,对于股份公司来说,制定一个正确的、合理的股利政策是非常重要的。股利政策的核心问题是确定分配与留利的比例,即股利支付比率问题。长期以来,通过对股利政策实务的总结,归纳出常用的股利政策主要有以下几种类型。

一、剩余股利政策

在制定股利政策时,企业的投资机会和资本成本是两个重要的影响因素。在企业有良好的投资机会时,为了降低资本成本,企业通常会采用剩余股利政策。所谓剩余股利政策,就是在企业确定的最佳资本结构下,税后净利润首先要满足投资的需求,然后若有剩余才用于分配股利。这是一种投资优先的股利政策。剩余股利政策是 MM 理论在股利政策实务上的具体应用。根据 MM 理论的观点,股利政策不会对公司的股票价格产生任何影响,公司在有较好的投资机会时,可以少分配甚至不分配股利,而将留用利润用于再投资。

采用剩余股利政策的先决条件是企业必须有良好的投资机会,并且该投资机会的预

计报酬率要高于股东要求的必要报酬率,这样才能为股东所接受。采用剩余股利政策的企业,因其有良好的投资机会,投资者会对公司未来的获利能力有较好的预期,因而其股票价格会上升,并且以留用利润来满足最佳资本结构下对股东股权资本的需要,可以降低企业的资本成本,也有利于企业提高经济效益。但是,这种股利政策不会受到希望有稳定的股利收入的投资者所欢迎,如那些靠股利生活的退休者,因为,剩余股利政策往往导致各期股利忽高忽低。

实行剩余股利政策,一般应按以下步骤来决定股利的分配额:

(1) 根据选定的最佳投资方案,确定投资所需的资金数额;

(2) 按照企业的目标资本结构,确定投资需要增加的股东股权资本的数额;

(3) 税后净利润首先用于满足投资需要增加的股东股权资本的数额;

(4) 在满足投资需要后的剩余部分用于向股东分配股利。

这里需要说明的是,根据修正的 MM 理论,企业都有一个最佳资本结构,在最佳资本结构下企业的综合资本成本才最低,企业才可能实现股东财富最大化的理财目标。因此,股利政策要符合最佳资本结构的要求,如果股利政策破坏了最佳资本结构,就不能取得使公司的综合资本成本达到最低的效果。

【例 8-3】 假定光明电器公司 1996 年的税后净利润为 6 800 万元,目前的资本结构为:债权资本 40%,股东股权资本 60%。该资本结构也是其下一年度的目标资本结构(即最佳资本结构)。如果 1997 年该公司有一个很好的投资项目,需要投资 9 000 万元,该公司采用剩余股利政策,试确定应该如何融资? 分配的股利是多少?

对于投资需要的 9 000 万元资本,光明电器公司可以有多种融资方法,但若利用留用利润的内部融资方式,可以有以下两种方法:

(1) 公司留用全部净利润用于该投资项目,再另外筹集 2 200 万元新的债权资本。这样公司就没有剩余利润用于分配股利。

(2) 公司根据目标资本结构的要求,需要筹集 5 400 万元的股东股权资本和 3 600 万元的债权资本来满足投资的需要。这样,公司将净利润的 5 400 万元作为留用利润,还有 1 400 万元的净利润可用于分配股利,然后,再通过举债筹集 3 600 万元资金。

上述的第一种融资方法,虽然公司需向外部筹资的金额最少,但是这种方法破坏了最佳资本结构,会使公司的综合资本成本上升,因此不是最优筹资方案。而第二种融资方法,虽然需要向外部筹集较多的资本,但是它保持了企业的最佳资本结构,此时公司的综合资本成本才是最低的。综上所述,剩余股利政策指的是第二种方法的股利政策,而不是第一种方法的股利政策。

二、固定股利或稳定增长股利政策

这是一种稳定的股利政策,它要求企业在较长时期内支付固定的股利额,只有当企业对未来利润增长确有把握,并且这种增长被认为是不会发生逆转时,才增加每股股利额。稳定的股利政策在企业收益发生一般的变化时,并不影响股利的支付,而是使其保持稳定的水平。实行这种股利政策者都支持股利相关论,他们认为企业的股利政策会对

公司股票价格产生影响,股利的发放是向投资者传递企业经营状况的某种信息。实施这种股利政策的理由是:

(1)股利政策是向投资者传递重要的信息,如果公司支付的股利稳定,就说明该公司的经营业绩比较稳定,经营风险较小,这样可使投资者要求的股票必要报酬率降低,有利于股票价格上升;如果公司的股利政策不稳定,股利忽高忽低,这就给投资者传递企业经营不稳定的信息,从而导致投资者对风险的担心,会使投资者要求的股票必要报酬率提高,进而使股票价格下降。这样做的代价是,为了维持稳定的股利水平,有时可能会使某些投资方案延期,或者使公司资本结构暂时偏离目标资本结构,或者通过发行新股来筹集资金,可能会延误投资时机,或者使资本成本上升。

(2)稳定的股利政策,有利于投资者有规律地安排股利收入和支出,特别是那些希望每期能有固定收入的投资者更欢迎这种股利政策。忽高忽低的股利政策可能会降低他们对这种股票的需求,这样也会使股票价格下降。

然而,也应当看到,尽管这种股利政策有其股利稳定的优点,但是它也可能会给公司造成较大的财务压力,尤其是在公司净利润下降或现金紧张时,公司为了保证股利的照常支付,容易导致资金短缺,财务状况恶化。在非常时期,可能不得不降低股利额。因此,这种股利政策一般适用于经营比较稳定的企业采用。

三、固定股利支付率股利政策

这是一种变动的股利政策,企业每年都从净利润中按固定的股利支付率发放股利。这一股利政策使企业的股利支付与企业的盈利状况密切相关,盈利状况好,则每股股利额就增加,盈利状况不好,则每股股利额就下降,股利随经营业绩"水涨船高"。这种股利政策不会给公司造成较大财务负担,但是,其股利可能变动较大,忽高忽低,这样可能传递给投资者该公司经营不稳定的信息,容易使股票价格产生较大波动,不利于树立良好的企业形象。有的人认为这种股利政策不可能使企业的价值达到最大,所以反对这种股利政策。

【例8-4】 假定天宇公司2006年的税后净利润为4 000万元,该公司想维持目前的资产负债率45%。如果2007年该公司决定投资一个项目,需要投资8 000万元,该公司实行固定股利支付率股利政策,股利支付率为10%,投资该项目应从外部筹措多少权益资金?

由于该公司实行固定股利支付率股利政策,所以2006年度的留存收益为4 000×(1-10%)=3 600万元。而要维持资本结构不变,那么投资项目所需权益融资为8 000×(1-45%)=4 400万元,所以该公司从外部筹集的权益资本为4 400-3 600=800万元。

【例8-5】 晨星股份公司发行在外的普通股为300万股,该公司2006年的税后利润为3 000万元,发放的股利为3元/股。2007年的税后利润为5 000万元。目前的资金结构为6:4,即权益资本占60%,债务资本占40%,已知现在的资金结构,企业的加权平均资本成本最低。如果该公司准备在2008年上一个项目,需要再投资2 500万元。问:

如果该公司采用固定股利支付率政策,则其在2007年的每股股利为多少?

采用固定股利比例政策时,公司确定一个股利占盈余比例,长期按此比例支付股利的政策,所以计算如下:

2006年每股盈余为3 000÷300＝10(元/股),2006年股利占盈余的比例为:3÷10＝30%。

2007年发放的股利为:5 000×30%＝1 500(万元)。2007年每股发放的股利为:1 500÷300＝5(元)。此时留存盈余为5 000－1 500＝3 500万元,能够满足2008年投资需要。

四、低正常股利加额外股利政策

这是一种介于稳定股利政策与变动股利政策之间的折中的股利政策。这种股利政策每期都支付稳定的较低的正常股利额,当企业盈利较多时,再根据实际情况发放额外股利。这种股利政策具有较大的灵活性,在公司盈利较少或投资需要较多资金时,可以只支付较低的正常股利,这样既不会给公司造成较大的财务压力,又保证股东定期得到一笔固定的股利收入;在公司盈利较多并且不需要较多投资资金时,可以向股东发放额外的股利。低正常股利加额外股利政策,既可以维持股利的一定稳定性,又有利于使企业的资本结构达到目标资本结构,使灵活性与稳定性较好地相结合,因而为许多企业所采用。

【例8-6】 假定星辉公司2004年和2005年每年实现的净利润为800万元,2006年实现的净利润为1 300万元,2007年实现的净利润为1 400万元,2008年有一投资项目需要资金3 000万元。该公司执行低正常股利加额外股利政策,每期支付的低正常股利额为300万元。该公司在2004年至2007年应如何支付股利?

该公司在2004年和2005年经营情况正常,每年应维持300万元的现金股利支付。2006年,由于净利润有较大的增长,除了支付低股利额300万元之外,应再增加一部分现金股利的支付。2007年,公司实现的净利润也较高,但因2008年有一投资项目需要资金,所以支付低股利额300万元就可以了。

【例8-7】 大宇股份公司发行在外的普通股股数为125 000股,该公司2007年的税后利润为250 000元,2008年实现的税后利润为450 000元。如果该公司采用每年每股0.5元加上年终额外股利,额外股利为净收益超过250 000元的部分50%,则2007和2008年的应发放的股利各为多少?

2007年税后利润为250 000元,不发放额外股利,所以股利总额为0.5×125 000＝62 500元,每股股利0.5元。

2008年税后利润为450 000元,股利总额为0.5×125 000＋(450 000－250 000)×50%＝162 500,每股股利为162 500÷125 000＝1.3元。

第四节 股利种类和支付程序

一、股利种类

股份公司支付股利的形式一般有现金股利、股票股利、财产股利和负债股利。

（一）现金股利

它是指以现金支付股利的形式，是企业最常见、也是最易被投资者接受的股利支付方式。这种形式能满足大多数投资者希望得到一定数额的现金这种实在收益的要求。但这种形式增加了企业现金流出量，增加企业的支付压力，在特殊情况下，有悖于留存现金用于企业投资与发展的初衷。因此，采用现金股利形式时，企业必须具备两个基本条件：一是企业要有足够的指明用途的留存收益（未分配利润）；二是企业要有足够的现金。

（二）股票股利

它是指企业以股票形式发放股利，其具体做法可以是在公司注册资本尚未足额时，以其认购的股票作为股利支付；也可以是发行新股支付股利。实际操作过程中，有的公司增资发行新股时，预先扣除当年应分配股利，减价配售给老股东；也有的发行新股时进行无偿增资配股，即股东不需缴纳任何现金和实物，即可取得公司发行的股票。

股票股利是一种比较特殊的股利，它不会引起公司资产的流出或负债的增加，而只涉及股东权益内部结构的调整，即在减少未分配利润项目金额的同时，增加公司股本额，同时还可能引起资本公积的增减变化，但它们之间是此消彼长，股东权益总额并不改变。

现举例说明如下：

【例 8-8】 某公司在发放股票股利前，股东权益情况见表 8-1。

表 8-1 发放股票股利前股东权益　　　　　　　　　　单位：元

普通股（面额 1 元，已发行 100 000 股）	100 000
资本公积	200 000
未分配利润	1 000 000
股东权益合计	1 300 000

假定该公司宣布发放 10% 的股票股利，即发放 10 000 股普通股股票，并规定现有股东每持 10 股可得 1 股新发放股票。若该股票当时市价 20 元，随着股票股利的发放，需从"未分配利润"项目划转的资金为：

$$20 \times 100\,000 \times 10\% = 200\,000$$

由于股票面额（1 元）不变，发放 10 000 股，普通股只应增加"普通股"项目 10 000 元，其余的 190 000 元（200 000－10 000）应作为股票溢价转至"资本公积"项目，而公司股东权益总额保持不变。发放股票股利后，公司股东权益各项见表 8-2。

表 8-2 发放股票股利后的公司股东权益　　　　　　　　　　单位：元

普通股(面额 1 元,已发行 110 000 股)	110 000
资本公积	390 000
未分配利润	800 000
股东权益合计	1 300 000

可见,发放股票股利,不会对公司股东权益总额产生影响,但会发生资金在各股东权益项目间的再分配。需要指出的是,上例中以市价计算股票股利价格的做法,是很多西方国家所通行的;除此之外,也有的按股票面值计算股票股利价格,如我国目前即采用这种做法。

发放股票股利后,如果盈利总额不变,会由于普通股股数增加而引起每股收益和每股市价的下降;但又由于股东所持股份的比例不变,每位股东所持股票的市场价值总额仍保持不变。这可从下例中得到说明。

【例 8-9】 假定上述公司本年盈余为 220 000 元,某股东持有 10 000 股普通股,发放股票股利对该股东的影响见表 8-3。

表 8-3 发放股票股利对该股东的影响　　　　　　　　　　单位：元

项目	发放前	发放后
每股收益	220 000÷100 000＝2.2	220 000÷110 000＝2
每股市价	20	20÷(1+10%)＝18.18
持股比例	10 000÷100 000＝10%	11 000÷110 000＝10%
所持股总价值	20×10 000＝200 000	18.18×11 000＝200 000

尽管股票股利不直接增加股东的财富,也不增加公司的价值,但对股东和公司都有特殊意义。

1. 股票股利对股东的意义

(1) 事实上,有时公司发放股票股利后其股价并不成比例下降;一般在发放少量股票股利(如 2%~3%)后,大体不会引起股价的立即变化。这可使股东得到股票价值相对上升的好处。

(2) 发放股票股利通常由成长中的公司所为,因此投资者往往认为发放股票股利预示着公司将会有较大发展,利润将大幅度增长,足以抵销增发股票带来的消极影响。这种心理会稳定住股价甚至略有上升。

(3) 在股东需要现金时,还可以将分得的股票股利出售,有些国家税法规定出售股票所需交纳的资本利得(价值增值部分)税率比收到现金股利所需交纳的所得税税率低,这使得股东可以从中获得纳税上的好处。

2. 股票股利对公司的意义

(1) 发放股票股利可使股东分享公司的盈余而无需分配现金,这使公司留存了大量现金,便于进行再投资,有利于公司长期发展。

(2) 在盈余和现金股利不变的情况下,发放股票股利可以降低每股价值,从而吸引更多的投资者。

(3) 发放股票股利往往会向社会传递公司将会继续发展的信息,从而提高投资者对公司的信心,在一定程度上稳定股票价格。但在某些情况下,发放股票股利也会被认为是公司资金周转不灵的征兆,从而降低投资者对公司的信心,加剧股价的下跌。

(4) 发放股票股利的费用比发放现金股利的费用大,会增加公司的负担。

(三) 财产股利和负债股利

财产股利是以现金以外的资产支付的股利,主要是以公司所拥有的其他企业的有价证券,如债券、股票等作为股利支付给股东。负债股利比较少见,是指公司以负债形式支付的股利,通常以公司的应付票据支付给股东,在不得已的情况下也有发行公司债券来抵付股利。财产股利和负债股利实际上是现金股利的替代,这两种形式目前在我国公司实务中很少使用,但并非国家法律所禁止的。

二、股票分割

股票分割是指将面额较高的股票交换成面额较低的股票的行为。例如,将原来的一股股票交换成两股股票。股票分割不属于某种股利方式,但其所产生的效果与发放股票股利近似。

股票分割时,发行在外的股数增加,使得每股面额降低,每股盈余下降;但公司价值不变,股东权益总额、权益各项目的金额及其相互间的比例也不会改变。这与发放股票股利时的情况既有相同之处,又有不同之处。

【例8-10】 某公司原发行面额2元的普通股100 000股,若按1股换成2股的比例进行股票分割,分割前、后的股东权益项目见表8-4、表8-5。

表8-4 分割前股东权益项目　　　　　　　　　　　　单位:元

普通股(面额2元,已发行100 000股)	200 000
资本公积	1 000 000
未分配利润	2 000 000
股东权益合计	3 200 000

表8-5 分割后的股东权益项目　　　　　　　　　　　单位:元

普通股(面额1元,已发行200 000股)	200 000
资本公积	1 000 000
未分配利润	2 000 000
股东权益合计	3 200 000

分割前、后的每股盈余计算如下:

假定公司本年净利润200 000元,那么股票分割前的每股收益为2元(200 000÷100 000)。

假定股票分割后公司净利润不变,分割后的每股收益为1元,每股市价也会因此而下降。

实践表明,由于股票分割和股票股利非常接近,所以一般要根据证券管理部门的具体规定对二者加以区分。例如,有的国家证券交易机构规定,发放25%以上的股票股利即属于股票分割。

对于公司来讲,实行股票分割的主要目的在于通过增加股票股数降低每股市价,从而吸引更多的投资者。此外,股票分割往往是成长中公司的行为,所以宣布股票分割后容易给人一种"公司正处于发展之中"的印象,这种有利信息会对公司有所帮助。

对于股东来讲,股票分割后各股东持有的股数增加,但持股比例不变,持有股票的总价值不变。不过,只要股票分割后每股现金股利的下降幅度小于股票分割幅度,股东仍能多获现金股利。例如,假定某公司股票分割前每股现金股利5元,某股东持有100股,可分得现金股利500元(5×100);公司按1换2的比例进行股票分割后,该股东股数增为200股(100×2),若现金股利降为每股3元,该股东可得现金股利600元(3×200),仍大于其股票分割前所得的现金股利。另外,股票分割向社会传播的有利信息和降低了的股价,可能导致购买该股票的人增加,反使其价格上升,进而增加股东财富。

尽管股票分割与发放股票股利都能达到降低公司股价的目的,但一般情况下,只有在公司股价剧涨且预期难以下降时,才采用股票分割的办法降低股价;而在公司股价上涨幅度不大时,往往通过发放股票股利将股价维持在理想的范围之内。

三、股利支付程序

股份公司分配股利必须遵循法定的程序,一般是先由董事会提出分配预案,然后提交股东大会决议通过才能进行分配。股东大会决议通过分配预案之后,要向股东宣布支付股利的方案,并确定股权登记日、除息日和股利发放日。这几个日期对分配股利是非常重要的。

1. 股利宣布日

宣布日就是股东大会决议通过并由董事会宣布发放股利的日期。在宣布分配方案的同时,要公布股权登记日、除息日和股利发放日。通常股份公司都应当定期宣布发放股利,我国股份公司一般是1年发放一次或两次股利,即在年末和年中分配。在西方国家,股利通常是按季度支付。

2. 股权登记日

股权登记日是有权领取本期股利的股东资格登记截止日期。企业规定股权登记日是为了确定股东能否领取股利的日期界限,因为股票是经常流动的,所以确定这个日期是非常必要的。凡是在股权登记日这一天登记在册的股东才有资格领取本期股利,在股权登记日当天仍持有或买进该公司股票的投资者可以享有此次分红派息的权利。

3. 除息日

除息日是指除去股利的日期,即领取股利的权利与股票分开的日期。一般股权登记日的次日即是除息日。在除息日之前购买的股票,才能领取本次股利,在除息日当天或以后购买的股票,则不能领取本次股利。除息日对股票的价格有明显的影响,在除息日之前的股票价格中包含了本次股利,在除息日之后的股票价格中不再包含本次股利,所以股价会下降。

4. 派息日

是将股利正式发放给股东的日期。在这一天,企业应将股利通过邮寄等方式支付给股东,计算机交易系统可以通过中央结算登记系统将股利直接打入股东资金账户,由股东向其证券代理商领取股利。

【例 8-11】 A 公司于 2005 年 7 月 6 日举行的股东大会决议通过股利分配方案,并于当日由董事会宣布 2005 年的中期分配方案为:每股分派现金股利 1.50 元,股权登记日为 2005 年 7 月 26 日(星期五),除息日为 2005 年 7 月 29 日,股利发放日为 2005 年 8 月 19 日。如果在采用"T+0"交易制度下,也可以将除息日确定为股权登记日的下一个工作日,即 8 月 1 日(星期一)。其支付程序如图 8-1 所示:

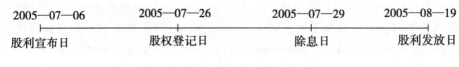

图 8-1 A 公司的股利支付程序

本章小结

1. 股利政策是否会影响公司价值存在争议。一种观点认为股利政策不会影响公司价值,因为无论公司采取何种分配政策,投资者均可以通过金融市场实现自己想要的分配结果。另一种观点则认为公司的分配政策对公司价值有影响,因为这会影响到投资者的税后收益,也会影响某些风险规避者对公司未来现金流的预测和估计。另外,股利政策还会通过降低代理成本从而影响公司价值。

2. 很多因素会影响公司的股利政策,包括法律层面、股东层面以及公司自身的因素。公司层面的因素包括现金流量、举债能力、投资机会以及资金成本等。而股东出于对控制权稀释的担忧、规避所得税等因素对股利政策有不同的考虑。

3. 股利政策的核心问题是确定股利支付率。根据股利支付的形式和方式的不同,股利政策分为几种类型,包括剩余股利政策、稳定增长股利政策、固定股利支付率政策,以及低正常股利加额外股利政策等。

4. 股利的形式一般有现金股利、股票股利等。股票分割的效果与股票股利非常接近,都会引起发行在外的股票数量增加,但是股东权益总额不变。股票分割的目的在于降低每股股价,吸引投资者。

思考及应用

1. 你能说明上市公司发放股利的简单程序吗？
2. 你知道"MM股利无关论"背后的假设吗？为什么MM认为股利政策不会影响股东的财富？
3. 除了"MM股利无关论"，许多学者认为其实公司的股利政策会影响股票价格，你能说明这些学者的立论观点吗？
4. 相对于其他股利政策而言，既可以维持股利的稳定性，又有利于优化资本结构的股利政策是 （ ）
   A. 剩余股利政策 B. 固定股利政策
   C. 固定股利支付率政策 D. 低正常股利加额外股利政策
5. 在下列股利分配政策中，能保持股利与利润之间一定的比例关系，并体现风险投资与风险收益对等原则的是 （ ）
   A. 剩余股利政策 B. 固定股利政策
   C. 固定股利支付率政策 D. 正常股利加额外股利政策
6. A公司2007年提取了公积金和公益金后的税后净利润为1 650万元，第二年的投资计划拟需资金2 000万元，该公司的目标资金结构为自有资金占40%，借入资金占60%。另外，该公司流通在外的普通股总额为1 000万股。假设A公司采用剩余股利政策，请计算A公司当年可发放的股利额及每股股利。
7. 某公司目前发行在外的普通股1 600万股。去年税后盈余4 000万元，今年3 000万元。公司目前欲投资2 000万元设立分厂，筹资结构为55%负债，45%权益。该公司去年每股股利1.25元/股。
   要求：(1) 若该公司维持固定股利支付率政策，今年每股股利额是多少？
   (2) 若采用剩余股利政策，该公司今年每股应发多少股利？
8. 计算题：某公司2007年度实现的净利润为1 000万元，分配现金股利550万元，提取盈余公积450万元（所提盈余公积均已指定用途）。2008年实现的净利润为900万元（不考虑计提法定盈余公积的因素）。2009年计划增加投资，所需资金为700万元。假定公司目标资本结构为自有资金占60%，借入资金占40%。要求：
   (1) 在保持目标资本结构的前提下，计算2009年投资方案所需的自有资金额和需要从外部借入的资金额。
   (2) 在保持目标资本结构的前提下，如果公司执行剩余股利政策，计算2008年度应分配的现金股利。
   (3) 在不考虑目标资本结构的前提下，如果公司执行固定股利政策，计算2008年度应分配的现金股利、可用于2009年投资的留存收益和需要额外筹集的资金额。
   (4) 在不考虑目标资本结构的前提下，如果公司执行固定股利支付率政策，计算该公司的股利支付率和2008年度应分配的现金股利。
   (5) 假定公司2009年面临着从外部筹资的困难，只能从内部筹资，不考虑目标资本结构，计算在此情况下2008年度应分配的现金股利。

9. 吉星公司股息分配案例分析

吉星公司是何享利于1938年创立的一家石油公司。该公司通过购买及自行勘探两种方式,积极寻求新原油的储存。何享利一向以主动进取的态度经营公司,他所采用的政策使得公司的销售与资产迅速增长;但这种快速成长,又产生了一些严重的财务问题。如资产负债率在过去20年间由30%增加到50%,流动比率由5:1下降到1986年12月31日的1.6:1,速动比率由1966年1.5:1下降到1986年12月31日的0.14:1。

何享利及其家庭成员在1966年拥有吉星公司75%的股票,由于发行股票购买新公司,出售普通股筹集资金等,何享利的所有权地位到1986年仅拥有35%的股票。

吉星公司未曾发放现金股利,亦未宣布过股票股利或股票分割。何享利一向采取保留公司所有盈余,融通公司扩充计划,根据这项原则,他遵循不发放现金的股利政策。他认为股息及股票分割是无意义的。

在1987年4月的股东大会上,许多有力量的股东不赞成公司过去的股利政策。有股东指出在1986年公司盈余折合每股为156美元,每股权益的账面价值超过2 100美元,公司总经理的薪水及其他福利在1986年高达225 000美元以上时,公司股东49年来未收到半分股利。股东还说明其他大众拥有的石油公司在过去10年到15年内,盈余中40%皆作为股利发放给股东。当其他股东都同声附和时,董事会主席何享利及总经理史多承认他们无法控制股东。由于谣言在华尔街迅速传播,有两家集团考虑出价收购吉星公司股票,故公司管理人员忧虑如何使股东尽可能满意。最后,何享利对大众宣布他要在下个月内,召集董事会的特别会议来讨论股利政策,而且他也要在下季度的新闻报道中,对股东宣布会议结果。

当特别董事会召开时,董事们立刻分成四派。第一派由何享利领导,认为现金股利使某些股东感到满足。第二派以投资银行家雷礼为代表,代表许多小股东,认为应有明确的现金股利及股票分割。第三派的董事们赞同雷礼的看法,现金股利有其必要,但是他们建议发放股票股利而不是股票分割。第四派的董事们同意现金股利应尽快发放,他们赞同应立刻宣布股票分割或股票股利。最后,由于许多董事想避免支付现金股利的所得税,第四派又做了额外提议,作为现金股利的替代方案,公司或许可以考虑股票回购计划,在此计划下,采取资本利得形式来分配,由股东自行决定是否要实现。经过广泛的讨论后,由于董事们明显的分裂无法达成决议,故下个星期又得召开另一次会议。财务副总经理伍尔克奉命评估会议的五种意见,并于下星期董事会中提出股利政策。

就在伍尔克开始拟定其报告的研究策略时,他从董事兼销售经理史吉理手中收到一份备忘录。史吉理提供给伍尔克一份资料,如下表所示,并要求伍尔克考虑公司的股利政策及股票分割的情况,对公司的股票价格与其他股票的价格是否有什么影响?

吉星公司财务资料

年份	每股净利（美元）	每股账面价值（美元）	每股平均市价（美元）	平均市盈率	市价与账面价值比率
1986	156	2 182	1 880	16	2.5
1981	118	1 852	1 534	19	2.9
1976	112	1 458	1 332	18	2.6
1971	102	1 242	1 212	17	2.5
1966	70	972	700	10	1.2

盈余的每年复利增加率

期间（年）	产业平均（%）
1981—1986	8
1976—1981	7
1971—1976	6
1966—1971	7

要求：根据以上资料请你对以下问题进行分析：

(1) 评估宣布股利政策的优缺点。

(2) 股息发放政策对每股盈余成长率有何影响？

(3) 该公司的债务情况如何影响股息决策？

(4) 评估四派董事不同的意见，并考虑这些政策适用于吉星公司的哪些情况。

(5) 提出有关吉星公司理想的现金股利、股票股利及股票分割政策之建议，并说明反对其他提议的理由。

10. 案例分析：某上市公司自1997年以来经营状况和收益状况一直处于相对稳定状态，且在收益分配上，每年均发放了一定比例的现金股利（0.2元/股～0.5元/股），然而2014年由于环境因素的影响，公司获利水平大幅下降，总资产报酬率从上年的15%下降至4.5%，且现金流量也明显趋于恶化。对此，为制定2014年的股利分配方案，公司于2015年初召开了董事会，会上，董事长首先作了如下发言："公司自1995年上市以来，在员工及在座各位的共同努力下，公司的经营状况、获利状况均呈现了稳定增长态势，为此，公司为优化市场形象，增强投资者投资于我公司股票的信心，每年均发放一定的现金股利。然而，2014年度因环境因素的影响，公司经营状况及获利状况很不理想，且该趋势预计近期内不能获得根本性改观……今天会议的重要议题是就2014年度的分配进行讨论形成预案，以供股东大会决议。下面就2014年度股利分配问题请各位充分发表意见和建议。"以下是两位董事的发言：

董事张兵：我认为公司2014年度应分配一定比例的现金股利，理由在于：第一，公司长期以来均分配了现金股利，且呈逐年递增趋势，若2014年停止分配股利，难免影响公司的市场形象和理财环境。第二,根据测算,公司若按上年分配水平(0.5元/股)支付现金股利,约需现金2 500万元,而我公司目前资产负债率仅为40%,按照最佳资本结构要求,尚有约20%的举债空间,按目前的总资产(约50 000万元)测算,可增加举债约10 000万元,因此公司的现金流量不会存在问题。

董事刘强:我认为公司2014年度应暂停支付现金股利,理由在于:第一,公司2014年经营及获利状况的不利变化主要是因环境因素所决定的,环境因素能否在短期内有明显改观尚难预测。而一旦环境不能改观,公司将可能陷于较长时间的经营困境,因此,为保护公司的资本实力,公司不宜分配现金股利。第二,公司尽管有较大的负债融资空间,但由于资产报酬率下降,使得举债的财务风险较大,因此,在没有较好的投资机会时,我建议不宜盲目增加举债,对于举债发放现金股利的建议我认为是"打肿脸充胖子",不宜采纳。第三,我不主张分配现金股利主要是基于公司的现金存量不多,且现金流量状况不佳。但公司目前尚有近8 000万元的未分配利润,我建议可分配股票股利,这样一方面有利于稳定公司市场形象,另一方面又能节约现金支出。

董事张兵:我不赞成分配股票股利,因为分配股票股利后,股本总额将会增加,若2015年获利状况不能改观,则会导致每股收益大幅度下降,这对公司市场形象的影响将会弊大于利。

要求:

(1) 假如你是该公司董事,你会赞同或提出何种建议?为什么?

(2) 你认为公司股利政策是否会影响公司股票价值?为什么?

第九章 公司外部增长与调整

【本章提要】在市场经济条件下,公司为了适应市场竞争的需要,并在市场竞争中取得成功,会不断地开展为获得长远发展所需的资源而进行的优化整合的重组活动。而兼并与收购,简称并购,是公司重组的重要内容,也是公司外部增长的主要方式。公司并购被视为在发达的市场经济条件下企业进行资本运营的一种高级形式,是迅速完成经营扩张、实现规模效应的最佳途径。本章第一节主要介绍了公司并购的基本概念、类型,并购动机与效应,并重点介绍了三种并购目标公司价值评估方式等内容。第二节着重介绍了资产重组和财务重组的基本知识和相关的法律规定等内容,以期从更广阔的视野来理解公司理财问题,熟悉现代公司市场生存之道。

【引 例】2008年2月1日,微软报价446亿美元收购雅虎公司股票。收购资金一半现金一般股票,摊薄后每股股价31美元,当时雅虎股票市价19.18美元,收购溢价62%。微软公司的财务官认为,这个收购价格对雅虎公司股东是有利的,因为它比雅虎前一天的收盘价高出62%。而当时雅虎公司大部分的基础价值是他们在非运营业务上的股份。与其营业资产有关的报价几乎是它们现有价值的一倍多。这个报价对于微软公司股东来说也是很有吸引力的,因为可以借此获得协同增效,根据 Kevin Johnson 谈到的四种协同增效作用,微软至少可以获得10亿美元的收益。但是雅虎的杨致远并不这样认为,他认为微软低估了雅虎公司的资产价值,出价太低,至少应该达到每股37美元的价格,即总价不低于500亿美元,虽然后来微软出价提高到每股33美元,但是与雅虎杨致远的心理价位仍然相去甚远,仍然没有同意收购。后来微软公司威胁要在二级市场强行收购,雅虎董事会随即作出强烈反应,宣布一系列反收购措施,在雅虎董事会抵制下,最终微软终止了收购。

尽管微软收购雅虎失败了,但是这个案例启发我们思考:一家公司为什么要收购其他企业?收购有什么好处?什么是协同增效作用?公司收购过程中要注意哪些问题?等等。通过本章的学习,对这些问题我们将会得到一个基本的答案。

第一节 公 司 并 购

一、公司并购的概念

公司并购是指一家公司通过取得其他企业部分或全部产权,从而实现对该企业的控制的一种经济行为。公司并购是个复合词,是兼并(Merger)与收购(Acquisition)的统称,其英文也常缩写成 M&A。

兼并,也称为合并,是指两个或两个以上具有独立法人地位的企业能按照法定程序结合成为一个企业的行为。合并按法人资格变更情况,可以分为吸收合并和新设合并。

按照《中华人民共和国公司法》的规定:吸收合并,是指一个公司吸收其他公司而存续,被吸收公司解散。新设合并是指由两个或两个以上的公司合并组成一家新的公司,原有的公司在合并后解散,其一切经营活动均由新成立公司接管。需要说明的是,在国际惯例中,公司兼并通行的意义为两家或更多的独立的公司合并组成一家公司,通常其中由一家占优势的公司吸收一家或多家公司,可以说狭义的兼并更多的是指吸收合并。总的来说,无论是吸收合并还是新设合并,往往伴随着至少一家公司失去法人资格的行为。

收购,是指一家企业用现金、证券购买其他企业资产或股权而获得对这些企业控制权的行为。收购的实质是取得控制权,目标公司的法人实体地位并不因此消失。

获得控股地位,在理论上指持有投票权股票即普通股的 51% 以上,称为绝对控股。但对于规模庞大、股权分散的公司,往往控制 30% 左右甚至 20% 或更低的股权就能对付其余分散的股权,达到控股的目的,这称为相对控股。控股关系可以是单层的,如 A 公司购买 B 公司 80% 的股份,于是 A 公司成为控股公司或母公司,B 公司成为附属公司或子公司;控股关系也可以是多层的,如 B 公司又持有 C 公司 80% 的股份,则 A 公司通过 B 公司就控制了 C 公司。

收购与兼并、合并的相似点是都是以企业产权为交易对象,发生的基本动机也相似。主要区别是:兼并是兼并企业获得被兼并企业的全部业务和资产,并承担全部债务和责任,且兼并后,被兼并公司作为法律实体不复存在。而收购企业则是通过购买被收购企业的股票达到控股,对被收购企业的原有债务不负连带责任,只以控股出资的股金为限承担风险,且收购后,被合并公司作为法律实体仍可存在。由于在实际运作中这几个概念的联系远远超过其区别,所以兼并、合并与收购常作为同义词一起使用,统称为"并购",并把并购一方称为"买方"或并购企业,被并购一方称为"卖方"或目标企业。

二、公司并购的类型

在国内外公司并购的理论和实践中,公司并购依据不同的划分标准,有以下类型:

(一)按并购双方所属行业划分

1. 横向并购(Horizontal Merger)

也称为水平并购,指涉及两家从事同类业务活动的竞争公司之间发生的并购行为。例如两个生产或销售相同、相似商品的公司之间的并购。其结果是资本和资源在同一生产、销售领域或部门集中,扩大了经济规模。其目的是确立公司在行业内的竞争优势,增加垄断实力或形成规模效应。横向并购不涉及并购双方不熟悉的新领域,因此并购后的风险较小,并购后比较容易整合双方的资源,彼此融合,进而形成生产或销售的规模经济。它是早期并购活动的最主要形式。19 世纪末到 20 世纪初美国历史上的第一次并购浪潮主要就是以横向并购为主要特征。

2. 纵向并购(Vertical Merger)

是对生产工艺或经营方式上有前后关联的企业进行的并购,是生产、销售的连续性过程中互为购买者和销售者(即生产经营上互为上下游关系)的企业之间的并购。如加工制造企业并购与其有原材料、运输、贸易联系的企业。纵向并购可分为向后并购和向前并购,前者指并购供应厂商获取原材料供应来源,后者指并购自身客户。节约交易费用、实现技术经济是纵向并购的主要动因,其本质是市场交易的内部化。纵向并购的目的是实现生产组织专业化和产销一体化。其特征是并购双方可以加强生产过程各环节的紧密配合,缩短生产周期,减少运输、仓储成本,节约资源、能源等。纵向并购在20世纪上半期逐渐成为公司并购浪潮中的主要形式。

3. 混合并购(Conlomerate Merger)

是对处于不同产业领域,产品属于不同市场,且与其产业部门之间不存在特别的生产技术联系的企业进行并购。如钢铁企业并购石油企业,因而产生多种经营企业。混合并购可分为三种形态:产品扩展型(A Product Extention Merger)、市场扩张型(A Geographic Extention Merger)和混合型。产品扩展型并购是指当一家公司需要另一家公司生产自己所不能生产的但又与自己生产和销售有关的产品时,发生此两家公司的混合并购。市场扩张型并购是指一个公司为了扩大竞争地盘而对它尚未渗透的地区生产同类产品的公司进行并购。纯混合并购是那些生产和经营毫无关系的若干公司间的并购行为。采用这种方式可通过分散投资、多样化经营来降低企业风险,达到资源互补、优化组合及扩大市场活动范围的目的。在20世纪50年代,混合并购开始成为公司并购的主要形式。混合并购与多角化经营战略密切相关,它是当代跨国公司向外扩张的一种非常重要的形式,但也是风险最大的一种形式。

(二) 按并购是否取得目标公司的管理层同意与合作划分

1. 善意并购

也称为友好并购、协议并购,指目标公司管理层同意收购方提出的收购条件并承诺给予协助,故双方管理层通过协商来决定并购的具体安排,如收购方式(以现金、股票、债券或其混合来支付对价)、收购价位、人事安排、资产处置等。若目标公司对收购条件不完全满意,双方还可以就此进一步讨价还价,最终达成双方都可以接受的并购协议,并经双方董事会批准,股东会以特别决议形式通过。由于收购当时双方均有合并意愿,而且对彼此之间情况较为熟悉,故此类并购成功率较高。

2. 敌意并购

也称强迫接管(Take-over),指收购方在目标公司管理层对其收购意图尚不知晓或持反对态度的情况下,对目标公司强行进行收购的行为。在此种收购中,收购方常用的手段有两种,一种是在公开市场上直接收购股票;一种是针对股权分散的目标公司,以收购目标公司股东的投票委托书,使收购方投票权超过目标公司管理层,就可以设法改组目标公司董事会,达到控制公司的目的,这称为委托书收购。敌意收购往往采取突然的手段,提出苛刻的收购条件而使目标公司不能接受,因此目标公司在得知收购公司的收购意图后可能采取一系列的反收购措施,例如发行新股以分散股权、回购本公司发行在外的股份等。敌意并购的成功率远远小于善意并购。

（三）按并购中股份取得方式划分

1. 要约收购（Tender Offer）

又称为公开报价收购，指收购公司公开向目标公司全体股东发出收购要约，承诺在一定期限内按要约披露的某一特定价格收购目标公司一定数量的股份，以求大量获得股票，以股权转让方式取得或强化目标公司的控制权。由于要约收购是收购公司和目标公司股东之间的间接交易，所以股东是否出让手中的股权完全取决于股东个人的判断，往往收购要约的出价要高于目标公司股票的市场价格才具有吸引力，否则目标公司股东在公开市场上即可出售股票而不必卖给收购公司。当然，价格在公开收购要约发出的过程中发挥决定性作用，但目标公司管理层是否同意收购要约中所列条件与要约收购的成败有很大关系。因为要约收购针对目标公司全体股东，其信息的透明度、程序的规范性与全体股东的利益休戚相关，世界各国均对要约收购的条件、程序作出了详细的规定。

2. 市场购买股票

又称为集合竞价，对于在公开市场交易的上市公司，可以通过直接在市场上收购一定数量的股份达到控制目标公司的目的。早期许多公司并购就是通过这种方式进行的，但在现在的市场实施这种方式越来越困难，因为各国对于公司收购都有了详细的法律规定，如美国《证券交易法》、我国《中华人民共和国公司法》规定，当投资者在股票市场上购得某公司的股票达5％时，必须向监管部门报告并公开，称为举牌，此时股价往往加速上涨，因此该方式往往成本过高，周期过长，不可控因素较多，收购者很难在股票市场上以持续购股的方式取得目标公司控制权。但是，对于股权十分分散的公司，如大股东持股比例不足10％或5％的公司，这仍然是一种操作简单的收购方式，如中国资本市场最早的收购：宝安收购延中。

3. 协议收购

又称为非公开收购，是指收购公司在证券交易所之外以协商的方式与目标公司的股东签订收购其股份的协议，从而达到控制该上市公司的目的。收购人可以依照法律、行政法规的规定同被收购公司的股东以协议方式进行股权转让。由于在证券交易机构上市的公司的流通股交易必须严格遵守交易所规定，依照价格优先、时间优先的原则交易，因此上市公司的协议收购一般只能针对非流通股。该方式操作简便、保密性强、成交价格弹性大，是国内证券市场目前主要的收购方式。

（四）按是否利用外部融资来支付并购资金来划分

1. 杠杆收购（Leveraged Buy-out）

杠杆收购是指一家公司在银行贷款或金融市场借款支持下进行的收购活动，换言之，收购公司不必拥有巨额资金，只需要准备少量现金（用以支付收购过程中必须的律师、会计师、财务顾问等费用），作为融资担保、还款来源，即可兼并任何规模的公司。由于此种收购方式在操作原理上类似杠杆，故而得名。杠杆收购一般做法是由收购方成立一家直接收购公司，再以该公司名义向银行借款、发行债券，以借贷资本完成收购。杠杆收购20世纪60年代出现于美国，80年代随着垃圾债券的流行而风行欧美。杠杆收购的突出特点是收购者不需要投入大量资金,一般在收购中所需的全部资金构成中,收购方自己投入的股权资本,约占收购资金的5%~20%,垃圾债券约占收购资金的10%~40%,银行贷款约占40%~80%。收购企业可以在最短时间内通过少量资金收购大型公司,完成收购后,收购公司一般会把目标公司的资产分拆、变卖一部分,利用出售资产的收入,偿还因收购所借贷款,使收购公司的资本结构达到合理水平。

2. 非杠杆收购

指用收购公司自有资金及营运所得来支付或担保支付并购资金的收购方式。早期并购风潮中的收购形式多属此类。但非杠杆收购并不意味着收购公司不用举债即可负担并购资金,实践中,几乎所有收购都是利用贷款完成的,所不同的只是借贷数额的多少而已。

(五)我国《关于企业兼并的暂行办法》的规定

1989年国家体改委、国家计委、财政部、国有资产管理局联合发布的《关于企业兼并的暂行办法》中把并购分为四种类型:

1. 购买式

兼并方以现金出资购买目标企业的整体资产,依其价值确定购买价格,兼并方不与被兼并方协商债务如何处理。企业在完成兼并的同时,对其债务进行清偿。所以,兼并企业的购买价格,实际上是被兼并企业偿还债务以后的出价。

2. 承担债务式

在目标企业资产与债务等价的情况下,兼并方以承担目标企业的债务为条件接受其资产。目标企业法人主体消失,所有资产整体归入兼并企业。

3. 吸收股份式

将被兼并企业的净资产作为股金投入兼并方,成为兼并企业的一个股东。被兼并企业法人实体消失,包括资产入股式、股票交易式等。

4. 控股式

即一个企业通过购买其他企业的股票达到控股,实现兼并。被兼并企业作为法人实体仍然存在,不过是被改造成股份制企业。兼并企业作为被兼并企业的新股东,对被兼并企业的原有债务不负连带责任。其风险责任仅以控股出资的股金为限。

三、公司并购的动机与效应

公司并购的动机是由公司的目标和需求引起的。因此,公司并购的原始动机就是追求公司价值最大化,以实现公司的生存和发展。同时,并购行为的另一动力来源于市场竞争的巨大压力。在现实的经济生活中,公司并购的原始动机又是以不同的具体形态表现出来。公司的并购行为往往不仅来源于某一个原因,而是动机的多种具体形态综合的结果。比如:(1)通过实现规模效应以降低成本获得效益的并购;(2)通过扩大市场份额以增加效益的并购;(3)实现多元化经营,迅速进入新领域以获得收益的并购。另外,就中国的现状来看,并购的目的还有买壳上市(实际上这大概占了中国并购案的最大比例)、调整经济结构、希望大型国企做大做强等等一些具体的经济目标。

从微观的角度看,公司并购将产生一系列的协同效应。所谓协同效应是指单个公司成为一个整体后价值的增加,或者说整体价值大于个体价值之和,简单可以表示为 $1+1>2$。

(一) 经营协同效应

由于经济的互补性及规模经济,两个及两个以上的公司合并后可提高生产经营活动的效率,这就是经营协同效应。并购对公司效率的最明显作用,是规模经济效益的取得。

通过并购可以调整其资源配置使其达到最佳规模经济的要求,有效解决由专业化引起的生产流程的分离,从而获得稳定的原材料来源渠道,降低生产成本,扩大市场份额。

另外,并购可以使企业在保持整体产品结构的情况下,在各部门实现产品生产的单一化,避免由于产品品种的转换带来的生产时间的浪费。

(二) 管理协同效应

通过并购可以减少管理部门和环节,节约管理费用、节约营销费用,集中研发费用,从而降低管理成本,提高管理效率。

(三) 财务协同效应

财务协同效应主要是指并购给公司在财务方面带来的种种效益。这种效益的取得不是由于经营效益的提高而引起的,而是由于税法、会计惯例以及证券交易等内在规定的作用产生的纯货币价值上的收益。主要表现在:

1. 节税效应

企业可以利用税法中亏损递延条款来达到合理避税的目的。所谓亏损递延,指的是若某公司出现了亏损,该公司不仅可以免缴当年的所得税,其亏损额还可以向后递延,根据以后年份盈余抵消亏损额后的剩余缴纳所得税。如果并购中有一方存在较大数额的亏损,则利润高的公司通过并购有较大亏损的公司,以被并购企业的亏损额来抵减其应缴纳的所得税,从而使并购后的公司减少应纳税款。

2. 预期效应

预期效应是指因并购使股票市场对公司股票评价发生改变而由此对股价产生的影响。预期效应对公司并购有巨大的刺激作用,它是股票投机的一大基础,而股票投机又刺激了并购的产生。

四、并购资金的筹集

企业并购常用的筹资方式包括内部留存、金融机构贷款、发行债券、增资扩股、卖方融资及杠杆收购等。

1. 金融机构贷款

并购公司可以通过向金融机构申请贷款获得并购所需的资金。由于这种贷款不同于一般的商业贷款,要求收购方提前向可能提供贷款的金融机构提出申请,并就可能出现的各种情况进行坦诚的磋商。

2. 发行债券

通过发行在约定时间还本付息的债券方式取得并购所需的资金。

3. 增资扩股

通过增发新股和配股的方式取得并购所需的资金。收购方选择增资扩股方式取得现金来收购目标公司时,最重要的是考虑股东对增资意愿的强弱。

4. 卖方融资

卖方融资是指并购公司不必一次全部支付并购款项,而是可以推迟部分或全部款项的支付的一种约定。这是在公司因获利不佳,卖方急于脱手的情况下,国外新产生的有利于收购者的支付方式。这种方式对买方的好处显而易见,而卖方也享受了因款项分期支付带来的税负延后的好处,而且还可要求收购方支付较高的利息。

5. 杠杆收购

并购方为筹集并购所需资金而大量举债,而以目标公司的资产或将来的现金流入作担保,向银行或其他金融机构贷款,或发行高风险、高利息的债券。实质上,杠杆收购是收购公司主要通过借债来获得目标公司的产权,且从后者的现金流量中偿还负债的收购方式。

6. 股票出资

它是将目标公司的股票按照一定的比率折算成收购公司的股票的并购方式。这种方式的主要特点是:并购方避免了短期大量现金流出的压力,降低了收购风险,为日后的经营创造了宽松的环境;而接受并购的目标公司股东不会因此失去他们的所有者权益,只是该权益转移到了收购公司,使他们成为扩大了的公司的新股东。这种方式对收购人而言无疑是一种便捷、低成本的收购对价方式。所以,目前在西方资本市场交易金额巨大的并购案大都采用换股方式进行。

五、并购目标公司的价值评估方法

一旦并购公司确定了可能并购的目标,接下来要做的工作就是要对目标公司作出价值判断,也就是确定对目标公司支付的收购价格。并购目标公司的价值评估是并购最关键的环节,直接影响到目标公司的交易价格。对收购方来说,合理的价格是成功收购的第一要素,而过高的收购价格则是多数公司并购失败的主因;对目标公司来说,合理的价格也极为重要,公司的管理层和董事会需要知道,对方的出价是否最大限度地符合股东的利益,因此它是公司管理层下决心的前提。以下介绍两种常用的目标公司价值评估方法。

(一) 贴现现金流量法

贴现现金流量法是指将并购引起的目标公司期望增量现金流按照一定的资本成本贴现为现值,以确定最高可接受的并购价格的一种评估方法。该方法认为价值驱动因素决定一家企业现金流量水平的关键收益、成本或投资,并因此决定了对股东的价值。最重要的价值驱动因素有五项:一是预测销售在数量和收益上的增长,二是边际营业利润,三是新增固定资产投资,四是新增流动资产投资,五是资本成本。公司价值的确定过程如下:

1. 公司价值

公司价值的计算公式是：

公司价值＝公司年现金流量总现值－公司负债的价值

其中，年现金流量总现值 $= \sum_{t=1}^{n} \frac{CF_t}{(1+i)^t} + SV$，式中 CF_t 代表公司第 t 年的现金净流量，i 代表贴现率（即收购方公司资本成本），SV 代表预测期后目标公司残值，n 代表预测年限。

可见，目标公司价值量大小取决于两个因素：目标公司未来年度现金净流量和收购方公司的资本成本。目标公司未来年度现金净流量测算公式为：

$$CF_t = S_{t-1}(1+G_t)P_t(1-T_t) - (S_t - S_{t-1})(f+W)$$

式中，G 代表销售额增长率，P 代表销售利润率，S 代表销售额，f 代表销售额每增加 1 元所需追加的固定资产投资，W 代表销售额每增加 1 元所需追加的流动资产投资，T 代表所得税率。

在计算目标企业现金流量时要注意几个问题：一是现金流量中不考虑折旧，因为目标企业每年计提的折旧全部投入其营运过程，维持并购前的营运能力，目标企业正常营运中的现金不能作为并购企业的价值回报。二是股利要从现金流量中扣除，因为目标企业支付的现金股利是并购企业的现金流出。三是长期负债成本无需扣除税金，因为债务成本的估计更加困难。四是现金流量测算无需减原始投资，原因是并购业务中评估的是目标企业价值，而非项目投资评价。

2. 资本成本

资本成本是公司取得资本所需付出的代价，是公司债务成本与股权成本的加权平均成本（WACC）。由于公司并购是风险投资，因此在确定用于并购的资本成本的大小时，必须考虑并购行动的风险补偿，相应调整公司的资本成本。

$$\text{WACC} = \sum_{i=1}^{n} \omega_i K_i$$

这里，WACC 为公司的加权平均成本，ω_i 为每种资本占总资本的比重，K_i 为第 i 种资本的成本。

包含并购风险补偿的公司资本成本＝加权平均资本成本×风险补偿系数

下面用一个例子说明贴现现金流量法的应用

【例 9-1】 假定 2000 年美国兰华公司成为一并购的目标公司，预计该公司各年的财务数据如表 9-1 所示，公司的销售收入在 2001—2005 年间每年增长 10%，公司的毛利为 5%，追加的固定资本增长率为 8%，追加的流动资金增长率为 4%，加权资本成本为 10%，所得税为 33%，还假定 5 年后不用再追加固定资产和流动资金，第 6 年起每年的经营利润同第 5 年，折旧不进入经营利润或固定资产投资。

表 9-1　兰华公司 2001—2006 年预期的财务指标　　单位：百万美元

	2001	2002	2003	2004	2005	2006
销售额	180.00	198.00	217.80	239.58	263.54	263.54
经营利润	8.48	8.90	9.35	9.82	10.31	10.31
—公司税	2.80	2.94	3.09	3.24	3.40	3.40
—追加固定资产	2.20	2.38	2.57	2.77	2.99	0.00
—追加流动资金	0.80	0.83	0.87	0.90	0.94	0.00
—自由现金流	2.68	2.75	2.82	2.91	2.98	6.91

第一步，计算 2001—2005 年自由现金流的现值。

$$PV=\frac{2.68}{1.1}+\frac{2.75}{1.1^2}+\frac{2.82}{1.1^3}+\frac{2.91}{1.1^4}+\frac{2.98}{1.1^5}=10.67=1\,067(万美元)$$

第二步，计算目标公司自第 6 年起以后各年自由现金流的现值，即公司的终值。这需要用永续年金现值的计算公式来计算，因此，公司终值为：

$$\frac{6.91}{0.1}\times 0.621=42.91=4\,291(万美元)$$

将第一步和第二步的结果相加，就得到目标公司的自由现金流的现值，即

$$1\,067+4\,291=5\,358(万美元)$$

如果没有其他的资产需要调整，需要减去的只有公司的长期贷款或长期负债。假设目标公司的长期贷款和长期负债一共 1 000 万美元，目标公司的价值就是 4 358 万美元。超过 4 358 万美元的收购价格就是收购溢价。

（二）换股比率

如果双方决定以换股的方式进行并购，那么并购估值的重点就在于测算换股比率。换股比率是指将目标公司的股票转换成并购公司股票的转换率，也就是 1 股目标公司的股票能换成多少股并购公司的股票，它应该等于目标公司的每股收购价格除以收购方公司股票的当前价格。比如，目标公司 A 公司的每股价格确定为 60 元，而收购方公司 B 公司当前的股价为 120 元，他们的换股比率就是 1 股 A 公司股票交换 0.5 股 B 公司股票。如果收购方准备采用定向增发股票的方式换股，A 公司的总股票数量为 2.4 亿股，则 B 公司就需要增发 1.2 亿股股票来进行交换。

在换股收购中，如果并购方为并购发行新股过多，则对并购方不利；发行过少，又不被目标公司所接受。因此一般认为最恰当的换股比率应是使并购双方的每股盈余相等的换股比率。由这一比率形成的目标公司股价会高于其市价，又不会稀释并购方的盈利，能被双方接受。在换股并购中，无论收购公司股东，还是目标公司股东，只有当他们有理由相信两公司合并后，他们所持股票价格会大于并购前的股价（即并购有利于增加双方股东的财富），才会同意交换各自手中的股票，由此并购才能实现。这就是确定换股

比率所需遵循的"都是赢家"原则。

收购公司向目标公司支付的每股市盈率(市盈率＝支付给目标公司的每股购价 P_b÷目标公司的每股收益 E_b)对于并购后存续公司的每股收益有直接的影响。支付给目标公司的市盈率 P_b/E_b 小于收购公司的市盈率 P_a/E_a，收购公司每股收益增加，目标公司每股收益减少；反之，则收购公司每股收益减少，目标公司每股收益增加。若 $P_a/E_a=P_b/E_b$，则收购公司与目标公司每股收益不变。

在股票购买中，双方对收购者的股票价值是否有一致的估价是非常关键的问题。在估算中，卖方应考虑收购者如发行新股则必然会因稀释每股收益而使股价下跌。所以，换股率的确定要使得新股的发行数量使双方都得利。具体操作中，在确定换股率时，并购双方关注的是并购对每股收益 EPS 的影响。根据这一原则我们来推导换股率的模型：

设 E_m＝并购后的公司收益总额，S_a＝收购方原有股票数，P_a＝收购方的股票市价，S_b＝被收购方的原有股票数，c＝换股率，AP＝协商的并购价款，AP/P_a＝实施并购而新发行的股票数。

$$AP = c \cdot S_b \cdot P_a$$

则并购后 EPS 的计算公式为：

$$EPS = E_m/(S_a + AP/P_a)$$

令并购后的 A 公司 EPS 不变，即有：

$$E_m/(S_a + AP/P_a) = EPS_a$$

经过变换可以得出[①]：

$$c = EPS_b/EPS_a$$

$$AP = (EPS_b/EPS_a) \cdot S_b \cdot P_a$$

下面举一个简单的例子来说明换股率的计算和并购价格的确定。

【例 9-2】 假设 A 公司计划以发行股票方式并购 B 公司，并购时双方的财务资料如下(见表 9-2)：

表 9-2 两公司并购时的双方财务资料

项 目	A公司	B公司
净利润	1 000 万元	250 万元
普通股股数	500 万股	200 万股
每股收益	2 元	1.25 元
每股市价	32 元	15 元
市盈率	16 倍	12 倍

---

① $EPS_a = \dfrac{E_m}{S_a + AP/P_a} = \dfrac{E_m}{S_a + c \cdot S_b}$，得出 $c = \dfrac{E_m - S_a \cdot EPS_a}{EPS_a \cdot S_b}$，其中 $\dfrac{E_m - S_a \cdot EPS_a}{S_b} = EPS_b$，所以 $c = \dfrac{EPS_b}{EPS_a}$

根据换股后每股收益不变这一思路：

$$c = EPS_b/EPS_a = 1.25/2 = 0.625$$

$$AP = (EPS_b/EPS_a) \cdot S_b \cdot P_a = (1.25/2) \times 200 \times 32 = 4\ 000(万元)$$

即 A 公司向 B 公司支付的每股价格＝32×0.625＝20(元)，这是双方都能够接受的价格。

如果双方达成一致意见 A 公司以 20 元价格收购 B 公司股票，A 公司需要发行 125 万股股票，并购后利润 1 250 万元，并购后股本总数 625 万股，每股收益 2 元，A 公司每股收益不变，B 公司每股收益 2×0.625＝1.25 元，也保持不变，因此双方都能够接受。

如果 A 公司希望以 16 元的价格并购 B 公司，则交换比率为 16÷32＝0.5，A 公司需发行 100 万股股票来收购 B 公司，并购后净利润 1 250 万元，总股本 600 万股，每股收益 2.083 元，此时 A 公司并购后每股收益提高了 0.083 元，而 B 公司每股收益下降为 0.5×2.083＝1.041 5 元，比原来降低 1.25－1.041 5＝0.208 5 元，这样 B 公司不会接受这一价格。

如果 A 公司以 24 元的价格并购 B 公司，则交换比率为 24÷32＝0.75，A 公司需发行 200×0.75＝150 万股，则并购后 A 公司每股收益为 1 250/650＝1.923，比原来降低，而 B 公司每股收益为 0.75×1.923＝1.44 元，比并购前提高了。A 公司不会接受这个价格。

根据以上分析，不难发现并购中一方公司每股收益增加是以另一方公司每股收益减少为代价，这与前述的"都是赢家"法则相矛盾，20 元的价格是 A 公司可以接受的理论最高价格，那么是不是说如果股价高于 20 元，A 公司就不应收购了呢？答案并不是，而是说这时候收购公司就更应该慎重，因为"未来收益"、"联合效应"及并购后市场为存续公司提供的新的市盈率等积极因素，使并购后双方股东的利益都得以增加，都成了赢家。

（1）未来收益因素分析。未来收益是指如果目标公司未来收益增长率高于收购公司，尽管收购公司向目标公司支付了较高的市盈率，并购后收购公司每股收益下降，但并购后目标公司的利润并入收购公司，这使收购公司未来年度每股收益增长率加大。

（2）联合效应因素分析。联合效应指两个公司并购后优势互补，产生协同效应，利润总额与不发生并购情况下两公司利润之和相比有较大增长，这使并购后双方公司股东可获得的利益更大。

（3）并购后存续公司市盈率分析。两公司并购后，市场为存续公司股票提供了一个新的市盈率。如果新的市盈率较并购前公司市盈率高，则有利于股价上升；如果新的市盈率与并购前相等，但并购后的每股收益若能提高，也将有利于股价上升。

仍采用上例说明未来收益因素在并购决策中的应用。

【例 9－3】 假设 A 公司以 24 元的价格收购 B 公司，我们已知收购后 A 公司的每股收益从 2 元降到了 1.923 元，但是，如果收购前 A 公司的每股收益增长率为 3％，收购后其增长率为 4.2％，则收购后若干年的每股收益情况如表 9－3 所示。

表 9-3 A公司收购前后的每股收益增长情况表　　　　　　　　单位：元

年	3%增长率	4.2%增长率	年	3%增长率	4.2%增长率
0	2.00	1.92	5	2.32	2.36
1	2.06	2.00	6	2.39	2.46
2	2.12	2.08	7	2.46	2.56
3	2.19	2.17	8	2.53	2.67
4	2.25	2.26	9	2.61	2.78

从表9-3可见，如果并购可以获得更快的每股收益增长率，那么，尽管支付了较高的收购价格，股东收益被稀释，并购后最终还是可以得到更高的每股收益。在此例中，并购后第4年超过了无并购条件下的每股收益水平。影响并购后每股收益增长速度的因素有两个：一是收购方与目标公司的市盈率差，目标公司的市盈率比收购方的市盈率高得越多，收购后每股收益增长得就越快；二是收购方与目标公司的收益率差，目标公司的收益率比收购方的收益率高得越多，收购后每股收益增长得就越快。

因此，尽管现实中有些并购价格的制定并不符合"都是赢家"的原则，而仍能得以实施，就是考虑了这些因素。当然，具体的换股比率还受并购市场供求形势以及投资者对公司并购后的心理预期等因素的影响，需要双方在具体的讨价还价中确定。

阅读材料：

追求规模效应的并购
——美国波音公司与麦道公司的合并

1996年12月15日，美国波音飞机公司宣布收购美国麦道飞机公司，其收购方案为：每1麦道股份折为0.65股波音股份，总值为133亿美元。收购后，除保留100座MD-95的麦道品牌，麦道的民用客机一律改用"波音"品牌。新波音拥有500亿美元资产，净负债额为10亿美元，员工达20万人。1997年，波音可望有480亿美元的销售收入，成为世界上最大的民用和军用飞机制造企业。

麦道之所以不得不接受波音的兼并，主要原因是在市场上难敌波音的竞争。麦道是世界第三大航空制造公司，1993年全球排名第83位。1990—1994年间，曾占有15%的全球民用客机的市场份额（波音占60%，空中客车占20%）。然而，1994年以后，在与波音和空客的竞争中，麦道一路败北，市场份额下降到不足10%。1996年，麦道只卖出40架民用客机，无论是300座MD-11，还是生产440座MD-11的计划都无力与波音747及其变形机型相抗衡。麦道曾是最大的军用飞机制造商，生产著名的F15、FA-18和"猎兔狗"战机，然而1996年11月，在与美国新一代战机——"联合歼击机"的竞争中，麦道再度铩羽而归。这时，麦道开始考虑寻找出路了。

当然,当时麦道的情况还没有到"惨不忍睹"的境地。1996年,麦道在与空中客车的竞争中斩获甚丰,110架订货中,106架在欧洲。麦道70%的利润来自军用飞机,仅美国海军1 000架改进型FA-18战斗机的订货,就需干20年。1996年1—9月,麦道民用客机的销售虽然从1995年同期的30亿美元下降为19亿美元,但麦道基本上还是个盈利的公司,1996年有利润9 000万美元,是上年同期的两倍多。

麦道之所以愿意出售自己,是因为公司管理层认识到,就民航机而言,今后由一家公司提供从100座到550座的完整客机系列已成趋势,因为统一的电子操作系统可以大大节约航空公司培训、维修和配件的成本。在此领域,它自知难以与波音或空中客车竞争。就军机而言,自己曾是龙头老大。但是1994年美国马丁·玛丽埃塔与洛克希德合并,1996年,又用91亿美元吞并了洛勒尔(Loral)的防务系统分部。"三合一"的洛克希德马丁今非昔比,年销售额已达300亿美元,为自己的两倍。在联合歼击机的合同竞争中的出局,意味着自己在军机的研制方面再无优势可言。这样,寻找新靠山就是很自然的事了。

波音收购麦道是希望获得更多的技术员工和更大的生产能力。1996年是波音6年来订货最多的一年,共得645架订货,价值470亿美元。收购麦道,明显有助于波音扩大生产和加强新型机的研制。更重要的是,波音需要增强自身实力,与欧洲空中客车展开竞争。早在1970年,英、法、德、西四国组建空中客车时,以波音为首的美国公司,占领着世界市场份额的90%。但是,时至1994年,欧洲空中客车的订货首次超过波音,占市场份额的48%(波音为46%),俨然成长为与波音旗鼓相当的竞争对手。面对空中客车来势凶猛的进攻,波音收购麦道,无疑有助于波音与空中客车一决雌雄。

资料来源:根据www.i-power.com.cn网站资料整理

第二节 公 司 重 组

一、公司重组与公司并购的关系

在经济生活中,人们习惯把包括公司的改制上市、兼并、收购、买壳、借壳、资产重组、债务重组、人员重组、企业重整以及公司的破产等各项活动都称为公司重组。"公司重组"这个术语,已有泛用的倾向,并没有一个相对统一的指标范畴。

当企业发生经营或财务困难时,重组是企业利用内、外部资源,尽快摆脱危机的有效方式,具体做法可以是:(1) 出售主要资产;(2) 和其他公司合并;(3) 减少资本支出及研究与开发费用;(4) 发售新股;(5) 与银行和其他债权人谈判;(6) 以债权置换股权;(7) 申请破产等等。其中前三种方法与企业的资产有关,后四种方法都是涉及企业资产负债表的右栏,因此我们可以从广义上把公司重组分为"资产重组"和"财务重组"两个方面。

因此说,公司重组在广义上可以包含公司并购,更具体地说公司并购是属于公司资产重组的范畴。

二、资产重组

（一）资产重组的主要形式

资产重组的形式有很多，除了并购以外，比较主要的还有资产剥离、分立、股份置换和股本分拆等。

1. 资产剥离(Divestiture)

是指将公司的一部分资产对外出售，以获得现金或可交易的证券或同时获得现金与证券。这部分资产可能是公司的一些资产、一个部门，可能是一个子公司，也可能是公司的一条或几条生产线。

2. 资产分立(Spin-off)

是指以法律的形式将公司的部分资产和人员分离出去并成为独立的公司。

可以看出，分立其实也是一种剥离，与通常剥离不同的是，通常剥离出来的资产或资产与人员会成为另一公司的一部分；而分立是将剥离出来的资产与人员独立出去成为一家或几家新的公司。分立与剥离之间的另一区别是剥离会给母公司带来正的净现金流量，而分立通常不会。

3. 股份置换(Split-off)

是指母公司的部分股东把其持有的母公司股份置换成公司下属某一子公司股份的情况。

4. 股本分拆(Split-up)

是指整个公司都被分立的情况。股本分拆的最终结果是母公司不复存在，只剩下各个新成立的子公司。各家子公司的股东可能有所不同，因为原有股东可能仅把他们在母公司的股份兑换成分立出的一家或几家子公司的股票。

（二）资产剥离与分立的动因

资产剥离与分立多数都是公司战略选择的结果，即是公司主动进行的。剥离与分立的动因主要有以下几个方面：

1. 为适应经营环境的变化，调整经营战略

公司的经营环境变化包括市场竞争、技术进步、产业发展趋势、国家经济政策的变化、经济周期的改变等。这些变化可能使母子公司之间目前的安排成为低效率的联合。比如，恒源祥剥离案。恒源祥作为零售商业曾经在以商业为核心业务的万象股份中居于中心地位，是万象的主要赢利部门。但是后来世茂公司收购了万象，世茂公司是以房地产为主业的公司。在世茂中，恒源祥被边缘化了，当刘瑞旗提出收购恒源祥的业务时，世茂很愿意用恒源祥业务换取大额现金以支持它的房地产业务。有时也因为通过剥离可以使公司的某个部门、某项业务或某条生产线在独立成为公司后在市场上获得更高的评价，其股价也会因此走高。有时则因为公司要实施回归核心业务的战略。

2. 为提高公司的管理效率

当管理者所控制资产的规模和种类增加时，公司管理人员不可能精通所有业务，更难以注意到从事不同业务类型的公司各自所面临的独特问题与投资机会。为应付日常

经营管理需要,在不断增加管理人员的同时,势必造成管理机构臃肿、管理效率低下。若采用不同形式将那些与母公司经营活动不适应或管理效率较低的子公司分立出去,则更加有利于集中各自的优势业务,提高公司的整体管理效率,为公司的股东创造更大的价值。此外,剥离和分立常常能创造出简洁、有效率、分权化的公司组织,使公司能够更快适应经营环境的变化。

3. 有利于提高公司资源的利用效率

大公司若把一部分与主营业务不相关的产业或资产分立出去,首先,可以改变公司的市场形象,纠正市场对公司资产的低估,提高公司股票的市场价值。因为一些实行多元化经营的集团公司,其业务涉及广泛的领域,市场投资者以及证券分析人员对其复杂业务难以正确理解和接受,导致低估其股票市场价值。适当剥离和分立其部分产业可以让市场能够正确地认识和评价一个公司的市场价值。其次,剥离和分立可以筹集营运资金,用以满足发展主营业务的需要,同时为了偿还收购过程中借入的巨额债务,需要出售被并购公司的资产或业务来满足对现金流量的需求,从而减少债务负担,提高资源的利用效率,获得更高的资产收益率。

4. 弥补并购决策失误

尽管公司并购有一定的积极意义,但并不是所有的并购都能够带来正面效益。不明智的兼并会导致灾难性后果。虽然被并购企业具有盈利机会,但并购企业可能由于管理或实力上的原因,无法有效地利用这些盈利机会。这时,将其剥离给其他有能力有效发掘该盈利能力的公司,无论对卖方还是买方,可能都是明智的。另外,剥离与分立往往还是企业并购一揽子计划的组成部分。因此从并购企业的角度,被并购企业中总有部分资产是不适应企业总体发展战略的,甚至可能会带来不必要的亏损。在有的收购活动中,将被收购企业进行分拆出售资产往往又作为收购融资的部分来源。

5. 取得税收或管制方面的收益

如果将可以享受国家税收优惠的子公司从母公司中分立出去,不仅母公司可以进行合法避税,而且还能给分立出的子公司的股东带来收益,而他们最初也正是母公司的股东。如果子公司从事受管制行业的经营,而母公司从事不受管制行业的经营,则一方面母公司常常会受到管制性检查的连累,另一方面如果管制当局在评级时以母公司的利润为依据,受管制的子公司可能会因与母公司的联系而处于不利地位。而如果让子公司独立出来,就既可使从事不受管制的行业经营的母公司不再受到规章的约束与审查,又可以使子公司得以有更多的机会提高评级水平。

6. 为了反收购的需要

当公司面对咄咄逼人的敌意收购,在其他反收购措施难以抵抗时,往往会采用出售优质资产的措施,其目的是让收购方放弃收购的意图。因为收购方之所以不惜发起敌意收购,常常是因为看上了目标公司的优质资产,现在目标公司将优质资产出售,将获得的资金分掉,使收购方感到即便成功收购也无利可图,从而放弃收购意图。例如,1984年美国联合碳化物公司由于毒气泄漏事件,股价大跌,引起敌意收购。为了反击收购方咄咄逼人的气势,该公司不得不作出最痛苦的决定,出售公司最赚钱的几家企业,将出售资金用于回购股票和分红派息。这一措施最终打消了收购方的念头,联合碳化物公司赢得了控制权保卫战。但需要指出的是,这是一种对公司本身伤害很大的措施,不到万不得已,公司不应也不会使用。

(三) 资产剥离与分立的结果

公司剥离与分立并非公司经营失败的表现,相反,公司剥离与分立的结果有利于持续经营下公司价值的提高。主要有以下几方面的表现:

1. 能满足投资者对"主业突出"公司的偏好

针对许多多元化经营的公司,在发展中由于高层管理人员对非本行业的业务领域缺乏经验,盲目扩张,拖累了整个企业集团的盈利水平的现实情况,许多企业选择了有计划地放弃了一些与本行业联系不甚紧密、不符合公司长远发展战略、缺乏成长潜力的业务和资产,收缩业务战线,培植主导产业和关联度强的产品群,加强公司的市场竞争力。所以分拆公司一般会得到市场的普遍认同,带来公司股票价格的上涨。而投资者已经知道把分拆公司的业务放在其母公司整体业务结构中进行考察,他们逐渐偏好"主业突出"的公司。

2. 有利于公司激励机制的建立

由于公司管理层能力有限,因此不可能在所有业务方面都经营得十分出色。对于综合性公司,由于财务上统一核算与合并财务报表,个别部门的业绩往往无法体现,因此难以实现利益与责任的统一。当部门目标与公司总体目标发生冲突时问题更为严重。这对发扬奋发向上的企业精神十分不利。而将个别部门分立出来成为独立的上市公司,使公司的股价与其经营管理直接相关,则有利于公司激励机制的建立。

3. 分立公司的股东财富可来源于债权人的潜在损失

公司分立减少了债券持有者最初所依赖的抵押品的数量,使债权的风险上升,从而相应减少了债权的价值,而股东却因此得到了潜在的好处。因此实际经济生活中,许多债务契约附有股利限制(限制股票股利,包括公司分立)和资产处置的限制(限制资产出售)。

4. 增加了投资者可供选择的投资机会

公司分立后,股东拥有两种选择权。只对两个企业各自的债权承担有限责任,而在两个企业之间不存在连带责任关系,投资风险降低,投资价值就随之提高。公司分拆增加了证券市场上投资品种,而分立后的两公司拥有不同的投资机会与财务政策,可以吸引不同偏好的投资者。两公司采用不同的分红比例、留存收益比例或提供不同的资本收益机会,投资者就有了更多的投资机会。

(四) 股本分拆

股本分拆可以被看作是比较极端的分立。分立是将公司的某一部门资产或某个部门或某条生产线分离出来组建为独立的公司,母公司还存在,母公司的股东同时也是子公司的股东,不过董事会为母公司和子公司分别指定不同的管理层。而分拆是将整个公司拆成多个独立的公司,分拆后母公司不再存在,只有相互独立的各个公司分头经营,每个公司有自己的股东,有自己的董事会,有自己的管理层,各个公司之间不存在相互控股的情况。分拆的原因通常是为了反垄断,分拆的动力往往来自政府依据法庭判决而下达的分拆指令。对于企业来说,分拆通常是被迫的。我们知道美国政府曾分拆过美国电话电报公司,我们也知道美国政府曾经想分拆微软公司。在我国,中央政府将原来一统天下的电信系统分拆,经过多年探索,目前形成中国电信、中国移动、中国联通三家竞争电信业务的局面;中央政府还将中国的石油石化业务以长江为界进行分拆,北方是中石油、南方是中石化,形成中石油、中石化和中海油三家竞争的格局。我国的电力系统也有类似的分拆。我国的这些分拆与国外的情形还有些不同:一方面原来这些行业都是高度垄断的行业,分拆是为了建立竞争机制;另一方面,这些企业都是国企,分拆也是整个国企改革的一部分,是我国经济改革的一部分,是建立中国市场经济体系的一个组成部分。

三、财务重组

一般而言,对发生财务危机的企业首先应采取积极的补救措施。对仍有转机和重建价值的企业要根据一定程序进行重新整顿,使公司得以维持和复兴。发生财务危机的企业可以采取适当的重组方式,如主动寻找并购公司、出售非核心资产等,但若企业的财务失败属于技术性无偿付能力,企业的所有者和债权人为防止企业破产、避免各自的损失加大,会采取另外的补救措施,一般会选择三种方式:自愿和解、破产重组、破产清算,这也就是财务危机重组的另一种方式——财务重组。

(一)自愿和解

对企业财务失败的处理方式,一般取决于财务危机程度的大小以及债权人的态度。当企业只是面临暂时性的财务危机时,债权人通常更愿意直接同企业联系采取私下协商解决的办法,帮助企业继续生存和重新建立较坚实的财务基础,以避免因进入正式法律程序而产生的庞大费用和冗长的诉讼时间带来的更大的损失。自愿和解是非正式的财务重组,其主要方法有:

1. 债务展期与债务和解

债务展期就是推迟到期债务的偿付日期。而债务和解则是债权人自愿同意减少债务人的债务,包括:债务豁免,以低于债务账面价值的现金清偿债务;以非现金资产清偿债务;债务转为资本(债转股);修改其他债务条件,如延长债务偿还期限并加收利息、延长债务偿还期限并减少债务本金或债务利息等;混合重组(以上两种或两种以上方式的组合)。

企业在经营过程中发生财务困难时,有时债务的延期或到期债务的减免都会为财务发生困难的企业赢得时间,使其调整财务,避免破产。而且债务展期与债务和解均属非正式的挽救措施,是债务人与债权人之间达成的协议,既方便又简捷。因此,当企业发生财务困难时,首先想到的便是债务展期和债务和解。

债务展期与债务和解作为挽救企业经营失败的两种方法,都能够帮助企业继续经营并避免法律费用。虽然由于债务展期或债务和解,会使债权人暂时无法收取账款而发生一些损失,但是,一旦债务人从困境中恢复过来,债权人不仅能如数收取账款,进而还能给企业带来长远效益。因此,债务展期与债务和解的方法在实际工作中普遍被采用。

2. 准改组

准改组是指采取撤换管理人员、出售多余资产、对某些资产和股东权益重新估价等措施，使处于财务困境的企业减轻负担，得以继续经营的重组方式。这种方式与债务和解共同进行，并需争取债权人和股东同意，准改组后要按照重新估价调整企业资产和权益的账面价值。

3. 债权人托管

债权人托管是指由债权人组成一个委员会负责债务企业的管理，直至债务企业付清全部债务之后，再将控制权归还给债务企业。债权人托管比债务展期与和解要严厉，但又比清算缓和。

4. 自愿清算

在某些情况下，债权人在对企业进行全面调查分析后发现，该企业已无继续存在的必要，进行自愿清算可能是唯一可供选择的出路。通过债权人与债务人之间的协商，成立清算组，自愿进行清算，可以避免冗长耗时的法律程序和昂贵的费用，使债权人收回更多的资金。

非正式财务重组可以为债权人和债务人双方都带来一定的好处。首先，这种做法避免了履行正式手续所需发生的大量费用，所需要的律师、会计师的人数也比履行正常手续要少得多，使重整费用降至最低点。其次，非正式重组可以减少重组所需的时间，使企业在较短的时间内重新进入正常经营的状态，避免了因冗长的正式程序使企业迟迟不能进行正常经营而造成的企业资产闲置和资金回收推迟等浪费现象。再次，非正式重组使谈判有更大的灵活性，有时更易达成协议。

但是非正式重组也存在一些弊端，主要表现在：当债权人人数很多时，可能很难达成一致；没有法院的正式参与，协议的执行缺乏法律保障。

自愿和解作为由债权人、债务人经过协商来解决企业失败的一种非正式财务重组方式，一般应具备以下条件：债务人必须有良好的偿债信誉；债务人必须具有使企业恢复活力和发展的能力；客观经济环境有利于企业恢复生产和经营。

当企业不具备自愿和解的基本条件时，就必须采用正式的法律程序来解决。

（二）破产重组

失败公司与债权人达不成和解协议，则可寻求法院的破产保护。如果在可预见的未来，公司具有盈利发展前途，持续经营价值大于清算价值，则债权人就会认为该企业值得重组，就会使公司继续生存下去，这就是破产重组。否则，公司将被迫进入破产清算。

破产重组是将上述非正式重组的做法按照规范化的方式进行。通过一定的法律程序改变企业的资本结构，合理解决企业所欠债权人的债务，以便企业摆脱财务困境得以继续经营的一种正式的财务重组方式。破产重组由债务人提出申请的为自愿型重组，由债权人提出申请的则为强迫型重组。

企业重组能否成功的关键在于企业重组的计划，其由法院指定的托管人与企业的各种债权人和所有者协商，本着"公平与可行"的原则制定。重组计划是对公司现有债权、股权的清理和变更做出安排，重组公司资本结构，提出未来的经营方案与实施方法。

一般来讲,企业重组计划主要包括下述内容:

1. 估算重组企业的价值

估算重组企业的价值常采用的方法与前述并购中对目标企业的价值评估所采用的方法是一样的,主要有贴现现金流量法、股利增长模型、资产法、市场法等。比较常用的是贴现现金流量法,举一个简单的例子来说明:

【例 9-4】 某公司准备重组,重组前公司资本结构如下:银行借款 200 万元,长期债券 100 万元,优先股 80 万元,普通股 300 万元。重组后未来 10 年的年度现金净流量为 60 万元,同行业平均资本报酬率是 10%,则该公司的总价值为:

$$60 \times PVIFA_{(10\%,10)} = 60 \times 6.1446 = 368.68(万元)$$

2. 调整原来的资本结构

进入重组的公司往往负债比率较高,承担着沉重的利息负担,资本结构极不合理,因此需要进行调整。调整的方法主要是降低负债比率,主要措施有:

(1) 将债务转化为资本。公司将通过与债权人协商,要求其放弃债权而享有股权,从而公司将债务转换为资本。这也是通常所说的债转股。

(2) 原投资人追加投资。原投资人也可以通过追加投资,改善公司的财务状况,降低负债比率。这样,有利于公司走出困境,同时也有利于债权人对公司的重整树立信心,容易达成和解协议,使企业能顺利地进入重整阶段。

3. 旧证券的估价

公司新的资本结构确定之后,用新的证券替换旧的证券,实现公司资本结构的转换。要做到这一点,需要将公司各类债权人和权益所有者按照求偿权的优先级别分类统计,同一级别的债权人或权益所有者在进行资本结构调整时享有相同的待遇。一般来讲,在优先级别靠前的债权人或权益所有者得到妥善安排后,优先级别靠后的债权人或权益所有者才能得到安置。

【例 9-5】 续前例,为了确定合理的资本结构,就要以 368.68 万元为上限对原权益、证券做出重新分配。例如银行方面提出用手中的 200 万元贷款交换新的 120 万元贷款和 60 万元优先股,长期债券持有人提出用 100 万元转化为普通股 82 万元,优先股持有人分配 50 万元,并继续以优先股存在,原普通股的股东享有剩余的 56.68 万元。这样重组后的新的公司资本结构如下:

银行贷款:120 万元;优先股:110 万元;普通股:138.68 万元

(三) 破产清算

如果债权人预计失败企业的持续经营价值小于清算价值,或无法重组,则只能选择破产清算。破产财产的分配顺序如下:

(1) 破产企业拖欠的职工工资、医药费、社保费用、住房公积金等,安置职工费用;

(2) 破产公司所欠各种税款;

(3) 破产债权,如银行贷款、公司债券和其他债务;

(4) 公司清偿债务后的剩余财产应优先分配给优先股股票持有者,最后剩余部分才按普通股股东所持股份比例进行分配。

破产程序终结后,未清偿的债务不再清偿。

(四)预先包装破产

预先包装破产(prepackaged bankruptcy)是20世纪80年代后期在美国出现的一种新的破产重组形式。到1993年,这种形式已占全部危机企业重组的1/5,整个90年代预先包装破产占所有美国破产案件的9.2%。

所谓预先包装破产是自愿和解和正式破产的混合物,它的特征是拟破产公司在申请破产重组之前先与债权人就重组方案进行谈判,理想的状况是双方已就重组方案达成一致意见,并确定该方案可以得到法院的批准。

由于事先达成重组协议就大大降低了重组的成本,节省了大量的时间,这对于陷入财务困境的债务人很有好处。因为这是个双方都自愿的协议,债务人提出的重组方案需要获得全体债权人的批准,显然,当债权人的数量很多,情况很复杂时,要想使所有的债权人有一致的意见是几乎不可能的事情。为了减少协议的反对数量,预先包装破产采取的办法很多时候是向所有小债权人进行100%的偿付,而与几个持有绝大部分债务的主要债权人签订部分偿还的协议。而那些持有不同意见的债权人知道一旦由于自己的反对,没能达成预先包装破产的重组协议,那么,债务人显然会申请破产重组,到那时只要代表2/3债权的1/2以上的债权人同意重组方案,自己的反对是无济于事的。因此,如果自己得到的偿还额不低于被迫重组时得到的偿还额,他们就会同意重组方案。因此,虽然预先包装破产好像没有反对意见,实际上是将反对意见提前消化了。预先包装破产中的债权人表决重组方案的投票时间可以在申请破产重组之前,也可以在此之后。在申请之前投票,可以将结果放在申请材料中一起上报;在申请之后投票,则要受到破产法庭的监督。有研究显示,先投票的在破产法庭上花费的时间较少,费用较低,债权人得到的偿还比率较高,但投票前协商的时间会较长。

预先包装破产的主要好处在于它迫使不退让者接受破产的重组。要是公司很大一部分比例的债权人能够私下商定一份重组协议,不退让难题可能得以避免,使得正式破产里的重组计划较为容易撮合而成。

四、我国公司重组的类型和目的

(一)我国公司重组的类型

从不同的角度可以对我国的公司重组做不同的分类:

1. 根据重组目标侧重点的不同,将重组交易划分为战略型重组与财务型重组

战略型重组以完善产业结构、培育核心竞争力和提升企业价值等作为重组目的,凭借重组注入的优质资产实现与现有资产产生协同效应,或者实现现有资产产业链的延伸,或者寻求与现有资产关联度不大的多元化发展,或者摆脱现有资产进入更有发展前景的业务领域等,使重组后的资产结构及组成更加符合企业长期发展战略的需要,保证企业未来业绩的持续增长。战略型重组包括公司扩张、公司收缩和公司所有权结构变更等。

财务型重组以优化资本结构、改善财务质量、规避财务风险和增加账面利润等作为重组目的,通过资产重组剥离不良资产等使其暂时避免退市危机或达到配股、增发等再融资条件,却并不一定符合企业长远发展战略的需要。因为它的过程和目的均具有短期行为的性质,经营业绩的改变主要来自出售资产、债务重组等的所得受益,一般属于关联交易,收益实现往往具有一次性的特点,往往存有保住企业上市资格或者争取配股、增发资格等动机,通常发生在由于资产负债比率过高、沉淀资产过多等资本结构性因素导致经营困难的上市公司之中。

公司间的并购活动一般是扩张性重组,而剥离、分立或出售则意味着紧缩公司的经营范围或规模,其目的都是从企业的自身战略出发,谋求对公司长远发展所需的各项资源的优化组合,从而大幅度提高企业的运作效率。财务性重组是在企业发生无力偿还到期债务的困难和危机时采用的期望改变财务状况的重组方式,财务性重组过程中公司要选择继续生存或破产倒闭,它更注重公司的短期效益,其目的是为了恢复失败公司业务的稳定性和持续经营性,并保护投资者与债权人的利益。

2. 根据与重组交易方是否存在关联关系,将重组划分为关联重组与非关联重组

关联重组是指上市公司与关联方之间完成的重组,其交易性质为关联交易。非关联重组是指上市公司与重组参与对方不存在关联关系情况下完成的交易。

在我国,涉及关联交易的重组十分普遍。应当承认,关联交易的大量存在具有其客观必然性和积极意义:关联交易发生在具有关联关系的各方之间,交易双方相互了解、彼此信任,出现问题易于及时协调解决,推进交易高效、有序地进行。这些对于优化企业资本结构、提高资产盈利能力、及时筹措资金、降低投资机会成本、提高营运资金效率以及保证企业生产经营快速发展等,无疑都具有相当积极的作用。与此同时也应看到,关联交易毕竟是关联方之间发生的交易,受逐利原则的驱动及资本多数决策制度的影响,其中容易滋生不公平的交易,实际中确实存在不少不等价交易、虚假交易甚至出现一些上市公司利用不等价的关联交易蓄意操纵公司业绩、配合非法分子进行内幕交易及操纵股价的证券欺诈行为,这些违背诚信原则的关联交易就是不公平的关联交易。如果没有相关规范措施予以约束,将会给中小股东权益造成很大的损害。

(二)我国公司重组的目的

我国上市公司实施重大重组交易的目的一般有以下几个:

(1)增强企业核心竞争力。该目的下的公司重组旨在优化资源配置,促使优质资产得到最佳利用并适时剥离劣质资产,以始终保证企业资产的运营处于高效率的状态。具体分为收购优质资产以夯实主业、剥离不良资产转向高盈利行业和通过资产重组拓展新的业务等三方面。

(2)增强企业再融资能力。具有融资功能是上市公司存在与发展的一个基础,实现该功能的前提之一就是上市公司要有良好的财务状况。上市企业的直接融资通常借助增资扩股等手段完成,这就要求发行企业的盈利水平、负债水平、净资产收益率、资产规模及股权结构等符合法律规定的条件。但是,多数上市公司在生产经营中难免会有财务质量不高的情况产生,即丧失再融资的资格。因此,借助资产重组调整资本结构、改善财

务状况、恢复再融资能力是很多上市公司实施重大资产重组的主要目的。

(3) 摆脱退市等财务危机。上市公司往往会遭遇以下一项或几项财务困难：因为投资失误、对外担保等原因背负巨额债务；因为经营不善导致主营业务收入下降；因为不良债权导致大量坏账计提等。这些都将引起企业出现亏损，导致企业净资产减少，不但严重影响了上市公司的生产经营，而且连续三年亏损时还要面临退市的风险，更有甚者还会破产；而且，此类上市公司一般依靠原有资产很难扭转局面，经常需要借助资产重组处理不良资产、增加企业利润或资产净值以摆脱危机。因此，控股股东、当地政府等外部力量通过重组挽救上市公司的案例屡见不鲜。

本章小结

1. 公司并购与重组是公司实现外部增长的重要途径，是对公司外部资源比如市场、渠道、技术等进行的整合与利用。

2. 公司并购具有一系列协同效应，包括经营协同效应、财务协同效应、管理协同效应等，可以实现 1＋1＞2 的效果。

3. 并购最关键的环节在于对目标公司的价值评估，这会直接影响目标公司的交易价格。对于收购方而言，交易价格是主要的并购成本，出价过高会增加公司财务负担，遭到股东反对；对于目标公司而言，对方出价是否符合股东利益则是首要考虑的问题。

4. 广义上，并购属于公司重组的范畴。重组是对企业之间或单个企业的生产要素进行分拆和整合的优化组合过程。当企业发生经营或财务困难时，重组是企业利用内、外部资源，尽快摆脱危机的有效方式。

思考及应用

1. 公司并购的动机和效应是什么？
2. 公司并购的协同效应主要有哪些？请举例说明。
3. 杠杆收购的风险很大，为什么会成功？
4. 从收购企业和目标公司的角度，讨论现金收购和换股收购方式的利弊。
5. 资产剥离与分立是否总是企业失败的标志，为什么？
6. 什么是财务重组，财务重组有哪些主要方法？
7. AB公司申请破产，它的资产负债表如下：

单位：万元

清偿价值		负债与权益	
可实现的资产净值	500	商业信用	200
		担保票据(有抵押)	100
		优先债券	300
		股东权益	−100

作为受托人，你会提议如何分配清偿价值？

8. 甲公司因经营发展需要并购乙公司，甲公司目前的资产总额50 000万元，负债与权益之比为2∶3，息税前利润为8 000万元，股票市价为72元，发行在外的股数为1 000万股；乙公司资产总额30 000万元，息税前利润为3 500万元，负债与权益之比为1∶1，股票市价为12元，发行在外的股数1 000万股，两公司的所得税率为40%，两公司的负债均为长期银行借款，银行借款年利率为10%，计算甲乙两家公司并购前各自的权益净利率和市盈率。

9. 假定甲公司拟在2002年初收购目标企业乙公司。经测算收购后有6年的自由现金流量。2001年乙公司的销售额为150万元，收购后前5年的销售额每年增长8%，第6年的销售额保持第5年的水平。销售利润率(含税)为4%，所得税率为33%，固定资本增长率和营运资本增长率分别为17%和4%，加权资本成本为11%。对于该项收购，并购方能接受的最高价格是多少？

10. A公司和B公司流通在外的普通股分别为3 000万股和600万股，现有净利分别为6 000万元和900万元，市盈率分别为15和10。A公司拟采用增发普通股的方式收购B企业，并计划支付给B企业高于其市价20%的溢价。要求：

(1) 计算股票交换比率和该公司需增发的普通股股数。

(2) 如果两企业并购后的收益能力不变，新公司市盈率不变，则合并对原企业股东每股收益有何影响？该合并对哪一方有利？能否发生？

(3) 如果两企业并购后的收益能力不变，新公司市盈率上升为16%，则其每股市价为多少？

(4) 如果合并后新公司市盈率不变，使并购前后每股收益相等的股票交换比率和增发普通股数分别为多少？

11. 假定ABC公司的股本为50 000万元，每股面值为1元，全部为可流通股，每股净资产15元，若假设公司回购前后的市盈率保持不变，要求回答以下互不相关的三个问题：

(1) 若目前股票市价为10元，按现行市价回购10%的股票会引起该公司每股资产怎样的变化？股票市价怎样变化？

(2) 若目前股票市价为15元，按现行市价回购10%的股票会引起该公司每股资产怎样的变化？股票市价怎样变化？

(3) 若目前股票市价为20元，按现行市价回购10%的股票会引起该公司每股资产怎样的变化？股票市价怎样变化？

12. 案例分析：

盈科动力收购香港电讯案

李泽凯是香港富商李嘉诚的次子,1966年出生。1990年开始创业,建立一家卫星电视公司。1993年5月,他出售卫视,赚取40亿港元。同年10月,他用所赚资金创立盈科拓展集团,1999年入主得信佳,后将公司更名为盈科动力数码(以下简称盈动)。盈动并没有明确的战略,它利用上市后获得的资源进行了一系列的投资和与高科技公司的换股、注资等行为,使股价大涨,市值从610亿港元飙升至1 640亿港元,成为当时香港第一、亚洲第三的互联网公司。这为它进行更大规模的资本运作提供了条件。

这时英国大东电报局已与新加坡电信谈判3个月,希望将其控股的香港电讯出售套现。当时香港电讯的市值为2 140亿港元。正在寻找新的发展方向的盈动认为这是一个大好机会,中途杀出,提出收购香港电讯的要求。盈动的竞争对手是新加坡电信的CEO李显扬——新加坡前总理李光耀的次子,其财务顾问是美国高盛公司。为了迎合英国大东更多套取现金的希望,盈动一方面从市场筹集现金,李泽凯在48小时内获得汇丰银行、中国银行、法国巴黎银行和巴克莱银行贷款130亿美元的承诺;另一方面设计了一个包含选择权的出价方案,利用盈动的高价股,给大东一个丰富的想象空间。其方案的具体内容如下：

(1) 完全换股：每股"香港电讯"股票兑换1.1股"盈动"股票(以2月25日盈动股价22.15港元为基准),即每股香港电讯价值为24.36港元。据此,香港电讯全部已发行股本总值为2 960亿港元(381亿美元)。

(2) 部分换股：每股香港电讯股票兑换现金0.929美元(或7.23港元)和0.711 6股"盈动"股票,即每股香港电讯价值为22.99港元。据此,香港电讯全部已发行股本总值为2 796亿港元(359亿美元),需要现金总额为879亿港元(113亿美元)。

(3) 增收现金方案：香港电讯股东可选择在部分换股基础上增加应收现金额的方案,但这要在所拥有的可供分配款项内进行,即并购的总现金额不能突破113亿美元。因此,作出有关选择的香港电讯股东只有在并购结束结算完成后才清楚可以多获得多少现金,在此情况下,选取额外现金将按每股新盈动股份2.392美元(18.62港元)计算。结果是选择增收现金方案的香港电讯股东,预计可按3.18%左右的应收盈动股份,收取额外金额。

英国大东选择了第二个方案,一次套现61亿美元。2000年8月18日,盈动发表公告：盈动和香港电讯的合并已经生效,香港电讯已经成为盈动的全资附属公司。2000年12月,盈动采用新的公司标志,并更名为"电讯盈科"。

讨论题：

(1) 盈动对香港电讯的收购并不是一次深思熟虑的行动,更像是一次临时起意的行为,对此您有什么评论？是赞成还是反对？

(2) 此次并购的结果您觉得怎么样？还满意吗？为什么？应该如何看待并购,是重视动机,还是更看重结果,还是两者都要看?为什么?

(3) 从网上搜集资料,分析盈动公司并购后的效果如何。

资料来源:朱宝宪《软着陆:盈科并购案简析》。载《资本市场》,2002(9)

13. 案例分析:

科利华神话跌落怨谁?

2005年的最后一天,上海证券交易所做出科利华股票终止上市的决定。这也就意味着科利华由主板市场"降级"到三板市场,曾被《福布斯》评为中国IT首富的宋朝弟彻底走出光环。宋朝弟曾是国内IT业的成功者,1998年宣布投入1亿元推广1 000万册《学习的革命》,使他执掌的科利华一夜之间家喻户晓。其实,宋朝弟与科利华之前已在业界声名显赫。宋朝弟从1991年起创办了专做教育软件的科利华公司,1994年入选"中央电视台'东方之子'",被评为"普及教育十件大事"、"中国电脑市场十佳营销活动";1997年1月成立的科利华软件集团被美国《商业周刊》誉为中国软件市场的"决定性力量"之一;1999年,中国软件协会按销售额排名全国十强软件企业,科利华上榜;2000年,公司被国家科技部认定为中国首家"B to B电子商务示范企业",宋朝弟被美国《福布斯》杂志评选为中国内地50名首富第十名,IT界第一名。然而,这一连串光环却未能使宋朝弟走得更远,其跌落则源于1999年借壳上市的"大手笔"。宋朝弟曾经放言"科利华要成为中国的微软,要在国内股市市值做到第一",计划依靠融资7亿元续写"大手笔",可事实上却陷入了多达7亿元的"财务黑洞"。科利华借壳的是注册于黑龙江的阿城钢铁,一家陷入困境的钢铁上市公司。重组前的阿城钢铁1998年每股盈利0.189元,但扣除非经常性损益后每股亏损0.154元。科利华入主使公司每股收益在1999年迅速增至0.513元,在证券市场上堪称绩优股。重组并改名为科利华的阿城钢铁,主要业务包括电子商务和软件开发两部分,1999年两项取得主营业务收入2.71亿元。在1999年沪深股市"5.19行情"对网络概念股的疯狂追捧下,科利华股价由5元暴涨至近39元。但好景不长,借壳上市仅半年,宋朝弟即向外界透露,原来他们以为只有1亿多元欠款的阿城钢铁,居然有7亿元的"财务黑洞"。2000年中报,科利华开始抱怨进一步发展面临资金短缺。就在该份中报中,科利华还披露其正在积极研究创业板上市计划,以期借助资本市场取得超常规的快速发展。

可即便到退市的时候,宋朝弟也没有实现从证券市场上融资的愿望,科利华的三次增资配股计划均被中国证监会拒绝。2002年,科利华主营业务收入7 708.63元,每股亏损0.295元。就每股经营活动产生的现金流量净额而言,2001年起已是负值。科利华在2000年年报中承认:"对原企业遗留问题及转型困难估计不充分,近几年钢铁生产一直停产,相应资产闲置,而其相关的银行短期借款高达3.16亿元,该借款的偿还及利息形成较大经营压力。重组四年来公司不得不花费大量精力解决历史遗留问题,依靠大股东科利华教软公司的优质资源来解决原来大股东的负担,使得公司没能投入更多的资源开展新业务。"

所谓"没能投入更多的资源",当然是指资金。科利华2002年首次亏损后已元气大伤,货币资金由2001年末的6 544.57万元锐减为975.16万元。2003年科利华主营业务收入1 791.57万元,每股亏损0.763元;2004年主营业务收入为零,每股亏损1.79元;2005年上半年主营业务收入同样为零,每股收益0.01元。至此,科利华轰然倒下,公司虽然向证交所申请股票恢复上市,但会计师事务所的审计报告强调了科利华的持续经营能力存在重大不确定性,上海证交所理所当然地驳回了其恢复上市的申请。

  科利华神话的跌落,主要是资金链出了问题。一方面,科利华对重组所需的资金预估不足,被原大股东留下的烂摊子拖垮。问题就出在宋朝弟的如意算盘上,重组阿城钢铁表面上看并不吃亏。据悉,科利华只付了3 400万元现金给阿城钢铁,余下的用科利华的"壳"和"股权"顶替阿城钢铁购买科利华持有的晓军公司的80%股权及"科利华电脑家庭教师"初中版著作权共作价1亿元。阿城钢铁又拥有其持有者阿钢集团的债权1亿元,科利华要收购阿城钢铁28%的股权,需向其持有者阿钢集团支付1.34亿元。这近似"蛇吞象",若三方同时清偿这笔款项,则该笔款项在三方之间同时抵消。可最终"象"让"蛇"难以消化,阿城钢铁的历史遗留问题把科利华"兜"了进去,连科利华大楼都被迫抵押。另一方面,科利华同时在电子商务和软件开发两大领域超常规发展,本身就需要大量资金投入。2000年上半年,公司设计开发的"校园网"等教育类项目和"B to B交易场"等电子商务项目形成产业化就已经遭遇了资金短缺。

  超常规发展的"大手笔",使科利华被借壳上市所形成的债务包袱压垮。借壳上市反倒把自己赔进去的案例,在国内外资本市场上不胜枚举。借壳上市失败的致命伤是买壳心切,没有真正掌握壳公司的债务情况,入壳后发现隐性债务如同"黑洞"。这个问题的出现不仅仅因为原大股东的蒙骗,还与买壳方急于"圈钱"的心理有关。科利华1999年5月入壳,1999年8月就抛出了第一份配股方案,到1999年年报再次提出修改过的巨额配股方案。可见,宋朝弟一边轻视了阿城钢铁的债务,另一边更多想到的是再融资成功的"滚滚财源"。倘若不是监管部门的理性否决,重组阿城钢铁的代价就会变成由二级市场的投资者"埋单",而宋朝弟占有相当的现金。可以设想,如果再融资7亿元成功,科利华借壳上市非但不是现在的悲剧,而且可能是一出新老大股东皆满意的喜剧。

  思考题:
  1. 从"科利华的成败"中,谈重组对企业的意义何在?
  2. 你认为科利华重组失败的主要原因是什么?借壳上市成功的关键是什么?
  资料来源:张炜《科利华神话跌落怨谁?》,载《中国经济时报》2006年1月11日

第十章 期权原理在公司金融中的应用

【本章提要】公司财务中的很多决策都蕴含着期权的特征,包括从基本的资本预算到价值评估的每个步骤。而传统的现金流贴现法并不能够准确解释公司决策的价值。在本章中,我们将尝试利用期权的概念来重新评估公司的某些财务决策,比如,如何利用期权定价模型对项目资本预算中包含的期权进行定价?定价的结果又是如何影响公司决策?期权定价理论如何应用于证券设计与定价当中?从期权角度重新审视公司财务问题,我们会加深对问题的理解,得到有益的启发。

【引　例】有一家房地产公司购置了一块土地,花费5 000万元,拟投资5亿元建设写字楼用于出售。建设周期两年,建成后即出售,预期售价8亿元,静态测算盈利2.5亿元。如果投资时的利率为10%,那么动态收益为$8\div(1+10\%)^2-5.5=1.11$亿元。从净现值角度看,盈利大于零,项目可行。不过,有财务人员提出这样一个问题,未来3年房价上涨的可能性较大,预计在3年后房价比现在的预期价格上涨20%,概率为80%。也可能仅上涨5%,概率为20%。那么3年后的期望售价为$0.8\times9.6+0.2\times8.4=9.36$亿元。如果推迟一年出售(假定在此期间不出租),那么此时这个写字楼项目产生额外的一年利息费用,总成本会变为$5.5\times(1+10\%)^3=7.320\ 5$亿元,此时期望净收益为$9.36-7.32=2.04$亿元,其现值等于1.53亿元。延迟一年销售的收益大于建成即销售的收益,假定投资者风险中性,则延迟一年销售要好于即时销售,其收益差$1.53-1.11=0.42$亿元。在这个例子中,企业拥有即时销售还是延迟销售的选择权,这种选择权被称为实物期权。本章的学习将会帮助我们了解什么是实物期权?如何利用实物期权原理进行项目投资决策。

第一节　期权定价原理

一、期权的定义与类型

期权是指赋予持有者在期权到期日或者到期日之前按照双方事前约定的价格(即协议价格)或者执行价格买或卖一定数量标的资产的权利的合约。期权合约交易的是一种权利,即一旦投资者购买了期权,他就拥有了在一定期限内向期权卖方购买或出售一定数量资产的权利。他可以执行也可以不执行这种权利,这完全取决于他能否在规定时间内从执行期权当中获利。这意味着,对于期权的卖方来讲,他只有应期权买方要求执行期权的义务而没有拒绝执行的权利。这就是说,当期权买方按照合约约定的条件行使买进或者卖出标的资产的时候,期权卖方必须相应地卖出或者买进相同数量的标的资产。期权卖方从中得到的好处是期权买方支付的期权费或者期权价格,作为承担义务的报酬。

期权合约的两种最基本形式被称为看涨期权(又称买进期权)和看跌期权(又称卖出期权)。

看涨期权赋予期权买方在期权有效期内以约定价格(即执行价格或者协议价格)购买标的资产的权利。期权买方是否执行期权取决于协议价格与到期日资产市场价格的比较。如果资产的市场价格高于协议价格,期权就会被执行,即期权买方以协议价格买进资产,资产价格与协议价格之间的差额构成了期权买方的投资利润。反之,如果在到期日资产的市场价格低于协议价格,则期权不会被执行而到期。

看跌期权赋予期权买方在期权有效期内以协议价格卖出标的资产的权利。同样,期权买方是否执行期权取决于协议价格与到期日资产市场价格的比较。如果资产的市场价格高于协议价格,期权买方会放弃执行期权,因为这个时候执行期权是不利的。另一方面,如果在到期日资产的市场价格低于协议价格,则期权就会被执行,因为此时期权买方可以相对比较高的协议价格将资产卖给期权卖方,协议价格与资产市场价格之间的差价构成了期权买方的投资利润。

除了这两种最基本的期权之外,还可以按照期权被执行的时限来划分为欧式期权和美式期权。欧式期权只能在期权到期日被执行,提前执行是不允许的;而美式期权则允许期权买方在期权到期前的任何一天(当然也包括到期日)执行期权。由于这个原因,美式期权比欧式期权可能更有价值。

二、期权价值的决定因素

影响期权价值或价格的因素有六个,这六个因素分别与标的资产、期权特征以及金融市场变量有关。

(1) 标的资产当前价格。期权的价值依赖于基础资产的价格,由于看涨期权赋予买方以一个固定价格购买一定数量的标的资产,因此资产价格的上涨能够增加期权的价值。相反,对于看跌期权而言,基础资产价格上涨会减少期权价值。

(2) 标的资产价格方差。期权的买方拥有以固定价格买进或者卖出一定数量资产的权利。而期权买方的最大亏损仅限于支付的期权费用,因此,资产价格波动幅度越大,期权买方获利的空间或者说可能性就越大,这个规则对于看涨或者看跌期权都适用。

(3) 标的资产的收益。在期权有效期内标的资产产生收益会降低看涨期权价值,而增加看跌期权价值。这是因为期权执行价格是固定的,并没有针对收益进行调整。

(4) 期权的执行价格。在资产市场价格给定的条件下,对于看涨期权的买方而言,执行价格越低越好,执行价格上升是不利的,会降低看涨期权价值;反之,对于看跌期权买方来讲,执行价格越高越好,执行价格下降是不利的,会降低看跌期权价值。

(5) 期权有效期。对于美式期权,由于可以在有效期内的任何一个时间执行,所以随着期权有效期延长,多头获利机会增加,看涨期权和看跌期权价值都会增加。对于欧式期权,虽然不可以提前执行,但是有效期延长意味着标的资产价格波动幅度增加,空头亏损的风险增加,期权卖方要求更高的期权价格,因此欧式期权价格也会因为有效期延长而增加。

从另一个角度看,比较长的有效期意味着执行价格的现值降低,就是说从现在来看期权买方可以较低的执行价格取得基础资产,有效期越长,取得成本越低,因此看涨期权价值上涨。而对于看跌期权来讲,以执行价格出售资产所得到的收益现值随着期权有效期的延长而减少。在这个意义上,较长的有效期反而降低了看跌期权价值。

(6) 期权有效期内的无风险利率。由于期权买方必须先支付期权价格(即期权费),所以存在机会成本问题。机会成本决定于利率水平和有效期。此外,当计算执行价格现值的时候,利率也会影响期权价值。因此,利率的上升会增加看涨期权价值而减少看跌期权价值。

三、看涨期权与看跌期权之间的平价关系

对于欧式期权,在均衡状态下,看涨期权与看跌期权价格之间存在联系,这种联系被称作平价关系。令 S 是基础资产现在的价格,X 表示期权执行价格,r 表示无风险利率,c 和 p 分别代表看涨期权和看跌期权价格。考虑如下两个组合:

组合1:一份看涨期权多头和一笔与执行价格现值相等的现金 $Xe^{-r(T-t)}$;

组合2:一份看跌期权多头和一单位标的资产 S。

在期权到期时,两个期限相同组合的价值均为 $\max(S_T, X) \geqslant X$。由于欧式期权不能提前执行,所以在时刻 t 两个组合必然具有相同的价值:

$$c + Xe^{-r(T-t)} = p + S \tag{10.1}$$

这就是看涨期权与看跌期权之间的平价关系。它表明欧式看涨期权的价格可以根据有相同执行价格和有效期的欧式看跌期权价格推算出来,反之,欧式看跌期权价格也可以由欧式看涨期权的价格推算出来。

如果上式不成立,即在时刻 t 两个组合的价值不相等,就会出现套利机会。套利活动使平价关系恢复。

对于有收益资产的欧式期权,看涨期权与看跌期权之间的平价关系可以写为:

$$c + D + Xe^{-r(T-t)} = p + S \tag{10.2}$$

其中,D 表示资产的现金收益。

四、Black-Scholes 期权定价模型

(一) 欧式看涨期权的定价

Black-Scholes(布莱克斯克尔斯)模型是用来为欧式期权定价的。在 Black-Scholes 模型中,看涨期权的价值可以写成下列变量的函数:

c 表示欧式看涨期权价格,S 是基础资产现在的价格,X 表示期权执行价格,σ^2 表示基础资产价格波动率,作为近似,波动率可解释为一年内价格变化的标准差,r 表示期权

有效期内无风险利率,T代表期权有效期。则模型可以写为:

$$c = SN(d_1) - Xe^{-rT}N(d_2) \tag{10.3}$$

其中,

$$d_1 = \frac{\ln(S/X) + (r+\sigma^2/2)T}{\sigma\sqrt{T}}$$

$$d_2 = \frac{\ln(S/X) + (r-\sigma^2/2)T}{\sigma\sqrt{T}} = d_1 - \sigma\sqrt{T}$$

$N(x)$为均值为 0、标准差为 1 的标准正态分布变量的累计概率分布函数(即这个变量小于 x 的概率)。

可以利用 Black-Scholes 模型计算期权价值。

【例 10-1】 假设对一个欧式看涨股票期权进行定价。已知条件如下:

$S=\$100, r=10\%, X=\$95, T=0.25(3\text{个月}), \sigma=0.50(\text{每年}50\%)$

根据公式(10.3)得到:

$$d_1 = \frac{\ln(100/95) + (0.1+0.5^2/2) \times 0.25}{0.5\sqrt{0.25}} = 0.43$$

$$d_2 = 0.43 - 0.5\sqrt{0.25} = 0.18$$

查标准正态分布表得到:

$$N(0.43) = 0.6664, \quad N(0.18) = 0.5714$$

因此看涨期权价值为:

$$c = 100 \times 0.6664 - 95 \times e^{-0.1 \times 0.25} \times 0.5714 = \$13.7$$

(二) 模型的局限与困境

1. 模型的局限

Black-Scholes 模型只适用于欧式看涨期权。但是,当期权是买入期权同时标的股票又不支付股息时,Black-Scholes 模型的第一个限制——只适用于欧式期权——便可以不予考虑。这是因为对于一个持有不支付股息的标的资产的美式买入期权的投资者来说,在期满之前执行期权是不明智的。这样,美式看涨期权和欧式看涨期权就没有任何区别。这就意味着 Black-Scholes 模型可以被用于估算无收益支付资产的美式看涨期权的价值。

看跌期权在 Black-Scholes 模型中没有得到明确处理,看起来我们没有办法求解看跌期权的价格。其实不然,回想一下在前面提到的看涨期权与看跌期权之间的平价关系,看涨期权价格与看跌期权价格可以相互求解,知道其中一个就可以利用平价关系得到另一个的价格。所以我们利用 Black-Scholes 模型也可以得到欧式看跌期权价格。

2. 对股利的调整

股利的支付会降低股票价格。因此当股利支付增加时,看涨期权价值要下降而看跌期权价值上升。对于股利可以作出两种调整,一种适用于短期期权,另一种适用于长期期权。

当期权的期限很短,短于1年时,可以从资产现在的价值中扣除期权有效期内估计的预期股利现值,得到"股利调整后的价值",并以该值作为 Black-Scholes 模型中的 S。即

$$\text{调整后的股价 } P = S - \sum D_t/(1+r)^t$$

然后根据调整后的股价重新计算 d_1 和 d_2,得到新的看涨期权价值。

【例 10-2】 考虑一个看涨期权,以 Y 公司股票为标的,期限 4 个月,执行价格 X 为 45 美元。股票现在的价格是 50 美元,利用历史资料估计对数方差为 0.06。预计两个月内支付一次股息,金额为 0.56 美元。无风险利率为 3%(年利率)。则:

预计股利现值=$0.56/1.03^{2/12}$=0.557 2

调整后的股票价格 P=50−0.56=49.44

执行价格 X=45

有效期 T=4/12

无风险利率 r=3%

d_1=0.807 2, $N(d_1)$=0.790 1

d_2=0.665 8, $N(d_2)$=0.747 2

看涨期权价值 c=49.44×0.709 1−45×$e^{-0.03\times(4/12)}$×0.747 2=5.78

当期权的有效期比较长的时候,股利的处理比较复杂。如果基础资产的股利收益率 y(y=股利/资产当前价值)在期权有效期内保持固定不变,那么问题的处理相对比较简单。调整后的 Black-Scholes 模型为:

$$c = Se^{-yT}N(d_1) - Xe^{-rT}N(d_2)$$

其中:

$$d_1 = \frac{\ln(S/X) + (r - y + \sigma^2/2)T}{\sigma\sqrt{T}}$$

$$d_2 = d_1 - \sigma\sqrt{T}$$

从直观的角度看,这种调整有两个作用:第一,资产价格以股利收益率折现,考虑了股利支付引起股票价格下降。第二,利率由股利收益率来调整,反映了股票持有(在复制的资产组合中)成本的降低。

第二节 资本预算中的期权

一、实物期权

(一) 实物期权的定义与特性

实物期权(Real Options)是以非交易资产,例如实物资产或投资计划,作为基础资产的期权。实物期权是将现代金融领域中的金融期权定价理论应用于实物投资决策的分析方法和技术。实物期权的概念最初是由 Stewart Myers(1977)在 MIT 时所提出的,他指出一个投资方案产生的现金流量所创造的利润,来自于目前所拥有资产的使用,再加上一个对未来投资机会的选择。也就是说企业可以取得一个权利,在未来以一定价格取得或出售一项实物资产或投资计划,所以实物资产的投资可以应用类似评估一般期权的方式来进行评估。

与金融期权相比,实物期权具有以下四个特性:(1) 非交易性。不仅作为实物期权标的物的实物资产一般不存在交易市场,而且实物期权本身也不大可能进行市场交易;这意味着传统期权定价模型所依赖的套利假设在这个场合不适用。(2) 非独占性。许多实物期权不具备所有权的独占性,即它可能被多个竞争者共同拥有,因而是可以共享的。对于共享实物期权来说,其价值不仅取决于影响期权价值的一般参数,而且还与竞争者可能的策略选择有关。(3) 先占性。先占性是由非独占性所导致的,它是指抢先执行实物期权可获得的先发制人的效应,结果表现为取得战略主动权和实现实物期权的最大价值。(4) 执行需要时间。实物期权的执行时间比较长,例如新上一条生产线或者开挖矿山。而金融期权的执行需要时间很短,期权定价模型假定执行是在瞬间完成的。执行需要时间的事实说明,实物期权的真实有效期要比名义有效期长得多。

(二) 实物期权理论产生的背景

长期以来对企业价值直接评估的经典方法是折现现金流(DCF)法,但是 DCF 法却存在很大的问题:首先,用 DCF 方法来对进行估价的前提假设是企业或项目经营持续稳定,未来现金流可预期。但是这样的分析方法往往隐含两个不切实际的假设,即企业决策不能延迟而且只能选择投资或不投资,同时项目在未来不会作任何调整。正是这些假设使 DCF 法在评价实物投资中忽略了许多重要的现实影响因素,因而在评价具有经营灵活性或战略成长性的项目投资决策中,就会导致这些项目价值的低估,甚至导致错误的决策。其次,DCF 法只能估算公司已经公开的投资机会和现有业务未来的增长所能产生的现金流的价值,而忽略了企业潜在的投资机会可能在未来带来的投资收益,也忽略了企业管理者通过灵活的把握各种投资机会所能给企业带来的增值。因此基于未来收益的 DCF 法对发掘企业把握不确定环境下的各种投资机会给企业带来的新增价值无能为力。

正是在这样的背景下,国外经济学家开始寻找能够更准确地评估企业真实价值的理论和方法。理论界逐步将金融期权的思想和方法运用到企业经营中来,并开创了一项新的领域——实物期权,随着经济学者的不断研究开拓,实物期权已经形成了一个理论体系。

二、资本预算中的实物期权

我们在前面曾经以折现现金流(DCF)法研究了项目投资决策问题,项目取舍的依据是项目的净现金流量现值是否为正,如果净现值大于零,就采纳这个项目,否则就放弃这个项目。然而,折现现金流(DCF)法有局限,无法评估不确定环境下的投资机会给企业带来的价值。所以,如果考虑到期权,传统评估方法得到的结论就有可能被改变。在本节,我们从期权的角度来考察资本预算中的不确定性。

(一)延迟期权(Option to Defer)

在传统的项目评估中,如果项目的预期现金流量的净现值为负,说明这个项目不可取。但是预期现金流量以及贴现率都会随时间变化,这意味着净现值也会变动。现在净现值为负的项目将来净现值就可能为正。如果考虑到净现值随时间变化的可能性,从而推迟项目的实施,等待有利时机,那么对项目价值的判断就要改变。以前不可行的项目现在变的可行了。引起项目价值变化的就是延迟期权。

所谓延迟期权即管理者可以选择对本企业最有利的时机执行某一投资方案的权利。当管理者延迟此投资方案时,对管理者而言即获得一个等待期权的价值(the value of the option to wait),就项目的价值随着时间变化的特征而言,延迟期权具有看涨期权特征。延迟期权的基础资产是项目,执行价格是采用该项目所需要的投资额,期权的有效期是公司对项目拥有权力的期限。项目现金流量的现值及其预期方差分别代表基础资产的价值与方差。期权的价值绝大部分来源于未来现金流量的不确定,不确定性越高,延迟期权的价值就越高。

和计算金融期权价值一样,计算延迟期权价值也需要事先确定如下变量的值:项目(基础资产)价值;项目价值变动率;期权有效期;投资成本(执行价格);无风险利率以及股利收益率或者延迟成本(即如果立即执行该项目可能获得的收益)。不过由于项目投资具有自身的特点,因此在计算中需要注意以下几点:

1. 关于项目价值

在延迟期权中,期权基础资产即是项目本身,其价值为项目预期现金流量现值,然而由于现金流量和现值的计量都是基于对未来的估计,因此不可避免地存有杂音,从而导致计算出现偏差。但是正是由于这些不确定性的存在才赋予了延迟期权以价值。

2. 关于项目价值方差

项目未来现金流量和现值都具有相当的不确定性,这些不确定性部分来源于市场的未来不确定性,部分也来源于项目在开发中可能面临的不确定。不确定性程度越大,期权价值越高。不过,测量价值变动率是一个比较困难的工作,比较简单的方法是将现在的项目与过去类似的项目进行比较,大致得到现在项目价值的波动率。或者将未来的不确定性因素进行分解,分别得出各种不同条件下的现金流量及现值变动情况。第三种方法是利用公司所属行业的公司价值的平均方差。表10-1列出了1999年美国几个代表性行业的平均年方差。

表 10-1　权益与公司价值标准差(%)

行　业	负债率	权益标准差	价值标准差
纺织业	37.68	48.26	31.23
林　业	46.58	21.12	13.24
房地产业	43.42	50.88	30.17
保　险	10.58	34.56	31.18
机械制造	14.88	46.09	39.63

来源：摘选自《公司财务：理论与实务》，达莫德伦著，p702.

3. 关于期权执行价格

当企业决定投资某项目时，延迟期权被执行。期权的执行价格即为项目投资成本，这里假定该项目投资成本在整个期权有效期内是保持不变的。

4. 关于延迟成本(项目机会收益)的确定

一旦项目 NPV 值为正，延迟项目就具有了机会成本。因为公司拥有投资项目的开发权利在一定时期后到期，随着到期日临近，该项目在这段时间能为企业带来的收益相应减少，每延迟一年企业就减少一年的可能收益。如果假定现金流量每年是均等的，则在 n 年的有效期内，延迟成本 $=1/n$。因此如果项目有效期为 20 年，则年延迟成本为 5%。有时候以股利收益率来表示机会成本。

5. 无风险利率

当企业拥有的开发项目权利丧失后，该项延迟期权也就到期了，期权定价时使用的利率应等于期权到期时对应的无风险利率。

【例 10-3】 专利技术定价

某公司研制出一项新技术，并获得专利，现准备将此技术应用于公司一项新产品的生产，预计购买生产该新产品的设备需要投入 450 万，产品投入市场后每年可产生税后现金流量 100 万元，专利保护期为 8 年。经市场部门调研，该项目最大的不确定性来源于市场对新产品的反应，据估计产品未来现金流量波动率为 42%。根据项目的风险性质，公司期望投资回报率为 15%，8 年期国债利率为 6%。公司是否应投资该项目呢？

根据传统评估方法，该项目的净现值

$$NPV = -450 + 100(P/A, 15\%, 8) = -450 + 448 = -2 \text{万元}$$

NPV 值小于 0，根据传统判断规则该项目不可行。但由于企业在 8 年内对该项目拥有独享的权利，这相当于购买了一个看涨期权，在 8 年有效期内可随时根据需要决定是否要执行该期权——即进行项目投资。套用布莱克斯克尔斯定价模型计算此延迟期权的价值，模型中几个参数分别为：

项目价值(S)＝立即开发该项目的现金流量现值＝448 万

执行价(X)＝执行项目投入成本＝450 万

项目价值标准差 $\sigma = 0.42$

延迟成本(股利收益率 y)＝1/8＝0.125

到期时间＝8年

8年期国债利率为6%，可以看作是无风险利率r。

根据调整的布莱克-斯克尔斯定价模型，

$$d_1 = \frac{\ln(448/450) + (0.06 - 0.125 + 0.42^2/2) \times 8}{0.42\sqrt{8}} = 0.1524, N(d_1) = 0.5596$$

$$d_2 = 0.1524 - 0.42\sqrt{8} = -1.0355, N(d_2) = 0.1515$$

延迟期权价值＝$448 \times e^{-0.125 \times 8} \times 0.5596 - 450 \times e^{-0.06 \times 8} \times 0.1515 = 50.04$万元

经计算，延迟期权价值为50.04万元。此时项目的NPV等于-2万元$+50.04$万元$=48.04$万元，这意味着如果将这个具有负NPV值的项目延迟至8年后进行的话，项目将具有投资价值，说明公司应该耐心等待而不是立即投资这个项目。

利用延迟期权还可以为自然资源定价。在自然资源的投资中，基础资产是自然资源，该资产的价值是以资源的可用储备量与价格决定。不过，一个值得注意的问题是，在决定开发资源和实际开采资源之间存在时滞，在对自然资源的定价时，不能忽视开采时滞对资产价值的影响。一个简单的处理方法是将资源的价值以时滞为基础、以股利收益率进行贴现。开发资源需要成本，预测的开发成本就是期权的执行价格。自然资源期权的有效期一般指经济开采年数，根据矿产资源的出产率、储量以及开采成本等来决定，或者是矿产资源的租赁期。基础资产价值方差决定与资源储藏量的变化以及价格的变化，在储量已探明的情况下，取决于价格的方差。延迟开发的机会成本以股利收益率来衡量，产品净收入与储量市场价值之比就是股利收益率。

【例10-4】 自然资源定价

某公司中标开采中东一个油田，开采期20年。油田估计储量为4亿桶，开采成本（现值）为每桶45美元，开采时滞为3年，预计国际油价为每桶50美元。一旦开采，每年净收入将是储量价值的6%。无风险利率为10%，石油价格（对数）方差为0.06。

布莱克-斯克尔斯定价模型的已知条件如下：

基础资产（石油）的价值（S）$= \dfrac{50 \times 40}{(1+6\%)^3} = 1\,679.23$（千万美元）

执行价格X＝开发成本的现值$= 45 \times 40 = 1\,800$（千万美元）

期权的有效期为20年

基础资产价值方差$\sigma^2 = 0.06$；

无风险利率$r = 10\%$；

股利收益率$y = 6\%$；

根据这些已知条件，计算延迟期权价值：

$$d_1 = \frac{\ln(1\,679.23/1\,800) + (0.1 - 0.06 + 0.06/2) \times 20}{\sqrt{0.06 \times 20}}$$

$$= 1.2151, N(d_1) = 0.8869$$

$$d_2 = 0.1201, N(d_2) = 0.5478$$

$$延迟期权价值 = 1\,679.23 e^{-0.06 \times 20}(0.886\,9) - 1\,800 e^{-0.1 \times 20}(0.547\,8)$$
$$= 315.15(千万美元)$$

所以,尽管从目前来看,开采油田不合算(因为净现值为 -120.77),但是考虑到未来石油价格上涨的可能性,延迟投资具有额外的价值。

(二) 放弃期权

若市场情况持续恶化或企业生产出现其他原因导致当前投资计划出现巨额亏损,则管理者可以根据未来投资计划的现金流量大小与放弃目前投资计划的价值来考虑是否要结束此投资计划,也就是管理者拥有放弃期权(Option to Abandon)。如果管理者放弃目前投资计划,则设备与其他资产可在二手市场出售使企业获得残值(salvage value, L)。管理者也可选择继续经营,V 代表继续经营到有效期末的剩余价值。

放弃期权的净收益 = 0,如果 $V > L$;
= L,如果 $V < L$

放弃期权具有典型的看跌期权特征。

【例 10-5】 放弃期权的定价

假定一家房地产公司正在考虑一个 5 年期的城市改造项目,初始投资 1 亿元,预期现金流量现值 1.1 亿元,净现值为 1 000 万元,收益率太小,公司管理层不想投资这个项目。但是如果公司拥有在 5 年期间随时终止投资的权利,比如将股份卖给其他投资者,公司是不是应该采纳这个项目呢?假设如果放弃这个项目,项目的净残值为 5 000 万元。估计现金流量现值的方差为 0.1。假定项目有效期内的无风险利率 r 等于 8%。

为了估计放弃期权的价值,将看跌期权的有关参数定义如下:

基础资产价值(S) = 项目现金流量现值 = 110(百万元)

执行价格(X) = 放弃项目的残值 = 50(百万元)

基础资产价值的方差 $\sigma^2 = 0.1$

期权有效期 = 项目期限 = 5 年

股利收益率 = 1/项目期限 = 1/5 = 0.2

由于布莱克-斯克尔斯定价模型只是关于欧式看涨期权定价,对看跌期权定价还必须借助于平价关系式 $c + Xe^{-r(T-t)} = p + S$,所以首先计算看涨期权价值 c:

$$d_1 = \frac{\ln(110/50) + (0.08 - 0.2 + 0.1/2) \times 5}{\sqrt{0.1 \times 5}} = 0.620\,1$$

$$d_2 = d_1 - \sigma\sqrt{t} = -0.087\,0$$

$$N(d_1) = 0.732\,4$$

$$N(d_2) = 0.468\,1$$

$$110 \times e^{-0.2 \times 5} \times 0.732\,4 - 50 \times e^{-0.08 \times 5} \times 0.468\,1 = 13.95(百万元)$$

根据看涨与看跌期权平价关系式,看跌期权价值 p 等于

$$13.95 + 50 \times e^{-0.08 \times 5} - 110 \times e^{-0.2 \times 5} = 7.00(百万元)$$

含有放弃期权的项目的总价值应该在净现值的基础上加上期权价值。因此考虑到

公司可以选择放弃项目,项目总价值等于10+12.07=22.07(百万元)。这说明,拥有放弃期权通常会增加项目的价值,从而使其更容易被接受。不过,需要注意,随着项目期限缩短,放弃期权会越来越有吸引力,因为剩余现金流的现值将会减少。

在考虑放弃期权的价值的时候,有一些问题必须加以注意。如果公司放弃项目会带来费用支出(比如工人遣散费用)而不是现金收入,那么就应该继续执行项目,除非项目此时的净现金流量为负。另外,执行放弃期权所带来的残值收入是不确定的,在项目期限内很可能会改变,这也会影响放弃期权的价值。最后尤其重要的是,公司可能受到来自政府或者工会的压力而并不拥有放弃期权,除非合同当中事先注明。当然,公司可以通过很多方法来得到这种期权,比如将放弃项目的权利写入合同条款。

(三)增长期权(Growth Option)

企业较早投入的计划,不仅可以获得宝贵的学习经验,也可视为未来投资计划的基础投入,在这种情况下,公司采纳某个投资计划是为了在将来采纳另一些项目或者进入某个市场。因此可以将最初的项目看作是允许公司进行其他项目投资的期权,这意味着即使最初的项目可能会产生负的现金流,公司也会继续投资,因为未来的项目可能带来更高的现金流。

【例10-6】[①] 增长期权的定价

H公司是一家从事计算机软、硬件开发、生产、销售的中型企业,经过10年的发展,形成了一定的财力和知名度。公司认为应该尽快进入家用电器(视听设备)领域,依靠领先进入和技术方面的优势,抢占未来信息家电行业的领先地位。在进入的突破口和进入方式的选择上,高层经理认为收购一个中等规模的VCD企业是最佳选择。按照公司的战略,在踏上这一跳板后,开拓DVD市场领域。

现在的时间是1999年,即公司投资VCD的时间;专家估计,合适的投资DVD的时间为2002年,专家估计的有关投资及现金流量数据如下:

表10-2 VCD投资现金流量　　　　　　　　　　单位:万元

年　份	1999	2000	2001	2002	2003	2004	2005
净现金流量	-1 000	300	400	340	380	190	0

表10-3 DVD投资现金流量　　　　　　　　　　单位:万元

年　份	2002	2003	2004	2005	2006	2007	2008
净现金流量	-2 400	500	1 200	800	950	450	0

公司根据长期经验,将经过风险调整的VCD投资和DVD投资的资金成本率确定为20%。根据传统财务分析方法,计算净现金流量现值,即净现值均小于零,[②]两项投资的净现值都为负值,公司的扩张战略无法实现。

---

① 根据张志强,张彩玲《论公司战略的财务评估》(财经问题研究,2000年第四期)改写。
② 有兴趣的读者可以自己计算,或者参看张志强,张彩玲一文(2000)。

上述传统的财务分析忽略了一个基本事实：对于公司扩张战略而言，VCD投资为公司争得是DVD投资机会。而这种投资机会是有价值的，实际上是以初始投资为约定价格的一个买方期权，其基础资产为投资项目。因此在评估VCD投资价值的时候，就必须考虑DVD投资所带来的期权价值。

我们利用期权定价模型估算DVD投资机会的价值。模型相关参数如下：

基础资产价值(S)＝DVD投资产生的现金流量的现值（如果3年后立即执行）
$\qquad\qquad\quad=2\,351.9$万元

执行价格(X)＝扩张的成本＝2 400万元

基础资产价值的方差$(\sigma^2)=0.12$

无风险收益率$r=5\%$

期权的有效期＝扩张期权的有效期＝3年

这里没有延迟成本。

根据期权定价模型计算如下：

$$d_1 = 0.516\,2; N(d_1) = 0.695\,0$$

$$d_2 = -0.083\,8; N(d_2) = 0.468\,1$$

$$c = 2\,351.9 \times 0.695\,0 - 2\,400 \times e^{-0.05 \times 3} \times 0.468\,1 = 667.62(万元)$$

结论：如果开始实施扩张战略，就要投资VCD，其投资支出为1 000万元；所得有两项：项目本身价值984.15万元，DVD投资机会的价值为667.62万元。因而，扩张战略的总净现值为：

$$-1\,000 + 984.15 + 667.62 = 651.77(万元)$$

净现值大于0，说明扩张战略可行。

第三节 期权定价的其他应用

期权定价除了应用于投资决策过程中，在公司财务的其他方面也有很多用途。这是因为，在公司财务管理中有很多具有期权特征的权利或者资产，比如，证券的设计与定价。在本节，我们将讨论这个问题。

一、认股权证的定价

认股权证的传统定价方法我们已经在第六章进行了讨论。传统定价方法没有考虑认股权证的期权特征。现在，我们将从期权的角度来重新考虑认股权证的定价问题。

（一）认股权证的功能

认股权证是一种允许其持有人（即投资者）有权利但无义务在指定的时期内以确定的价格直接向发行公司购买一定数量普通股的证券。每一份认股权证将会详细说明权证持有人可以购买的股票份数、"协议价格"（也称"执行价格"），以及"到期日"。认股权

证与看涨期权相当类似。认股权证有时会被公司作为一种证券而单独发行,但认股权证有时也被用在债券、优先股和新股发行时作为吸引投资者的附加证券。通过附加认股权证,公司可以在发行合同上给予更低的债券付息,较低的优先股红利支付和增加新股发行的融资数量。这一点对新兴公司尤其重要,由于知名度低,信用等级低,债券筹资的成本往往很高,通过配送认股权证可以降低融资成本。

在实际的市场交易中认股权证通常又可以与原始的证券剥离开来,单独进行交易。但员工的认股权证通常是不可交易的。员工的认股权证作为激励措施或奖励计划中的一个部分,可以把员工的利益与公司的成长相结合,特别是对高级管理人员,通过认股权证可以极大地改善委托代理关系,激发他们的工作热情,有效地解决经理人长期激励不足的问题;另一方面,使用认股权证还可以以低成本不断吸引高级管理人才和技术骨干,避免对高级管理人员支付较高的薪金,减少管理成本;而且随着认股权证的执行,公司的资本金会相应增加,这一点对新兴的成长型公司尤为重要。使用认股权证还能起到稳定员工队伍的作用。认股权证的发行条款中通常都会对员工提前离开公司后的行权进行限制或取消,增加人员的流动成本,收到稳定管理人才和技术骨干作用。在现代的公司运作中,公司间的购并日趋频繁,收购与反收购已成为公司财务运作的一个重要方面。当公司面临被收购的危险时,认股权证还可以作为反收购的工具。通过发行大量较低执行价格的认股权证,当对手收购到一定的数量后必然会造成市场价格的攀升,此时大量认股权证的执行将会使对手的收购成本大大提高,使其难以进行而宣告收购失败。因此,认股权证被称为是购并市场上的"定时炸弹"。

(二)认股权证的价格影响因素

从期权的角度看,影响认股权证价格的因素有六个方面:基础资产价格、执行价格、无风险利率、公司权益价值波动率、稀释效应和认股权证有效期。

执行价格和股票价格对认股权证的价格影响是显而易见的,它们对认股权证的价格影响正好相反。当其他条件不变时,执行价格越低,认股权证的价格越高,而基础资产股票的价格越低,认股权证的价格也越低,反之亦然。

无风险利率对认股权证价格的影响是通过对认股权证的时间价值的影响而实现的,所谓认股权证的时间价值是指在有效期内股票价格波动给投资者带来的收益可能性所隐含的价值。认股权证在获取这一好处的时候具有很强的杠杆效应,即用很少的认股权证资金占用就可以获得较大资金量才能实现的直接持股效果。因而无风险利率越高,认股权证的价格也越高。

公司权益价值的波动实际上就是认股权证的风险。经典的金融理论告诉我们,风险与期望收益有对称性,即高风险高收益。因此,如果一个公司的价值变动比较大,投资者可能获得的收益也会很大,其认股权证的价格就高。在此需要注意到一个事实,通常的Black-Scholes期权定价公式中所使用的波动率是基础资产价格波动率。而在对认股权证进行定价时所使用的是公司价值波动率。

距离到期日的时间长度决定了认股权证的时间价值。认股权证的有效期通常都比较长,大多数为5~10年之间。所以认股权证中所包含的时间价值比较大。一个有趣的现象是，在实际中员工的认股权证通常会提前执行，有的甚至提前数年。由于提前执行而造成的收益损失与用布莱克斯科尔斯模型给出的预期相差最多的可以达到将近一半。提前执行主要与下面几个方面的因素有关：近期的价格变化、市场价格与执行价格的比率、市场的波动率、员工在公司中所处的职位、发放计划、到期时间等。

当公司股票的价格高于认股权证的执行价格时，投资者就会执行期权，用较低的执行价格去向公司买入股票。但是认股权证的执行带来一个问题，就是增加流通中的股票数额，对公司的价值产生影响，这就是稀释效应。稀释效应降低了认股权证的价值。在应用布莱克-斯科尔斯模型的时候，需要对稀释效应做出调整。调整包括以下三步：

第一，根据执行认股权证所预期的稀释效应对股票价格进行调整

调整后的 $S = \dfrac{Sn_s + Wn_w}{n_s + n_w}$，其中，$S$ 表示股票现在价格，n_w 为未到期的认股权证数量，W 代表未到期的认股权证市场价值，n_s 为在外流通股票数量。分子表示公司权益的市场价值，分母包括未到期认股权证以及在外流通股票。调整后的股票价格其实可以看作是以公司股票和认股权证在公司总权益中的比重作为权重计算得到的加权平均数。当认股权证被执行时，在外流通股票的数量会增加，从而降低股票价值。

第二，期权定价公式中的方差是公司权益（即股票价值加上认股权证的价值）的方差。

第三，在利用期权定价模型为看涨期权定价之后，再调整其价值以反映稀释效应：

$$\text{调整后的认股权证价值} = \dfrac{\text{根据模型计算得到的看涨期权价值} \times n_s}{n_w + n_s}$$

案例

某公司发行 100 万份认股权证，5 年后到期，执行价格为 50 美元，该公司在外流通股票 1 000 万股，股票现在的交易价格为 45 美元，股利收益率为 2%，5 年期债券利率为 8%，该公司权益价值的年方差为 0.1。下面计算该公司认股权证价值。

相关参数如下：

调整后的基础资产价格 $S = \dfrac{45 \times 1\,000 + 50 \times 100}{1\,000 + 100} = 45.45$ 美元

执行价格 $X = 50$ 美元

有效期 $= 5$ 年

期权有效期内的无风险利率 $= 8\%$

股票价值方差 $(\sigma^2) = 0.1$

股利收益率 $= 2\%$

根据参数值，利用期权定价公式计算认股权证价值：

$$d_1 = \frac{\ln(45.45/50) + (0.08 - 0.02 + 0.1/2) \times 5}{\sqrt{0.1 \times 5}} = 0.6430; \quad N(d_1) = 0.7389$$

$$d_2 = -0.06419; \quad N(d_2) = 0.4761$$

调整后认股权证价值：

$$W = 45.45 \times e^{-0.02 \times 5} \times 0.7389 - 50 \times e^{-0.08 \times 5} \times 0.4761 \times \frac{1\,000}{1\,000 + 100} = 13.11 \text{元}$$

所以，认股权证的交易价格等于13.11元。

二、可转换债券的价值评估

（一）可转换债券的价值分析

可转换债券赋予其持有者按照约定的条件将公司债券转换成一定数量普通股股票的权利。在理论上，可转换债券可以看作是一个债权与一份认股权证，以及其他期权的复合证券。影响可转换债券的价值的要素有：纯债券（straight bond）价值，认股权证，赎回条款，回售条款（putt ability）等等。

1. 纯债券价值取决于利率的一般水平、期限和违约风险程度。根据贴现现金流方法的原理，我们知道：其他条件不变时票面利率越高，可转债的价值越高。债券价值被投资者视为保底价值。

假设某公司发行的债券的信用等级为A，并且A级债券可4%的收益率进行定价。该公司可转换债券的纯债券票面利率为6.75%，面额1000美元，半年付息一次，共10个付息期，按照4%的折现率计算债券价值为：

纯债券价值$= 33.75(P/A, 4\%, 10) + 1\,000(P/F, 4\%, 10) = 949.31$ 美元

2. 期限不仅影响可转换债券的纯债券价值，而且影响可转换债券的期权价值。从后者的角度来看，可转换公司债券的期限与期权价值成正相关关系，期限越长，股票变动和升值的可能性越大，可转换公司债券的投资价值就越大，因而对投资人来说，可转换公司债券的期限越长越好。

3. 转换价格确定

可转换公司债券的价值也取决于转换价值。转换价值是指可转换公司债券转换为公司普通股票时所支付的价格，它等于每份债券所能转换的普通股票的份数乘以股票当前市场价格。一份可转换债券不能以低于转换价值的价格卖出，否则就会出现无风险套利。套利者首先卖空股票，然后买进拥有同等数量股票期权的债券，并立即向公司兑换成股票交割，获取无风险利润，无风险利润等于股票出售价格与可转换债券转换价值的差额。无风险套利的结果是使可转换债券的价格恢复到转换价值以上。转换价值随着公司普通股价格的变动而变化。转换价格（或溢价幅度）越高，期权价值越低。因此，可转换债券的价值拥有两个价值底限：纯债券价值和转换价值。

图 10-1 描述了可转换债券价值与股票价格以及转换价值的关系。假定可转换债券没有违约风险,这意味着纯债券价值不依赖于股价,因而在图中表示为一条直线。

从图中可以看到,可转换债券最小价值取决于纯债券价值和转换价值二者之中大者。价值运动轨迹如图中加粗线条表示。

4. 期权价值

可转换债券价值一般都会超过纯债券价值或者转换价值。之所以出现这种情况主要是因为投资者可以不必立即转换,而是观察纯债券价值和转换价值的差距,选择最有利的策略,即是转换普通股还是继续持有债券。这种通过等待而得到的选择权(期权)类似于前面提到的延迟期权,可转换债券正是由于隐含着的延迟期权,才使它的价值超过纯债券价值或转换价值。

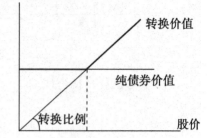

图 10-1 可转换债券价值与股票价格以及转换价值的关系

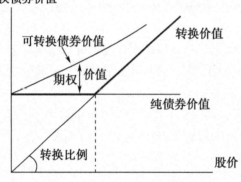

图 10-2 可转换债券价值与期权价值

当公司普通股的价值比较低的时候,可转换债券的价值主要受到纯债券价值的影响。然而,当公司普通股价值比较高的时候,可转换债券的价值主要由转换价值决定。这可在图 10-2 中得到说明。

我们从图 10-2 中得到的结论是,可转换债券价值等于其纯债券价值和转换价值二者之间的最大值与转换期权价值之和:

可转换债券价值 = max(纯债券价值, 转换价值) + 转换期权价值

【例 10-7】 假设某公司有 1 000 股普通股和 100 份债券。每份债券在到期日的价值为 1 000 美元。这些债券为贴现债券。在到期时每份债券能够转换为 10 股新发行的普通股。对于公司可转换债券的持有者来说,在什么情况下将这些可转换债券换成该公司的普通股才是有利的呢?

如果这些可转换债券的持有者将其换成普通股,他们将会收到 1 000 份普通股股票,加上公司原来就有 1 000 份普通股股票,故公司在外发行的普通股股份数就达到 2 000 份。因此,债券的持有者现在成了公司的股东,并拥有公司 50% 的普通股股份。而如果转换债券的持有者选择继续当债权人,他们将会收到 1 000 美元的现金。对于公司债券的持有者来说,该如何决策是显而易见的。只要转换后的这部分普通股价值高于 1 000 美元,他们就选择将债券换成普通股。

【例 10-8】 假设某公司现有 4 735 万股股票,发行了 100 000 份可转换公司债券,90 个月(7.5 年)之后到期。面值 1 000 美元,在债券到期之前,每份债券可以转换

25.32 股股票,债券利率是 5.75%,半年付息一次。公司信用等级为 A,市场预期此等级的债券收益率为 9%。假定 90 个月到期的国库券收益率为 7.75%,股利收益率为 3%。债券发行时,公司股票价格为 32.5 美元,预计该公司股价变化率概率为 0.5。如果可转换债券全部被执行,公司将增加 253.2 万普通股股票。投资者愿意为这种债券支付多少呢?

首先计算纯债券价值。

$$债券现值 = \sum_{i=1}^{15} \frac{28.75}{(1+4.5\%)^i} + \frac{1\,000}{(1+9\%)^{7.5}} = 832.73 \text{ 美元}$$

其次计算转换期权的价值。一份可转换债券内含的转换期权由若干份股票买入期权(看涨期权)构成,其价值等于买入期权数量乘以每份买入期权价值。根据期权定价公式,买入期权相关参数如下:

股票价格 $S=32.5$ 美元

执行价格 $X=1\,000/25.32=39.49$ 美元

有效期 $=7.5$ 年(90 个月)

股票价格(对数)变动标准差 $=0.5$

无风险利率 $=7.75\%$

股利收益率 $=3\%$。

考虑到转换期权执行会带来股权稀释效应,利用前面计算认股权证的方法,得到:

$$调整之后的股票价格 = \frac{32.5 \times 4\,735 + 39.49 \times 253.2}{4\,735 + 253.2} = 32.85 \text{ 美元}$$

$$d_1 = 0.796\,6, \quad N(d_1) = 0.785\,2$$

$$d_2 = -0.572\,6, \quad N(d_2) = 0.284\,3$$

买入期权价值 $= 32.85 \times e^{-0.03 \times 7.5} \times 0.785\,2 - 39.49 \times e^{-0.077\,5 \times 7.5} \times 0.284\,3$

$$\times \frac{4\,735}{4\,735 + 253.2} = 13.59 \text{ 美元}$$

$$转换期权价值 = 13.59 \times 25.32 = 344.14 \text{ 美元}$$

最后计算可转换债券的价值:

可转换债券价值=纯债券价值+转换期权价值=832.73+344.14=1 176.87 美元

(二)回售与赎回对可转换债券价值的影响

回售指公司股票价格在一段时期内连续低于转换价格并达到某一幅度时,可转换公司债券持有人按事先约定的价格将所持债券卖给发行人。回售条款是为了保证当公司股票价格低于某一水平时,投资者的利益尽可能的不受损失,是对可转债投资者的最终保障,它提升了债券价值。

赎回是指公司股票价格在一段时期内连续高于转股价格达到某一幅度时,公司按

事先约定的价格买回未转股的可转换公司债券。赎回条款有利于发行人，它限制了可转换公司债券持有人的潜在收益，即可转债的期权价值。因此，附有可赎回条款的债权价值比较低。

发行人设计赎回条款的主要目的，一个是加速转股过程，以减轻到期可转债还本付息的压力；另一个是避免市场利率下降给债权发行人带来利率损失。因为当市场利率下降到一定程度时，对发行人来说，如果赎回已有的可转换公司债券，再组织新的融资活动将更为合算。

（三）发行可转换债券的原因

可转换债券对公司而言是一把双刃剑，它对公司既有积极意义，也有负面影响。有的时候可转换公司债券只会把公司弄得更糟。为了分析公司在何种情况下发行可转换公司债券是有意义的，我们比较可转换债券和纯粹债券的异同点，通过比较，我们来发现在何种情形下发行可转换债券对公司有利，而在何种情形下发行可转换债券不利。

在其他条件相同的情况下，可转换债券的票面利率会比纯债券低。投资者之所以会接受可转换债券较低的利率，原因在于他们可能会从债券转成股票的过程中获取潜在收益。

设想一家公司在认真考虑是发行可转换债券还是纯债券后，决定还是发行可转换债券，这项决策在什么时候能使公司受益，何时又会损害公司的利益呢？我们考虑以下两种情形：

情形(1) 股价在可转换债券发行后上涨。公司一般都喜欢看到本公司的股票市价往上涨，然而，在股价上涨的情形下，公司若在以前发行的是纯债券而非可转换债券的话，那么公司受益会更多，虽然公司对发行可转换债券所支付的利息要少于纯债券的利息。但是公司必须以低于市场的价格向可转换债券的持有者支付所转换的股票。

情形(2) 股价在转券发行后下跌或者上涨得不够多。公司一般不愿意看到本公司股票下跌，然而，在股价下跌的情形下，由于可转换债券持有者不会去换成普通股而是继续当作债券持有，并且转换债券的利率又处于较低水平，故公司的利息成本较低。这里，比较可转换债券和纯债券的利率是必要的。

所以，与纯债券相比较而言，若公司决定发行可转换债券，在其发行后的时期里该公司股价表现出色，这反而对公司是不利的。但若公司股票的表现差劲，则发行可转换债券是有助于公司的。在一个有效的证券市场中，股价是随机游走的，谁也不能预测股价。因此，我们无法推论可转换债券是优于还是劣于纯债券。

这个结论印证了MM定理（莫迪利安尼和米勒），即如果不考虑税收和破产成本，公司价值与其融资方式（即是发行股票还是发行债券）无关。MM理论在这里可调整为：无论是发行可转换债券还是其他融资工具，对公司价值来说均无影响。

阅读材料：

认股期权制度的历史演变及其影响

认股权证最早是在1911年由美国电力公司发行，在1929年代，认股权证成为许多美国发行公司购并其他公司时筹措资金的金融工具。1970年代，由于石油危机各国多笼罩于通货膨胀的阴影下，利率大幅走高，债券不受投资人欢迎，上市公司为了刺激投资人购买债券的意愿，乃将认股权证附在债券上发行。认股权证自1970年4月13日开始在纽约证交所交易。到2000年末，纽约证交所共有4 700万单位的认股权证，市值11.8亿美元。但是，纽约证交所认股权证交易在整个市场交易中所占的比例呈逐年下降趋势，到2000年只占0.01%的市场份额(见表10-4)。

表10-4 纽约证交所权证交易情况

年 份	权证成交数量 （百万美元）	总成交量 （百万美元）	占市场成交比例 （%）
1990	260.06	39 946.3	0.65
1991	158.46	45 598.8	0.35
1992	96.58	51 825.7	0.19
1993	87.62	67 461.0	0.13
1994	100.94	74 003.2	0.14
1995	114.27	87 873.4	0.13
1996	75.42	105 477.0	0.07
1997	57.75	133 368.0	0.04
1998	66.44	171 188.0	0.04
1999	52.45	206 299.0	0.03
2000	31.33	265 499.0	0.01

1980年代，日本公司为了筹措成本较为低廉的资金，遂在欧洲大量发行附认股权证的债券。当时日本政府为鼓励企业到国际市场筹措资金，给予此类企业税法上的优惠，于是日本企业纷纷于欧洲美元市场发行认股权证。1990年代以后，日本笼罩在泡沫经济的阴影下，于是取消该项税法上的优惠，认股权证市场于是日益萎缩。目前，日本东京证交所1986家上市公司中已有179家公司有认股期权计划（比例占9%）。近来随着东南亚新兴国家股市逐渐跃上国际舞台，居地利之便的中国香港认股权证市场亦逐渐后来居上。2000年末香港共有291只权证，市值167亿港元(见表10-5)。到2002年2月，香港共有认股权证315只，占1 302只上市证券数量的24.2%。权证交易占市场交易金额的比例较之纽约证交所和中国台湾证交所为大。

表 10-5　港、台交易所的权证交易情况

年份	香港		台湾	
	权证成交金额（百万港元）	占市场成交总额比例（%）	权证成交金额（百万新台币）	占市场成交总额比例（%）
1997	275 908.19	7.28	1 960	0.01
1998	104 083.99	6.12	13 069	0.04
1999	130 172.76	6.79	64 782	0.22
2000	167 407.50	5.49	162 262	0.53
2001	108 221.89	5.55	28 440	0.15

从香港认股权证的发展来看，最初是在公司发行债券时附上认股权证，买入债券者不必为认股权证付出代价，债券票面利息利率由于附认股权而得以降低。20世纪80年代后，认股权证开始在香港股市流行，认股权发行人均为发行公司本身。后来因为有投资者批评，公司本身发行认股权证，由于有较多的内幕消息，发行公司经营阶层常处于利害冲突之地位，所以公司自行发行认股权证情况逐渐减少。取而代之的是备兑权证，权证由银行或证券商等投资机构发行。一些利用备兑认股权证作为对冲风险与投机的买卖策略逐渐流行，再加上备兑权证并不涉及公司股份数量的增减，投资者行使备兑权证手续简易便利。20世纪90年代后，香港备兑认股权证市场日益壮大。

最初香港联交所的权证市场只有单一股份权证。现在除单一股份权证外，还有一揽子权证（相当于台湾的组合权证）、指数权证等等。指数权证的标的为股价指数，通常指数权证也分为指数认购(CALL)权证及指数认沽(PUT)权证。指数认购权证给予权证持有人一个看涨后市的期权，如指数高于其行使价格，权证持有人要求行使权证，可以赚取当时指数与执行价格的差价。与指数认购权证相反，指数认沽权证则给予权证持有人一个看淡后市的期权。

认股权证与期权在很多方面是一致的，两个市场内的投资者均希望在有限的风险下进行杠杆式投资，反映出买入认股权证者在心态上与期权长期持有者相同。认股权证和股票期权一样，看涨时可买认购证，看跌时可买认售证，是方便投资者运用不同投资策略的工具。认股证与期权的区别在于：认股权证由上市公司决定发行，可供交易的认股权证数目视发行量而定；而期权可供交易的合约数目则由市场的供求量决定。认股权证的有效期可能是5年、10年、20年，甚至没有失效期，而期权的有效期一般为9个月左右。但这只是量的不同，并不影响模型的选取。认股权证的价值可根据期权定价公式来计算。除了期权定价模型之外，用于期权的所有分析指标，均适用于认股权证。因此，对认股权证的分析结论可借鉴期权的研究结果。

权证对市场的影响主要表现在：

1. 认股权证可降低股票市场波动

对于认股权证（或期权）上市后是否会对标的股票的波动性产生影响，一种担心是

期权市场的投机性交易将会增加现货市场的波动。大量的学者对此进行了实证研究，几乎一致地认为期权的引入不会使现货市场变得不稳定。虽然没有对我国认股权证上市前后的标的股票波动性作实证分析，但是，从国外的文献来看，大部分的研究显示期权市场可降低股票市场的波动性。期权交易揭示了投资者未来交易意图的信息，得益于获取新信息的激励的增加，标的股票波动将会收窄。

2. 认股权证具有价格发现功能

由于认股权证或期权市场等衍生性金融商品有较低的交易成本以及高度财务杠杆的特性，使得拥有信息优势的投资者有可能会先在认购权证市场进行交易。同时因为认购权证具有价格发现的功能，额外的信息将被释放出来，并且很快被吸收到标的股票中去，使得标的股票的效率性增加，股票市场也更加有效。

3. 认股权证对股票市场交易量的影响并无一致结论

如果存在完美的资本市场，期权可以通过已有股票和无风险借贷结合进行人为的复制，因此，期权的上市将不能对标的股票产生直接影响。但是，现实中的资本市场并不是完美市场。期权作为股票之外的另一种金融工具，使得市场更加完整，这是因为投资者有了更多的可供选择的投资对象。自然的推论似乎就是期权作为具有替代性的投资品种，将会分流股票市场的资金。但是，某些研究发现没有证据显示期权的出现改变了交易量。

我国（大陆）最近两年才开始意识和讨论到认股期权，现在已成为一个热门话题。当然，国内目前尚无实行认股期权的上市公司，有些公司实行的是股票红利（Stock bonus）计划，有些公司是运用强制性购股和虚拟股票计划等形式的股权激励，这些计划是我们现在提到的认股期权这种更高级、更复杂计划的雏形。中国已有很多上市公司要求证监会允许它们实行认股期权，在证监会未能发出认股期权相关指引前，公司只好通过香港或海外上市公司发放期权（如香港上市的联想控股和美国上市的新浪网）。另外，国外跨国公司向国内员工和派出员工提供认股期权计划。中国法律虽然并不禁止认股期权，但认股期权的具体实施却遇到很多问题。

本章小结

1. 期权是指赋予持有者在期权到期日或者到期日之前按照双方事前约定的价格（即协议价格）或者执行价格买或卖一定数量标的资产的权利合约。期权合约交易的是一种权利。期权包括欧式期权和美式期权两种基本形式。

2. 实物期权（Real Options）的基础资产是非交易资产如实物资产或投资计划。实物期权是将现代金融领域中的金融期权定价理论应用于实物投资决策的分析方法和技术。本章介绍了延迟期权（Option to Defer）、放弃期权以及增长期权（Growth Option）。这些期权增加了项目的投资价值。

3. 在公司财务管理中有很多具有期权特征的权利或者资产。本章探讨了如何利用期权原理为认股权证可转换债券进行定价。

思考与应用

1. 已知股票现价为10元,3个月末股票价格可能上涨到11元或者下降到9元。利用风险中性定价二叉树模型计算执行价格为10.5元,有效期为3个月的欧式看涨期权的价值。假设无风险利率为6%。

2. 已知股票初始价格 $S=21$,执行价格 $X=23$,有效期 $T=0.25$ 年,无风险利率 $r=12\%$,年标准差 $\sigma=0.50$,用布莱克斯科尔斯定价公式计算期权价格。

3. 请解释为什么相同基础资产、相同期限以及相同协议价格的美式期权价值总是大于等于欧式期权?

4. 设一股票无红利付,现价为30元,无风险利率为6%,求协议价格为27元、有效期为3个月的看涨期权价格下限。

5. 当其他条件不变时,越接近到期日期权的价值就越低,为什么?

6. 利用布莱克-斯科尔斯定价公式为期权定价,那么当方差增大的时候期权价值将增加还是减少?为什么?

7. 与传统评估方法比较起来,实物期权方法有什么特点?

8. 某公司正在考虑推迟项目,该项目每年税后现金流量为2 500万美元,而执行成本为30 000万美元。项目期限20年,资本成本16%。你通过现金流量模拟得知净现金流入现值的标准差为20%,如果你可以获得该项目未来10年的权利,并且10年期国库券利率为12%。请问根据传统评估方法这个项目可行吗?如果考虑到延迟期权的价值,该项目是否可行(忽略延迟成本)?

9. 假设你在考虑与一家房地产开发公司做一笔交易。你可以每平方米50美元的价格在一家商场购买100 000平方米的面积。在未来10年里,你预计每年的税后现金流入为500 000美元,并且在第十年末可以500万美元的价格将物业出售给其他投资者。

a. 根据传统分析方法,如果贴现率为15%,你会接受这个项目吗?

b. 如果作为一个吸引条件,房地产开发商允许你可以在未来5年里任何时间以今天的价格再购买100 000平方米的面积。5年期债券利率为6%,过去6年里每平方米售价如下:

年	价格每平方米
1	50
2	55
3	70
4	55
5	30
6	20

这一期权的价值是多少？

10. 某公司发行的可转债有如下特征：(1) 债券期限 15 年，未到期的债券 100 000 份。(2) 在到期前的任何时间，每份债券可以转换为 50 股股票。(3) 债券的利率为 5%，该公司发行的普通债券的收益率为 10%。(4) 目前股价为每股 15 元，股价的对数标准差为 40%。(5) 流通中的股票为 2 000 万股。问题：a. 计算转换期权的价值；b. 计算普通债券部分的价值；c. 如果债券平价发行，谁会获利？谁会受损？d. 强制转换对该可转换债券的价值会产生何种影响？

11. AB 公司有 500 万认股权证在外流通，3 年后到期。股票现在的价格为 45 元，认股权证的执行价格为 57 元。公司现有 9 500 万股股票流通，股票的股利收益率为 3.25%，3 年期国库券的收益率 7.23%。AB 公司收益的年方差为 12%。那么，每张认股权证的价值是多少呢？

第十一章 风险管理

【本章提要】 经济全球化趋势促进了金融全球化的发展，金融市场呈现出前所未有的波动性，金融运行环境的变化使得企业的财务活动充满种种风险。因此，加强对风险的认识与管理，探索风险的管理方法是十分必要的。本章从风险管理的角度出发阐述了公司风险管理的一系列问题，包括风险的涵义与特征、风险的管理方法等。通过本章学习，应理解公司风险的内涵及特征；了解风险的计量方法；掌握并熟练应用衍生金融工具来管理风险。

【引　例】 2008年1月8日，法国兴业银行收到了一份来自另一家大银行的电子邮件，要求确认此前约定的一笔交易，但是法国兴业银行和这家银行根本没有业务往来。所以兴业银行进行了一次内部清查，结果发现，这是一笔虚假交易。伪造邮件的是兴业银行交易员凯·威埃尔。更深入调查发现，兴业银行因为凯·威埃尔的行为损失了49亿欧元，约合71亿美元。原来，凯·威埃尔早在2005年6月，利用熟练的电脑技术，绕过兴业银行的五道安全屏障，开始欧洲股指期货违规交易。从2005年到2007年，凯·威埃尔先后多次卖空股指期货，账面盈余14亿欧元，而当年兴业银行盈利不过55亿欧元。2008年，凯·威埃尔认为欧洲股指要上涨，于是大量买进股指期货，然而，欧洲以及全球股市受次贷危机影响全面下跌，凯·威埃尔的巨额盈利转眼便为巨大损失。这个例子说明，企业不仅面临外部环境变化的风险，还面临来自内部的风险，所以加强风险监管对企业发展是非常重要的。

第一节　风险的涵义与类型

一、风险的内涵

风险是实际结果与预计结果之间的差异或风险是实际结果之间的差异。或者说，风险是结果差异引起的结果偏离，即期望结果的可能偏离。这个定义比较科学地揭示了风险的内涵。

（1）它强调了不确定性是风险的条件因素，并认为不确定性具有二重性态——客观不确定性和主观不确定性。前者是指事件未来结果的不确定性，它是不依赖人们主观意识而存在的客观环境或客观条件变化的产物。主观不确定性，是人们对客观事件未来结果的主观预计，是凭人类有限智慧所推断的客观事物外表形式。

（2）对未来结果的期望，是风险产生的根源。事件结果本身并无有利与不利的性质差别之分,有利与不利取决于人们的意愿和接受能力。

(3) 揭示了风险的实质是结果偏离而不是结果差异。

二、风险的类型

(一) 从风险发生的原因来看,有经济风险、法律风险、政治风险

1. 经济风险

经济风险是指由经济因素波动引起的投资收益的波动。包括市场风险、信用风险、流动性风险、利率风险、汇率风险等。

(1) 市场风险,又称价格风险,是指市场价格水平波动而对利润产生的不利影响。

(2) 信用风险,又称违约风险,是指因交易的一方不履行合约而使另一方蒙受损失的风险。

(3) 流动性风险,是资产不能按照其市场价值被迅速出售而遭受损失的可能性。

(4) 汇率风险,是指一个企业在国际经济、贸易、金融等活动中,以外币计价的资产或权益由于外汇汇率的变动,导致其以本币衡量的外汇资产价值上升或下跌的可能性。

(5) 利率风险,是指由于利率波动致使资产收益与价值发生波动的可能性。

2. 法律风险

即企业经营活动未得到政府的许可,或者与当地政府的有关法律、法规相抵触而带来的风险。

3. 政治风险

经济因素引发的风险有可能是局部的,或者是单独某一笔业务带来的风险,对企业的整体经营影响不一定很大。但政治和社会因素等非经济因素造成的影响则是全方位的,对企业的打击也是极大的,有时甚至是致命的。因此企业在投资前应该考虑社会和政局以及国家政策是否稳定,尤其是在对外投资时更要对投资国的政治风险有全面的评估和了解,表 11-1 是 2005 年 3 月由 PRS 集团提供的部分国家政治风险评级摘录。每个国家在 12 个不同方面的打分,芬兰是总分最高,政治风险最低;海地总分最低,政治风险最高。

表 11-1 部分国家政治风险评分

项目 最大值 国家	A	B	C	D	E	F	G	H	I	J	K	L	总计
	12	12	12	12	12	6	6	6	6	6	6	4	100
芬 兰	9.5	9.5	12.0	11.0	11.5	6.0	6.0	6.0	6.0	6.0	6.0	4.0	93.5
卢森堡	10.0	9.5	12.0	12.0	11.5	6.0	6.0	6.0	5.0	6.0	6.0	4.0	93.0
瑞 典	8.5	10.0	12.0	11.0	11.5	5.0	5.5	6.0	6.0	5.0	6.0	4.0	90.5
加拿大	10.0	8.5	12.0	12.0	11.0	4.0	6.0	6.0	6.0	3.5	6.0	4.0	89.0
瑞 士	9.0	10.5	11.5	12.0	11.5	4.5	6.0	5.0	4.0	6.0	4.0	4.0	89.0
英 国	8.5	10.5	12.0	10.0	8.5	4.5	6.0	6.0	4.0	6.0	4.0	6.0	86.0

续表

项目 国家	A	B	C	D	E	F	G	H	I	J	K	L	总计
最大值	12	12	12	12	12	6	6	6	6	6	6	4	100
日　本	10.0	8.0	11.5	11.5	9.5	3.5	5.0	5.5	5.0	5.5	5.0	4.0	84.0
新加坡	11.0	9.0	12.0	10.5	10.0	4.5	5.0	4.5	5.0	6.0	2.0	4.0	83.5
美　国	10.0	8.5	11.5	10.5	8.0	5.0	4.0	5.5	5.0	5.0	5.5	4.0	82.5
德　国	7.5	7.0	12.0	11.0	10.0	4.5	6.0	6.0	5.0	4.0	5.0	4.0	82.0
法　国	9.5	7.0	12.0	9.5	8.0	5.0	5.0	4.0	4.0	5.0	5.0	3.0	76.5
中　国	11.0	7.0	7.5	8.0	11.0	3.0	5.0	5.0	4.5	5.0	1.0	2.0	70.5
俄罗斯	11.5	6.5	9.0	9.0	9.5	2.0	4.5	5.5	4.0	3.0	3.0	1.0	68.5
印　度	9.0	3.5	9.5	8.5	9.5	2.0	4.0	2.5	4.0	2.5	6.0	2.0	64.0
印　尼	8.5	3.5	6.0	7.5	11.0	1.0	2.5	1.0	2.0	2.0	4.5	2.0	51.5
缅　甸	9.0	4.0	3.5	8.0	8.5	1.0	0.0	6.0	3.0	3.0	0.0	1.0	47.0
索马里	5.0	1.0	2.5	5.5	4.0	1.0	1.0	3.0	2.0	2.0	1.0	0.0	28.0
海　地	2.5	1.0	0.0	5.0	5.0	1.0	1.0	3.0	2.0	2.0	0.0	0.0	22.5

注：A—政府稳定性　B—社会经济条件　C—投资收益　D—内部斗争　E—外部斗争　F—腐败　G—政治军事　H—宗教紧张性　I—法律和制度　J—道德紧张性　K—民主责任　L—官僚作风
资料来源：《公司理财》第5版 理查德·A·布雷利等著 中国人民大学出版社 2008年6月 P637

（二）从风险能否被分散的角度划分，有系统性风险与非系统性风险

1. 系统性风险（Systematic Risk）

系统性风险是指由于某种因素使证券市场上所有的证券发生价格变动，所有的证券投资者都会遭受损失的可能性。经济的、政治的和社会的变动是系统性风险的根源。系统性风险可以包括利率风险、市场风险、购买力风险、国际政治风险和外汇风险。

系统性风险的主要特点是：一是由共同的因素所引起；二是影响所有证券的收益；三是不可能通过证券多样化来回避或消除，因此它又称为不可分散风险。系统性风险对不同证券的影响程度是不一样的。例如，有的股票价格易为整个经济环境所扰，而另一些则抗干扰能力强一些。

2. 非系统性风险

非系统性风险是指由于某种因素仅使证券市场上的某一证券发生价格变动，给这一股票的投资者造成损失的可能性。它与系统性风险不同，专指个别证券所独有并随时变动的风险，主要包括经营风险和财务风险等。这种类型风险的主要特点是：一是由于特殊因素所引起；二是只影响某种证券的收益；三是可以通过持有证券多样化来消除或回避，因此它又称为可分散风险。

第二节　风险的测量方法

风险成为全球经济主体进行金融活动所关注的焦点，对风险进行适当而又准确的计

量是进行风险管理与控制的前提条件,利用先进的风险计量技术对收益进行调整是绩效评估得以管理与控制的前提。

一、VaR 理论

目前,对风险的度量主要采用 VaR 理论。所谓 VaR(Value at Risk),又称风险价值或在险价值,指在正常市场条件下和一定置信水平下,持有一定头寸的证券在未来一定时期内可能发生的最大损失值。或者说,在正常市场条件下和给定的时间段内,一定头寸的证券发生 VaR 值损失的概率仅为给定的近似发生概率水平(置信水平)。例如,如果价值 100 万元的证券在 95% 置信水平下的未来一天的 VaR 值是 5 万元,表明在正常的市场条件下,未来一天进行 100 次交易只存在 5 次其损失达到或超过 5 万元的可能性。

风险的度量可分为绝对值和相对值,对称和不对称及其相关的各种不同比较的数据,依据 VaR 理论,结合本企业的实际情况,可得到各种风险值。如果认为风险潜在损失值超过了自身风险承担的上限,可以相应调整并采取一定的控制措施;反之,如果认为风险正在释放,可以继续关注。

VaR 方法的基本原理是:利用各种不同分布的随机变量的抽样序列模拟实际系统的概率统计模型,给出问题数值解的渐进统计估计值。

其要点是:

1. 对问题建立简单而又便于实现的概率统计模型,使要求的解恰好是所建模型的概率分布或其数学期望;

2. 根据统计概率模型的特点和实际计算的需要,改进模型。

由 VaR 定义出发,我们可以下式来计算风险价值:

$$\text{VaR} = E(W) - W^* = W_0[1+E(R)] - W_0(1+R^*)$$
$$= W_0[E(R) - R^*] \tag{11.1}$$

令 $E(R)=0$,则:

$$\text{VaR} = -W_0 R^*$$

式中,$E(W)$——投资工具或组合在持有期末的期望价值;

W_0——持有期初资产组合的价值;

W^*——一定置信度 C 下的最低资产组合价值;

$E(R)$——在整个持有期间的期望收益率;

R^*——一定置信度 C 下的最低资产收益率。

由此可知,VaR 计算的三个重要影响因素:置信度 C;持有期 Δt;资产组合价值变化的概率分布特征(用以确定 W^* 或 R^*)。其中确定资产组合价值变化的概率分布特征是计算 VaR 的核心问题,围绕这一问题产生了许多不同的算法,主要有:历史模拟法、蒙特·卡罗模拟法和分析测量法。

二、VaR 计算方法简介

(一) 历史模拟法 (Historical Simulation)

历史模拟法也称历史数据回归,是借助于计算过去一段时间内的资产组合风险收益的频率分布,通过找到历史上一段时间内的平均收益,以及既定置信水平下的最低收益水平,推算 VaR 的值,其隐含的假定是历史变化在未来可以重现。

J. P. Morgan 银行的例子可以说明这一方法的基本思路见图 11-1。该图取自该银行 1994 年年度报告,横轴衡量该银行每日收入的大小,纵轴衡量一年之内出现相应收入组的天数,此即反映该银行过去一年内资产组合收益的频度分布。

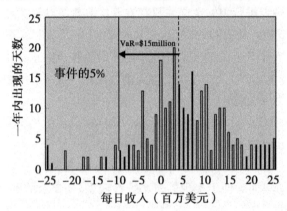

图 11-1　J. P. Morgan 银行 1994 年资产组合收益的频度分布图

据图,可以推算 $E(W)$ 和 W^* 如下:

一是计算平均的每日收入值,约为 500 万美元,此即相当于 $E(W)$;

二是确定 W^* 的大小,这相当于是要在图中左端每日收入为负值的区间内,依给定的置信区间,寻找和确定相应最低的每日收入值 W^*。设置信区间 C 为 95%,则 $(1-C)$ 为 5%,由于总共有 254 个观测日,这意味着在图之左端让出 13 天 $(254×5\%=13)$,即可得到在 5% 概率下的 W^*,此例中等于 $(-1\,000)$ 万美元;

三是将这两项结果带入式(11.1)可得 $VaR=500-(-1\,000)=1\,500$(万美元)。

即该年度该银行的每日的 VaR 值为 1 500 万美元。这当然只是过去一段时间里的数值,依据过去推测未来的准确性取决于决定历史结果的各种因素、条件、形势等仍然在发挥主要的作用,否则就需要作出相应的调整,或者寻找和参照另一段历史;或者对有关历史数据加以适当修正。

从以上可知,历史模拟法(HS)使用基于历史数据的经验分布,它不需对资产组合价值变化的分布作特定假设,简洁、直观、易于操作。

但同时 HS 方法也有很多缺陷,具体表现在:第一,收益分布在整个样本时限内是固定不变的,如果历史趋势逆转时,基于原有数据的 VaR 值会和预期最大损失发生较大偏离。第二,HS 不能提供比所观察样本中最小收益还要坏的预期损失。第三,样本的大小会对 VaR 值造成较大的影响,产生一个较大的方差。第四,HS 法不能作极端情景下的敏感性测试。

(二)蒙特·卡罗模拟法(Monte Carlo Simulation)

蒙特·卡罗模拟法又称随机模拟法。其名字来源于摩纳哥的蒙特·卡罗,最早起源于法国科学家普丰在1777年提出的一种计算圆周率的方法——随机投针法,即著名的普丰随机投针问题。该方法的基本思路是从不同变量的分布中随机抽样,由这些随机抽样的值产生一模拟的系统值,重复上述过程(成百上千甚至数万次)就会产生一系统损耗值的分布,可以作为实际系统性能的指示,重复次数越多,模拟结果与实际情况越相近。Monte Carlo模拟法的计算精度与$1/N$(N为抽样点数)成正比,即需要较大的计算量才能达到较高的计算精度,在计算机应用没有普及的过去,难以普遍应用,但是现在在计算机上编程很容易实现。在Monte Carlo模拟中,是在确定的分布里面提取随机变量。变量的随机提取考虑到重复的计算,如我们现在把它应用到现金流量模型的重复计算,每一次产生的随机数输入现金流量模型中都有一个计算结果,然后可以把他们进行平均。这些随机变数的计算结果的平均数不仅考虑到了所用变量的平均值,而且也考虑了这些随机变量的分布和方差。在用传统方法难以解决的问题中,有很大的一部分可以用概率模型进行描述。由于这类模型含有不确定的随机因素,分析起来通常比确定性的模型困难。有的模型难以作定量分析,得不到解析的结果,或者是虽有解析的结果,但计算代价太大以至不能使用。在这种情况下,考虑采用Monte Carlo方法,不失为一个明智之举。

Monte Carlo法是一种应用广泛的系统模拟技术。利用各种不同分布的随机变量的抽样序列模拟实际系统的概率统计模拟模型,给出问题数值解的渐进统计估计值。其要点是:

(1) 对问题建立简单而又便于实现的概率统计模型,使要求的解恰好是所建模型的概率分布或其数学期望;

(2) 根据统计概率模型的特点和实际计算的需要,改进模型,以减少模拟结果的方差,降低费用,提高效率;

(3) 建立随机变量的抽样方法,其中包括产生伪随机数及各种分布随机变量抽样序列的方法;

(4) 给出问题解的统计估计值及其方差或标准差。

Monte Carlo方法与历史模拟方法十分类似,它们的区别在于前者利用统计方法估计历史上市场因子运动的参数(这种方法适用于证券组合的历史数据不易获取的情况下),然后模拟市场因子未来的变化情景,而后者则直接根据历史数据来模拟市场因子的未来变化情景。

由于Monte Carlo方法能较好地处理非线性问题,且估算精度好,特别是随着计算机软硬件技术的飞速发展,该方法越来越成为计算VaR的主流方法。但是Monte Carlo法也存在一定的缺陷,比如该方法所需的计算量常常很大,计算时间长,因而往往需在计算精度上作某种程度的折中。

表 11-2　VaR 计算方法的比较

	历史模拟法	Monte Carlo 模拟法
数据收集的状况	困难	容易
方法实现的难易程度	较容易	困难
计算的速度	快速	除非证券组合包含的工具相当少,否则较慢
向高层管理者解释的难易程度	容易	困难
市场不稳定	结果将产生偏差	除非使用其他的分布参数,否则结果将产生偏差
检验其他假设的能力	无	都可以检验

（三）分析测量法

分析测量是一种利用证券组合的价值函数与市场因子间的近似关系和市场因子的特征分布（方差协方差矩阵）来简化计算的方法。先假定风险因子收益的变化服从特定的分布（通常是正态分布），然后通过历史数据分析和估计该风险因子收益分布的参数值,最后得出整个投资组合收益分布的特征值。

现有的分析测量模型可分为两大类: delta 类和 gamma 类。在 delta 类中,证券组合的价值函数均取一阶近似,但不同模型中市场因子的统计分布假设不同,如 Garbade(1986)的状态模型中市场因子服从多元正态分布;J. P. Morgan(1994)的 delta 加权正态模型中,使用加权正态模型来估计市场因子回报的协方差矩阵。在 gamma 类模型中,证券组合的价值函数均二阶近似,其中 Wilsen (1993)的 gamma 正态模型假定市场因子的变化服从多元正态分布,而 Fallon (1996)的 gamma Garch 模型使用多元 Garch 模型来描述市场因子。

分析测量方法因其方法简单、易于操作等特点,在实际中得到了广泛的应用。但它要求市场因子必须服从正态分布,而实践中这种假设往往很难成立。现实中许多市场因子的回报表现出明显的非正态性,这种情况下的极端变化比正态分布有更大的发生概率,导致该方法不能充分测定非线性工具的风险,从而低估了金融风险 VaR 值。

第三节　风险的管理方法

一、购买保险

一些发达国家的政府为了保护本国投资企业,鼓励对外直接投资,建立了政府机构,以投资保险或担保方式,帮助跨国公司转移政治风险。例如,美国政府于 1969 年成立了海外私人投资公司,向本国私人企业提供对发展中国家的"投资保险与担保",其保险和担保的范围包括四个领域:(1) 不可兑换风险,即投资企业不能将应汇出境外的利润、特许使用费等兑换成美元的可能性;(2) 财产没收风险,即投资公司的财产使用权因东道国政府的某些措施而受到侵害的可能性;(3) 战争、暴动等内乱使投资公司财产受到损失的可能性;(4)因政治事件使投资企业营业收入下降、企业资产遭受损失的可能性。

在财务风险的管理上,保险也是一种重要的风险管理方法。因为财务风险是客观存在的,企业无论采取什么防范措施,也不可能完全消除风险事故所带来的不利后果,特别是经济损失。因此,企业迫切需要在损失发生后及时得到补偿,这是保险生存并发展的最基本要素。与其他风险转移技术一样,保险与被保险双方必须经过协商签订保险合同,规定各自的权利与义务。保险人具有收取保费的权利和承担赔偿被保险人损失的义务。被保险人具有缴付保费的义务和受损后按规定获得补偿的权利。保险是企业处理财务风险的一种方式,但并非所有的财务风险保险人都愿承保。可保风险一般必须具备如下性质和条件:

(1)必须是纯粹风险。一切具有投机性质或由心理、道德因素所引发的风险,都不属于保险理赔的范围。

(2)风险必须是意外的。被保险人故意行为引起的损失不能得到赔偿。

(3)风险发生的频率小。即必须有大量的风险独立单位投保,且仅有少数单位受损。

(4)预期损失是可用货币计量的。

因此,对公司的风险而言,只有少数的风险可以通过保险的方式进行风险转移,大量的风险需要更先进的风险管理工具——金融衍生品来管理。

二、衍生品金融工具

衍生品金融工具(Financial Derivatives,简称FDS)是风险管理的新技术,它是指从原生性金融资产(Underlying Asserts)中衍生出来的新型金融工具。这些工具为投资者提供了保值、投机和套利的机会,可广泛应用于防范利率风险、汇率风险、货币购买力风险、信用风险等。作为风险管理工具,重点应放在套期保值上。

(一)衍生品金融工具的类型

衍生品金融工具的主要类型有远期合约、期货合约、期权、互换等。

1. 远期合约

远期合约是最简单的一种衍生工具。买卖双方分别许诺在将来某一规定时间按约定的价格购买和提供约定数量的某种商品。企业作为保值者购入远期合约,目的在于减少未来的不确定性,而不是增加未来的盈利。所以一般是企业在基础市场上存在准头寸或有需要保值的资产情况下,才会考虑签订远期合约。

2. 期货合约

期货合约是一种标准化的远期交易方式,是把将来交割的债券、货币、存款单等的交易价格在现时点进行预约的交易。与远期合约一样,期货合约也是买卖双方就未来以某种价格交易某种商品或资产而签订的协议。只是期货合约中,交易的品种、规格、数量、期限、交割地点等,都已经标准化而不再像远期合约那样"量体裁衣"。

目前能够进行金融期货交易的种类主要有利率期货、债券期货、货币期货和股价指数期货。

3. 期权

所谓期权是一种能在未来特定时间以特定价格买进或卖出一定数量的某种特定商品的权利。期权的基本特征在于它给予合约持有人的是一种权力而非义务,即合约持有人有执行或放弃合约的权力。这一选择权有别于远期和期货合约。正是期权的这一优越性使期权合约不像远期或期货合约那样是免费的,投资者必须支付一定的保证金,该保证金不退还,被看作期权的价格。期权合约主要有看涨期权和看跌期权两大类。前者给予合约持有者以事先约定的价格购买基础资产的权力;后者给予合约持有者以约定价格出售资产的权力。

在利用期权进行套期保值时,若价格发生不利的变动,则套期保值者可通过执行期权来避免损失;而若价格发生有利的变动,则套期保值者可通过放弃期权来保护利益。因此,期权交易既可避免价格的不利变动所造成的损失,又可在相当程度上保住价格的有利变动而带来的利益。

4. 互换

互换是交换债权债务的一种金融工具,交易的双方通过远期合约的形式约定未来某一段时间内交换一系列的货币流量。其主要目的是为了规避汇率风险和利率风险。按照基础资产的种类,互换交易有以下四种:

(1) 即期同远期的互换又称为掉期交易,主要用于银行之间外汇头寸的期限结构和币种结构的调整;

(2) 利率互换一般是固定利率的债务和浮动利率的债务之间的交换,目的是降低融资成本、规避利率风险;

(3) 货币互换是不同币种的债务和利息的交换,用于规避汇率风险;

(4) 权益互换一般是债权和证券的交换,如将银行贷款换成借款国的国债或股票。

(二) 衍生品金融工具在风险管理中的应用

1. 利率风险的管理

(1) 远期利率协议

远期利率协议是一种场外交易的金融创新工具,主要用于对远期利率头寸套期保值,有时也被投机者利用为投机牟利的一种手段。

其基本做法是买方和卖方在现在时点签订一份利率的远期合同,双方约定一个本金额(名义本金)、协议利率和参考利率及合同的生效和到期时间。在未来的某个时点,由合同一方向另一方根据协议约定的名义本金额和特定期限支付协议利率和参照利率的差额计算的利息差额的贴现值。对买方而言,作为货币资本的借方,当利率上升到协议利率以上时,可以获得卖方支付的增加的利息成本或减少的投资收益,这样就可以将筹资成本固定在协议利率水平上,从而达到规避利率风险的目的;相反,对卖方而言,作为货币资本的贷方,当利率下降到协议利率以下时,由买方向其支付增加的利息成本或减少的投资收益,这样卖方通过预先固定其投资收益,避免利率下降的风险。

例如:A 企业预计 3 个月后将一笔 200 万美元的存款进行 3 个月的短期投资,为防止 3 个月后市场利率下降而导致投资收益减少,A 企业签订了一份名义本金为 200 万美元,期限为"3对6"(即从现在以后的3个月开始,到现在以后6个月结束的3个月期限)的远期利率协议,协议期限为90天。若协议利率为7.5%,3个月后市场利率下降为7%,则该企业获得的利息补偿为:

$$\frac{\text{本金}\times(\text{协议利率}-\text{市场利率})\times\text{协议到期天数}/360}{1+\text{市场利率}\times\text{协议到期天数}/360}$$

$$=\frac{2\,000\,000\times(7.5\%-7\%)\times 90/360}{1+7\%\times 90/360}=2\,457\text{ 美元}$$

从现在起6个月后,协议到期,该企业按现行的市场利率投资所获得的实际利息收入为:

$$(2\,457+2\,000\,000)\times 7\%\times 90/360=35\,043\text{ 美元}$$

企业获得的总收入为:$2\,457+35\,043=37\,500$ 美元。与按协议利率7.5%计算出来的总收益相等。

(2) 利率期货

利率期货是指买卖双方按照事先约定的价格在期货交易所买进或卖出某种有息资产,并在未来的某一时间进行交割的一种金融期货业务。利率期货包括以短期存款为对象的利率期货和包括10年、20年的长期国债为对象的长期债券期货。

由于利率期货将利率事先通过期货协议确定下来,避免了利率异常变动影响金融资产价格或投资收益的可能性,从而成为利率风险的一种管理方式。

例如G公司想以6个月后回收的资金购买国债,而又担心6个月后国债价格上涨,所以在现时点购买6个月后的国债期货,以回避6个月后价格上涨的风险。

(3) 利率期权

利率期权是指买卖未来利率的一种权利。在利率期权交易中,期权合约的买方获得一种权利,可以在未来的某个日期以事先约定的价格买入或卖出某种金融工具,而无需承担必须行使这种权利的义务,买方需为其获得的这种权利向期权合约的卖方支付一定的期权费。

例如M公司向银行借入一笔100万美元的3个月期浮动利率贷款,为了避免利率上涨风险,M公司购入利率上限为年利率12%的期权合约。浮动利率每3个月调整一次,在贷款期间的3个月的时段内,利率调整为15%,那么M公司将得到7 500美元的补偿(100万×3/12×3%)。相反,如果利率下跌,M公司可选择放弃期权。总之,M公司通过利率上涨合约保证执行利率不超过12%。

(4) 利率互换

利率互换是在一定时期内,具有相同身份(同为债权人或债务人)的交易双方按照协议条件,以同一币别、同一数额的本金作为计算利息的基础进行不同利率种类(如固定利率与浮动利率)的互换。通过利率互换,双方都能在金融市场上取得有利条件,获得利益。

当利率水平较低时,考虑到将来利率可能会上升,所以借款者希望得到固定利率贷款,反之若利率水平较高,考虑到将来利率可能会下降,因此借款时最好得到浮动利率贷款。

例如：A、B公司有相同的融资需求，都希望得到一笔5年期的100万美元的贷款，如果他们各自在资金市场上借款的筹资成本如表11-3：

表11-3　A、B公司在资金市场筹资的利率比较优势

	固定利率	浮动利率	比较优势
A公司	9.2%	6个月LIBOR+0.3%	固定利率方式
B公司	10.6%	6个月LIBOR+1.1%	浮动利率方式
利　差	1.4%	0.8%	

注：LIBOR是伦敦同业银行拆借利率的简称，是国际市场上浮动利率的基准。

从表中可看出，无论在固定利率还是浮动利率资金市场，A公司都比B公司有绝对优势，但两家公司在不同资金市场的成本差异也是不同的。在固定利率市场上，B公司要比A公司多付1.4个百分点的利率，但在浮动利率资金市场上，差距只有0.8个百分点。也就是说A公司在固定利率资金市场具有相对优势，B公司在浮动利率资金市场上有相对优势。

如果A公司需要的是浮动利率贷款，而B公司需要的是固定利率贷款。假设双方进行互换，A、B公司分别进行固定利率和浮动利率贷款，然后交换一下利率负担。互换安排如图11-2：

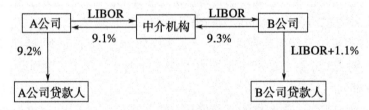

图11-2　浮动利率与固定利率互换

利率互换后，A、B公司融资成本比较如表11-4所示：

表11-4　利率互换前后融资成本比较

单位	互换前成本	互换操作	互换后成本	融资成本降低
A	LIBOR+0.3%	支付贷款人9.2% 从中介机构处收9.1% 支付中介机构LIBOR	LIBOR+0.1%	0.2%
B	10.6%	支付贷款人LIBOR+1.1% 从中介机构处收入LIBOR 支付中介机构9.3%	10.4%	0.2%
中介机构		从A公司收到LIBOR 支付B公司LIBOR 从B公司收到9.3% 支付A公司9.1%		0.2%

通过以上图表分析的利率互换过程,我们可以看出,A、B公司通过利率互换降低了融资风险,同时获取了自身偏好的利率融资方式,有效规避了利率风险。

2. 外汇风险的管理

(1) 远期外汇交易

远期外汇交易是指外汇买卖双方签订合同,约定在将来一定时期内,按照预先约定的汇率、币种、金额、日期、地点进行交割的外汇业务活动,交易双方无须立即收付对应货币。远期外汇交易分为整月期限交割(一般为30天、60天、90天、180天或一年)和特殊期限交易(如零头天数交易、择期交易)两种。

例如:一家企业90天后要支付10万美元给美国供货商。为避免美元汇率上浮的危险,该企业可在远期外汇市场购入90天远期10万美元,这样等于90天后支付美元的实际汇率固定在目前的美元远期汇率上,避免了汇率的不确定性风险。

(2) 外汇期货交易

外汇期货交易是指在固定的交易场所,买卖双方各自交付保证金和佣金,通过经纪人及交易所,买卖外汇期货合约的行为。

利用外汇期货市场管理外汇风险的主要方式有:

买入外汇期货对冲外汇现货空头。适用于企业拥有外汇债务,将来要买入外汇偿还,为了避免承受外汇升值而多付本币的损失,可以采用在外汇期货市场买入外汇期货以锁定将来的债务成本。具体做法是:先在期货市场买入与将来要在现货市场上买入的现货外汇数量相等、到期日相同或接近的外汇期货合约,然后在现货市场上用本币买入外汇满足实际支付的同时,再在期货市场上卖出原外汇期货合约,冲销原期货多头。

卖出外汇期货对冲外汇现货多头。适用于企业拥有外汇债权,将来要将外币兑换为本币,为了避免承受外汇贬值而少收本币的损失,可以采用在外汇期货市场卖出外汇期货以锁定将来的债权收入。具体做法是:先在期货市场卖出与将来要在现货市场上卖出的现货外汇数量相等、到期日相同或接近的外汇期货合约,然后在现货市场上将外币兑换成本币时,再在期货市场上买入原外汇期货合约,冲销原期货空头。

(3) 外汇期权交易

利用外汇期权交易套期保值是企业利用外汇期权市场,灵活地买入外汇期权或卖出外汇期权来对冲现货外汇空头或多头头寸,以避免将来外汇债务造成多付本币或债权造成少收本币的损失。

利用外汇期权管理外汇风险的主要方式有:

购买外汇卖出期权保护外汇现货多头。适用于拥有外汇债权,为避免因外汇贬值而造成少收本币的损失,采用该方法确定折算本币收益的外汇汇率的下限。

购买外汇买入期权保护外汇现货空头。适用于持有外汇债务,想避免因外汇升值而造成多支付本币的损失,采用该方法确定折算本币支出的外汇汇率的上限。

(4) 货币互换

货币互换指互换双方将等值的、期限相同但不同货币的债务进行调换,目的是将一种货币的债务换成另一种货币的债务,以防止远期汇率波动造成的汇率风险。图11-3

是美元与欧元的货币互换示意图。

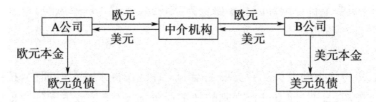

图 11-3　欧元与美元货币互换

由图，A 公司拥有欧元债务，但公司现金流收入大多为美元，为控制欧元汇率上升可能给公司带来的远期汇率风险，A 公司希望将欧元负债转换为美元负债，如果此时 B 公司与 A 公司相反，希望将美元负债转换为欧元负债，两个公司就可进行货币互换，其结果会使双方的汇率风险都得到控制。在实际的金融市场活动中，货币互换通常是通过金融中介机构进行的，因为只有通过中介机构才会及时找到可进行互换的公司。

第四节　风险管理的收益

总的来说，风险管理目标，一是安全性，它是金融风险管理的基本目标，只有在资金安全的条件下，通过经营、运作，才能实现收益，才能实现企业的生存和发展。二是收益性，它是风险管理的最终目标。追求利润是企业的主要目标，安全性服从于并服务于这个目标。安全目标是收益目标的前提，收益目标是安全目标的归宿。

如何以最低成本即最经济合理的方法来实现最大安全保障、获得最大收益是企业进行风险管理的基本动机。远期交易、互换等金融衍生交易工具与信息技术的飞速发展为低成本、高效率、高精确性的风险管理提供了强大的技术支持。企业进行积极主动的风险管理能为企业带来以下几个方面的收益。

一、规避和转移风险

风险是事件的不确定性所引起的，由于对未来结果予以期望所带来的无法实现期望结果的可能性。在经济社会中，风险管理就是经济主体通过对潜在的意外损失进行的识别、预测和衡量，选取有效办法，主动地、有组织、有目的地处理风险，提高效益的科学管理方法。主动的风险管理促进了金融衍生工具的诞生。金融衍生品在规避汇率、股价以及利率等波动所带来的风险方面具有传统金融产品无法比拟的优越性。

首先它满足了人们规避风险的需求，将企业财务活动中市场风险、信用风险等集中在几个期货期权市场或互换、远期等场外交易市场上，通过衍生品市场对风险进行集中、分割和重新分配。这样套期保值者规避掉正常经营中的大部分风险，而不承担或只承担极少一部分风险（如通过期货套期保值要承担基差风险，通过期权保值要付出少量权利金等），从而能专心于生产经营。其次，由于衍生市场中套期保值者的头寸并不恰好是互相匹配对冲的，所以市场中需要一部分投机者来承担保值者转嫁出去的风险，从而博取高额投资利润。第三，由于衍生交易的杠杆比率非常高，可以使套期保值者以极小的代价,占用较少的资金实现有效的风险管理;同时也增强了投机者的功用,因而比证券组合更有效地规避风险。

二、对企业价值的影响

风险管理的基本动机在于规避和转移风险,但这一动机绝对不是企业存在的目的。现代经济学理论指出,企业经营的最终目的是企业价值的最大化。对利率、汇率及证券风险等进行风险管理效果判定的最根本的标准就是它能否增加企业的价值。

企业价值就是企业未来的预期净现金流的现值。

$$企业价值 = \sum_{t=1}^{\infty}(企业现金流量\ T)/(1+现金流贴现率)^T$$

上式表明,增加企业价值的途径有两条:一是降低现金流贴现率;二是增加企业未来的预期现金流。

风险管理主要从以下几方面影响企业的价值:

1. 降低企业现金流贴现率

企业的现金流贴现率就是投资者对企业投资的预期回报率,它等于无风险收益率加上风险回报。

在企业充分利用远期交易、互换等金融衍生品交易进行套期保值时,企业未来现金流量的波动性就会降低,这将降低投资者遭受损失的不确定性,企业投资的风险也就随之减小,根据风险与回报的关系,投资者要求的风险回报就会降低,现金流贴现率也会同时下降。

大量实证研究已经证明采用衍生品交易进行风险管理的企业,其价值的波动性反映在企业股票的 β 值上大都出现了下降,如图 11-4 所示:

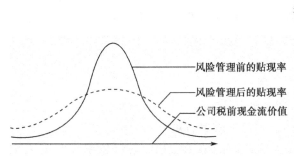

图 11-4 风险管理对税前现金流波动性降低的影响

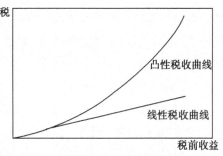

图 11-5 税收曲线的凸性

2. 增加企业的现金流量

(1) 降低税负

由于企业的实际税收曲线是一条凸性曲线,而不是一条直线,如图 11-5 所示。

导致企业税收曲线呈下凸形状的原因在于税收政策,包括累进税制,即随着企业税前收入的增加,企业的应纳税率也会上升;税收优先选择条款,如税收损失结转制度和投资税收信用等,即企业当年的损失可以先抵减未来年份的收入后再进行纳税。税收曲线的这种凸性导致了不同收益状况下企业税后实际收益的不均衡,从而为企业风险管理提供了动力。

假设一个面临利率风险的企业,其未来预期税前收入存在两种情况:50%的概率获得一个较低的收入 A,以 50%的概率获得一个较高的收入 B。

图 11-6 为税收效应对现金流量的影响。假设企业通过互换可以将利率风险完全规避,那么它的预期收益就稳定到一点上,即 A 和 B 的均值 C。如税收曲线呈直线,税前收入为 C 时应纳的税额也会落在 T'_C 点上,那么企业是否进行互换交易与税收收益无关。但由于税收曲线并不是直线,而是 T_A 和 T_B 之间一条下凸的曲线。这时,预期税前收入在 C 点时,应纳的税额则为曲线 $T_A T_B$ 上的一点 T_C。如图 11-6 所示。从而达到在现实的税收政策下,利用互换交易减小税收支出成本,增加未来预期现金流。

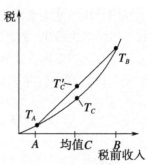

图 11-6 税收效应对现金流量的影响

(2) 降低企业财务危机成本

当企业因不能偿还到期债务而陷入财务困境或财务危机时,会给企业带来高额成本,进而引起股东价值的减少。企业财务危机成本可分为两部分:一为直接成本,即在处理违约、进入破产程序及破产清偿时在法律、会计或其他专业服务方面所需的支出;二是间接成本,表现为当企业出现财务危机时,企业高层人员不专心经营导致管理混乱而使企业的价值下降;企业的客户或原材料供应商对企业未来持续发展前景不确定性的增加,不愿意与企业再进行交易,或改变交易信用条件加剧企业财务状况的恶化;此外,当企业财务状况恶化时,企业只能靠外部融资,导致企业的股东利益向债券持有人转移,影响投资决策,使企业错失许多获利机会。

利用金融衍生交易进行套期保值可以降低企业财务危机和破产的概率,从而减少市场对企业财务危机的预期成本,提高了股东未来的预期现金流;而且,对企业发展前景不确定性的减少也增加了企业产品、服务合约以及保证条款对客户的价值,并反映为现金流的增加。

(3) 避免"低投资"现象

企业对外投资将增加收益或未来净现金流,然而一些因素常常阻碍企业,不能或不愿采取这种行为,即所谓的"低投资"现象。在较高经营杠杆(即较高的债务/股权比例)的企业中,债券持有者则只能收取相对固定的收益,企业如果进行高风险项目的投资,所获得的收益可以提高股东的价值,但导致的损失则由债券持有人承担,债权人一般在借款合同中附加了限制这种投资的条款或要求更高的风险补偿,使企业对于一些高风险、高收益项目的投资受到限制而失去新的获利机会;且更高的风险补偿意味着将增加企业的融资成本。

利用金融衍生品交易进行风险管理通过降低现金流的波动性,使各期现金流相对平均,从而能够为项目投资提供更多的资金保证,降低外部融资的可能性,提高企业投资的获利能力。

三、潜在的管理利益

风险管理同样能为企业的其他利益相关者如管理人员等带来利益。从前面的分析知道,风险管理能够增加股东价值,股东会支持企业进行风险管理对于这些活动的执行者是否有动力呢?

国内外大量的研究表明,管理者进行风险管理的动因主要表现为两方面,即管理者投资组合的不易分散化、管理者的工作保护和管理能力的体现。

1. 管理者自身投资组合风险不易分散化

企业管理者往往持有大量的企业股份、期权、技术和人力资本的投入。管理者的财富主要来自他们所经营的企业的价值,包括股东回报和管理报酬。因此,管理者很少能像企业的其他股东一样将其个人的风险充分分散化。

企业经营中的风险,譬如利率、汇率风险,极容易导致企业陷入财务困境甚至有破产倒闭的可能,而这势必将对企业管理者产生相对更大的影响。因此,比较而言,企业管理者比股东更关心企业的风险状况。由于他们不能像其他股东那样通过调整自己的投资组合而将风险分散或转移,因而对管理者而言,当存在着潜在的利率、汇率风险时,通过金融衍生品交易可以有效分散和转移风险以降低自身投资组合的风险。

2. 工作保护和管理能力的体现

企业管理者利用金融衍生品进行风险管理的另一个动因来自于对自己人力资本价值的考虑。企业管理除了财富资本外,还将大量的技术和人力资本投资于所管理的企业。企业价值决定了其自身的人力资源价值,如果企业管理者想将这些技术和人力资本投入转移,就会付出非常大的代价。因此,从经济角度考虑,管理者更愿意让企业能够稳定、持续经营。从非经济角度考虑,企业的经营状况是管理者能力的体现,因此企业管理者通过风险的分散和转移提高企业市场价值的同时也就向其他潜在的雇佣者表明了自己的管理能力,从而为将来的人力资本转移和个人事业发展奠定了基础。

阅读材料:

奎克国民银行(Quaker)利率风险管理案例

1980年代中期,美国明尼阿波利斯第一系统银行(First Bank System, Inc. of Minneapolis)预测未来的利率水平将会下跌,于是便购买了大量政府债券。1986年,利率水平如期下跌,从而带来不少的账面收益。但不幸的是,1987年和1988年利率水平却不断上扬,债券价格下跌,导致该行的损失高达5亿美元,最终不得不卖掉其总部大楼。

在残酷的事实面前,西方商业银行开始越来越重视对利率风险的研究与管理。而奎克国民银行在利率风险管理方面树立了一个成功的榜样。

1983年,奎克国民银行的总资产为1.8亿美元。它在所服务的市场区域内有11家营业处,专职的管理人员和雇员有295名。1984年初,马休·基尔宁被聘任为该行的执行副总裁,开始着手编制财务数据。

基尔宁设计了一种报表,是管理人员在制订资产负债管理决策时所使用的主要的财务报表,它是个利率敏感性报表。基尔宁感觉到,这种报表有助于监控和理解奎克银行风险头寸的能力。报表主要内容如下:

(1) 在资产方,银行有2 000万美元是对利率敏感的浮动利率型资产,其利率变动频繁,每年至少要变动一次;而8 000万美元的资产是固定利率型,其利率长期(至少1年以上)保持不变。

(2) 在负债方,银行有5 000万美元的利率敏感型负债和5 000万美元的固定利率负债。

基尔宁分析后认为:如果利率提高了3个百分点,即利率水平从10%提高到13%,该银行的资产收益将增加60万美元(3%×2 000万美元浮动利率型资产=60万美元),而其对负债的支付则增加了150万美元(3%×5 000万美元浮动利率型负债=150万美元)。这样国民银行的利润减少了90万美元(60万美元-150万美元=-90万美元)。反之,如果利率水平降低3个百分点,即从10%降为7%,则国民银行利润将增加90万美元。

基尔宁接下来分析了1984年当地和全国的经济前景,认为利率在未来12个月将会上升,且升幅将会超过3%。为了消除利率风险,基尔宁向国民银行资产负债管理委员会做报告,建议将其3 000万美元的固定利率资产转换为3 000万美元的浮动利率型资产。奎克国民银行资产负债管理委员会同意了基尔宁的建议。

这时,有家社区银行拥有3 000万美元固定利率负债和3 000万美元浮动利率资产,愿意将其3 000万美元的浮动利率资产转换成3 000万美元的固定利率资产。于是两家银行经过磋商,很快达成协议,进行资产互换。

正如基尔宁预测的,1984年美国利率持续上升,升幅达到4%。为国民银行减少了120万美元的损失,基尔宁也成为奎克国民银行的明星经理。

资料来源:根据新浪财经网 http://finance.sina.com.cn 资料整理

本章小结

公司处理风险是一项经常性工作。有的风险是公司或者行业所特有的,有的则是整个市场都有的。风险管理通常包括四个步骤:

1. 首先确认公司面临的风险并且将风险分类,看看该风险的属性是可分散的还是不可分散的?

2. 其次测量风险暴露。有几种方法,包括蒙特·卡罗模拟(计算风险变量的改变对现金流量和价值的影响)、历史数据回归(利用历史数据来测量风险变量与现金流量和价值之间的关系)和分析测量(将现金流量与价值表示为风险变量的函数,然后从模型中导出风险测量)。

3. 在测量风险暴露后,公司决定是否管理或者规避该风险。可以通过增加税负节约、降低违约风险及相关成本、改变投资决策等来对价值产生积极影响。这种影响必须与规避风险的成本相比较,如果收益超过成本,风险管理就会增加公司价值。

4. 如果公司决定规避风险,可以利用的手段比较多,特别是衍生金融工具提供了很好的避险机制。

思考与应用

1. 公司风险的种类有哪些?
2. 有哪些衍生金融工具可以用来管理风险?
3. 远期市场套期保值和期权市场套期保值有什么不同?
4. 国际贸易中,那些通货膨胀率高且反复变化的国家进口国外商品时,对方都拒绝采用该国货币进行标价,而要求使用美元,这是为什么?
5. 投机家是利用他的个人信息从期货合约获利的投资者。假如小王是相信小麦价格将在一个月后下跌的一位投机家,小王将做多头还是空头?
6. 假设你计划在 9 个月后发行长期债券,但是同时担心利率的上涨,请问你如何利用金融期货来规避利率上涨的风险?
7. 德国一家公司拥有美元多头头寸,如果美元相对于欧元有贬值风险,德国公司决定卖出美元远期合约进行套期保值,请问你对此策略有何评价?
8. 米勒公司和爱德华公司都需要筹款来为他们在纽约的制造厂改善设施提供资金。米勒公司已经开业 40 年并有很高的信用等级,他可以按 10% 或 LIBOR+0.03% 的浮动利率来借款。爱德华公司近来一直陷于财务困境而缺乏良好的信用记录,他可以按 15% 或比 LIBOR 高 2% 的利率筹措资金。请问:

(1) 米勒公司和爱德华公司是否有通过互换获利的机会?
(2) 说明你将怎样组织米勒公司和爱德华公司之间的互换交易?

9. 请根据下列数据计算:

美国的 A 公司和 B 公司都需要 100 万 5 年期美元资金。A 公司愿意支付浮动利率,可以在市场上以 12% 的固定利率或 LIBOR+2.5% 的浮动利率筹得资金;B 公司愿意支付固定利率,可以在市场上以 14% 的固定利率或 LIBOR+3.5% 的浮动利率筹得资金。假设双方进行利率互换,即 A 公司先以 12% 的固定利率借款,B 公司以 LIBOR+3.5% 的浮动利率借款。然后互换,A 对 B 支付 LIBOR+3% 的浮动利率,B 对 A 支付 13.2%

的固定利率。分别计算利率互换后双方的筹资成本并将互换前后各自的筹资成本加以比较。

10. 荷兰飞利浦公司在日本有一家子公司飞利浦日本公司,该子公司由于生产经营需要筹集1亿日元资金,它可以在日本市场以10%的年利率借款,而飞利浦母公司可以在荷兰以8%的利率筹集到500万欧元贷款。同时,日本丰田汽车公司在荷兰有一家子公司丰田荷兰公司,该子公司同样需要资金扩大生产,它可以12%的年利率在荷兰筹集500万欧元贷款,丰田母公司可以在日本市场以7%的年利率筹集1亿日元资金,若当时汇率为1欧元=200日元,请问:如何安排才能使这两家跨国公司的子公司筹资成本最低?

11. 案例分析

Metallgesellschaft 公司的彻底垮台

Metallgesellschaft AG 公司是德国最受尊敬的公司之一,拥有2万多名员工,年收入100多亿美元。它的251个分公司从事工程、采矿、金融服务以及商品贸易服务,主要股东包括 Blue-chip German 公司, Deutsche 银行, Daimler-Benz 公司和 Allianz 公司。

然而,在1993年,Metallgesellschaft 公司由于石油的期货交易损失了14亿美元而垮台。问题发生在它的一个美国子公司 MGRM 公司。MGRM 公司对它的客户承诺10年之内所购买的石油价格保持不变,这种担保非常普遍,因此到1993年底,公司已经达成了供应1.6亿桶石油、价值30亿美元的长期合同。

但是 MGRM 公司并不拥有它承诺交货的石油,因此不得不从主要的石油生产公司购买石油。如果石油的价格超出它的客户同意支付的价格,那么 MGRM 公司对于它所销售的每一桶石油都将遭受损失。对于 MGRM 公司来说,很显然的解决办法就是通过购买石油期货规避这种风险,这将固定 MGRM 公司在交货时购买石油的价格。MGRM 公司愿意购买在交货日到期的石油期货,但不幸的是,大多数的期货交易都在一年内到期,MGRM 公司的解决办法是在期货到期时再购买短期石油期货替换它们。

1993年下半年,石油价格下跌了25%,MGRM 公司以约定的价格交货石油的合同看起来非常具有吸引力,但同时它所购买的石油期货遭受了巨大的损失,这并不是公司本身的原因。如果 MGRM 公司真正实施了套期保值,由交货合同所获得的利润应该正好可以抵消期货的损失。

问题出在:一是 MGRM 公司的管理层只关注期货所遭受的累计损失,而没有认识到石油交货合同所获得的利润。当累计损失足够大的时候,公司管理层的神经崩溃了,并在错误的时机卖出了它的石油期货。而且,由于 MGRM 公司的石油期货是采取"盯市"的做法,公司不得不每天筹集现金去弥补期货的损失。由于筹资的问题可能最终导致管理层做出了放弃它的期货策略的决策。另一个问题是 MGRM 公司用短期期货对长期负债套期保值的策略明显存在问题,MGRM 公司并不能预计在一个期货到期时购买新的期货的价格。如果新的期货的价格低于到期期货的价格,MGRM 公司将从此笔交易中获得利润。但不幸的是,现实情况正好相反,因此公司再次用新的期货替换到期期货时都要遭受损失。

讨论：

(1) 在面临风险时 MGRM 公司是否采取了正确的套期保值策略？

(2) 在风险出现时你认为 MGRM 公司是否采取了正确的做法？如果是你会怎么做？

资料来源：理查德·A·布雷利，《公司理财》，p637，中国人民大学出版社，2008(6)

12. 案例分析：

用外汇期权组合锁定外汇风险

A 公司的财务人员最近面临一个问题：企业准备向美国出口一批货物。双方在某年 3 月 1 日签订合同，约定以美元支付总额为 500 万美元的货款，结算日期为同年 6 月 1 日，虽然担心由于美元贬值而使其结汇人民币减少，但他们不知道如何选择避险工具。

针对 A 公司的情况，银行为其设计了三种避险方案：

第一种是用远期外汇交易锁定结汇汇率，即在 6 月 1 日以约定的价格(1 美元兑换人民币 7.962 0 元)结汇。这样就规避了汇率变动可能带来的风险，到时候 A 企业可以用 7.962 0 的汇率换回人民币 3 981 万元。

第二种方案，企业同时买入一笔看跌期权、卖出一笔看涨期权。买入和卖出的标的都是美元兑人民币，执行价都是 7.98，期限也都是 3 个月，名义本金都是 500 万美元。按照当时的报价，看跌期权的期权费是 3.193 万美元，而看涨期权的期权费是 3.427 5 万美元。通过买卖期权，企业就有 2 345 美元收入，并用即期汇率 8.033 0 换回 18 837.39 元人民币。期权到期日，如果美元兑人民币汇率低于 7.98 就执行看跌期权，如果高于就执行看涨期权，无论哪种方式，企业用 500 万美元换回来的都是 3 990 万元人民币。

第三种方案则是企业卖出一个标的为美元兑人民币的看涨期权，名义本金 500 万美元，执行价 8.01，期限 3 个月，期权费 1.133 5 万美元，同时买入一个以美元兑人民币为标的、名义本金、期限都与前者一样的看涨期权，但执行价格为 8.085 0，期权费是 1.095 5 万美元，买卖期权的收入是 380 美元，按照当时 8.033 0 的汇率可换回 3 052.54 元人民币。

到期日，如果美元兑人民币汇率小于 8.01，则企业用其汇率兑换 500 万美元；如果价格在 8.01 到 8.085 之间，则执行价格为 8.01 看涨期权，另一个不执行。也就是说 500 万美元可以换回 4 005 万元人民币；如果价格高于 8.085，两个期权都执行，同时以即期汇率结汇，假设以 8.085 结汇，意味着企业可以收入 4 042.805 3 万元人民币。美元兑人民币价格越高，则企业的收入也会越多。

问题：

请对银行提出的三个方案进行评论，如果你是企业的管理者你会选择哪个方案？为什么？除此而外你还能提出什么避险方案？

资料来源：根据中国财务总监网 http://www.chinacfo.net 资料整理

第十二章 跨国公司财务

【本章提要】 在世界经济全球化,技术进步和创新,各国金融市场的管制日益放松等国际形势下,跨国公司获得了前所未有的发展。跨国公司投融资行为的原理和方法与国内企业是基本相同的。但是,一方面跨国公司可以进行全球性的投资与融资,既能降低融资成本,又能享受风险国际分散化的好处;另一方面跨国公司由于生产经营的跨国界特征,其生产经营活动会受到东道国政治、经济、金融体制的影响和制约。因此,跨国公司的投融资决策又有一定的特殊性。本章主要解决两个方面的问题:跨国资本预算和跨国筹资管理。通过本章的学习,应理解跨国资本预算和跨国筹资的基本概念、原理及方法,对跨国资本预算等具体的方法能够进行应用与操作。

【引 例】 近些年来,随着中国经济实力增长,外汇储备大幅度增加,人民币升值。中国政府鼓励企业实施"走出去"战略,去海外投资,2014年提出的"一带一路"战略为中国企业海外投资开辟了广阔的空间,提供了大量商机。随着中国企业走上世界的经济舞台,如何进行跨国投资与融资成为摆在中国企业面前的一道难题。很多中国企业开始在世界各地比如南美洲、西亚、东南亚、非洲以及欧美等国家和地区投资建厂或者收购当地企业产权,但是由于各种原因企业生产经营经常遇到当地排外势力、企业工会的干扰,甚至还会遇到当地政府的反对,比如前不久墨西哥政府出于政治考虑而取消了与中国公司达成的高铁项目建设合同。除了政治文化的冲突带来的风险,还有中国企业因为不熟悉所收购的项目实际生产能力和当地市场需求所带来经营风险。例如,中国五矿集团公司出价58.5亿美元收购秘鲁一座铜矿,预计建成后年产铜精矿含铜量达到45万吨。但是分析师指出,该铜矿属于在建铜矿,后续投入的不确定性很大,未来的市场变化也不利,所以这个收购价格偏高。这个例子说明,跨国投融资相比国内而言,企业面临的风险更大,需要考虑更多的不确定因素,必须谨慎决策。

第一节 跨国资本预算

一、国际平价条件

(一)一价定律与购买力平价说

一价定律(The Law of One Price)是购买力平价的理论基础,它指的是如果市场处于完全竞争状态,在不考虑运输成本和可能的贸易摩擦的前提下,不同市场上同样商品以同一种货币表示的价格应相等。用公式表示就是:以 S_t 代表即期汇率,P_d 和 P_f 分别

代表某商品在本国和在外国的销售价格,那么

$$P_d = S_t \times P_f$$

同时,由购买力平价还可以推衍出相对购买力平价,即商品用某国货币的标价变化率与用它国货币标价变化率的比值决定了两国外汇汇率的变化率。用公式表示就是:

$$\frac{P_d(t+1)}{P_d(t)} = \frac{S_{t+1}}{S_t} \times \frac{P_f(t+1)}{P_f(t)}$$

即:1+本币的通货膨胀率=(1+外汇汇率的变动率)×(1+外币的通货膨胀率)

通常把本币的通货膨胀率记作 π_d,$1+\pi_d$ 等于 $\frac{P_d(t+1)}{P_d(t)}$,π_f 表示外币的通货膨胀率,$1+\pi_f$ 等于 $\frac{P_f(t+1)}{P_f(t)}$,则上述等式可以改写为:

$$\frac{1+\pi_d}{1+\pi_f} = \frac{S_{t+1}}{S_t}$$

该公式可以用期望值更精确地表示为:

$$\frac{E(1+\pi_d)}{E(1+\pi_f)} = \frac{E(S_{t+1})}{S_t} \tag{12.1}$$

(二) 利率平价说

利率平价理论(Interest Rate Parity Theory)分析外汇市场与国际货币市场之间的相互联系性。该理论认为,利用两国之间短期利差进行套利活动的资金流动,是决定即期汇率和远期汇率之间差价的主要因素,两国货币即期汇率和远期汇率的差价应与两国间的短期利差相等,但方向相反。具有较高利率水平的国家,其货币在外汇市场上会出现远期贴水,而具有较低利率水平国家的货币在外汇市场上则出现远期升水。

举个例子来说明这一理论。假设 S_t 代表即期外汇的本币汇率,如果本币是人民币,外币是美元,那么我们可以记作 $S_t = 8$ 元人民币/美元。F_{t+1} 代表一年后到期的合约所确定的远期外汇的本币汇率,该合约在一年后交割。i 表示中国的市场利率,i^* 表示美国的市场利率,人民币的年利率是 6%,美元年利率是 10%,假设某投机商现在有 800 万人民币,准备进行一年的投资,试分析他采用哪种投资方式好?

1. 人民币投资:年利率为 6%,一年后该投机商获得本利和 800 万×1.06=848 万人民币,图示如下:

$t=0$ 时	$t=1$ 时
投出 1 单位人民币 800 万人民币	收入 $1+i$ 单位人民币 800 万×(1+0.06)=848 万人民币

2. 美元投资:投机商当前拥有 800 万人民币/8=100 万美元资本,美元年利率 10%,一年后他可以得到 100 万美元×1.1=110 万美元。再将美元兑换成人民币,假设

一年后美元的远期汇率是7.709 1人民币/美元,该投机商按此汇率卖出远期美元,将保证他一个月后收到110万美元×7.709 1=848万人民币,将这种关系表示如下:

$t=0$ 时	$t=1$ 时
投出 $1/S_t$ 单位外汇 100万美元 以 F_{t+1} 的远期汇率卖出 $(1/S_t)\times(1+i^*)$ 单位远期外汇	到期收到 $(1/S_t)\times(1+i^*)$ 单位外汇 100万美元×1.1=110万美元 执行远期合约,卖出外汇,收到 $(1/S_t)\times(1+i^*)\times F_{t+1}$ 100万美元×1.1×7.709 1=848万人民币

从本例可以看出,$1+i=(1/S_t)\times(1+i^*)\times F_{t+1}$,即

$$\frac{1+i}{1+i^*}=\frac{F_{t+1}}{S_t} \tag{12.2}$$

公式(12.2)就是著名的利率平价理论。它将远期汇率与即期汇率和不同的利率联系起来。

(三)购买力平价与利率平价之间的关系

1. 远期汇率和预期即期汇率之间的关系

远期汇率和预期即期汇率的关系十分密切。交易商作出买入卖出远期外汇的决策是基于对未来即期汇率走向预期基础之上的。实际上如果交易商对风险完全不关心,那么远期汇率就完全取决于对未来即期汇率的预期,即 $F_{t+1}=E(S_{t+1})$,则

$$\frac{F_{t+1}}{S_t}=\frac{E(S_{t+1})}{S_t} \tag{12.3}$$

2. 购买力平价与利率平价之间的关系

运用公式(12.1)、(12.2)和(12.3),我们可以得到以下的关系式:

$$\frac{E(1+\pi_d)}{E(1+\pi_f)}=\frac{E(S_{t+1})}{S_t}=\frac{F_{t+1}}{S_t}=\frac{1+i}{1+i^*} \tag{12.4}$$

左起第一个等式反映相对购买力平价,即两国预期的通货膨胀率决定即期汇率的预期变动,左起第二项和第三项的等式反映预期即期汇率和远期汇率之间的关系,最后一个等式是利率平价,公式(12.4)是我们进行跨国资本预算的理论基础。

二、跨国资本预算基本方法

跨国资本预算的基本方法和传统的国内资本预算方法是一样的,主要有投资回收期法(Payback Period Rule)、净现值法(Net Present Value,NPV)、内部报酬率法(Internal Rate of Return,IRR)、现值指数法(Profitability Index,PI)。

同国内投资资本预算一样,由于回收期法、内部报酬率法、现值指数法各自存在一定的缺陷,因此,净现值法在资本预算分析中是最优的。大部分的跨国资本预算都采用这种方法。

但是,跨国公司在进行海外投资、经营国外的重大项目时,其经营管理必须考虑许多并不会对纯粹的国内企业产生直接影响的财务因素,其中包括外汇汇率、各国不同的利率、多种税率政策、国外经营所用的复杂会计方法和外国政府的干预等。从大方面来说,跨国资本预算要注意几方面的问题:

1. 评价主体的选择问题

跨国投资项目的经济评价,首先碰到的就是经济评价的主体选择问题。由于受税制、外汇管制、汇率变动、跨国公司内部的财务结算制度以及出口替代等因素的影响,同一跨国投资项目,从不同主体出发进行经济评价,其现金流量差异很大,评价结果也就不同。非单一评价主体是跨国投资资本预算的特殊点。

(1) 以子公司作为跨国资本预算的评价主体。跨国企业经营往往把所创利润用于当地再投资以减少所得税;或者上市以增加资产流动性,获取更大的利润或寻求资本出路。跨国企业的税后股利不一定汇回母公司,因此以子公司作为投资评价主体有其实际意义。

(2) 以母公司作为跨国资本预算的评价主体。母公司是跨国企业投资主体,以母公司作为评价主体符合母公司处于整个集团经营活动中心的地位及实现其利润最大化的财务管理目标。只有当对外投资能给母公司的股东带来较高的收益时,母公司才会对外投资。

(3) 从母、子公司结合的角度进行评价。分别评价母、子公司时,若投资分析的结论同时是可行的或不可行的,那么就可以做出相应的综合决策结论。但若出现母、子公司可行性结论不一致的情况,就应分析不一致的原因,因为,诸如专利权费、管理费的考虑等。将二者结合起来,才能比较准确地判断拟建项目的可行性。

2. 国际平价条件

传统的国内资本预算法假设现金流量和贴现率都以投资者的本币表示,不存在外币折算问题。但跨国投资并非如此。跨国公司在海外投资,母公司却在本国,因此面临以外币贴现率对外币现金流进行贴现还是以本币贴现率对本币现金流进行贴现的选择问题。如果满足国际平价条件,那么我们可以按照远期汇率将外币现金流转换为本币现金流,并用风险调整的本币资本成本进行贴现,得到以本币计量的净现值。

如果国际平价条件不能满足,那么结果将变得复杂。如果远期汇率偏离未来即期汇率的估计值,那么国外投资项目的价值就取决于使用何种货币的贴现率对预期未来现金流量进行贴现。

3. 资金汇回问题

从母公司的角度看,母公司关注的是以母公司本国货币表示的国外投资项目的价值,意味着按照国内要求的资本回报率贴现的现金流量,只是汇回到母公司并用母公司本国货币表示的现金流量。实际上,当前和未来跨国公司都面临外汇管制的风险,许多国家的政府都对跨国公司的资金汇回母国存在限制,甚至冻结其资金,导致现金流量无法汇回母国,那么这时候该项目对母公司来说还有意义吗?这样的项目价值该如何确定?

4. 资本成本的确定

进行跨国投资的公司要回答的一个重要问题是:跨国投资项目所要求的收益率是否与类似的国内项目的收益率有所不同。跨国投资可能因为跨国多样化经营而分散风险,也可能因为国际金融市场的分割,税收、外汇管制等政治风险而增加风险。因此跨国资本的预算必须对这些风险进行调整,确定适当的资本成本。

三、国际平价条件成立的资本预算

国际平价条件是通过解释即期汇率和远期汇率的关系,并把不同货币间的名义利率和通货膨胀率之间的差异联系起来,来预期长期汇率的变化趋势。假设国际资本市场满足完备性和对称性,即不同市场之间的资本流动是自由的,没有任何阻碍,并且税收和投资者偏好在任何市场都是相同的,那么国际平价条件就成立。我们可以利用购买力平价、利率平价以及远期平价的关系,得出未来各年的预期即期汇率。采用的公式就是:

$$\frac{E(1+\pi_d)}{E(1+\pi_f)} = \frac{E(S_{t+1})}{S_t} = \frac{F_{t+1}}{S_t} = \frac{1+i}{1+i^*}$$

在已知利率的情况下,预期未来即期汇率的计算公式为:

$$E(S_{t+1}) = \frac{1+i}{1+i^*} \times S_t \tag{12.5}$$

因此,对于一个跨国投资项目的预算,一般包括如下步骤:

1. 估计以外币计量的未来现金流量;
2. 以预期即期汇率将外币现金流量折算为本币现金流量;
3. 确定适当的本币资本成本进行贴现,计算以本币计量的净现值。

下面我们以一个名为利华公司在美国的一个投资项目为例来说明如何进行跨国资本预算。

利华公司今年在美国的设备出口订单大量增长,它现在要考虑是否应该在美国设厂。该项目将投入 200 万美元,预计今后三年每年将产生 80 万美元的现金流量。当前美元的即期汇率是 $S_t=8$ 人民币/美元,假设中国的利率是 6%,美国的利率是 3%,中国的资本成本贴现率是 8%,分析该项目是否可投?

采用净现值法,先要计算该项目的各年现金流量,如表 12-1。

表 12-1 利华公司现金流量计算表

项目	各年末			
	0	1	2	3
净增现金流量(万美元)	−200	80	80	80
外汇汇率 S_t(RMB/$)	8.000	8.233	8.473	8.720
净增现金流量(万元人民币)	−1 600	658.64	677.84	697.60

根据公式(12.5),未来三年的预期即期汇率分别为:

$$S_1 = \frac{1+i}{1+i^*} \times S_0 = \frac{1+6\%}{1+3\%} \times 8.000 = 8.233$$

$$S_2 = \frac{1+i}{1+i^*} \times S_1 = \frac{1+6\%}{1+3\%} \times 8.233 = 8.473$$

$$S_3 = \frac{1+i}{1+i^*} \times S_2 = \frac{1+6\%}{1+3\%} \times 8.473 = 8.720$$

最后可以计算该项目以人民币计量的净现值为:

$$NPV = -1\,600 + \frac{658.64}{1+8\%} + \frac{677.84}{(1+8\%)^2} + \frac{697.60}{(1+8\%)^3} = 144.77(万元人民币)$$

该项目以人民币计量的净现值大于零,因此利华公司应该接受这个美国投资项目。

另一种方法是以美元折现率计算该投资的美元现金流量现值,再根据即期汇率将美元换算成人民币,在满足国际平价的条件下,两国的利率、汇率、通货膨胀率之间存在着简单的平价关系,那么这两种方法所得出的结论是相同的。这一点读者可以自己证明。

四、国际平价条件不成立的资本预算

现实中,国际资本市场并不满足完备性和对称性,国际平价条件往往是不成立的。因此,在按照东道国的当地货币对项目进行评估时,往往会得出与母国货币估价不同的价值,即当国际平价条件不成立时,从东道国角度和从母公司角度进行估值往往会得出不同的结论。

(一) 基于母公司角度的资本预算

母公司关注的现金流量是用本国货币表示的汇回母公司的现金流量,其折现率也是以本国货币计量的资本成本。用公式表示就是:

$$NPV_d = \sum_{t=0}^{T} [E[CF_t^d]/(1+i_d)^t]$$

从母公司角度分析,其现金流入量主要来自子公司的净现金流量、许可证收入、监管费收益等。现金流出量主要是从子公司获得股利收入而应向本国政府缴纳的各种税款等。现金流入量减去现金流出量后的净现金流量是母公司可以运用的净收益,即公式中的 CF_t^d,据此再按照最低收益率 i_d 计算母公司进行国外投资的净现值。

(二) 基于东道国角度的资本预算

若国外投资的现金流并不以本国货币汇回母公司,那么需要关注的就是以东道国货币表示的现金流量,并且有必要将这个国外投资的项目价值与国外市场上的当地项目价值进行比较,其公式是:

$$NPV_f = \sum_{t=0}^{T} [E[CF_t^f]/(1+i_f)^t]$$

式中,$E[CF_t^f] = E[CF_t^d]/S_t$,$S_t$ 为预期即期汇率。

（三）不同角度的估值差异及处理方法

显然，当国际平价条件不成立时，用本国货币表示的项目净现值 NPV_d 与用外币表示的项目净现值 NPV_f 结果不一定相同。其可能结果我们归纳如表 12-2 所示。如果 NPV_d 和 NPV_f 都小于零，显然这样的项目是不能接受的；如果 NPV_d 和 NPV_f 都大于零，那么就应该接受。但如果存在对角线上的情况，即 $NPV_d>0>NPV_f$ 或 $NPV_f>0>NPV_d$，项目是否接受就不确定。下面将对这几种情况进行简要讨论。

表 12-2　基于母公司和东道国角度的估值差异

基于东道国角度的外币资本预算 \ 基于母公司角度的资本预算	$NPV_d<0$	$NPV_d>0$
$NPV_f<0$	不接受	应寻找更好的外币投资项目
$NPV_f>0$	锁定东道国价值 NPV_f（如采用套期保值）	接受

1. $NPV_d>0>NPV_f$

在母公司看来，这个项目是可以接受的；但在项目东道国看来，这个项目又是不可接受的。基于母公司角度的正的净现值可能是由于国际金融市场的不均衡所致，而与项目本身的现金流量无关。所以，以外国货币表示的项目价值可能是亏损的。

事实上，接受这类项目等于进行外汇汇率投机。那么对于母公司来说，与其用这种对净现值为负的项目进行投资的方式来投机，不如直接参与金融市场的投机，比如投资于净现值为零的外国政府债券，相当于对未来汇率进行投机，从而获取套利机会。这样不仅可以避免项目净现值为负数的可能，还能获得预期外币汇率变化的收益。

总之，只要在项目所在的东道国有更好的投资机会，我们就应该放弃外币净现值为负的项目，而继续寻找外币净现值为正的项目。换句话说，在国际平价条件不满足时，公司若决定对未来汇率进行投机，可直接投资于净现值为零的金融工具（如政府债券），而不必借助于净现值为负的国外投资项目。

2. $NPV_f>0>NPV_d$

在东道国看来，这个项目是可行的；但从母公司的角度来看，这个项目明显不可接受。此时，国外投资项目以东道国货币表示的价值高于以母公司本国货币表示的价值。母公司应力求锁定东道国以外币表示的项目价值，获得正的净现值，之后，再按照即期汇率将该净现值汇回母国。

如果存在活跃的外国货币远期市场或信贷市场，可以对项目的现金流量进行套期保值以规避风险，或者通过在项目当地借入资金或发行权益来为项目融资。通过利用金融市场套期保值的净现值为零的优点，可以使项目价值最大化，并降低项目价值的波动。

如果不参与金融市场，也可以在资产市场上将该项目出售给当地投资者。按照外币价值出售项目，再按即期汇率兑换为本国货币，母公司就能按照本国货币得到项目的价值。另一种方案是，母公司可与当地投资者组建合资企业。如果项目按东道国货币表示净现值为正,那么当地投资者就愿意投资这样的合资企业。这两种方法都可以锁定正的当地货币净现值,同时减少了母公司在项目存续期间所面临的外汇风险。

但现实中,买卖外国投资项目须承担巨大的沉没成本(sunk cost),而这些沉没成本可能很难收回。比如出售外国投资项目,如果汇率出现反向变化时很难再购回该项目。此外,出售实质资产也会使跨国公司的知识产权面临风险。例如,如果跨国公司将其国外经营业务出售给当地投资者,当地的合资伙伴将共享公司的知识产权,那么很快该当地投资者就可能成为公司在那些国家或地区市场上的竞争对手。

3. $NPV_d>0, NPV_f>0$

如果 $NPV_d>NPV_f>0$,公司应该投资该国外项目。为了利用预期外币的实际升值,公司可以考虑不对国外项目进行套期保值。不过,这比较冒险,取决于公司对货币风险的承受能力。

如果 $NPV_f>NPV_d>0$,公司同样应该投资该国外项目。但应对项目的外汇风险进行套期保值,或者尽快实现项目的外币价值,按本国货币形式汇回母公司。

五、资金汇回问题

上面讨论的情况都是假定外国投资产生的全部税后现金流量都能自由汇回母公司。事实上,在国外的投资项目时常受到某些外汇管制,不能自由汇回母公司。有时候外国项目的现金流量还会在外国遭到冻结,在解冻期前都不能汇回。

冻结资金是资金汇回限制的一种普遍情况。冻结资金(blocked fund)是指由于资本流动受到限制,不能及时汇回母公司的国外项目所产生的现金流量。如果当地投资项目的税后回报率与当地要求回报率相比,低于当地资本市场类似项目的税后回报率,那么相对于当地投资项目,跨国公司的投资项目净现值就为负,跨国公司想改变投资计划而碍于资金汇回限制无法实施,此时就产生了冻结资金成本。如果该投资项目的税后回报率大于当地资本成本,跨国公司无须改变投资计划,冻结资金也不会产生额外的成本。

考虑冻结资金的投资项目,其价值可以分为两部分来计算:冻结资金机会成本和不存在冻结资金时的项目价值,即:

$$V = V(无冻结资金) + V(冻结资金机会成本)$$

事实上,确定项目各部分的价值是很有益的,它有助于跨国公司分解项目价值的构成,从而也有助于在投资前与东道国政府的谈判。例如,分离出冻结资金的机会成本,可以使跨国公司本身清楚不含冻结资金的项目价值,并以此作为一个保留价格与当地政府进行谈判。低于这个价格,项目将不被接受。

(一)对冻结资金进行估值

对冻结资金估值可按如下步骤进行:

1. 假设资金不被冻结,计算其税后价值,然后按当地的无风险税后利率 r 计算其现值:

$$V_1 = \frac{\sum_{t=1}^{T} CF_t \times (1+r)^{T-t+1}}{(1+r)^T}$$

2. 计算冻结资金按税后资本成本折现的现值(冻结资金在国外存放期间一般是没有利息的,所以实际回报率为 0),用上一步的现值减去冻结资金的现值,得到冻结资金的机会成本:

$$V_2 = \frac{\sum_{t=1}^{T} CF_t}{(1+r)^T}$$

$$V(冻结资金机会成本) = V_1 - V_2$$

3. 计算考虑冻结资金机会成本的项目价值:

$$V = V(无冻结资金) + V(冻结资金机会成本)$$

仍然以利华公司为例,该公司这次的项目在一个欧洲国家进行,在项目的最初 3 年里,资金遭到了冻结。冻结资金情况如表 12-3 所示。不过在项目结束时,资金可以自由汇回母国。假设该国的名义无风险政府债券利率为 10%,税率为 50%,那么税后资本成本可以确定为 5%[10%×(1-50%)=5%]。

表 12-3 利华公司在欧洲某国家投资项目的现金流量

	投资初始年	各 年 末		
		第 1 年	第 2 年	第 3 年
经营现金流量	(400)	120	160	180
不存在冻结资金的现金流量	(400)	120	160	180
被冻结的现金流量		(60)	(80)	(90)
存在冻结资金的项目现金流量	(400)	60	80	90

假设资金不被冻结,可以按无风险税后利率进行再投资,其税后价值为:

$$60 \times (1+5\%)^3 + 80 \times (1+5\%)^2 + 90 \times (1+5\%) = 252.16$$

按照 5% 的利率贴现到当期,所得的现值为:

$$252.16/(1+5\%)^4 = 207.45$$

因为被冻结的资金是没有利息的,所以实际回报率为 0,因此,冻结资金在第 4 年末的累计余额为 60+80+90=230。按 5% 的税后贴现率折算,所得的现值为 $230/(1+5\%)^4 = 189.22$。

因此,与按市场利率计算的回报率相比,按零利率计算的回报所发生的机会成本为:

$$V(冻结资金机会成本) = 207.45 - 189.22 = 18.23$$

在这个例子中,如果不存在冻结资金,该项目的价值(以该欧洲国家货币计量)为:

V(无冻结资金) $= -400 + 120/(1+5\%) + 160/(1+5\%)^2 + 180/(1+5\%)^3 = 14.9$

这样,存在冻结资金时的项目价值为:

$V = V$(无冻结资金) $+ V$(冻结资金机会成本) $= 14.9 - 18.23 = -3.33$

可见,对于跨国公司来说,冻结资金的存在使投资项目的价值减少,甚至可能为负数。但是,如果由于冻结资金的存在使投资项目的净现值为负了,也不应迅速放弃这一项目,而应该与项目所在国政府进行谈判,并设法与其达成协议,从而使双方受益。

(二)跨国投资中的其他特殊情况

除了外汇管制可能造成的资金汇回限制问题外,跨国投资中的特殊情况还包括东道国政府或国际机构提供财务资助、东道国政府所要求的净现值为负的捆绑项目、免税期以及特定国家存在的政治风险,如没收风险等。

这些项目估值的特殊情况都可以作为副作用(Side Effect)进行独立估值。

$$V(\text{含副作用}) = V(\text{不含副作用}) + V(\text{副作用})$$

仍然利用贴现现金流量法对各种副作用进行独立估值。项目的价值被分解为各个部分的价值,有利于确定关键的价值驱动因素,从而有助于跨国公司与东道国政府的谈判。例如,我们了解到免税期是开展国外投资的主要价值来源,那么了解项目的免税价值就很有必要,它有助于跨国公司与东道国政府在谈判时就免税期进行协商,使项目价值最大化。

六、资本成本的确定和风险调整

(一)资本成本的确定

进行跨国投资的企业都要回答的一个重要问题是:跨国投资项目所要求的收益率是否不同于类似的国内投资项目的收益率?即跨国投资项目的资本成本应该如何确定?

在跨国投资项目的资本预算中,可以用资本资产定价模型(CAPM)来计算该项目的资本成本:

$$R_{\text{project}} = R_F + \beta_{\text{project}}(R_M - R_F)$$

其中,R_F 为无风险利率,β_{project} 为该项目的 β 值,$(R_M - R_F)$ 为市场风险溢价。

显然,跨国投资项目的资本成本与国内投资项目资本成本的区别关键就在项目的 β 值 β_{project} 和市场风险溢价 $(R_M - R_F)$ 的确定上。考虑跨国投资项目面临的"国际因素",主要有以下几个重要因素影响着 β 值和市场风险溢价的确定。

1. 跨国多元化经营分散风险

跨国多元化经营的风险较低。假设本国投资者不允许持有外国证券,而且不同国家的金融市场是分割的,这样,进行跨国投资的企业可以为其本国股东提供间接的多元化投资机会,而这种多元化投资无法在国内实现,因此,这种多元化降低了跨国投资项目的风险。另外一种情况是,如果本国投资者的国际投资不受限制,可以通过购买外国证券获得多元化的投资收益。在这种情况下,本国企业的项目资本成本不会因为项目是在国内还是在国外而有所不同。但是在实际中,持有外国证券要花费较高的成本,包括税收、信息获取费和交易成本等。较高的成本抵消了一部分多元化投资带来的收益,因此本国投资者并不能通过持有外国证券实现完全的国际多元化。

表 12-4 表明国际分散化投资可以降低投资组合的风险,全球性的股票投资组合与仅仅投资一个国家全部股票的投资组合相比风险较低。

表 12-4 外国市场组合的风险计量

国家或地区	β 值	每月标准差(%)
中国香港	2.08	12.8
日　　本	1.42	6.1
瑞　　典	0.73	6.2
荷　　兰	1.01	5.6
英　　国	1.38	7.9
法　　国	0.69	7.4
德　　国	0.70	6.0
澳大利亚	1.39	8.2
加 拿 大	1.04	5.9
美　　国	0.97	4.7
全　　球	1.00	4.2

资料来源:斯蒂芬·A.罗斯等著,吴世农等译:《公司理财》(第6版),机械工业出版社2006年版,第644页。

例如,中国香港的一位投资者若投资于全球股票组合就可以将风险由12.8%降低到4.2%。由表中还可以看出,各国股票投资的系统风险要么非常低(如法国),要么非常高(如中国香港)。所以,跨国公司所能提供的国际多元化间接投资机会就能降低整个投资组合的风险。如果跨国公司投资的成本小于该公司股东进行国际化投资的成本,那么该跨国投资项目就具有国际多元化的优势,该优势就反映为较低的 β 值,从而降低整个项目的风险调整资本成本。

2. 资本市场分割的附加风险

如果某一国内市场上证券或项目投资者所要求的收益率与其他国际市场上同等证券或同样项目(即预期收入和风险相似的证券或投资项目)投资者所要求的收益率不同,这个国家的资本市场就是被分割的。造成资本市场分割的因素有政府管制、投资者的偏见、金融市场的不完全性等。政府管制包括税收政策、外汇管制、资本自由流动的管制等。投资者的偏见是指由信息障碍(如企业公开信息的质量、投资者对市场的熟悉程度等)造成的认识偏差。市场不完全性是由交易成本、财务风险、外汇风险和政治风险等造成的。尤其是政治风险,企业进行跨国投资要比国内投资更多地考虑外国的政治风险因素。反应在市场风险溢价 $(R_M - R_F)$ 上,就表现为风险溢价的提高,从而提高整个项目所要求的收益率。

市场分割的程度影响着跨国公司的资本成本,公司必须考虑到由此所产生的附加风险可能抵消由国际多元化带来的利得,从而提高项目的折现率。

（二）跨国投资风险调整方法

在考虑到跨国投资的独特性所带来的各种风险加减因素的基础上，跨国投资的风险调整与一般投资项目风险调整的方法基本相同，可以采用的方法有缩短投资回收期、提高折现率、调整现金流量等。例如，如果预计投资回收可能会受到东道国外汇管制的限制，跨国母公司可以将正常的折现率10%提高到12%，或者把原定5年的回收期缩短到3年。又如，为防止投资风险，可以从每年的现金流量中提取一笔保险金用于政治和经济风险的保险。保险金可以用于向保险公司购买保险，也可以用于其他规避风险的费用。如为了防止汇率变动的损失，可以利用远期外汇市场进行套期保值等。

总之，根据风险程度调整投资项目要求的收益率，确定适当的资本成本，是跨国资本预算中的重要一环。跨国投资的资本成本可能会低于国内同类项目的资本成本，原因在于国际多元化带来的收益；跨国投资的成本也可能会高于国内同类项目的资本成本，原因在于跨国投资所产生的一系列附加风险。因此，我们在确定这一资本成本时要全面考察各种影响因素，综合考虑。

第二节　跨国筹资管理

一、跨国公司的筹资特性

与国内公司相比，跨国公司筹资的特性主要表现在四个方面：

（1）资金需求量方面。由于跨国公司为实施其全球战略在世界范围内从事各种生产经营活动，所需资金量大。

（2）资金来源方面。由于跨国公司所需资金规模大，内部融通资金不能完全解决其资金需求，另外也非一般银行或其他单一金融组织所能解决。通常，跨国公司需要在地区性市场或国际市场上筹措资金，因此跨国公司有更广泛的资金来源。

（3）筹资风险方面。跨国公司拥有广泛的资金筹措渠道，但所受的影响因素也较多，如各国的政治气候、法律环境、经济条件及文化背景等，而且大部分因素都处于不断变化之中，不确定性大，筹资风险也较大。

（4）筹资决策方面。无论在筹资渠道及筹资方式的选择上，还是在筹资结构及综合成本的设定上，或是在筹资方案的选择及筹资风险的防范上，跨国公司所需考虑的因素相对较多，决策难度大。

二、跨国公司筹资渠道

1. 跨国公司内部筹资

公司内部筹资是指资本从母公司流向子公司或从一个子公司流向另一个子公司。其形式主要有：（1）股权筹资，即母公司通过购买子公司股票，向子公司投资，使资本流向子公司；（2）举债筹资，即母公司利用自有资本或从银行取得借款向子公司放贷；（3）其他子公司向某一子公司放贷；（4）公司内部资本转移等。通过母公司来源取得的股票筹资,其主要优点是:加强母公司对子公司的所有权和控制权;加强海外子公司的举债能力,便于其筹措资本。缺点是:外汇风险较大;汇付利润和偿还投资资本的风险较高;财产被没收和国有化的风险较大。通过母公司来源的举债筹资,优点是:支付利息可以获得税收利益;易于得到较低成本的资本;易于汇付利润和偿还资本。缺点是子公司从母公司借债要承担较大的外汇风险。

2. 东道国筹资

东道国是跨国公司补充资本的重要来源。跨国公司可以根据东道国的经济状况和金融环境筹集所需要的资本,如通过当地的证券市场进行股权或债券筹资,或通过当地银行取得借款等。通过东道国筹资的优点是:政治风险低;支付利息扣税;外汇风险小;可与当地公司或其他金融机构建立良好的关系。缺点是:东道国资本可供量有限;母公司对子公司的控制权较弱。

3. 来自国际间的资金

(1) 向国际金融机构和第三国借款。跨国公司可以通过各种国际金融机构,如通过世界银行、国际开发协会、亚洲开发银行、进出口银行等筹集所需要的资本,也可向第三国银行借款或向第三国资本市场发行股票或债券进行筹资。

跨国公司通过各种金融机构贷款可以分为两种情况:一种是意向贷款,即贷款与一定的目的(例如商品出口、工程项目招标)相联系,这种贷款一般利率低、期限长,有时带有一定的优惠条件。另一种是自由外汇贷款,即由国际金融市场上的外国商业银行提供,这种贷款与其他国家贷款方式相比,优点是贷款方式灵活,手续简便;资本供应充足,允许借款者选择借款币种;贷款可以自由使用,不受贷款银行限制。缺点是贷款利率较高,期限较短。

(2) 向国际资本市场筹资。这种筹资的对象主要是一些大型跨国银行或国际银团。如跨国公司可在国际股票市场上发行股票,由一些银行或银团购买;也可以在国际债券市场上发行中长期债券筹资;此外,跨国公司还可以在国际租赁市场上筹资。

三、跨国筹资方式

(一) 国际货币市场融资

国际货币市场,习惯上就是指欧洲货币市场。欧洲货币(Eurocurrency)是指一国银行所拥有的非本国货币定期存款。由于美元是这一市场最常见的货币,它有时也被称为欧洲美元市场。欧洲美元是指美国以外国家的银行所持有的美元存款,这家银行可以是外国银行,也可以是美国银行在国外的分行。欧洲货币也不仅仅局限于欧洲美元,只要是可以完全自由兑换的货币都可以成为欧洲货币,现阶段境外金融市场经常使用的欧洲货币包括欧洲美元、欧洲日元、欧洲英镑等。

在欧洲美元市场上,由于不存在任何管制,银行存贷款没有储备金和利率限制,外国银行在欧洲各国的分支行都积极吸收欧洲美元存款,根据供求变动调整利率。欧洲美元存款的金额通常很大,大多为10万美元或更多。一些信誉较好的跨国公司是这些银行发放美元贷款的主要对象。

欧洲美元市场是跨国公司短期流动资金的最主要来源之一。

欧洲票据是近年来国际上一种新兴的短期资金融资方式。欧洲票据实际上是跨国公司发行的本票,它通过与商业银行或投资银行订立包销或推销协议转售给投资者,借以从银行等金融机构获取贷款。

(二) 国际债券市场融资

一国政府、金融机构、工商企业为筹措资金而在国外市场发行的使用外国货币为面值的债券,即为国际债券。国际债券可以分为外国债券和欧洲债券两类。外国债券是指借款人(债券发行人)在外国债券市场上发行的,以发行所在国的货币为面值的债券。欧洲债券是指借款人在本国以外的债券市场上发行的不是以发行所在国的货币为面值的债券。

欧洲债券的特点显示,欧洲债券票面上的货币单位不同于借款人所在国的通货,欧洲债券市场成为真正意义上的国际资本市场。跨国公司在发行欧洲债券后,由国际银团或证券公司组成的投资银团包销,然后向债券面值货币发行国家以外的国家的投资者出售,其投资者遍布全世界。欧洲债券市场同欧洲美元市场一样,与任何国家的国内资本市场没有联系,不受任何国家政府的金融管辖。自20世纪60年代形成以来,其发行额年年递增。目前,欧洲债券在国际债券发行总额中已远远超过了外国债券而占统治地位,其市场规模已超过银行长期贷款的规模,在跨国公司长期融资中发挥着极为重要的作用。

外国债券的发行大多受发行所在国法律和其他规定的限制。美国、瑞士、日本和卢森堡是最主要的外国债券市场。在美国,这一市场称为扬基债券(Yankee Bonds)市场;在日本,称为武士债券(Samurai Bonds)市场;在英国称为猛犬债券(Bull Dogs)市场。

(三) 国际股票市场融资

20世纪70年代以来,国际资本市场一体化趋势急速发展,这主要是由于各国政府管制减少和信息技术的发展,使得国际多样化组合投资的效率和收益不断提高,为跨国公司提供了在国际股票市场筹集资金的渠道。跨国公司在国际市场筹集股本的可选工具大致有以下几种:

1. 发行 ADR

ADR 的含义是存托凭证。存托凭证是一种可以流通转让的代表投资者对境外证券所有权的证书。它由发行者将其发行的证券交本国或外国银行在本国的分支机构保管,然后以这些证券为保证,委托外国银行再发行与这些证券相对应的存托凭证。除直接以证券为保证发行存托凭证外,还可以把现有的 B 股和 H 股转化为 ADR 上市。

存托凭证种类很多,按用途不同分不同等级。一级存托凭证,只允许通过柜台交易(OTC)方式买卖,不可以在证交所挂牌交易;二级存托凭证可以在证交所挂牌交易。一、二级凭证主要用于扩大股东规模。三级存托凭证可在美国主要证交所交易、买卖,主要用途是市场融资。

目前,可以发行 ADR 上市的国家有美国、加拿大、英国、澳大利亚、新加坡和日本等。

2. 私下募股

私下募股又称私募(Private Placement)，是指股份出售给一部分有资格的机构投资者，这种机构投资者一般是指保险公司、基金公司和投资公司，而不向普通公众公开发售。机构投资者购买了股票后，一般会长期持有。现阶段，大多数国家都存在私募行为。

3. 私人股权投资

全球新兴市场有很多民营公司或家族企业无法在本国市场筹集发展所需资金。尽管这些公司拥有良好的发展前景，但公司处于成长阶段，风险较高，在本国市场筹集资金困难或成本高昂。而且，这些公司规模一般偏小，外国投资者并不了解此类公司的实际经营情况。私人股权投资可以给这些拥有良好发展前景的民营或家族企业提供机会。

私人股权投资一般由一些资本市场比较发达的国家机构投资者或富商组成的有限责任公司或合伙企业进行。该企业通过将流动性强的资本市场机构投资者和富商资金筹集起来，然后通过私人股权投资形式向新兴市场上的家族企业或民营公司注资，通过将这些公司重组和提供现代化的管理经验以及技术，帮助其在新兴市场加强竞争力，使这些公司获得快速发展。

4. 买壳上市融资

跨国公司可以通过在境外股票市场买壳上市筹集资金。买壳上市是指非上市公司通过收购并控股上市公司来取得上市地位，然后利用反向收购的方式注入自己的有关业务和资产。从本质上来说，这种方式实际上就是非上市公司利用上市公司的壳，先达到绝对控股地位，通过合法的公司变更手续，使非上市公司成为上市公司。

对于众多买壳上市的跨国公司来说，买壳的目的在于通过壳公司登陆境外资本市场，吸纳资本，融入资金，买壳公司不仅会重视目标公司的短期效益，更注重其长期发展，所以进行成本分析是非常必要的。对于目标壳资源的购入及其运行成本，主要内容包括：

（1）取得壳公司控股权的成本。这其中包括收购目标壳公司股权的价格、数量、比例等内容。

（2）壳公司重新运作的成本。买壳后一般都会对目标壳公司进行资产重组，重组过程中是要付出成本和代价的。

（3）注入优质资产的成本。一般获得控股权后，企业都会将自身的优质资产注入壳公司，这部分优质资产是有一定成本的。

（4）保持目标壳公司持续经营的成本。对于那些买壳目的是为了长期与资本市场沟通的企业来说，对目标壳公司的运作就必须从长计议，不断地给予其关注或投入，这些都是要付出成本的。

5. 造壳上市融资

造壳上市是指跨国公司或其子公司通过在海外注册一家公司控股跨国公司或其子公司，然后由在海外的控股公司在海外证券市场上市，将所筹资金投资于跨国公司或其子公司，从而达到海外间接上市的目的。海外控股公司同跨国公司或子公司在产权和人事方面有紧密的联系，并且海外控股公司注册地一般在拟上市地或者与拟上市地有着相似的政治、经济、文化和法律等背景的国家或地区，以便取得上市地位。海外控股公司取得上市地位后，跨国公司或子公司就可以通过壳公司进行融资。这种方式是介于首次公开发行上市和买壳上市方式之间的便利的上市方式。与上述两种方式相比，它的优点在于：

一是跨国公司或子公司能够造出一个比较满意的壳公司并且不用支付壳公司的收购成本，也不用承担收购失败的风险；

二是可以避开海外公开发行上市中遇到的与拟上市地的法律和相关规定相抵触的问题；

三是由于控股公司是境外法人，比较容易获得海外上市资格，上市成本也较低，在海外注册并受相应的法律管辖，实行当地的会计制度，遵守当地公司规定、上市规则等还可免去国内有关部门繁琐的审批手续。

四、跨国公司筹资的战略

跨国公司必须从全球战略的高度，权衡各类可资利用的资金来源，从中择优并合理组合，以达到总体筹资成本最小化、避免或降低筹资风险、设定最优筹资结构等三大融资战略目标。

1. 筹资成本最小化

市场的不完全性和各国政府的干预使资本市场出现差异，这就为国际企业实现筹资成本最低化创造了条件。国际企业降低筹资成本的重要方法有三种：一是避免或减少纳税；二是利用优惠信贷；三是争取东道国信贷配额。

在现实中，有一个很好的利用优惠信贷政策的跨国筹资案例。Sonat 是美国亚拉巴马州伯明翰市一家从事能源及其相关服务的公司，1984 年向韩国大宇公司定购了 6 台可部分潜入水中的海上打油井机。大宇公司同意同时向该公司提供 4.25 亿美元购买价、期限 8.5 年、年利率为 9% 的融资。贷款按半年分次等额本金的方法分 17 次偿还。这笔贷款对 Sonat 公司的价值（即净现值）是多少？

Sonat 公司每半年一次付息，意味着公司必须在日后的 8.5 年中每 6 个月按 4.5% 的利率偿还贷款余额的利息和 2500 万美元的本金。相反，如果该公司一次性获得 4.25 亿美元的贷款，那么，在这些现金流入量和现金流出量给定的情况下，就能按通常计算项目贷款净现值的方法进行分析。但这笔交易与典型的资本预算问题所不同的是，现金流入发生在先而现金流出发生在后。不过，其基本原则是相同的。因此，需要对这笔交易的应得收益与 Sonat 公司的边际税率作出估算。

应得收益是指所提供资金的机会成本，也就是 Sonat 公司以相同的利率条件从资本市场借入 4.25 亿美元的资金成本。在 1984 年安排这一贷款的同时，这种贷款的市场利率约为 16%。如果利息支付以 50% 比例的边际税率扣减，那么，每半年的税后应得收益率为 4%（全年为 8%）。半年税后利息支付额是 $0.0225 \times P_t$，这里的 P_t 是指 t 期的贷款余额，税后利率是 2.25%（$0.5 \times 4.5\%$）。表 12-5 是 Sonat 公司低成本贷款安排价值的逐期计算结果。

由此可得,Sonat 公司在该融资交易中所得的盈利的净现值为:

$$NPV = 425\,000\,000 - \sum_{t=1}^{17} 0.022\,5P_t/(1+4\%)^t - \sum_{t=1}^{17} 25\,000\,000/(1+4\%)^t$$
$$= 425\,000\,000 - 304\,145\,061$$
$$= 120\,854\,939(美元)$$

表 12-5 Sonat 公司低成本贷款安排的价值　　　单位:百万美元

期限	本金余额 (1)	利息=(1) ×0.022 5=(2)	本金偿还额 (3)	总偿还额 (4)	现值系数 (5)	现值 (6)
1	425	9.56	25	34.56	0.962	33.25
2	400	9.00	25	34.00	0.925	31.45
3	375	8.44	25	33.44	0.889	29.73
4	350	7.88	25	32.88	0.855	28.11
5	325	7.31	25	32.31	0.822	26.56
6	300	6.75	25	31.75	0.790	25.08
7	275	6.19	25	31.19	0.760	23.70
8	250	5.63	25	30.63	0.731	22.39
9	225	5.06	25	30.06	0.703	21.13
10	200	4.50	25	29.50	0.676	19.94
11	175	3.94	25	28.94	0.650	18.81
12	150	3.38	25	28.38	0.625	17.73
13	125	2.81	25	27.81	0.601	16.71
14	100	2.25	25	27.25	0.578	15.75
15	75	1.69	25	26.69	0.555	14.81
16	50	1.13	25	26.13	0.534	13.95
17	25	0.56	25	25.56	0.513	13.11
					总计	372.21

这一净现值计算方法表明,跨国公司可以利用优惠的信贷政策来减少筹资成本。尤其是利用税收差异所产生的金融市场扭曲、政府信贷和资本管制以及政府的补贴、激励,跨国公司是完全有机会获得优惠条件来筹借资金的。

2. 避免或降低筹资风险

就筹资风险而言,任何一种筹资安排都会对跨国公司总体的风险水平产生影响。因此,跨国公司在进行筹资安排时,无论由母公司筹资还是子公司筹资,都必须考虑到风险因素,适当降低筹资风险。很显然,高风险不仅会降低企业生存能力,而且会影响企业与投资者及非投资者之间的关系,进而危害企业长期的资本积累。最终,因企业销售量的减少和经营成本的提高而导致企业经营的现金流量的减少。因此,从特殊的风险因素实质上是企业的总风险这一意义上讲,企业管理者只有在风险的处理成本还不太大的情况下,才有可能消除风险的影响。

国际企业的筹资风险主要是外汇风险和政治风险。在进行外汇风险管理时应坚持以下原则:

(1) 均衡原则。均衡原则主要指筹资币种、使用币种和偿还币种相平衡,软货币与硬货币相平衡;筹资长短期限相平衡;总体利率结构(固定利率与浮动利率)相平衡;筹资市场结构相平衡;筹资成本结构(利率、汇率、费用)相平衡。

(2) 保值原则。筹资管理的目的是为了防范和减少因汇率和利率等变化所引起的对外债务的增加,而不是为了获利。由于一些防范风险的金融工具,如掉期交易,既可以用来保值,也可以用作投机性交易,因此在使用时应明确使用目的。

(3) 全过程原则。风险管理要贯穿始终,包括借、用、还三个环节,即不仅筹措阶段要采取防范风险的措施,在所筹资本使用阶段和偿还阶段同样应注重风险的防范。保值工具主要有以下几种类型:远期合约套期保值、期货合约套期保值、货币互换、利率互换以及期权合约套期保值等。

对于政治风险,可以进行政治风险保险,与东道国政府签订特许协议等则能有效地预防政治风险。

3. 设定最优筹资结构

在寻求低成本低风险的资金来源时,国际企业必须设立和确定最优的筹资结构,这是降低企业综合资本成本的关键。国际企业的筹资结构,主要是确定最佳的债务股本比率。其中包括如何确定国际企业整体的资本结构以及各个子公司的资本结构。

跨国公司由于其自身的特点,在确定资本结构时,除应遵循与国内公司相同的基本原理外,还应考虑以下两个因素:

(1) 跨国公司在资本市场上的筹资优势。跨国公司由于雄厚的实力和卓越的信誉,常常可以轻易地进入国际资本市场,筹集成本更低的资金,并且在大量筹集资金的情况下,仍然能保持理想的资本结构,即跨国公司资本的边际成本在预算的相当范围内是不变的。

(2) 世界各国资本结构的不同标准。从世界范围来考察各国公司的资本结构时可以看到,决定资本结构的重要因素还包括除资本成本外的其他因素,各国公司的资本结构中,负债与资产的比率均有所不同。例如,美国公司为55%,新加坡为34%,法国达71%等(见表12-6)。

表12-6 部分国家公司负债比率

国 别	负债比率	国 别	负债比率
新加坡	0.34	加拿大	0.58
马来西亚	0.37	印 度	0.60
阿根廷	0.38	瑞 士	0.60
澳大利亚	0.46	丹 麦	0.63
智 利	0.46	西班牙	0.64

续表

国　别	负债比率	国　别	负债比率
墨西哥	0.47	瑞　典	0.68
南　非	0.50	法　国	0.71
巴　西	0.54	芬　兰	0.72
英　国	0.55	巴基斯坦	0.72
美　国	0.55	挪　威	0.74
比利时,荷兰,卢森堡	0.56	意大利	0.76

各国公司资本结构方面的差异与各国资本市场的完善程度及不同的文化历史背景有关,在不同国家设立分支机构的跨国公司是否应"入乡随俗",遵循各国不同的资本结构标准呢？这需要认真分析其利弊。

调整资本结构使之符合当地标准的好处,首先在于减少当地对跨国公司分支机构的批评,改善跨国公司分支机构在当地人心目中的形象；其次,还便于将分支机构与当地企业的经营成果进行比较和评估,提醒管理人员合理配置当地资源。使资本结构符合当地标准的坏处是跨国公司无法利用自身的优势克服各国资本市场的不完善。此外,在跨国公司的合并财务报表中,负债比率可能被扭曲,财务风险也将增大。

总之,与国内公司一样,跨国公司资本结构管理的目标仍是降低资本成本,跨国公司应在保证成本最小的前提下,综合考虑以上利弊,确定最佳资本结构。

本章小结

1. 当公司拓展国际业务时,公司财务的基本原理仍然是适用的,并不会因为投融资范围的变化而不同。

2. 跨国投融资会遇到汇率波动风险。汇率波动可能是因为基本面的变化如通胀率、利率的变化,也可能是由别的因素引起,如央行的市场干预。

3. 当汇率波动时有外币现金流量的公司就会受到影响,产生现金流量的额外变化。尽管公司可以规避部分或者全部风险,但是这样做的前提是规避的成本较低并且他们的股东并没有国际化分散。

4. 在跨国资本预算中,公司必须预测汇率并将现金流量兑换成本国货币。然后用经过风险调整后的贴现率计算现值。风险溢价是由于海外投资引起的政治风险和其他风险引起。

5. 规避汇率风险的方法有很多,既可以利用衍生金融产品的交易来实现,也可以采取在货币市场上借贷的方法。

6. 当公司到海外投资时,增加了筹资选择,并且会改变最佳负债率。最佳负债率的改变部分原因在于海外投资对税率的影响,部分是因为国际化分散引起现金流量的不稳定。

思考与应用

1. 请解释国际平价条件成立时资本预算的两种方法。为什么两种方法是等价的?

2. 请解释国际平价条件不成立时基于不同角度计算的估值会产生哪些情况。应如何处理两种方法估值的差异?

3. 为什么母公司角度的净现值为正而东道国角度的净现值为负的项目等同于进行外汇汇率投机?

4. 为什么有必要对跨国投资各种副作用进行单独估值?

5. 跨国公司内部资金来源有哪几种?

6. 说明外国债券和欧洲债券的区别。

7. 为何会出现欧洲美元市场?其规模不断扩大的原因是什么?

8. 假设你要评估你公司的新子公司的两个不同的投资项目,一个在中国,另一个在国外。尽管汇率不同,而你计算的这两个项目的现金流量完全相同。在何种情况下你会选择在国外子公司投资?举例说明某国家的一些因素会影响你的决策和在该国的投资。

9. 利用经过政治风险和多元化利益调整后的折现率,对国外子公司的某项投资进行评估,所得到的净现值为正值。这是否意味着这项投资就是可接受的?为什么?

10. 如果一美国公司为其国外子公司融资,则从美国借款的缺点是什么?如何克服?

11. 假设SM公司正在考虑在德国的又一投资项目。该项目需投入1000万欧元,第1年预计获得400万欧元的现金流量,第2年和第3年每年各产生300万欧元的现金流量,当前即期汇率是0.88欧元/美元,美国的无风险投资收益率是11.3%,德国是6%,项目的折现率为15%,即等于公司的美国资本成本。另外,该子公司可以在第三年末以210万欧元的价格出售。试问该项目投资的净现值是多少?

12. 一个中国投资项目的预期税后人民币现金流量为:

单位:百万元人民币

投资年度	0	1	2	3
现金流量	−600	200	500	300

在美国这种项目的要求收益率为15%,在中国为12%。预期通货膨胀率美国为6%,中国为3%。美国的无风险政府债券利率为8%,中国的无风险政府债券利率为6%。即期汇率为1美元=8.2人民币。

(1) 假设满足国际平价条件,请计算按美元计算的净现值(请分别按两种方法计算,并比较两种方法的结果有何不同)。

(2) 假设不满足国际平价条件,并假设未来即期汇率为:

$$S_1 = \text{RMB}7.81/\$, S_2 = \text{RMB}7.44/\$, S_3 = \text{RMB}7.09/\$$$

仍按照12%的人民币贴现率和15%的美元贴现率计算净现值NPV。判断是否应该投资该项目。

13. 继续第12题中的例子,假设在中国的投资项目产生的现金流量必须以零利率借给中国政府一年,应按照何种贴现率对这些冻结资金进行贴现？冻结资金成本的现值是多少？

14. 案例分析：

第纳尔牛奶制品公司是瑞士的一家中型奶制品生产厂商,多年来一直从事牛奶、奶酪、黄油等产品的生产,而至今为止,其生产和销售一直限于境内。目前,管理人员有意向海外扩张,作为公司新近聘请的专家,你被要求在该公司董事会上作题为"对外直接投资的可行性和跨国金融管理的复杂性"的报告。报告主要内容包括：(1) 跨国公司对外扩张的主要动机；(2) 该项投资的可行性；(3) 跨国业务金融管理的复杂性。

经过初步考察,管理人员决定对在墨西哥设一生产子公司的项目进行评估。该项目需要母公司提供价值145万瑞士法郎的设备(包括安装费、运输费),按照1瑞士法郎等于2.14墨西哥比索,相当于310.3万墨西哥比索。公司可以107万比索在市场购得一厂房,此外,还需投入流动资金约21.5万瑞士法郎。

项目的经济年限为5年,预计第一年销售收入为180万墨西哥比索,第一年的固定成本(不包括折旧)约为54万比索,可变成本占销售收入的60%,由于通货膨胀,固定成本和可变成本将以每年10%的速度上升,而政府对价格的限制使销售收入只能以每年5%的幅度上升。公司采用直线折旧法,预计固定资产将全部折旧完毕,无残值收入。到第5年年末,整个项目将以28万比索出售给当地投资者。这笔收益在两国均可免税。

此外,墨西哥公司所得税税率为35%,而瑞士为37.5%。子公司每年将汇出65%的税后利润,另外35%将留在子公司再投资于流动资金。墨西哥同类项目使用的资本成本为22%,第纳尔公司也使用22%的资本成本。

最后,管理人员预计,墨西哥比索对瑞士法郎的比价将以每年5%的幅度下降。在以上预测的基础上,管理人员要求你分别从母公司和项目本身的角度评估该项目,并提出评估意见。

附表一

终值因子表

终值因子 $=(1+r)^t$

r\t	1%	2%	3%	4%	5%	6%	7%	8%	9%	10%
1	1.010 0	1.020 0	1.030 0	1.040 0	1.050 0	1.060 0	1.070 0	1.080 0	1.090 0	1.100 0
2	1.020 1	1.040 4	1.060 9	10.081 6	1.102 5	1.123 6	1.144 9	1.166 4	1.188 1	1.2100
3	1.030 3	1.061 2	1.092 7	1.124 9	1.157 6	1.191 0	1.225 0	1.259 7	1.295 0	1.331 0
4	1.040 6	1.082 4	1.125 5	1.169 9	1.215 5	1.262 5	1.310 8	1.360 5	1.411 6	1.464 1
5	1.051 0	1.104 1	1.159 3	1.216 7	1.276 3	1.338 2	1.402 6	1.469 3	1.538 6	1.610 5
6	1.061 5	1.126 2	1.194 1	1.265 3	1.340 1	1.418 5	1.500 7	1.586 9	1.677 1	1.771 6
7	1.072 1	1.148 7	1.229 9	1.315 9	1.407 1	1.503 6	1.605 8	1.713 8	1.828 0	1.948 7
8	1.082 9	1.171 7	1.266 8	1.368 6	1.477 5	1.593 8	1.718 2	1.850 9	1.992 6	2.143 6
9	1.093 7	1.195 1	1.304 8	1.423 3	1.551 3	1.689 5	1.838 5	1.999 0	2.171 9	2.357 9
10	1.104 6	1.219 0	1.343 9	1.480 2	1.628 9	1.790 8	1.967 2	2.158 9	2.367 4	2.593 7
11	1.115 7	1.243 4	1.384 2	1.539 5	1.710 3	1.898 3	2.104 9	2.331 6	2.580 4	2.853 1
12	1.126 8	1.268 2	1.425 8	1.601 0	1.795 9	2.012 2	2.252 2	2.518 2	2.812 7	3.138 4
13	1.138 1	1.293 6	1.468 5	1.665 1	1.885 6	2.132 9	2.409 8	2.719 6	3.065 8	3.452 3
14	1.149 5	1.319 5	1.512 6	1.731 7	1.979 9	2.260 9	2.578 5	2.937 2	3.341 7	3.797 5
15	1.161 0	1.345 9	1.558 0	1.800 9	2.078 9	2.396 6	2.759 0	3.172 2	3.642 5	4.177 2
16	1.172 6	1.372 8	1.604 7	1.873 0	2.182 9	2.540 4	2.952 2	3.425 9	3.970 3	4.595 0
17	1.184 3	1.400 2	1.652 8	1.947 9	2.292 0	2.692 8	3.158 8	3.700 0	4.327 6	5.054 5
18	1.196 1	1.428 2	1.702 4	2.025 8	2.406 6	2.854 3	3.379 9	3.996 0	4.717 1	5.559 9
19	1.208 1	1.456 8	1.753 5	2.106 8	2.527 0	3.025 6	3.616 5	4.315 7	5.141 7	6.115 9
20	1.220 2	1.485 9	1.806 1	2.191 1	2.653 3	3.207 1	8.869 7	4.661 0	5.604 4	6.727 5
21	1.232 4	1.515 7	1.860 3	2.278 8	2.786 0	3.399 6	4.140 6	5.033 8	6.108 8	7.400 2
22	1.244 7	1.546 0	1.916 1	2.369 9	2.925 3	3.603 5	4.430 4	5.436 5	6.658 6	8.140 3
23	1.257 2	1.576 9	1.973 6	1.464 7	3.071 5	3.819 7	4.740 5	5.871 5	7.257 9	8.954 3
24	1.269 7	1.608 4	2.032 8	2.563 3	3.225 1	4.078 9	5.072 4	6.341 2	7.911 1	9.849 7
25	1.282 4	1.640 6	2.093 8	2.665 8	3.386 4	4.291 9	5.427 4	6.848 5	8.623 1	10.835
30	1.347 8	1.811 4	2.427 3	3.243 4	4.321 9	5.743 5	7.612 3	10.063	13.268	17.449
40	1.488 9	2.208 0	3.262 0	4.801 0	7.040 0	10.286	14.974	21.725	31.409	45.259
50	1.644 6	2.691 6	4.383 9	7.106 7	11.467	18.420	29.457	46.902	74.358	117.39
60	1.816 7	3.281 0	5.891 6	10.520	18.679	32.988	57.946	101.26	176.03	304.48

续表

r / t	12%	14%	15%	16%	18%	20%	24%	28%	32%	36%
1	1.1200	1.1400	1.1500	1.1600	1.1800	1.2000	1.2400	1.2800	1.3200	1.3600
2	1.2544	1.2996	1.3225	1.3456	1.3924	1.4400	1.5376	1.6384	1.7424	1.8496
3	1.4049	1.4815	1.5209	1.5609	1.6430	1.7280	1.9066	2.0972	2.3000	2.5155
4	1.5735	1.6890	1.7490	1.8106	1.9388	1.0736	2.3642	2.6844	3.0360	3.4210
5	1.7623	1.9254	2.0114	2.1003	2.2878	2.4883	2.9316	3.4360	4.0075	4.6526
6	1.9738	2.1950	2.3131	2.4364	2.6996	2.9860	3.6352	4.3980	5.2899	6.3275
7	2.2107	2.5023	2.6600	2.8262	3.1855	3.5832	4.5077	5.6295	6.9826	8.6054
8	2.4760	2.8526	3.0590	3.2784	3.7589	4.2998	5.5895	7.2058	9.2170	11.703
9	2.7731	3.2519	3.5179	3.8030	4.4355	5.1598	6.9310	9.2234	12.166	15.917
10	3.1058	3.7072	4.0456	4.4114	5.2338	6.1917	8.5944	11.806	16.060	21.647
11	3.4785	4.2262	4.6524	5.1173	6.1759	7.4301	10.657	15.112	21.199	29.439
12	3.8960	4.8179	5.3503	5.9360	7.2876	8.9161	13.215	19.343	27.983	40.037
13	4.3635	5.4924	6.1528	6.8858	8.5994	10.699	16.386	24.759	36.937	54.451
14	4.8871	6.2613	7.0757	7.9875	10.147	12.839	20.319	31.691	48.757	74.053
15	5.4736	7.1379	8.1371	9.2655	11.974	15.407	25.196	40.565	64.359	100.71
16	6.1304	8.1372	9.3576	10.748	14.129	18.488	31.243	51.923	84.954	136.97
17	6.8660	9.2765	10.761	12.468	16.672	22.186	38.741	66.461	112.14	186.28
18	7.6900	10.575	12.375	14.463	19.673	26.623	48.039	85.071	148.02	253.34
19	8.6128	12.056	14.232	16.777	23.214	31.948	59.568	108.89	195.39	344.54
20	9.6463	13.743	16.367	19.461	27.393	38.338	73.864	139.38	257.92	468.57
21	10.804	15.668	18.822	22.574	32.324	46.005	91.592	178.41	340.45	637.26
22	12.100	17.861	21.645	26.186	38.142	55.206	113.57	228.36	449.39	866.67
23	13.552	20.362	24.891	30.376	45.008	66.247	140.83	292.30	593.20	1 178.7
24	15.179	23.212	28.625	35.236	53.109	79.497	174.63	374.14	783.02	1 603.0
25	17.000	26.462	32.919	40.874	62.669	95.396	216.54	478.90	1 033.6	2 180.1
30	29.960	50.950	66.212	85.850	143.37	237.38	634.82	1 645.5	4 142.1	10 143
40	93.051	188.88	267.86	378.72	750.38	1 469.8	5 455.9	19 427	66 521	*
50	289.00	700.23	1 083.7	1 670.7	3 927.4	9 100.4	46 890	*	*	*
60	897.60	2 595.9	4 384.0	7 370.2	20 555	56 348	*		*	*

附表二

现值因子表

现值因子 $= \dfrac{1}{(1+r)^t}$

t \ r	1%	2%	3%	4%	5%	6%	7%	8%	9%	10%
1	0.990 1	0.980 4	0.970 9	0.961 5	0.952 4	0.943 4	0.934 6	0.925 9	0.917 4	0.909 1
2	0.980 3	0.961 2	0.942 6	0.924 6	0.907 0	0.890 0	0.873 4	0.857 3	0.841 7	0.826 4
3	0.970 6	0.942 3	0.915 1	0.889 0	0.863 8	0.839 6	0.916 3	0.793 8	0.772 2	0.751 3
4	0.961 0	0.923 8	0.888 5	0.854 8	0.822 7	0.792 1	0.762 9	0.735 0	0.708 4	0.683 0
5	0.951 5	0.905 7	0.862 6	0.821 9	0.783 5	0.747 3	0.713 0	0.680 6	0.649 9	0.620 9
6	0.942 0	0.888 0	0.837 5	0.790 3	0.746 2	0.705 0	0.666 3	0.630 2	0.596 3	0.564 5
7	0.932 7	0.870 6	0.813 1	0.759 9	0.710 7	0.665 1	0.622 7	0.583 5	0.547 0	0.513 2
8	0.923 5	0.853 5	0.789 4	0.730 7	0.676 8	0.627 4	0.592 0	0.540 3	0.501 9	0.466 5
9	0.914 3	0.836 8	0.766 4	0.702 6	0.644 6	0.591 9	0.543 9	0.500 2	0.460 4	0.424 1
10	0.905 3	0.820 3	0.744 1	0.675 6	0.613 9	0.558 4	0.508 3	0.463 2	0.422 4	0.385 5
11	0.896 3	0.804 3	0.722 4	0.649 6	0.584 7	0.526 8	0.475 1	0.428 9	0.387 5	0.350 5
12	0.887 4	0.788 5	0.701 4	0.624 6	0.556 8	0.497 0	0.444 0	0.397 1	0.355 5	0.318 6
13	0.878 7	0.773 0	0.681 0	0.660 6	0.530 3	0.468 8	0.415 0	0.367 7	0.326 2	0.289 7
14	0.870 0	0.757 9	0.661 1	0.577 5	0.505 1	0.442 3	0.387 8	0.340 5	0.299 2	0.263 3
15	0.861 3	0.743 0	0.641 9	0.555 3	0.481 0	0.417 3	0.362 4	0.315 2	0.274 5	0.239 4
16	0.852 8	0.728 4	0.623 2	0.533 9	0.458 1	0.393 6	0.338 7	0.291 9	0.251 9	0.217 6
17	0.844 4	0.714 2	0.605 0	0.513 4	0.436 3	0.371 4	0.316 6	0.270 3	0.231 1	0.197 8
18	0.836 0	0.700 2	0.587 4	0.493 6	0.415 5	0.350 3	0.295 9	0.250 2	0.212 0	0.179 9
19	0.827 7	0.686 4	0.570 3	0.474 6	0.395 7	0.330 5	0.276 5	0.231 7	0.194 5	0.163 5
20	0.819 5	0.673 0	0.553 7	0.456 4	0.376 9	0.311 8	0.258 4	0.214 5	0.178 4	0.148 6
21	0.811 4	0.659 8	0.537 5	0.438 8	0.358 9	0.294 2	0.241 5	0.198 7	0.163 7	0.135 1
22	0.803 4	0.646 8	0.521 9	0.422 0	0.341 8	0.277 5	0.225 7	0.183 9	0.150 2	0.122 8
23	0.795 4	0.634 2	0.506 7	0.405 7	0.325 6	0.261 8	0.210 9	0.170 3	0.137 8	0.111 7
24	0.757 6	0.621 7	0.491 9	0.390 1	0.310 1	0.247 0	0.197 1	0.157 7	0.126 4	0.101 5
25	0.779 8	0.609 5	0.477 6	0.375 1	0.295 3	0.233 0	0.184 2	0.146 0	0.116 0	0.092 3
30	0.741 9	0.552 1	0.412 0	0.308 3	0.231 4	0.174 1	0.131 4	0.099 4	0.075 4	0.057 3
40	0.671 7	0.452 9	0.306 6	0.208 3	0.142 0	0.097 2	0.066 8	0.046 0	0.031 8	0.022 1
50	0.608 0	0.371 5	0.228 1	0.140 7	0.087 2	0.054 3	0.033 9	0.021 3	0.013 4	0.008 5

续表

t \ r	12%	14%	15%	16%	18%	20%	24%	28%	32%	36%
1	0.8929	0.8772	0.8696	0.8621	0.8475	0.8333	0.8065	0.7813	0.7576	0.7353
2	0.7972	0.7695	0.7561	0.7432	0.7182	0.6944	0.6504	0.6104	0.5739	0.5407
3	0.7118	0.6750	0.6575	0.6407	0.6086	0.5787	0.5245	0.4768	0.4348	0.3975
4	0.6355	0.5921	0.5718	0.5523	0.5158	0.4823	0.4230	0.3725	0.3294	0.2923
5	0.5674	0.5194	0.4972	0.4761	0.4371	0.4019	0.3411	0.2910	0.2495	0.2149
6	0.5066	0.4556	0.4323	0.4104	0.3704	0.3349	0.2751	0.2274	0.1890	0.1580
7	0.4523	0.3996	0.3759	0.3538	0.3139	0.2791	0.2218	0.1776	0.1432	0.1162
8	0.4039	0.3506	0.3269	0.3050	0.2660	0.2326	0.1789	0.1388	0.1085	0.0854
9	0.3606	0.3075	0.2843	0.2630	0.2255	0.1938	0.1443	0.1084	0.0822	0.0628
10	0.3220	0.2697	0.2472	0.2267	0.1911	0.1615	0.1164	0.0847	0.0623	0.0462
11	0.2875	0.2366	0.2149	0.1954	0.1619	0.1346	0.0939	0.0662	0.0472	0.0340
12	0.2567	0.2076	0.1869	0.1685	0.1372	0.1122	0.0757	0.0517	0.0357	0.0250
13	0.2292	0.1821	0.1625	0.1452	0.1163	0.0935	0.0610	0.0404	0.0271	0.0184
14	0.2046	0.1597	0.1413	0.1252	0.0985	0.0779	0.0492	0.0316	0.0205	0.0135
15	0.1827	0.1401	0.1229	0.1079	0.0835	0.0649	0.0397	0.0247	0.0155	0.0099
16	0.1631	0.1229	0.1069	0.0930	0.0708	0.0541	0.0320	0.0193	0.0118	0.0073
17	0.1456	0.1078	0.0929	0.0802	0.0600	0.0451	0.0258	0.0150	0.0089	0.0054
18	0.1300	0.0946	0.0808	0.0691	0.0508	0.0376	0.0208	0.0118	0.0068	0.0039
19	0.1161	0.0829	0.0703	0.0596	0.0431	0.0313	0.0168	0.0092	0.0051	0.0029
20	0.1037	0.0728	0.0611	0.0514	0.0365	0.0261	0.0135	0.0072	0.0039	0.0021
21	0.0926	0.0638	0.0531	0.0443	0.0309	0.0217	0.0109	0.0056	0.0029	0.0016
22	0.0826	0.0560	0.0462	0.0382	0.0262	0.0181	0.0088	0.0044	0.0022	0.0012
23	0.0738	0.0491	0.0402	0.0329	0.0222	0.0151	0.0071	0.0034	0.0017	0.0008
24	0.0659	0.0431	0.0349	0.0284	0.0188	0.0126	0.0057	0.0027	0.0013	0.0006
25	0.0588	0.0378	0.0304	0.0245	0.0160	0.0105	0.0046	0.0021	0.0010	0.0005
30	0.0334	0.0196	0.0151	0.0116	0.0070	0.0042	0.0016	0.0006	0.0002	0.0001
40	0.0107	0.0053	0.0037	0.0026	0.0013	0.0007	0.0002	0.0001	*	*
50	0.0035	0.0014	0.0009	0.0006	0.0003	0.0001	*	*	*	*

附表三

年金终值因子表

年金终值因子 $= [(1+r)^t - 1]/r$

t \ r	1%	2%	3%	4%	5%	6%	7%	8%	9%	10%
1	1.000 0	1.000 0	1.000 0	1.000 0	1.000 0	1.000 0	1.000 0	1.000 0	1.000 0	1.000 0
2	2.010 0	2.020 0	2.030 0	2.040 0	2.050 0	2.060 0	2.070 0	2.080 0	2.090 0	2.100 0
3	3.030 1	3.060 4	3.090 9	3.121 6	3.152 5	3.183 6	3.214 9	3.246 4	3.278 1	3.310 0
4	4.060 4	4.121 6	4.183 6	4.246 5	4.310 1	4.374 6	4.439 9	4.506 1	4.573 1	4.641 0
5	5.101 0	5.204 0	5.309 1	5.416 3	5.525 6	5.637 1	5.750 7	5.866 6	5.984 7	6.105 1
6	6.152 0	6.308 1	6.468 4	6.633 0	6.801 9	6.975 3	7.153 3	7.335 9	7.523 3	7.715 6
7	7.213 5	7.434 3	7.662 5	7.898 3	8.142 0	8.393 8	8.654 0	8.922 8	9.200 4	9.487 2
8	8.285 7	8.583 0	8.893 2	9.214 2	9.549 1	9.897 5	10.260	10.637	11.028	11.436
9	9.3685	9.7546	10.159	10.583	11.027	11.491	11.978	12.488	13.021	13.579
10	10.462	10.950	11.464	12.006	12.578	13.181	13.816	14.487	15.193	15.937
11	11.567	12.169	12.808	13.486	14.207	14.972	15.784	16.645	17.560	18.531
12	12.683	13.412	14.192	15.026	15.917	16.870	17.888	18.977	20.141	21.384
13	13.809	14.680	15.618	16.627	17.713	18.882	20.141	21.495	22.953	24.523
14	14.947	15.974	17.086	18.292	19.599	21.015	22.550	24.215	26.019	27.975
15	16.097	17.293	18.599	20.024	21.579	23.276	25.129	27.152	29.361	31.772
16	17.258	18.639	20.157	21.825	26.657	25.673	27.888	30.324	33.003	35.950
17	18.430	20.012	21.762	23.698	25.840	28.213	30.840	33.750	36.974	40.545
18	19.615	21.412	23.414	25.645	28.132	30.906	33.999	37.450	41.301	45.599
19	20.811	22.841	25.117	27.671	30.539	33.760	37.379	41.446	46.018	51.159
20	22.019	24.297	26.870	29.778	33.066	36.786	40.995	45.762	51.160	57.275
21	23.239	25.783	28.676	31.969	35.719	39.993	44.865	50.423	56.765	64.002
22	24.472	27.299	30.537	34.248	38.505	43.392	49.006	55.457	62.873	71.403
23	25.716	28.845	32.453	36.618	41.430	46.996	53.436	60.893	69.532	79.543
24	26.973	30.422	34.426	39.083	44.502	50.816	58.177	66.765	76.790	88.497
25	28.243	32.030	36.459	41.646	47.727	54.865	63.249	73.106	84.701	98.347
30	34.785	40.568	47.575	56.085	66.439	79.058	94.461	113.28	136.31	164.49
40	48.886	60.402	75.401	95.026	120.80	154.76	199.64	259.06	337.88	442.59
50	64.463	84.579	112.80	152.67	209.35	290.34	406.53	573.77	815.08	1 163.9
60	81.670	114.05	163.05	237.99	353.58	533.13	813.52	1 253.2	1 944.8	3 034.8

续表

r / t	12%	14%	15%	16%	18%	20%	24%	28%	32%	36%
1	1.000 0	1.000 0	1.000 0	1.000 0	1.000 0	1.000 0	1.000 0	1.000 0	1.000 0	1.000 0
2	2.120 0	2.140 0	2.150 0	2.160 0	2.180 0	2.200 0	2.240 0	2.280 0	2.320 0	2.360 0
3	3.374 4	3.439 6	3.472 5	3.505 6	3.572 4	3.640 0	3.777 6	3.918 4	4.062 4	4.209 6
4	4.779 3	4.921 1	4.993 4	5.066 5	5.215 4	5.368 0	5.684 2	6.015 6	6.362 4	6.725 1
5	6.352 8	6.610 1	6.742 4	6.877 1	7.154 2	7.441 6	8.048 4	8.699 9	9.398 3	10.146
6	8.115 2	8.535 5	8.753 7	8.977 5	9.442 0	9.929 9	10.980	12.136	13.406	14.799
7	10.089	10.730	11.067	11.414	12.142	12.916	14.615	16.534	18.696	21.126
8	12.300	13.233	13.727	14.240	15.327	16.499	19.123	22.163	25.678	29.732
9	14.776	16.085	16.786	17.519	19.086	20.799	24.712	29.369	34.895	41.435
10	17.549	19.337	20.304	21.321	23.521	25.959	31.643	38.593	47.062	57.352
11	20.655	23.045	24.349	25.733	28.755	32.150	40.238	50.398	63.122	78.998
12	24.133	27.271	29.002	30.850	34.931	39.581	50.895	65.510	84.320	108.44
13	28.029	32.089	34.352	36.786	42.219	48.497	64.110	84.853	112.30	148.47
14	32.393	37.581	40.505	43.672	50.818	59.196	80.496	109.61	149.24	202.93
15	37.280	43.842	47.580	51.660	60.965	72.035	100.82	141.30	198.00	276.98
16	42.753	50.980	55.717	60.925	72.939	87.442	126.01	181.87	262.36	377.69
17	48.884	59.118	65.075	71.673	87.068	105.93	157.25	233.79	347.31	514.66
18	55.750	68.394	75.836	84.141	103.74	128.12	195.99	300.25	459.45	700.94
19	63.440	78.969	88.212	98.603	123.41	154.74	244.03	385.32	607.47	954.28
20	72.052	91.025	102.44	115.38	146.63	186.69	303.60	494.21	802.86	1 298.8
21	81.699	104.77	118.81	134.84	174.02	225.03	377.46	633.59	1 060.8	1 767.4
22	92.503	120.44	137.63	157.41	206.34	271.03	469.06	812.00	1 401.2	2 404.7
23	104.60	138.30	159.28	183.60	244.49	326.24	582.63	1 040.4	1 850.6	3 271.3
24	118.16	158.66	184.17	213.98	289.49	392.48	723.46	1 332.7	2 443.8	4 450.0
25	133.33	181.87	212.79	249.21	342.60	471.98	898.09	1 706.8	3 226.8	6 053.0
30	241.33	356.79	434.75	530.31	790.95	1 181.9	2 640.9	5 873.2	12 941	28 172.3
40	767.09	1 342.0	1 779.1	2 360.8	4 163.2	7 343.9	22 729	69 377	*	*
50	2 400.0	4 994.5	7 217.7	10 436	21 813	45 497	*	*	*	*
60	7 471.6	18 535	29 220	46 058	*	*	*	*	*	*

附表四

年金现值因子表

年金现值因子 $= \left[1 - \dfrac{1}{(1+r)^t}\right]/r$

t \ r	1%	2%	3%	4%	5%	6%	7%	8%	9%
1	0.9901	0.9804	0.9709	0.9615	0.9524	0.9434	0.9346	0.9259	0.9174
2	1.9704	1.9416	1.9135	1.8861	1.8594	1.8334	1.8080	1.7833	1.7591
3	2.9410	2.8839	2.8286	2.7751	2.7232	2.6730	2.6243	2.5771	2.5313
4	3.9020	3.8077	3.7171	3.6299	3.5460	3.4651	3.3872	3.3121	3.2397
5	4.8534	4.7135	4.5797	4.4518	4.3295	4.2124	4.1002	3.9927	3.8897
6	5.7955	5.6014	5.4172	5.2421	5.0757	4.9173	4.7665	4.6229	4.4859
7	6.7282	6.4720	6.2303	6.0021	5.7864	5.5824	5.3893	5.2064	5.0330
8	7.6517	7.3255	7.0197	6.7327	6.4632	6.2098	5.9713	5.7466	5.5348
9	8.5660	8.1622	7.7861	7.4353	7.1078	6.8017	6.5152	6.2469	5.9952
10	9.4713	8.9826	8.5302	8.1109	7.7217	7.3601	7.0236	6.7101	6.4177
11	10.3676	9.7868	9.2526	8.7605	8.3064	7.8869	7.4987	7.1390	6.8052
12	11.2551	10.5753	9.9540	9.3851	8.8633	8.3838	7.9427	7.5361	7.1607
13	12.1337	11.3484	10.6350	9.9856	9.3936	8.8527	8.3577	7.9038	7.4869
14	13.0037	12.1062	11.2961	10.5631	9.8986	9.2950	8.7455	8.2442	7.7862
15	13.8651	12.8493	11.9379	11.1184	10.3797	9.7122	9.1079	8.5595	8.0607
16	14.7179	13.5777	12.5611	11.6523	10.8378	10.1059	9.4466	8.8514	8.3126
17	15.5623	14.2919	13.1661	12.1657	11.2741	10.4773	9.7632	9.1216	8.5436
18	16.3983	14.9920	13.7535	12.6593	11.6896	10.8276	10.0591	9.3719	8.7556
19	17.2260	15.6785	14.3238	13.1339	12.0853	11.1581	10.3356	9.6036	8.9501
20	18.0456	16.3514	14.8775	13.5903	12.4622	11.4699	10.5940	9.8181	9.1285
21	18.8570	17.0112	15.4150	14.0292	12.8212	11.7641	10.8355	10.0168	9.2922
22	19.6604	17.6580	15.9369	14.4511	13.1630	12.0416	11.0612	10.2007	9.4424
23	20.4558	18.2922	16.4436	14.8568	13.4886	12.3034	11.2722	10.3741	9.5802
24	21.2434	18.9139	16.9355	15.2470	13.7986	12.5504	11.4693	10.5288	9.7066
25	22.0232	19.5235	17.4131	15.6221	14.0939	12.7834	11.6536	10.6748	9.8226
30	25.8077	22.3965	19.6004	17.2920	15.3725	13.7648	12.4090	11.2578	10.2737
40	32.8347	27.3555	23.1148	19.7928	17.1591	15.0463	13.3317	11.9246	10.7574
50	39.1961	31.4236	25.7298	21.4822	18.2559	15.7619	13.8007	12.2335	10.9617

续表

r / t	10%	12%	14%	15%	16%	18%	20%	24%	28%	32%
1	0.9091	0.8929	0.8772	0.8696	0.8621	0.8475	0.8333	0.8065	0.7813	0.7576
2	1.7355	1.6901	1.6467	1.6257	1.6052	1.5656	1.5278	1.4568	1.3916	1.3315
3	2.4869	2.4018	2.3216	2.2832	2.2459	2.1743	2.1065	1.9813	1.8684	1.7663
4	3.1699	3.0373	2.9137	2.8550	2.7982	2.6901	2.5887	2.4043	2.2410	2.0957
5	3.7908	3.6048	3.4331	3.3522	3.2743	3.1272	2.9906	2.7454	2.5320	2.3452
6	4.3553	4.1114	3.8887	3.7845	3.6847	3.4976	3.3255	3.0205	2.7594	2.5342
7	4.8684	4.5638	4.2883	4.1604	4.0386	3.8115	3.6046	3.2423	2.9370	2.6775
8	5.3349	4.9676	4.6389	4.4873	4.3436	4.0776	3.8372	3.4212	3.0758	2.7860
9	5.7590	5.3282	4.9464	4.7716	4.6065	4.3030	4.0310	3.5655	3.1842	2.8681
10	6.1446	5.6502	5.2161	5.0188	4.8332	4.4941	4.1925	3.6819	3.2689	2.9304
11	6.4951	5.9377	5.4527	5.2337	5.0286	4.6560	4.3271	3.7757	3.3351	2.9776
12	6.8137	6.1944	5.6603	5.4206	5.1971	4.7932	4.4392	3.8514	3.3868	3.0133
13	7.1034	6.4235	5.8424	5.5831	5.3423	4.9095	4.5327	3.9124	3.4272	3.0404
14	7.3667	6.6282	6.0021	5.7245	5.4675	5.0081	4.6106	3.9616	3.4587	3.0609
15	7.6061	6.8109	6.1422	5.8474	5.5755	5.0916	4.6755	4.0013	3.4834	3.0764
16	7.8237	6.9740	6.2651	5.9542	5.6685	5.1624	4.7296	4.0333	3.5026	3.0882
17	8.0216	7.1196	6.3729	6.0472	5.7487	5.2223	4.7746	4.0591	3.5177	3.0971
18	8.2014	7.2497	6.4674	6.1280	5.8178	5.2732	4.8122	4.0799	3.5294	3.1039
19	8.3649	7.3658	6.5504	6.1982	5.8775	5.3162	4.8435	4.0967	3.5386	3.1090
20	8.5136	7.4694	6.6231	6.2593	5.9288	5.3527	4.8696	4.1103	3.5458	3.1129
21	8.6487	7.5620	6.6870	6.3125	5.9731	5.3837	4.8913	4.1212	3.5514	3.1158
22	8.7715	7.6446	6.7429	6.3587	6.0113	5.4099	4.9094	4.1300	3.5558	3.1180
23	8.8832	7.7184	6.7921	6.3988	6.0442	5.4321	4.9245	4.1371	3.5592	3.1197
24	8.9847	7.7843	6.8351	6.4338	6.0726	5.4509	4.9371	4.1428	3.5619	3.1210
25	9.0770	7.8431	6.8729	6.4641	6.0971	5.4669	4.9476	4.1474	3.5640	3.1220
30	9.4269	8.0552	7.0027	6.5660	6.1772	5.5168	4.9789	4.1601	3.5693	3.1242
40	9.7791	8.2438	7.1050	6.6418	6.2335	5.5482	4.9966	4.1659	3.5712	3.1250
50	9.9148	8.3045	7.1327	6.6605	6.2463	5.5541	4.9995	4.1666	3.5714	3.1250

附表五

标准正态分布表

$$\Phi(x) = \int_{-\infty}^{x} \frac{1}{\sqrt{2\pi}} e^{-u^2/2} du = P(\xi \leqslant x)$$

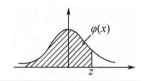

x	0	1	2	3	4	5	6	7	8	9
−3.0	0.0013	0.0010	0.0007	0.0005	0.0003	0.0002	0.0002	0.0001	0.0001	0.0000
−2.9	0.0019	0.0018	0.0017	0.0017	0.0016	0.0016	0.0015	0.0015	0.0014	0.0014
−2.8	0.0026	0.0025	0.0024	0.0023	0.0023	0.0022	0.0021	0.0021	0.0020	0.0019
−2.7	0.0035	0.0034	0.0033	0.0032	0.0031	0.0030	0.0029	0.0028	0.0027	0.0026
−2.6	0.0047	0.0045	0.0044	0.0043	0.0041	0.0040	0.0039	0.0038	0.0037	0.0036
−2.5	0.0062	0.0060	0.0059	0.0057	0.0055	0.0054	0.0052	0.0051	0.0049	0.0048
−2.4	0.0082	0.0080	0.0078	0.0075	0.0073	0.0071	0.0069	0.0068	0.0066	0.0064
−2.3	0.0107	0.0104	0.0102	0.0099	0.0096	0.0094	0.0091	0.0089	0.0087	0.0084
−2.2	0.0139	0.0136	0.0132	0.0129	0.0126	0.0122	0.0119	0.0116	0.0113	0.0110
−2.1	0.0179	0.0174	0.0170	0.0166	0.0162	0.0158	0.0154	0.0150	0.0146	0.0143
−2.0	0.0220	0.0222	0.0217	0.0212	0.0207	0.0202	0.0197	0.0192	0.0188	0.0183
−1.9	0.0287	0.0281	0.0274	0.0268	0.0262	0.0256	0.0250	0.0244	0.0238	0.0233
−1.8	0.0359	0.0352	0.0344	0.0336	0.0329	0.0322	0.0314	0.0307	0.0300	0.0294
−1.7	0.0446	0.0436	0.0427	0.0418	0.0409	0.0401	0.0392	0.0384	0.0375	0.0367
−1.6	0.0548	0.0537	0.0526	0.0516	0.0505	0.0495	0.0485	0.0475	0.0455	0.0455
−1.5	0.0668	0.0655	0.0643	0.0630	0.0618	0.0606	0.0594	0.0582	0.0570	0.0559
−1.4	0.0808	0.0793	0.0778	0.0764	0.0749	0.0735	0.0722	0.0708	0.0694	0.0681
−1.3	0.0968	0.0951	0.0934	0.0918	0.0901	0.0885	0.0869	0.0853	0.0838	0.0823
−1.2	0.1151	0.1131	0.1112	0.1093	0.1075	0.1056	0.1038	0.1020	0.1003	0.0985
−1.1	0.1357	0.1335	0.1314	0.1292	0.1271	0.1251	0.1230	0.1210	0.1190	0.1120
−1.0	0.1587	0.1562	0.1539	0.1515	0.1492	0.1469	0.1446	0.1423	0.1401	0.1379
−0.9	0.1841	0.1814	0.1788	0.1762	0.1736	0.1711	0.1685	0.1660	0.1635	0.1611
−0.8	0.2119	0.2090	0.2061	0.2033	0.2005	0.1977	0.1949	0.1927	0.1894	0.1867
−0.7	0.2420	0.2389	0.2358	0.2327	0.2297	0.2266	0.2236	0.2206	0.2177	0.2148
−0.6	0.2743	0.2709	0.2676	0.2643	0.2611	0.2578	0.2546	0.2514	0.2483	0.2451
−0.5	0.3085	0.3550	0.3015	0.2981	0.2946	0.2912	0.2877	0.2843	0.2810	0.2776
−0.4	0.3446	0.3309	0.3372	0.3336	0.3300	0.3264	0.3228	0.3192	0.3156	0.3121
−0.3	0.3821	0.3785	0.3745	0.3707	0.3669	0.3632	0.3594	0.3557	0.3520	0.3483
−0.2	0.4207	0.4168	0.4129	0.4090	0.4052	0.4013	0.3974	0.3936	0.3897	0.3859
−0.1	0.4602	0.4562	0.4522	0.4483	0.4443	0.4404	0.4364	0.4325	0.4286	0.4247
−0.0	0.5000	0.4960	0.4920	0.4880	0.4840	0.4801	0.4761	0.4721	0.4681	0.4641

续表

$$\Phi(x) = \int_{-\infty}^{x} \frac{1}{\sqrt{2\pi}} e^{-u^2/2} du = P(\xi \leqslant x)$$

x	0	1	2	3	4	5	6	7	8	9
0.0	0.5000	0.5040	0.5080	0.5120	0.5160	0.5199	0.5239	0.5279	0.5319	0.5359
0.1	0.5398	0.5438	0.5478	0.5517	0.5557	0.5596	0.5636	0.5673	0.5714	0.5753
0.2	0.5793	0.5832	0.5871	0.5910	0.5948	0.5997	0.6026	0.6064	0.6103	0.6141
0.3	0.6179	0.6217	0.6255	0.6293	0.6331	0.6368	0.6406	0.6443	0.6480	0.6517
0.4	0.6554	0.6591	0.6628	0.6664	0.6700	0.6736	0.6772	0.6808	0.6844	0.6879
0.5	0.6915	0.6950	0.6985	0.7019	0.7054	0.7088	0.7123	0.7157	0.7190	0.7224
0.6	0.7257	0.7291	0.7324	0.7357	0.7389	0.7422	0.7454	0.7486	0.7517	0.7549
0.7	0.7580	0.7611	0.7642	0.7673	0.7703	0.7734	0.1764	0.7794	0.7823	0.7852
0.8	0.7881	0.7910	0.7939	0.7967	0.7995	0.8083	0.8051	0.8078	0.8106	0.8133
0.9	0.8159	0.8186	0.8212	0.8238	0.8264	0.8289	0.8315	0.8340	0.8365	0.8389
1.0	0.8413	0.8438	0.8461	0.8485	0.8508	0.8531	0.8554	0.8577	0.8599	0.8621
1.1	0.8643	0.8665	0.8686	0.8708	0.8729	0.8749	0.8770	0.8790	0.8810	0.8830
1.2	0.8849	0.8869	0.8888	0.8907	0.8925	0.8944	0.8962	0.8980	0.8997	0.9015
1.3	0.9032	0.9049	0.9066	0.9082	0.9099	0.9115	0.9131	0.9147	0.9162	0.9177
1.4	0.9192	0.9207	0.9222	0.9236	0.9251	0.9265	0.9278	0.9292	0.9306	0.9319
1.5	0.9332	0.9345	0.9357	0.9370	0.9382	0.9394	0.9400	0.9418	0.9430	0.9441
1.6	0.9452	0.9463	0.9474	0.9484	0.9495	0.9505	0.9515	0.9525	0.9535	0.9545
1.7	0.9554	0.9564	0.9573	0.9582	0.9591	0.9599	0.9608	0.9616	0.9625	0.9633
1.8	0.9641	0.9648	0.9656	0.9664	0.9671	0.9678	0.9686	0.9693	0.9700	0.9706
1.9	0.9718	0.9719	0.9726	0.9732	0.9738	0.9744	0.9750	0.9756	0.9762	0.9767
2.0	0.9772	0.9778	0.9783	0.9788	0.9793	0.9798	0.9803	0.9808	0.9812	0.9817
2.1	0.9821	0.9826	0.9830	0.9834	0.9838	0.9842	0.9846	0.9850	0.9854	0.9857
2.2	0.9861	0.9864	0.9868	0.9871	0.9874	0.9878	0.9881	0.9884	0.9887	0.9890
2.3	0.9893	0.9896	0.9898	0.9901	0.9904	0.9906	0.9909	0.9911	0.9913	0.9916
2.4	0.9918	0.9920	0.9922	0.9925	0.9927	0.9929	0.9931	0.9932	0.9934	0.9936
2.5	0.9938	0.9940	0.9941	0.9943	0.9945	0.9946	0.9948	0.9949	0.9951	0.9952
2.6	0.9953	0.9955	0.9956	0.9957	0.9959	0.9960	0.9961	0.9962	0.9963	0.9964
2.7	0.9965	0.9966	0.9967	0.9968	0.9969	0.9970	0.9971	0.9972	0.9973	0.9974
2.8	0.9974	0.9975	0.9976	0.9977	0.9977	0.9978	0.9979	0.9979	0.9980	0.9981
2.9	0.9981	0.9982	0.9982	0.9983	0.9984	0.9984	0.9985	0.9985	0.9986	0.9986
3.0	0.9987	0.9990	0.9993	0.9995	0.9997	0.9998	0.9998	0.9999	0.9999	1.0000

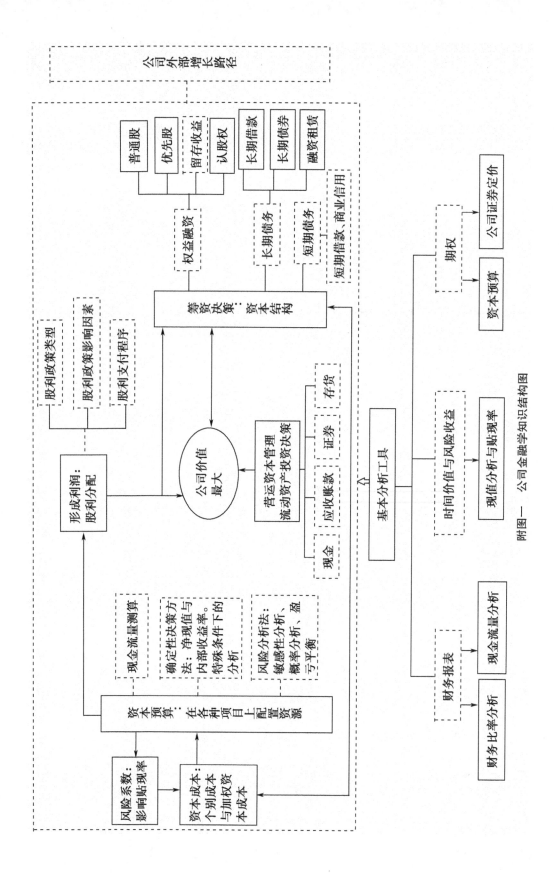

附图一 公司金融学知识结构图